HEIDELBERGER FORSCHUNGEN

Herausgegeben von
Herwig Görgemanns
Jens Halfwassen
Wilhelm Kühlmann
Hans-Joachim Zimmermann

Band 39

Seele und Materie im Neuplatonismus /

Soul and Matter in Neoplatonism

Edited by

JENS HALFWASSEN
TOBIAS DANGEL
CARL O'BRIEN

Universitätsverlag
WINTER
Heidelberg

Bibliografische Information der Deutschen Nationalbibliothek
Die Deutsche Nationalbibliothek verzeichnet diese Publikation
in der Deutschen Nationalbibliografie;
detaillierte bibliografische Daten sind im Internet
über *http://dnb.d-nb.de* abrufbar.

UMSCHLAGBILD
Raffael: *Die Schule von Athen,* 1510–1511 (Ausschnitt)

ISBN 978-3-8253-6291-1

© 2016 Universitätsverlag Winter GmbH Heidelberg
Imprimé en Allemagne · Printed in Germany
Druck: Memminger MedienCentrum, 87700 Memmingen

Gedruckt auf umweltfreundlichem, chlorfrei gebleichtem
und alterungsbeständigem Papier.

Den Verlag erreichen Sie im Internet unter:
www.winter-verlag.de

INHALT

Geleitwort

„Die Seele ist Vieles, ja Alles, das Obere wie das Untere bis dahin, wohin jegliches Leben reicht: jeder von uns ist eine intelligible Welt" (*Enneade* III 4, 3, 21 f). Mit diesen Worten formuliert Plotin die allumfassende Natur der Seele. Bereits Platon hatte der Seele insofern eine allumfassende Natur zugeschrieben, als sie die universale Vermittlungsinstanz ist, welche die intelligible Welt der wahrhaft seienden, ewigen Ideen mit der Welt der vergänglichen sinnlichen Erscheinungen verbindet. Das bedeutet bereits für Platon, daß die erscheinende Welt allen Anteil an Sein, Form, Struktur und Ordnung, den sie besitzt, ausschließlich der Seele verdankt, und daß die Teilhabe der sinnlichen Dinge an den Ideen durch die Seele vermittelt ist. Platons Seelenlehre ist von allen antiken Platonikern als ein ebenso zentraler wie charakteristischer Teil seiner Philosophie angesehen worden. Aber erst Plotin interpretiert Platons Einsichten in die weltbegründende Tätigkeit der Seele mit solcher Konsequenz und Radikalität, daß er den ersten Produktionsidealismus in der Geschichte der Philosophie formuliert und dabei wesentliche Einsichten von Leibniz, Berkeley, Kant, Fichte und Schelling vorwegnimmt. Plotins Deutung der Seele und ihrer Weltbegründung wurde für den Neuplatonismus wegweisend. Dies jedoch gerade nicht in dem Sinne, daß alle bedeutenden Neuplatoniker Plotins Produktionsidealismus übernommen hätten. Vielmehr haben von Jamblich über Proklos bis zu Damaskios gerade die bedeutendsten Denker des späteren Neuplatonismus Plotin widersprochen und Einwände formuliert, die auch in der Moderne gegen einen Produktionsidealismus vorgebracht wurden und werden. Die wirklichen Nachfolger von Plotins Seelenmetaphysik waren weniger die Neuplatoniker des 4., 5. und 6. Jahrhunderts nach Christus, sondern Johannes Eriugena, Meister Eckhart und Nikolaus von Kues und danach Leibniz, Fichte und der frühe Schelling.

Der kritische Punkt eines jeden Produktionsidealismus ist die Frage nach der Materie und ihrem Ursprung. Bei Platon, aus dessen Philosophie auch unser Materiebegriff stammt, geht die Materie der weltformenden Tätigkeit der Seele voraus, ist ihr also immer schon vorgegeben; die Materie ist gerade jenes Substrat der Form- und Bestimmungslosigkeit, *an dem* sich alle Weltformung vollzieht, sie ist das, was alle Formung aufnimmt – und insofern für die Welt genau so konstitutiv wie die formende Seele. Die Materie scheint darum eine innere Schranke für eine konsequent idealistische Deutung der Welt zu bilden. Plotin hat diese Schranke nicht anerkannt. Er hat auch noch die Materie als Produkt der Seele gedeutet: sie ist gerade in ihrer vollständigen privativen Bestimmungslosigkeit ein nichtiges Phantasma, das die Seele erzeugt, indem sie alle Bestimmtheit dadurch auflöst, daß sie die entgegengesetzten Bestimmungen zugleich vorstellt, und zwar an ein und demselben, so daß sie ineinander verschwinden. Dieses Verschwinden aller Bestimmungen erzeugt ein Phantasma der Unbestimmtheit, das aber nicht standhält, sondern sich in seiner Erzeugung sogleich wieder verflüchtigt, nämlich indem die Seele die phänomenale Welt in es hineinprojiziert. Dem hat vor allem Proklos widersprochen; der absolute Bestimmungsmangel der Materie kann für ihn nur als die privative Entsprechung zu der absoluten Transzendenz des Einen begriffen werden.

In den neuplatonischen Kontroversen über das Verhältnis von Seele und Materie: über die Abkunft der Materie aus der Seele oder ihre Unableitbarkeit aus Akten des Bewußtseins wurden Grundpositionen eines metaphysischen Idealismus und Realismus zum ersten Mal mit aller Schärfe und Konsequenz formuliert und gegeneinander gestellt. Das macht die bleibende philosophische Aktualität und Faszination dieser neuplatonischen Theorien aus. Zum Thema „Seele und Materie im Neuplatonismus" fand am 19. und 20. Oktober 2013 eine Tagung in Heidelberg statt, an der international führende Erforscher und Interpreten des Neuplatonismus teilnahmen. Organisiert hat die Tagung Carl O'Brien, der auch die glänzende Idee hatte, zu diesem Thema eine Tagung zu veranstalten. Im vorliegenden Band werden die Erträge vorgelegt: er versammelt die seinerzeit gehaltenen Vorträge und einige weitere Beiträge, die aus akzidentellen Gründen seinerzeit nicht vorgetragen wurden.

Das Erscheinen eines Buches ist stets mit der angenehmen Pflicht des Dankes verbunden. Mein Dank gilt vor allem Dr. Carl O'Brien und Dr. Tobias Dangel für die perfekte Organisation der Tagung und ebenso für ihre Sorgfalt und Umsicht bei der Vorbereitung der Beiträge für den Druck. Finanziert wurde die Tagung und ebenso die Drucklegung des Bandes durch die Alexander von Humboldt-Stiftung (Bonn), der ich für ihre großzügige Unterstützung herzlich danke. Mein Dank gilt ebenso Herrn Dr. Andreas Barth, dem Geschäftsführer des Winter Verlags, für die wie immer angenehme Zusammenarbeit und sein anteilnehmendes Interesse an dem Band.

Heidelberg, im November 2015   Jens Halfwassen

Jens Halfwassen (Heidelberg)

Was leistet der Seelenbegriff der klassischen griechischen Metaphysik?

Wenn im Folgenden vom *Seelenbegriff der klassischen griechischen Metaphysik* die Rede ist, dann ist mit „klassischer griechischer Metaphysik" die Metaphysik jener vier antiken Denker gemeint, die spätestens seit Hegel als Klassiker im strengsten und höchsten Sinne gelten: also Platon, Aristoteles, Plotin und Proklos. Die Seelenlehren der Vorsokratiker und der hellenistischen Philosophenschulen bleiben also außer Betracht. Im Zentrum steht die Seelenmetaphysik des Platonismus, welche, grundgelegt von Platon und entfaltet vor allem von Plotin, die Seele als individuelle geistige und unsterbliche Substanz konzipiert. Der Seelenbegriff des Platonismus darf nämlich als die *klassische* Seelenkonzeption der europäischen Metaphysik gelten. Durch Origenes, Augustinus und Boethius bestimmte er in modifizierter Form das christliche Denken; durch Meister Eckhart wurde er folgenreich aktualisiert; und in der neuzeitlichen Philosophie griffen vor allem Leibniz und Schelling affirmativ auf ihn zurück. Die philosophische Leistungsfähigkeit dieses Seelenkonzepts möchte ich nun *systematisch* in sieben Aspekten entfalten. Die Seele ist danach 1. das Prinzip des Lebens, 2. das denkende Ich, 3. geistige Substanz, 4. Prinzip der Individuation, 5. Konstituens der Zeit, 6. Konstitutionsgrund der erscheinenden Welt, 7. unsterblich, unvergänglich und darum auch unentstanden und ungeschaffen.

I   Seele als Lebensprinzip

Die ursprüngliche Bedeutung des griechischen Wortes ψυχή wie die des
deutschen Wortes *Seele* ist „Leben". Soweit wir die Vorgeschichte des
Platonischen Seelenbegriffs überblicken, kamen spätestens die
Pythagoreer zu der Einsicht, daß Lebendigkeit nicht einfach eine Eigenschaft des lebendigen Organismus wie Größe, Gewicht, Farbe usw. sein
kann. Sie ist vielmehr das, was Organismen von toten Körpern unterscheidet, und hat damit den Status eines Wesensprinzips. Da Organismen sterben, dadurch aber nicht aufhören, Körper zu sein – der Leich-
nam unterscheidet sich in seiner Körperlichkeit nicht vom lebendigen
Leib – muß zwischen dem Leben und allen Eigenschaften und Funk-
tionen unterschieden werden, die den Körper als solchen, bloß als Körper auszeichnen. Da ein Lebewesen durch den Tod das Leben verliert,
aber alle seine Körpereigenschaften behält, ist Leben offenbar eine *unkörperliche* Macht, die im lebendigen Organismus anwesend ist und ihn
lebendig macht, solange er eben lebt. Weil der gestorbene Leib nicht
einfach als toter Körper weiterbesteht, sondern in seine Bestandteile zer-
fällt und dadurch vergeht, liegt der Gedanke nahe, daß diejenige Macht,
die ihn lebendig macht, ihm mit dem Leben zugleich auch Einheit und
Kohärenz, Ordnung und Struktur verleiht – denn diese verliert der Leib
ja, wenn kein Leben mehr in ihm anwesend ist. Also ist die Seele als
Lebensprinzip offenbar zugleich der Grund der Einheit und Ordnung des
Organismus. Eine Macht, die dem Organismus nicht nur Leben verleiht,
sondern auch schon seine einheitliche Organisation und Kohärenz stiftet,
muß ein vom Körper unabhängiges eigenes Wesen sein, das auch unabhängig von dem Leib, den sie belebt, bestehen kann und darum auch den
Tod und den Zerfall des Leibes überdauert. Während der Leib das Leben
nicht von sich selbst aus hat und es darum im Tode verlieren kann, muß
die Macht, die ihm das Leben verleiht, als Lebensprinzip von sich selbst
aus und *durch sich selbst* lebendig sein. Was aber *durch sich selbst* lebendig ist, weil Leben nicht seine Eigenschaft, sondern sein *Wesen* ist,
das kann nicht sterben, ist also unsterblich und unzerstörbar.
      Soweit waren schon die Pythagoreer und Orphiker. Platons großer
Schritt über sie hinaus, durch den er zum Begründer der Seelenmetaphysik wurde, bestand darin, daß er einen *seelischen Innenraum* der
Gedanken und Gefühle entdeckt, der Seele und Körperwelt strikt voneinander scheidet, der aber zugleich die Seele gliedert in verschiedene
Seelen*stufen*. Denn den Innenraum der Seele entdecken und erleben wir

ursprünglich als *Konflikt*. Unser Leib erfüllt uns mit Trieben und In-
stinkten, die seiner Erhaltung und der Befriedigung seiner Bedürfnisse
dienen. Aber anders als die Tiere müssen wir ihnen nicht nachgeben,
sondern können ihnen widerstehen und sie unbefriedigt lassen – Max
Scheler nannte den Menschen deswegen den „Neinsagenkönner". Wir
machen sogar die Erfahrung, daß ein Übermaß an Triebbefriedigung uns
schadet, uns im Extremfall sogar töten kann. Uns sagt kein von selbst
wirkender Instinkt, wann es genug ist, sondern es ist allein unsere Vernunft, die unseren Trieben entgegentritt. In unserem bewußten Leben erleben wir ständig den Konflikt zwischen den Trieben und der Vernunft,
die „Nein" sagen kann. Dieser Konflikt ist ein innerer Konflikt, denn
während die Triebe unserem Körper entstammen und seinen Bedürf-
nissen dienen, ist die Vernunft offenbar etwas allem Körperlichen ganz
und gar Entgegengesetztes; die negative Macht der Vernunft kann bis
zum Selbstmord gehen, also dient sie offenkundig nicht biologischen
Zwecken, sondern ist frei und unabhängig. Der Konflikt zwischen den
Trieben und der verneinenden Kraft der Vernunft eröffnet uns unsere In-
nenwelt als den Spannungsraum, in dem sich dieser Konflikt abspielt.
Zugleich damit entdecken wir in unserer konflikthaft gespannten Innen-
welt eine dritte Kraft, die weder von der Vernunft noch von den Trieben
allein ableitbar ist: nämlich unsere Emotionalität. Wir reagieren auf unsere Triebe und ebenso auf Eindrücke der Außenwelt nicht „kalt", sondern mit Zorn und Mut, mit Angst und Zuversicht, mit Lust und Ver-
druß; unser zwischen Vernunft und Trieben ausgespanntes Innenleben
ist getaucht in Gefühle und Stimmungen. Und meistens sind es unsere
Emotionen, die den Ausschlag geben, ob sich in unserem Inneren Vernunft oder Trieb durchsetzt.

Die bis hierhin beschriebene Phänomenologie unseres inneren Lebens bringt Platons Seelenteilungslehre auf den Begriff: sie unterscheidet zwischen *drei* Seelenkräften, zwischen denen das Seeleninnere
ausgespannt ist: der Triebseele (ἐπιθυμητικόν), der ihr entgegengesetzten Denkseele (λογιστικόν) und der zwischen beiden vermittelnden
Gefühlseele (θυμοειδές). Während die Triebe von sich her unbewußt
sind, ist die Geistseele der Ort des Bewußtseins: denn Denken ist stets
mit Bewußtsein verbunden, Triebe kommen uns dagegen erst zu Bewußtsein, wenn sie sich „melden" und damit schon potentiell in Konflikt
mit der Vernunft geraten sind; Emotionen dagegen können sowohl bewußt als auch unbewußt oder halb- und vorbewußt wirken. Also ist die
Geistseele das Bewußtsein, während die beiden irrationalen Seelenteile

nur in dem Maße am Bewußtsein teilhaben, indem sie mit der Vernunft in Kontakt treten. Dieses triadische Seelenmodell ist so phänomennah, daß sich noch Freud an ihm orientiert hat, auch wenn er in seiner Geistvergessenheit das Ich zu einem Epiphänomen herabstufen will, das aus dem Konflikt zwischen triebhaftem „Es" und kulturell anerzogenem „Über-Ich" entsteht. Bei Platon spielt der Konflikt ursprünglich zwischen Vernunft und Trieb; das aus diesem Konflikt entstehende Dritte ist das Gemüt. Mir scheint das phänomenologisch viel einleuchtender als Freuds Variante.

Dieses triadische Seelenmodell wird von Platon selbst und dann vor allem von Aristoteles noch weiter differenziert, indem die drei durch die Analyse unseres inneren Seelenlebens entdeckten Seelenteile den Stufen des Lebens zugeordnet werden – dem Leitgedanken von der Seele als Lebensprinzip folgend. Die Triebseele kann dann mit der unbewußten Wachstumskraft (φυτικόν) identifiziert werden, die in allem Lebendigen die Selbstdifferenzierung und Selbsterhaltung des Organismus steuert, das Gemüt dagegen mit der Wahrnehmungsseele (αἰσθητικόν), denn unsere Wahrnehmungen sind wie die Emotionen teils bewußt, teils unbewußt und teils halbbewußt, und Gefühle und Stimmungen scheinen überhaupt eine Art von „innerer Wahrnehmung" zu sein, denn durch sie nehmen wir wahr, wie es uns ist und wie die Welt uns entgegen kommt. Die Gefühls- und Wahrnehmungsseele ist auch der Ort der Vorstellung (φαντασία), also der Kraft, innere Bilder unabhängig von der aktuellen Präsenz von Wahrnehmungsobjekten zu erzeugen und dabei Wahrnehmungsinhalte frei zu kombinieren; sie ist ebenso Ort des Gedächtnisses, das auf die Vorstellung angewiesen ist. Aristoteles hat in seiner Analyse der Wahrnehmung, der Vorstellung und des Gedächtnisses eingehend gezeigt, wie diese von sich her irrationalen Seelenkräfte im Menschen immer schon Geist-durchlichtet sind. Plotin schließlich unterschied von der wahrnehmungsbezogenen Vorstellung und Erinnerung noch eine höhere, rein intellektuelle Einbildungskraft und Erinnerung, deren Ort nicht das Gemüt, sondern die Geistseele ist.

Das hier nur in seinen Grundzügen nachgezeichnete Seelenmodell erfaßt in hochdifferenzierter Weise die Phänomenologie unseres inneren Lebens und somit die Tätigkeit der Seele als Lebensprinzip. Es führt zugleich zu der Frage, welcher der drei Seelenteile denn nun das Prinzip unserer Lebendigkeit im eigentlichen und engsten Sinne ist? Für Platon sind die Seelenteile nicht gleichursprünglich: das Gemüt entsteht erst durch den Konflikt zwischen Trieb und Vernunft, und da die Triebseele unmittelbar körperbezogen ist, das Prinzip der Lebendigkeit dagegen etwas von aller Körperlichkeit Unabhängiges und Selbständiges sein muß, ist die Vernunft, die Geistseele in ihrer negativen Freiheit gegenüber allem Biologischen das eigentliche Prinzip des Lebens, die Seele im engsten und eigentlichsten Sinne.

II   Seele als denkendes Ich

Die eigentliche Tätigkeit der Geistseele ist das Denken (νοεῖν). Denken ist für Platon wie für Aristoteles zugleich die höchste und erfüllteste Form des Lebens. Wie Plotin am deutlichsten gezeigt hat, bedeutet Leben wesenhaft *Selbstbeziehung*, und zwar auf *allen* Stufen des Lebendigen. Die einzige *erfüllte* Selbstbeziehung, die wir kennen, ist aber das Denken, das im Erfassen seiner genuinen Inhalte, der Ideen, zugleich sich selbst erfaßt, und so im Vollzug seiner Tätigkeit *zu sich selbst zurückkehrt*. Dagegen sind alle anderen Formen des Lebens, also Emotionen, Vorstellungen und Wahrnehmungen sowie vegetative Prozesse zwar ebenfalls wesenhaft selbstbezüglich – Wachstum vollzieht sich bspw. als eine innere Differenzierung des Organismus – aber ihre Selbstbeziehung bleibt aufgrund der allen Wachstums- und Wahrnehmungsprozessen ebenso wie allen Emotionen eigentümlichen Fremdreferenz sozusagen „ungesättigt" und darum defizient. Die Selbstbeziehung aller nicht-geistigen Lebensvorgänge ist durch einen Außenbezug vermittelt, darum sind sie in ihrem Vollzug immer zugleich *außer sich*, während allein das Denken in seiner Tätigkeit, dem Erfassen der Ideen, ganz und gar *bei sich selbst* und *in sich selbst* ist. Denn die Ideen findet das Denken nicht in einem Außen, sondern nur in sich selbst, wie Platon immer wieder betont: sie sind seine apriorischen Inhalte. Sie sind nicht aus Wahrnehmung und Erfahrung abstrahiert, sondern ermöglichen allererst bewußte Wahrnehmung und strukturierte Erfahrung. Das Denken ist darum keine von sich her leere Tafel, sondern an sich selbst erfüllt, und zwar von den reinen Bestimmungen, die alles und jedes erst zu dem machen, *was* es jeweils ist, die aber als reine Wesensbestimmungen in keiner sinnlichen Erfahrung vorkommen können, sondern allen Erfahrungen ermöglichend vorausgehen.

Der apriorische Strukturzusammenhang aller reinen Bestimmungen, ihre Einheit, ist aber selber Geist (νοῦς), so Platon, und darum erkennt das Denken sich selbst, wenn es die Ideen erkennt – denn die Erkenntnis der Ideen ist nicht atomistisch, sondern *holistisch* verfaßt: wir erfassen eine Idee dann und nur dann, wenn wir ihr Verhältnis zu anderen Ideen, also letztlich ihre Systemstelle im Ideenganzen erfassen, das lehrt Platons Ideendialektik, die genau darin auch das Vorbild für Hegels Dialektik ist. Das Ideenganze konzipiert Platon als eine ursprüngliche Einheit, die sich durch Selbstdifferenzierung in die Totalität aller reinen Bestimmungen entfaltet, sich in dieser Selbstentfaltung aber zugleich als Einheit kontinuiert – Ideendialektik ist der denkende Mitvollzug dieser Entfaltungsdynamik, durch welche die sich entfaltende Einheit zugleich zu sich selbst zurückkehrt und so erfüllte Einheit ist. Einheit, die durch Selbstunterscheidung zu sich als Einheit zurückkehrt und darin erfüllt ist, ist aber Geist, und zwar absoluter oder göttlicher Geist, reines Denken seiner selbst, Denken des Denkens (νόησις νοήσεως), so Plotin. Die Aktuosität des Denkens, deren Wesen die Rückkehr zu sich selbst (ἐπιστροφὴ πρὸς ἑαυτόν) ist, ist als solche die höchste Form des Lebens: das absolute, allein durch sich selbst lebende Leben, das unsterbliches und ewiges Leben ist.

Die Geistseele ist also das Lebensprinzip, weil sie der Ort der Ideen, genauer: die denkende Präsenz der reinen Wesensbestimmungen und ihres Einheitszusammenhangs im Geist ist. So hängen die auf den ersten Blick „naturphilosophische" Bestimmung der Seele als Lebensprinzip und ihre „metaphysische" Bestimmung als denkender Geist zusammen. Die Geistseele ist aber nicht der absolute Geist selber, sondern hat nur an ihm teil. Denn die antike Metaphysik unterscheidet zwei Vollzugsformen des Denkens: einmal das *reine* Denken, die νόησις im Sinne einer intellektuellen Anschauung, in der eine Idee und ihr Einheitszusammenhang mit allen anderen Ideen intuitiv auf einen Schlag erfaßt wird; und andererseits das *diskursive* Denken der διάνοια oder des λογισμός, das einzelne Bestimmungen nacheinander durchläuft und im Durchlaufen gleichzeitig unterscheidet und verknüpft. Während der absolute Geist als Einheitszusammenhang aller Ideen nur in der Weise der νόησις denkt, vollzieht sich das Denken der Seele auch und sogar meistens als diskursives Denken. Allerdings speist sich das diskursive Denken aus der intellektuellen Anschauung des Nous, der es seine Gehalte, also seine Erfüllung mit Ideen verdankt; ohne Noesis hätte die Dianoia gar keine Inhalte. Darum hat die diskursiv denkende Seele am noetischen Denken des göttlichen Geistes teil und darum ist sie auch selber zu noetischer Einsicht fähig. Mehr noch: Plotin zeigt über Platon und

Aristoteles hinausgehend, daß unser *Selbstbewußtsein* selber nur als noetische Einsicht möglich ist. Denn ein Reflexionsmodell, das das Zustandekommen und die Struktur des Wissens von sich selbst diskursiv erklären will, scheitert, wie Plotin als erster bewiesen hat. Selbstbewußtsein ist in seiner reinen Struktur nichts anderes als das Sich-Wissen und Sich-Denken des absoluten Nous. Kraft ihres Selbstbewußtseins ist unsere Denkseele selber Geist und vom absoluten Geist ungetrennt und untrennbar. Darum ist die Geistseele auch unser eigentliches Selbst, unser „Wir", wie Plotin sagt – wobei er dieses Wort terminologisch bereits in demselben Sinne verwendet, in dem der Plotinleser Augustin und der Augustinleser Descartes vom „Ich" sprechen werden. Die Untrennbarkeit unserer Geistseele vom absoluten Nous führt bei Plotin auch zur Entdeckung eines „Überbewußten", das wir vom „Unterbewußten" der Triebe und vom Halbbewußten der Wahrnehmungen und Emotionen unterscheiden müssen. Weil unser Selbstbewußtsein Nous ist, und weil Geist als Selbstpräsenz des Einheitszusammenhangs der Ideen sich in zeitüberhobener Ewigkeit vollzieht, darum „denken wir immer", wie Plotin sagt, vollziehen also immer Noesis, aber ohne uns dessen jederzeit bewußt zu sein. Die Präsenz des Nous ist uns ist der *Horizont*, der jeden Bewußtseinsakt und seinen thematischen Inhalt allererst ermöglicht und in die Helle des Bewußtseins hervortreten läßt, der aber selbst zunächst und zumeist nicht thematisch bewußt und nur horizonthaft mitgegenwärtig ist. Diese unthematische oder vorthematische Mitgegebenheit des Geistes ist unser Selbstbewußtsein, das unser gesamtes bewußtes Seelenleben begleitet und durchlichtet, das sich dabei aber normalerweise in seinem Wesen und seinem Ursprung selber nicht durchsichtig ist. Doch rechnet Plotin mit der Möglichkeit, daß wir den Fokus unseres Bewußtseins, der normalerweise thematisch besetzt, also gegenstandsgebunden ist, dialektisch und meditativ entgrenzen und mit dem Horizont des Geistes verschmelzen können, so daß dieser nun selber thematisch gewußt wird: diese Entgrenzung und Entzeitlichung des Denkens ist die Transformation unserer Geistseele in den absoluten Nous, unser „Geistwerden" (νοωθῆναι): die Erfüllung unserer Geistigkeit.

III   Seele als Substanz

Kant hat die Anwendung des Substanzbegriffs auf das denkende Ich als
fehlerhafte Verdinglichung kritisiert und damit die traditionelle Seelenmetaphysik zerstört – so jedenfalls ein verbreitetes Vorurteil. Kants Kritik an der Bestimmung der Seele als Substanz setzt allerdings dreierlei
voraus: 1. daß „Substanz" eine Dingkategorie ist („die Form des Beharr-
lichen in der Zeit"); 2. daß Kategorien generell subjektive Einheitsrah-
men sind, durch die wir sinnlich gegebenes Mannigfaltiges ordnen und
so „Gegenständlichkeit" konstituieren; 3. daß das denkende Ich als Prinzip der Kategorien selber kategorial nicht bestimmt werden kann. Keine
dieser Voraussetzungen trifft den antiken Substanzbegriff wirklich.
„Οὐσία" ist durch Platon zu einem philosophischen *terminus technicus*
geworden. Οὐσία – also „Wesenheit" oder Sein im Vollsinne des wesen-
haften Seins – sind aber nur die Ideen, der Nous als ihr Einheitszusammenhang und die Seele als individuelle Präsenz der Ideen. Sinnliche
Körperdinge sind dagegen für Platon keine Substanzen, sondern sub-
stanzlose Erscheinungen, durch Eigenschaften formierte Materie. Den
Begriff der dinglichen Einzelsubstanz hat erst Aristoteles in seiner
Kategorienschrift entwickelt; er setzt die Verabschiedung der Ideenlehre
voraus. Derselbe Aristoteles hat in den „Substanzbüchern" der *Metaphysik* die von ihm selbst eingeleitete Verdinglichung des Substanzbegriffs aber wieder zurückgenommen: seine vertiefte Analyse kommt zu
dem Ergebnis, οὐσία im eigentlichen und ursprünglichen Sinne sei allein
das εἶδος, die begrifflich definierbare Wesenheit – die für Aristoteles
zwar anders als bei Platon den erscheinenden Einzeldingen immanent
sein soll, deren höchste und reinste Präsenz als materiefreie ἐνέργεια
aber der Nous ist, der für Aristoteles darum auch die erste und höchste
οὐσία ist.
    Der Blick auf den Platonisch-Aristotelischen Ursprung des Substanz-
begriffs beweist, daß Substanz ursprünglich *keine* Dingkategorie ist.
Substanz meint vielmehr das eigentliche, also selbständige Sein, das an
sich selbst und durch sich selbst existiert, im Unterschied zum bloß be-
zugsweise Seienden, das nicht an sich, sondern nur aufgrund seiner Beziehung auf das substantielle Sein Bestand hat. In der Selbständigkeit
des substantiellen Seins, seinem *Durch-sich-selbst*-Sein, liegt bereits die
Selbstbeziehung, die nur im Geist wirklich erfüllt ist, wie wir schon
gesehen haben. Das läßt sich durchaus mit dem Hegelschen Satz aus-
drücken: „Die Substanz ist als Subjekt zu bestimmen". Daß dies keine

neuzeitliche Überformung antiken Denkens ist, beweist der Neuplatonismus: Proklos erhebt die Fähigkeit zur Rückkehr zu sich – also zur erfüllten Selbstbeziehung – zum Kritierium der Substantialität. Darum kann es nur unkörperliche Substanzen geben, denn kein Körper kehrt reflexiv in sich zurück: *Substanz ist Geist* – das ist das Resümee des antiken Substanzdenkens. Durch die Bestimmung der Seele als Substanz wird also das denkende Subjekt nicht verdinglicht, und sie führt auch nicht zu einem Cartesischen Substanzendualismus, weil nichts Körperliches Substanzcharakter hat. Leibniz, der nur die *Monaden*: unteilbare geistige Einheiten als Substanzen anerkennt, ist der legitime Erbe des antiken Substanzdenkens. Noch näher kommt dessen Pointe Hegel, wenn er die zum „Substantialitätsverhältnis" weiterentwickelte Wesenskategorie der Substanz sich in der absoluten Selbstbeziehung des sich selbst begreifenden Begriffs erfüllen läßt: Substantialität ist gerade kraft ihrer Selbstbezüglichkeit die Bestimmung, durch die sich das Wesen in den Begriff – also ins *Sich*-Denken – erhebt. Dagegen sind Geist und Seele weder als Harmonie, Epiphänomen oder Supervenienz des körperlichen Organismus begreifbar noch als dessen Entelechie im Sinne seiner immanenten Aktualität. Beide Bestimmungen scheitern, weil Geist als absolute Selbstbeziehung nur als selbständiges Sein denkbar ist, das allein durch sich und unabhängig von allem anderen besteht.

IV   Seele als Individuationsprinzip

Die Seele ist Substanz, weil sie Geist ist. Aber sie ist Geist nicht im absoluten Sinne des göttlichen Nous, sondern nur in einem modifizierten und abkünftigen Sinne. Während der Geist das Seinsganze als die absolute und konkrete Totalität aller Ideen ist, ist die Seele die *Selbst-Vereinzelung des Geistes*. Sie ist Geist, also tätige Rückkehr zu sich selbst, aber sie ist nicht selbst das Ganze des Seins, sondern nur noch das *Aussein* auf dieses. Die Selbstbestimmung und Selbsterfüllung des Geistes durch seine Selbstdifferenzierung muß bis zu *individuellen* Formen fortschreiten und darf nicht bei allgemeinen Wesenheiten haltmachen, lehrt Plotin. Er weist die Aristotelische Lehre von der Materie als Prinzip der Vereinzelung zurück. Denn die Materie ist reine Privation: vollständiger Mangel an Bestimmtheit. Wäre sie der Grund der Vereinzelung, dann wäre Individualität ein Mangel an Form: ein bloßes

Zurückbleiben hinter der vollen Bestimmtheit. Die Vielfalt individueller Variationen ist aber gerade kein *Fehlen* von Form, sondern im Gegenteil ein *Formenreichtum*, also selber eine Formbestimmung. Sie kann darum nur aus der Selbstbesonderung der Idee begriffen werden. Diese muß so weit gehen, daß die sich-besondernde Idee aufhört, das absolute Ganze zu sein, sondern aus dem Ganzen gleichsam heraustritt oder besser herausfällt.

Die Seele ist eine Idee, die sich aus dem Seinsganzen des göttlichen Nous selbst herausbesondert und dadurch ein Einzelnes ist. Ihre Vereinzelung ist aber kein passives Geschehen, das ihr widerfährt, sondern der aus eigener Spontaneität vollzogene, frei gewollte Akt der Seele, durch den sie sich vom Ganzen abtrennt, „um ihr eigener Herr zu sein und sich selbst zu besitzen", so Plotin. Sie vollzieht ihre Vereinzelung also als *Zuwendung zu sich*. Durch diese Selbst-Zuwendung aber kommt die Seele nicht zu erfülltem, in sich ruhendem Selbstbesitz wie der Geist, sondern ihre Selbstzuwendung vollzieht sich in der Form eines ständigen *Sich-Suchens*. Durch ihre Abtrennung vom Ganzen verliert sie das erfüllende Ganze, mit dem sie ursprünglich selbst identisch war, aber sie verliert es nicht ganz und gar, sondern bleibt zugleich untrennbar mit ihm verbunden: es schwebt ihr noch vor als das Ziel ihres Suchens, ist ihr aber nicht mehr in voller und erfüllender Präsenz gegenwärtig wie dem Geist. Dieses Verhältnis zum ewigen Ganzen des Seins und zu sich selbst als zu einem Gesuchten, das immer vorschwebt und doch nie in voller Präsenz „da" ist, bestimmt die spezifische Seinsweise der Seele. Insofern sie sich in diesem permanenten Suchverhältnis nicht auf etwas Anderes, sondern nur auf sich selbst und ihren eigenen Grund bezieht, bleibt die Seele ein reines Selbstverhältnis, also Geist. Doch ist sie ein *zerdehntes* Selbstverhältnis, das nicht in gesammelter Einheit und Selbstpräsenz zur Erfüllung gelangt wie der Geist. Diese Zerdehnung des geistigen Selbstverhältnisses nennt Plotin das „Auseinandertreten des Lebens" (διάστασις ζωῆς) – und genau dadurch konstituiert die Seele Zeit und Welt.

V Zeitkonstitution

Infolge ihrer Selbst-Vereinzelung ist der Seele nicht mehr das absolute Ganze des Seins präsent, sondern immer nur etwas Einzelnes, das sie

aus dem Ganzen herausbesondert hat, das Ganze tritt dabei in eine unthematische, horizonthafte Mitgegebenheit zurück. Das vom Ganzen ab-
gesonderte Einzelne aber erfüllt die Seele nicht, weil es in seiner Vereinzelung nur noch ein Endliches ist. Darum geht die Seele in ihrer Suche
nach sich selbst und nach dem Ganzen über jede Präsenz eines Einzelnen immerfort hinaus zu einem Neuen und immer wieder Neuen; da
dieses Neue aber wiederum immer nur ein endliches Einzelnes ist, geht
das Hinausgehen über das jeweils Gegenwärtige in schlechter Unendlichkeit immer weiter. Durch dieses Sichausstrecken der Seele zum
Neuen entsteht *Zukunft*; dadurch, daß sie dabei stets über das jeweils
Gegenwärtige hinausgeht und dieses hinter sich zurückläßt, entsteht
Vergangenheit. Zeit ist das in Zukunft und Vergangenheit auseinander-
tretende Leben der Seele, das sich als Durchlaufen aller vereinzelten
Weltgehalte im Verlassen des jeweils Gegenwärtigen auf der Suche
nach immer Neuem vollzieht. Die Zeit ist darum nicht isomorph, sondern wesenhaft zukunftsgerichtet, weil sie nur durch das Sichausstrecken der Seele nach Neuem zustande kommt. Darin trifft sich Plotin
mit Heidegger. Das Vorlaufen in die Zukunft, durch das Zeit überhaupt
erst entsteht, ist aber motiviert durch die Suche nach dem ewigen Ganzen, das der Seele aufgrund ihrer Herkunft vom Geist immer vorschwebt
und in dem allein sie selber ganz sein kann, das sich ihr aber zugleich
immer entzieht und nie zu erfüllender Präsenz kommt. Die Erfüllung der
Suche nach dem Ganzen und nach sich selbst gelingt nicht in der Zeit,
sondern allein durch die Aufhebung der Zeit: durch die Rückkehr der
Seele in den absoluten Nous.

VI   Weltkonstitution

Daß Zeit kein objektiver Bestand einer Außenwelt ist, sondern die innere Form unseres Welterlebens, ist keine neuzeitliche Erkenntnis von
Kant oder Heidegger, sondern eine antike Einsicht, die schon Platon und
Aristoteles ausgesprochen haben. Bei Plotin zeigt sich, daß Zeit die innere Form der defizienten Welthabe des sich vereinzelnden Geistes ist,
den wir „Seele" nennen. Doch damit wird zugleich deutlich, daß Zeit
keineswegs *nur* eine subjektive Kategorie ist, sondern zugleich die *ob-
jektive* Seinsform einer Welt des Einzelnen, in der dieses allein am Sein
teilhaben kann. Subjektivität und Objektivität der Zeit schließen sich

also nicht aus, sondern bedingen sich in Plotins idealistischer Metaphysik gegenseitig. Durch ihre Zeitkonstitution *erschafft* die sich vereinzelnde Seele die erscheinende Welt der Einzeldinge, die wir sinnlich
wahrnehmen. Diese ist keine bewußtseinsunabhängige „Außenwelt",
sondern ein von der Seele selbst erzeugter Schein, ein φάντασμα, das die
Seele in den leeren Spiegel der bestimmungslosen Materie hineinprojiziert – Plotin geht sogar soweit, daß er auch noch die Materie selber
von der Seele erzeugt sein läßt, und zwar durch einen Akt der Einbildungskraft, der alle Einzelanblicke immerfort ineinander verschwinden läßt und so das Phantasma einer völligen Unbestimmtheit erzeugt;
Fichte nannte das „schwebende Einbildungskraft". Die Welt ist für
Plotin ein Theater, das die Seele für sich selbst aufführt, und in dem sie
zugleich der Autor, der Bühnenbildner, der Regisseur, der Hauptdarsteller und der Zuschauer ist – wobei sie sich freilich in ihrer Vereinzelung so sehr mit ihrer Rolle als Hauptdarsteller identifiziert, daß sie
darüber vergißt, daß sie selbst es ist, die das Stück geschrieben und inszeniert und die Bühne dafür eingerichtet hat. Zugleich aber ist die erscheinende Welt trotz ihres Scheincharakters durchaus objektiv und
wirklich. Denn die in ihr erscheinenden *Gehalte* sind nicht wesenlos,
sondern Erscheinungen wahrhaft seiender Ideen, welche die Seele aus
ihrer Totalität im Geist herauslöst und vereinzelt, um sie als Einzelinhalte bildlich und sinnlich erscheinen zu lassen; diese Einzelinhalte
durchläuft sie, indem sie in der Suche nach dem Ganzen über jeden Einzelinhalt immerfort hinausgeht. Die Fremdreferenz, in die die Seele
beim Durchlaufen sinnlicher Einzelerscheinungen gerät, kommt nur dadurch zustande, daß sie in ihrer thematischen Fixiertheit auf die jeweils
präsenten Einzelinhalte vergißt, daß sie diese selbst erzeugt hat, und
zwar durch Projektion ihrer eigenen Innerlichkeit. Und so ist die Welt
aufgrund ihrer durch die Seele vermittelten Teilhabe an den Ideen in
ihrem Formbestand wirklich und objektiv, in ihrer vereinzelten Endlichkeit und Sinnlichkeit sowie in ihrer zeitgewirkten Veränderlichkeit
und Vergänglichkeit aber ein subjektiver, von der Seele selbst erzeugter
Schein. Subjektivität und Objektivität, Wirklichkeit und Scheinhaftigkeit der Welt sind im platonischen Idealismus kompatibel.

VII　Unsterblichkeit

Alles bis hierhin Ausgeführte muß im Blick haben, wer den Gedanken der Unsterblichkeit der Seele im Platonischen Sinne richtig verstehen will. Es geht dabei nicht in erster Linie um die unbegrenzte Fortdauer eines Einzellebens, sondern um den Totalitätscharakter, der die Seele aufgrund ihrer Herkunft vom Geist unverlierbar auszeichnet, und um die Selbsthaftigkeit des Geistes, die sich auch und gerade durch seine Selbstvereinzelung als Seele realisiert. Jeder der bisher entfalteten Aspekte enthält ein Argument für die Unsterblichkeit der Seele:

(1) Als *Lebensprinzip* ist sie das ewige, *aus sich selbst* und *durch sich selbst* lebende Leben, das niemals sterben und vergehen kann, weil Lebendigkeit ihr Wesen und keine verlierbare Eigenschaft ist und weil ursprüngliche, aus sich lebende Lebendigkeit sich niemals erschöpfen und aufbrauchen kann. Aus demselben Grunde ist sie freilich auch unentstanden und lebt immer schon – dabei hat dieses „immer schon" eine doppelte Bedeutung: das Leben der Seele hat keinen Anfang in der Zeit, sowenig, wie die Zeit selbst anfangen kann; die Seele lebt aber auch in dem Sinne „immer schon", daß sie aus dem unzeitlich-prinzipiellen „immer schon" des ewigen Seins, des absoluten Geistes hervorgegangen ist.

(2) Als *denkendes Ich* ist die Seele der aktive Einheitspunkt, der alle Inhalte der Welt auf sich selbst bezieht und sie dadurch in ein Ganzes vereinigt und überhaupt in die Präsenz ihres Daseins erhebt; dieser aktive Einheitspunkt ist als Selbstbewußtsein und Denken der ewigen Ideen aber nur dadurch er selbst, daß er integratives Moment des absoluten Geistes, der Fülle des Seins selbst ist, die er darum niemals verlieren kann.

(3) Als *Substanz* empfängt die Seele ihr Sein nicht von einem anderen, sondern existiert durch sich selbst; dieser *Causa-sui*-Charakter begreift sich durch ihre Rückkehr zu sich selbst: denn was in seinem Sein und seiner Tätigkeit zu sich selbst zurückkehrt, kann dieses tätige Sein niemals verlieren, weil es ihm selbst nie äußerlich ist.

(4) Als *Individuationsprinzip* erzeugt die Seele durch ihre Selbstvereinzelung alles dinglich Einzelne; also kann sie nicht selber wie ein Einzelding entstehen und vergehen. Denn die Seele ist zwar ein Einzelnes, aber kein Einzel*ding*, sondern als Selbstvereinzelung des Geistes das zerdehnte Ganze selbst; die Selbstvereinzelung ist aber als Ausfluß der *Formenfülle* des Geistes dessen notwendige Selbstveräußerung, die nicht aus dem Sein verschwinden kann.

(5) Als *Ursprung der Zeit* kann die Seele nicht in der von ihr selbst
allererst konstituierten Zeit entstehen und auch nicht in der Zeit vergehen. Denn nicht die Seele ist in der Zeit, sondern die Zeit ist in der
Seele, als die innere Form ihrer zerdehnten Lebendigkeit. Ihre Zeitkonstitution kann auch niemals enden und sich erschöpfen, weil ihr Ganzheit immer nur vorschwebt, aber nie in der Zeit präsent ist. Die erfüllte
Unendlichkeit des ewigen Seins garantiert die schlechte Unendlichkeit
der ihr immer nur hinterherlaufenden Zeit. Der schlechten Unendlichkeit
der Zeit entkommt die Seele allein durch ihre Rückkehr in den absoluten
Nous; indem sie sich aus ihrer Zerdehnung in die unzerdehnte Einheit
des Geistes sammelt, tritt sie heraus aus der Zeit und kehrt in die Ewigkeit zurück. Das aber ist kein Tod, sondern höchstes und ewiges Leben.
(6) Als *weltkonstituierendes Bewußtsein* schließlich kann die Seele mit
ihrer Weltproduktion nicht einfach aufhören, weil die von ihr produ-
zierte Welt aufgrund ihrer zeitlichen Struktur niemals ein abgeschlos-
senes, in sich vollendetes Ganzes ist; ihre Vereinzelung, Verbildlichung
und Veräußerlichung eidetischer Gehalte erschöpft sich nie, weil das,
woraus sie sich speist, die unendliche Ideenfülle im absoluten Geist ist.
Die Weltproduktion der Seele ist darum auch trotz ihres Abstiegs in
Zeitlichkeit, Endlichkeit und Äußerlichkeit nicht *nur* ein Fall, sondern
immer auch ein Akt der Selbstentfaltung und Selbstrealisierung des göttlichen Geistes. Die Seele ist dabei der unsterbliche Zuschauer, der das
Werden und Vergehen aller einzelnen Dinge an sich vorüberziehen läßt
und die Dinge dadurch bewahrt und rechtfertigt, daß er sie in Erinnerung
behält und sie sich dadurch wieder innerlich macht.

Die Seele ist darum notwendig unsterblich. Ihr Vergehen kann nicht
einmal gedacht werden. Ebensowenig aber kann sie als entstanden oder
auch als erschaffen gedacht werden. Ihr Verhältnis zum göttlichen Geist
ist nicht das von Schöpfer und Geschöpf, sondern das von Bild und
Urbild. Die Seele ist das lebendige Bild des absoluten Geistes, das als
dessen Selbstmanifestation ewig aus ihm hervorgeht und ewig zu ihm
zurückkehrt; die von ihr erzeugte erscheinende Welt ist ihr Weg zurück
zum Geist. Ihr Verhältnis zu ihm und sein Verhältnis zu ihr ist letztlich
ein Selbstverhältnis, und zwar dasjenige Selbstverhältnis des Geistes, in
dem dieser sich selbst äußerlich wird. Man kann das mit Meister Eckhart
auch *christologisch* formulieren: die Seele ist der Sohn Gottes, der ewig
bei Gott ist und selber göttlich ist, gezeugt, nicht erschaffen, *genitus,
non factus*. Mit den Worten Plotins: „Die Seele ist Vieles, ja Alles, das

Obere wie das Untere bis dahin, wohin jegliches Leben reicht; jeder von uns ist eine intelligible Welt.“

Tobias Dangel (Heidelberg)

Die Seele in Platons Metaphysik

Die Lehre von den Ideen als den an sich seienden, objektiven Gedanken-bestimmungen ist zweifelsfrei das prominenteste Lehrstück innerhalb der Platonischen Metaphysik. Bei diesen Gedankenbestimmungen han-delt es sich um den Inhalt der einen göttlichen Vernunft bzw. des einen göttlichen Geistes,[1] den Platon in Anlehnung an den Vorsokratiker Par-menides zugleich als dasjenige begreift, was auf vollkommene und darum wahrhafte Weise ist. Um die Seinsart der Ideen und damit des göttlichen Geistes selber zum Ausdruck zu bringen, spricht Platon von den Ideen als den οὐσίαι ὄντως οὖσαι, d.h. von den auf seinshafte Weise seienden Wesenheiten.[2] Gegenüber diesen Wesenheiten muß alles, was in ihnen den Ursprung (ἀρχή) seines Seins hat, insofern es allein durch Teilhabe an ihnen seine wesensmäßige Bestimmung erfährt, ontologisch nachgeordnet sein. Niemals nämlich, so lautet eine Grundeinsicht Pla-tons und der sich an Platon anschließenden Platonischen Tradition, sind

---

[1] Vgl. *Phdr.* 246 D, 249 C; *Phil.* 22 C, 28 D – 31 B; *Soph.* 248 E f; *Tim.* 29 E ff, 34 A.

[2] Vgl. *Phdr.* 247 C ff; *Tim* 28 A. In diesem Zusammenhang sei verwiesen auf Willem J. Verdenius: „Platons Gottesbegriff", in: *La notion du divin depuis Homère jusqu' à Platon*, éd. par Herbert J. Rose, Genève 1954, S. 241-292; Cornelia J. De Vogel: „What was God for Plato", in: dies.: *Philosophia I. Studies in Greek Philosophy*, Assen 1970, S. 210-242 sowie auf Filip Karfik: „Gott als Nous. Der Gottesbegriff Platons", in: *Platon und das Göttliche*, hg. von Dietmar Koch, Irmgard Männlein-Robert und Niels Weidtmann, Tübingen 2010, S. 82-97.

Prinzip und Prinzipiat, Paradigma und Instanz oder Bestimmtheit und Bestimmtes ontologisch von gleichem Rang.[3]

Seit der Wiederentdeckung und Rekonstruktion zentraler Inhalte der innerakademischen Lehre Platons durch die „Tübinger Schule" wissen wir aber, daß es sich bei der Ideenlehre gar nicht um die höchste Theorieebene von Platons Metaphysik handelt.[4] Vielmehr bildet die Frage nach der Einheit und der in sich unbestimmten Zweiheit, dem ἕν und der ἀόριστος δυάς des μέγα καὶ μικρόν, in deren prinzipientheoretischem Zusammenwirken das Sein der Ideen, mithin die Idee des Seins (ἓν ὄν) selber noch einmal fundiert werden muß, das zentrale Anliegen dieser Metaphysik.[5] Sie ist, recht verstanden, die Wissenschaft von den ersten

---

[3] Besonders deutlich kommt dies zum Ausdruck im Buch Δ von Aristoteles' *Metaphysik*: τὰ μὲν δὴ οὕτω λέγεται πρότερα καὶ ὕστερα, τὰ δὲ κατὰ φύσιν καὶ οὐσίαν, ὅσα ἐνδέχεται εἶναι ἄνευ ἄλλων, ἐκεῖνα δὲ ἄνευ ἐκείνων μή· ᾗ διαιρέσει ἐχρῆτο Πλάτων. (*Met.* 1019a 1-4). Ferner heißt es in einem Speusipp-Fragment bei Jamblich, *De communi mathematica scientia* IV, wo Speusipp für die Seinstranszendenz des Einen aufgrund seiner Einfachheit und seiner prinzipientheoretischen Funktion für das Sein argumentiert: τὸ ἕν, ὅπερ δὴ οὐδὲ ὄν πω δεῖ καλεῖν, διὰ τὸ ἁπλοῦν εἶναι καὶ διὰ τὸ ἀρχὴν μὲν ὑπάρχειν τῶν ὄντων, τὴν δὲ ἀρχὴν μηδέπω τοιαύτην οἷα ἐκεῖνα ὧν ἐστιν ἀρχή. (Jamblich, *De comm. math. sc.* IV, 15, 7-10 = Fr. 72 Isnardi-Parente). Vgl. zur Unterscheidung von Bestimmtheit und Bestimmtem auch die sehr gelungenen Ausführungen von Florian Finck: *Platons Begründung der Seele im absoluten Denken*, Berlin/New York 2007, S. 7-29. Lloyd Gerson sieht völlig zu Recht in dem Gedanken, daß das Prinzip und das Prinzipiat immer von verschiedener Seinsart sind, einen „anti-mechanism", der für den Platonismus trotz seiner verschiedenen Spielarten insgesamt konstitutiv ist. Vgl. Lloyd Gerson: *From Plato to Platonism*, Ithaca/New York 2013, S. 10 ff.

[4] Grundlegend sind hierzu die großen Studien von Hans Joachim Krämer: *Arete bei Platon und Aristoteles. Zum Wesen und zur Geschichte der platonischen Ontologie*, Heidelberg 1959 und Konrad Gaiser: *Platons ungeschriebene Lehre. Studien zur systematischen und geschichtlichen Begründung der Wissenschaften in der platonischen Schule*, Stuttgart 1963. Eine hilfreiche Synopse von Gaisers Publikationen zu Platons innerakademischer Lehre findet sich in Konrad Gaiser: *Gesammelte Schriften*, hg. von Thomas A. Szlezák unter Mitwirkung von Karl-Heinz Stanzel, Sankt Augustin 2004. Im letzten Jahr sind Krämers Aufsätze zur Philosophie Platons ebenfalls gesammelt erschienen in Hans Joachim Krämer: *Gesammelte Aufsätze zu Platon*, hg. von Dagmar Mirbach, Berlin/Boston 2014.

[5] Vgl. z.B. Aristoteles, *Met.* 987a 29-988a 17 = Test. Plat. 22 A sowie Alexander, *In Aristot. Metaph.* 55, 20-56, 35 = Test. Plat. 22 B. Bezüglich der

Prinzipien alles Seienden und somit universale Prinzipientheorie. Entsprechend sagt Platon im *Phaidon*, daß die aufsteigende Dialektik der Hypothesis-Forschung genau dann in ihr Ziel gelangt, wenn sie das ἱκανόν erreicht, d.h. dasjenige, was absolut in dem Sinne ist, daß es um seiner selbst willen auf kein höheres Prinzip mehr zurückgeführt werden kann.[6] Beim ἱκανόν handelt es sich aber um nichts anderes als um die ἀνυπόθετος ἀρχή, den voraussetzungslosen und darum unvordenklichen Ursprung aus dem Liniengleichnis der *Politeia*, der als die Idee des Guten jenseits des Seins (ἐπέκεινα τῆς οὐσίας) und, so dürfen wir ergänzen, jenseits des Geistes (ἐπέκεινα νοῦ) ist, weil er Sein und Geist überhaupt erst ermöglicht.[7] Mit anderen Worten: Nur die an ihr selber seins- und geisttranszendente Idee des Guten (ἡ τοῦ ἀγαθοῦ ἰδέα) ist für Platon absoluter Ursprung und als solcher Ursprung Ursprung von allem (ἡ τοῦ παντὸς ἀρχή).[8]

Im Zentrum meiner folgenden Ausführungen sollen nun aber weder Platons Prinzipientheorie noch seine Ideenlehre stehen, sondern die Seele im Gefüge der Platonischen Metaphysik. Dabei möchte ich drei Fragen nachgehen, die dabei helfen, den „metaphysischen Ort" der Seele nachzuvollziehen, die von Platon als ein vermittelndes Drittes zwischen der Welt der Ideen und der Welt des im Werden befindlichen, sinnenfälligen Seienden begriffen wird. Die Fragen, um die es mir dabei geht, lauten: I) Welche Gründe führt Platon für die Annahme der Existenz

Frage, wie sich die Prinzipien systematisch zueinander verhalten und wie sie in ihrem Zusammenwirken das Sein als den Inbegriff von Bestimmtheit zu begründen vermögen, siehe vor allem Hans Joachim Krämer: „ΕΠΕΚΕΙΝΑ ΤΗΣ ΟΥΣΙΑΣ. Zu Platon, *Politeia* 509 b", in: *Archiv für Geschichte der Philosophie* 51 (1969), S. 1-30. Wichtig sind hierzu auch Fritz-Peter Hager: *Gott und das Böse im antiken Platonismus*, Würzburg/Amsterdam 1987, bes. S. 9-33 sowie Jens Halfwassen: „Monismus und Dualismus in Platons Prinzipienlehre", in: *Bochumer Philosophisches Jahrbuch für Antike und Mittelalter* 2 (1997), S. 1-27 und ders.: „Platons Metaphysik des Einen", in: *Philotheos* 4 (2004), S. 207-221.

[6] Vgl. *Phaid.* 101 E, aber auch *Phil.* 20 D.

[7] Vgl. *Rep.* 509 B. Insbesondere in *Rep.* 534 B sagt Platon, daß die Idee des Guten nur dann ihrem Begriff nach richtig erfaßt wird, wenn man sie rein also solche an und für sich selbst nimmt und von allen anderen Bestimmungen absieht: ἀπὸ τῶν ἄλλων πάντων ἀφελών.

[8] Vgl. *Rep.* 511 B.

einer Seele eigentlich an? II) Wie bestimmt sich das Wesen des Seelischen, wenn es als ein „Mittleres" seinen Ort zwischen dem ideenhaften Sein und dem sinnenfälligen Werden hat? Und III) Läßt sich etwas darüber ausmachen, wie Platon die Seele in ihrem Verhältnis zum Geist als der konkreten Totalität der Ideen begreift?[9]

I

Von der Seele ist im *Corpus Platonicum* an zahlreichen Stellen und in ebenso zahlreichen Kontexten die Rede. Wirft man jedoch die Frage auf, warum man im Rahmen einer Metaphysik, die den Anspruch erhebt, systematische Erkenntnis des Ganzen des Seienden zu sein, um die Annahme der Existenz einer Seele und damit auch um die prinzipientheoretische Begründung dieser Existenz nicht herumkommt, liegt die Antwort keineswegs auf der Hand. Es könnte ja sein, daß es Beseeltes, mithin die Seele gar nicht gibt – eine Möglichkeit, die Platon bekanntlich im X. Buch der *Nomoi* samt ihrer politisch-normativen Konsequenzen für den Staat diskutiert.[10] Das Herausragende an Platons Philosophie darf darum auch darin gesehen werden, daß in ihr die Existenz der Seele

---

[9] Daß die hier angeführten Fragen tatsächlich nur ein Weniges dessen berühren, was sich in Bezug auf Platons Lehre von der Seele überhaupt erfragen läßt, wird deutlich, wenn man auf Thomas A. Szlezáks zusammenfassende Beschreibung der Seelenlehre bei Platon blickt: „'Psyche' ist für ihn Weltseele und Ursprung aller Bewegung, sie ist aber auch das Subjekt der Wahrnehmung des Einzelnen und macht die Einheit seines Bewußtseins aus, sie ist das Selbst des Menschen, das er in ethischer Verantwortung formen muß, überdies Garant seines künftigen Schicksals im Jenseits und die Triebkraft und zugleich die Brücke, die ihm den Überstieg zum Bereich des Mehr-als-Menschlichen ermöglicht." In: Thomas A. Szlezák: „Psyche: ihr Ort im Menschen, im Kosmos und im Geist nach Platon und Plotin", in: *Geist und Psyche. Klassische Modelle von Platon bis Freud und Damasio*, hg. von Edith Düsing und Hans-Dieter Klein, Würzburg 2008, S. 17. Vgl. zur antiken Metaphysik der Seele generell auch den Beitrag von Jens Halfwassen „Was leistet der Seelenbegriff der klassischen griechischen Metaphysik" im diesem Band. Zum Begriff der „konkreten Totalität" sei verwiesen auf meine Darstellung in Tobias Dangel: *Hegel und die Geistmetaphysik des Aristoteles*, Berlin/Boston 2013, bes. S. 243-294.
[10] Vgl. *Nom.* 884 A-910 D.

keine bloße Setzung ist, sondern daß sie sehr genau Rechenschaft davon ablegt, warum wir die Annahme der Existenz der Seele gar nicht zurückweisen können, sobald wir uns – und zwar schon im Rahmen bloßer naturphilosophischer Betrachtungen – um einen begreifenden Zugang zur Wirklichkeit bemühen. Eine solche Rechenschaft, die jeder Aufmerksamkeit würdig ist, gibt Platon prominent im *Phaidon*, nämlich dort, wo er Sokrates' intellektuelle Biographie skizziert, auf die im Dialog der programmatische Entwurf seiner Metaphysik folgt – ein Entwurf, der durch die Metapher von der zweitbesten Fahrt (δεύτερος πλοῦς) bzw. von der Flucht in die Logoi (καταφυγὴ εἰς τοὺς λόγους) ins Bild gesetzt wird.[11] Das Bedenkenswerte an dieser aller Wahrscheinlichkeit nach fiktiven intellektuellen Biographie des Sokrates ist zweifelsfrei,[12] daß sie uns von einer Theoriekrise berichtet, deren Überwindung nach Platon nur die Metaphysik samt der Lehre von den Ideen zu leisten vermag.[13] Mit einigem Recht hat Giovanni Reale daher im *Phaidon* die Magna Charta der abendländischen Metaphysik erblickt.[14]

Sokrates' Theoriekrise läßt sich am besten als eine Verzweiflung am Naturalismus der vorsokratischen Physiologen verstehen, bei deren σοφία es sich um eine ἱστορία περὶ φύσεως handelte. Mit anderen

---

[11] Vgl. *Phaid.* 99 D f.

[12] Es ist anzunehmen, daß Platon im *Phaidon* Einsichten, die zu seiner eigenen intellektuellen Biographie gehören, Sokrates in den Mund legt. Insbesondere durch Aristoteles wissen wir, daß Platon nicht nur bereits in jungen Jahren mit der Philosophie in Kontakt kam, sondern daß er mit Kratylos und dessen Herakliteischem Gedankengut Umgang hatte. Des Weiteren berichtet Aristoteles im Buch A der *Metaphysik*, daß Platon an der Herakliteischen Auffassung, daß alles Sinnliche in einem beständigen Fluß begriffen sei, so daß es grundsätzlich keine Erkenntnis vom Sinnlichen geben könne, auch später – gemeint dürfte Platons reife Philosophie sein, wie sie den Dialogen zugrunde liegt – noch festhielt: ἐκ νέου τε γὰρ συνήθης γενόμενος πρῶτον Κρατύλῳ καὶ ταῖς Ἡρακλειτείοις δόξαις, ὡς ἁπάντων τῶν αἰσθητῶν ἀεὶ ῥεόντων καὶ ἐπιστήμης περὶ αὐτῶν οὐκ οὔσης, ταῦτα μὲν καὶ ὕστερον οὕτως ὑπέλαβεν. (*Met.* 987a 32-b 1).

[13] Daß es Platon im *Phaidon* ab der Stelle 95 A tatsächlich um die Begründung der Metaphysik geht, wird auch hervorgehoben von Robert Bolton: „Plato's Discovery of Metaphysics. The New *Methodos* of the *Phaedo*", in: *Method in Ancient Philosophy*, ed. by Jyl Gentzler, Oxford 1998, S. 91-111.

[14] Vgl. Giovanni Reale: *Zu einer neuen Interpretation Platons. Eine Auslegung der Metaphysik der großen Dialoge im Lichte der „ungeschriebenen Lehre"*, übers. aus dem Italienischen von Ludger Hölscher, Paderborn 1993, S. 135.

Worten: Sokrates verzweifelt an einer Naturbetrachtung, der es primär um die Erkenntnis des natürlichen Seienden aus einem oder mehreren Urelementen ging. Dabei sollte die Frage nach den Urelementen ursprünglich aufdecken, woraus das Seiende in Wahrheit besteht, mithin worauf sich alles Seiende in Wahrheit zurückführen und hierdurch erklären läßt. Sokrates' Theoriekrise stellt sich in Platons Beschreibung, wie folgt, dar:

> In meiner Jugend nämlich, o Kebes, hatte ich ein wunderbares Bestreben nach jener Weisheit, welche man Naturkunde nennt; denn es dünkte mich ja etwas Herrliches, die Ursachen (αἰτίαι) von allem zu wissen, wodurch jegliches entsteht und wodurch es vergeht und wodurch es besteht, und hundertmal wendete ich mich bald hierin bald dorthin, indem ich bei mir selbst zuerst dergleichen überlegte: Ob, wenn das Warme und Kalte in Fäulnis gerät, wie einige gesagt haben, dann Tiere sich bilden? Und ob es wohl Blut ist, wodurch wir denken, oder Luft oder das Feuer? Oder wohl keines von diesen, sondern das Gehirn uns alle Wahrnehmungen (αἰσθήσεις) hervorbringt des Sehens und Hörens und Riechens und aus diesen dann Gedächtnis (μνήμη) und Vorstellung (δόξα) entsteht und aus Erinnerung und Vorstellung, wenn sie zur Ruhe kommen, dann auf dieselbe Weise Erkenntnis (ἐπιστήμη) entsteht? [...] Was ich nämlich zuvor ganz genau wußte, wie es mir selbst und den anderen vorkam, darüber erblindete ich nun bei dieser Untersuchung so gewaltig, daß ich auch das verlernte, was ich vorher zu wissen glaubte von vielen anderen Dingen, und so auch davon, wodurch der Mensch wächst. Denn dies, glaubte ich vorher, wisse jeder, daß es vom Essen und Trinken herkäme. Denn wenn aus den Speisen zum Fleische Fleisch hinzukommt und zu den Knochen Knochen und ebenso nach demselben Verhältnis (ὁ αὐτὸς λόγος) auch zu allem übrigen das Verwandte sich hinzufindet, dann würde natürlich die Masse, die vorher wenig gewesen war, hernach viel und der kleine Mensch groß.[15]

---

[15] νέος ὢν θαυμαστῶς ὡς ἐπεθύμησα ταύτης τῆς σοφίας ἣν δὴ καλοῦσι περὶ φύσεως ἱστορίαν· ὑπερήφανος γάρ μοι ἐδόκει εἶναι, εἰδέναι τὰς αἰτίας ἑκάστου, διὰ τί γίγνεται ἕκαστον καὶ διὰ τί ἀπόλλυται καὶ διὰ τί ἔστιν. καὶ πολλάκις ἐμαυτὸν ἄνω κάτω μετέβαλλον, σκοπῶν πρῶτον τὰ τοιάδε· Ἆρ' ἐπειδὰν τὸ θερμὸν καὶ τὸ ψυχρὸν σηπεδόνα τινὰ λάβῃ, ὥς τινες ἔλεγον, τότε δὴ τὰ ζῷα συντρέφεται; καὶ πότερον τὸ αἷμά ἐστιν ᾧ φρονοῦμεν, ἢ ὁ ἀὴρ ἢ τὸ πῦρ; ἢ τούτων μὲν οὐδέν, ὁ δ' ἐγκέφαλός ἐστιν ὁ τὰς αἰσθήσεις παρέχων τοῦ ἀκούειν καὶ ὁρᾶν καὶ ὀσφραίνεσθαι, ἐκ τούτων δὲ γίγνοιτο μνήμη καὶ δόξα, ἐκ δὲ μνήμης καὶ δόξης λαβούσης τὸ ἠρεμεῖν, κατὰ ταῦτα γίγνεσθαι ἐπιστήμην; [...]

Mit diesen unscheinbaren Worten wird im *Phaidon* ein Problemfeld umrissen, das systematisch bedeutsam ist und das nach Platon nur durch die Einführung eines metaphysischen Theoriestandpunktes sowie durch die Annahme der Existenz der Seele auf der Grundlage einer teleologischen Kausalität einer Lösung zugeführt werden kann. Worum geht es? Was Platon an der zitierten Stelle anhand des Beispiels vom Menschen zum Thema macht, betrifft das Problem des Wachstums eines Lebewesens bzw. eines Organismus (ζῷον). Daß es ein für die Philosophie relevantes Sachproblem beim Phänomen des Wachstums von Lebewesen geben könnte, wird jedoch nur dann überhaupt nachvollziehbar, wenn man sich klar macht, daß das Wachstum selber ein Beispiel für ein grundlegendes ordnungstheoretisches Problem ist.[16] Denn aus Platons Sicht handelt es sich beim Wachstum eines Lebewesens um einen Prozeß, in dem das Lebewesen eine Vielzahl stofflicher Elemente von außen aufnimmt und aus sich heraus dem eigenen Organismus einverleibt. Dabei gilt, daß der Organismus in diesem Prozeß der Einverleibung die Umwandlung äußerer stofflicher Elemente zu inneren Teilen seiner eigenen Ganzheit

---

ἐγὼ γὰρ ἃ καὶ πρότερον σαφῶς ἠπιστάμην, ὥς γε ἐμαυτῷ καὶ τοῖς ἄλλοις ἐδόκουν, τότε ὑπὸ ταύτης τῆς σκέψεως οὕτω σφόδρα ἐτυφλώθην, ὥστε ἀπέμαθον καὶ ταῦτα ἃ πρὸ τοῦ ᾤμην εἰδέναι, περὶ ἄλλων τε πολλῶν καὶ διὰ τί ἄνθρωπος αὐξάνεται. τοῦτο γὰρ ᾤμην πρὸ τοῦ παντὶ δῆλον εἶναι, ὅτι διὰ τὸ ἐσθίειν καὶ πίνειν· ἐπειδὰν γὰρ ἐκ τῶν σιτίων ταῖς μὲν σαρξὶ σάρκες προσγένωνται, τοῖς δὲ ὀστοῖς ὀστᾶ, καὶ οὕτω κατὰ τὸν αὐτὸν λόγον καὶ τοῖς ἄλλοις τὰ αὐτῶν οἰκεῖα ἑκάστοις προσγένηται, τότε δὴ τὸν ὀλίγον ὄγκον ὄντα ὕστερον πολὺν γεγονέναι, καὶ οὕτω γίγνεσθαι τὸν σμικρὸν ἄνθρωπον μέγαν. (*Phaid.* 96 C f). (Die deutsche Übers. von Platons griechischen Originaltexten folgt mit leichten Modifikationen der Übers. von Friedrich Schleiermacher.) Die fundamentale Frage nach den Ursachen des Entstehens und Vergehens wird von Platon nicht nur im *Phaidon* aufgeworfen, sondern in nahezu identischem Wortlaut auch im X. Buch der *Nomoi*. In *Nom.* 891 E f wird sodann bewiesen, daß es sich bei der Seele, die zugleich als θεός angesprochen wird, um diese αἰτία handelt.

[16] Vgl. hierzu Hans-Georg Gadamer: „Die Seele zwischen Natur und Geist", in: ders.: *Der Anfang der Philosophie*, übers. aus dem Italienischen von Joachim Schulte, Stuttgart 1996, S. 67-81 sowie die ebenso informative wie grundlegende Abhandlung von Jens Halfwassen: „Die Entdeckung des Telos: Platons Kritik der vorsokratischen Ursachenlehre", in: *Zweck und Natur. Historische und systematische Untersuchungen zur Teleologie*, hg. von Tobias Schlicht, München/Paderborn 2011, S. 23-35.

nach Regeln vollzieht, weshalb im Wachstum sowohl die organische Selbsteinheit des Lebewesens als auch die Verhältnisse der Teile untereinander sowie zum Ganzen gewahrt bleiben. Wachstum ist für Platon vom Gesichtspunkt der Ordnung her eine prozessuale Synthesis. Das Problem, auf das Platon im *Phaidon* aufmerksam macht und das philosophisch von höchster Aktualität ist,[17] betrifft genau genommen die Ordnungsform von Teil und Ganzem im Falle von Lebewesen. Platon geht es im obigen Zitat offenkundig darum, deutlich zu machen, daß eine bloße Anhäufung oder äußerliche Hinzufügung (πρόσθεσις) von stofflichen Elementen keineswegs schon so etwas wie Wachstum bedeutet. Entsprechend läßt Sokrates nicht einmal gelten,

> daß, wenn jemand eins zu einem hinzunimmt, dann entweder das eine, zu welchem hinzugenommen worden, zwei geworden ist oder das Hinzugenommene und das, zu welchem hinzugenommen worden, eben weil eins zu dem anderen hinzugekommen, zwei geworden ist. Denn ich wundere mich, wie doch, als jedes für sich war, jedes von ihnen eines gewesen sein soll und sie damals nicht zwei waren, nun sie aber einander nahegekommen sind, dieses die Ursache gewesen ist, daß sie zwei geworden sind, die Vereinigung (σύνοδος), daß man sie nebeneinander gestellt hat.[18]

---

[17] Thomas Nagel hat in seiner Monographie *Mind and Cosmos* die naturalistische Konzeption des Übergangs vom Leblosen zum Lebendigen problematisiert und plausibel dafür argumentiert, daß sich dieser Übergang am ehesten im Rahmen eines objektiven Idealismus begreifen läßt. „The view that rational intelligibility is at the root of the natural order makes me, in a broad sense, an idealist – not a subjective idealist, since it doesn't amout to the claim that all reality is ultimately appearance – but an objective idealist in the tradition of Plato and perhaps also of certain post-Kantians, such as Schelling and Hegel, who are usually called absolute idealists. I suspect that there must be a strain of this kind of idealism in every theoretical scientist: pure empiricism is not enough." In: Thomas Nagel: *Mind and Cosmos. Why the Materialist Neo-Darwinian Conception of Nature Is Almost Certainly False*, Oxford 2012, S. 17.

[18] ὡς ἐπειδὰν ἑνί τις προσθῇ ἕν, ἢ τὸ ἓν ᾧ προσετέθη δύο γέγονεν, <ἢ τὸ προστεθέν>, ἢ τὸ προστεθὲν καὶ ᾧ προσετέθη διὰ τὴν πρόσθεσιν τοῦ ἑτέρου τῷ ἑτέρῳ δύο ἐγένετο· θαυμάζω γὰρ εἰ ὅτε μὲν ἑκάτερον αὐτῶν χωρὶς ἀλλήλων ἦν, ἓν ἄρα ἑκάτερον ἦν καὶ ἤστην τότε δύο, ἐπεὶ δ' ἐπλησίασαν ἀλλήλοις, αὕτη ἄρα αἰτία αὐτοῖς ἐγένετο τοῦ δύο γενέσθαι, ἡ σύνοδος τοῦ πλησίον ἀλλήλων τεθῆναι. (*Phaid.* 96 E f).

Nach Platon handelt es sich beim Wachstum gegenüber einer bloßen Anhäufung um eine μετάβασις εἰς ἄλλο γένος, weil im Falle von Wachstum die durch den Organismus assimilierten stofflichen Elemente weder an beliebiger Stelle abgelegt werden noch beliebige Verbindungen mit den Teilen des Organismus eingehen.[19] Vielmehr wird ihnen gemäß einem Prinzip ihr systematischer Ort durch die lebendige Einheit des ganzen Organismus zugewiesen. Eine solche durch ein Prinzip angeleitete Stellenzuweisung bleibt im Falle einer bloßen Anhäufung notwendig aus. Entsprechend kann bei einem Seienden, das eine bloße Anhäufung von stofflichen Elementen ist, auch nur in einem äquivoken Sinne von Wachstum gesprochen werden, sobald eines zu einem hinzukommt. Denn ob und, wenn ja, wo sich ein stoffliches Element in einer bloßen Aggregation neben einem anderen stofflichen Element befindet, ist kontingent, d.h. durch die Einheit des Ganzen nicht festgelegt. Seine Stelle im Ganzen ist nicht durch einen Zweck als das Prinzip der Organisation der Elemente vorherbestimmt. Folglich können sich Aggregationen wohl qualitativ verändern und quantitativ zu- oder abnehmen, niemals aber in einem strengen Sinne in Ordnung oder Unordnung geraten, weil es für sie überhaupt keinen durch einen Zweck vorherbestimmten Ordnungszustand gibt.

Ordnung (τάξις) auf der Grundlage des Zweckbegriffs ist für Platon die Bedingung der Möglichkeit von Unordnung (ἀταξία), weshalb Unordnung keine logische, sondern eine ontologische, genauer: eine privative Negation ist. Ordnung ist immer ursprünglicher als Unordnung. Dabei befinden sich die stofflichen Elemente einer Menge genau dann in ihrer Ordnung, wenn sie diejenigen Stellen im Systemzusammenhang des Ganzen einnehmen und diejenigen Leistungen in ihrer wechselseitigen Beziehung aufeinander erbringen, die ihnen als Teilen durch den Zweck als die Einheit des Ganzen zugedacht sind. Dabei ist das Prinzip für das Prinzipiat das Gute, das eine zweckmäßige Anordnung der Teile und somit die Hinwendung des Prinzipiats zu seinem Zweck ermöglicht.

---

[19] Ähnlich äußert sich Florian Finck: „Der einmal entstandene Mensch wächst und entfaltet sich, er nimmt ab und wird hinfällig, bevor er schließlich vergeht [....]. Es handelt sich hierbei um physiologische Prozesse, in denen ein hochgradig geordneter Organismus hervorgebracht wird. Die physiologischen Prozesse dienen der Aufrechterhaltung des Leibes." In: Florian Finck: *Platons Begründung der Seele im absoluten Denken*, a.a.O., S. 269.

Das τέλος bzw. das ἀγαθόν enthält als systemtheoretisch zu denkendes Organisationsprinzip die Anordnungsregel oder auch den λόγος, mit dem sich die Teile eines Ganzen mehr oder weniger in Übereinstimmung oder nicht in Übereinstimmung befinden, weshalb der Zweck immer eine ontologisch-normative Bedeutung für das Prinzipiat hat. Es ist diese ontologisch-normative Bedeutung, auf der der ἀρετή-Begriff der klassischen Metaphysik aufruht, so daß die ἀρετή ohne teleologische Kausalität gar nicht gedacht werden kann. Des Weiteren wird hieraus ersichtlich, warum es sich beim ἀρετή-Begriff um eine Bestimmung handelt, die im Grunde auf alles Seiende angewendet werden kann und die keine primär ethische bzw. sittliche Bedeutung hat.[20]

Sobald man Platon folgt und akzeptiert, daß es in der Natur Lebewesen als organisierte Gebilde gibt, reicht die stoffliche Ursprungsdimension, mit der der Naturalismus der vorsokratischen Physiologen rechnet, als Erklärung für das Lebendig-Sein der Lebewesen nicht mehr aus. Selbst wenn man das Stoffprinzip um die Ursprungsdimension einer mechanischen Bewegungsursache (*causa efficiens*) erweitert, muß eine Erklärung der Möglichkeit organisierter Gebilde scheitern. Zwar lassen sich vermittels einer linearen Bewegungsursache komplexe natürliche Gebilde als Aggregationen von Elemente ausweisen, die selbst auf anderes ursächlich einwirken können, aber dennoch gelangen sie in ihrem Ordnungszustand nicht über eine bloße Aggregation hinaus. Sie sind keine Systeme. Daß ein Element auf ein anderes stößt und eine bestimmte Wirkung hervorruft, bleibt im Falle eines Aggregats zufällig.

Die Kritik, die Platon im *Phaidon* am Naturalismus übt, kulminiert also darin, daß diesem mit der teleologischen Ursprungsdimension (*causa finalis*), d.h. mit der Zweckbestimmung des Seienden ein Prinzip der synthetischen Einheit fehlt, das allererst erlaubt, die vielen stofflichen Elemente, aus denen sich ein Lebewesen *materialiter* zusammensetzt, als innerlich miteinander verbunden (συνδεῖν bzw. συνέχειν) und nicht nur äußerlich nebeneinander liegend zu denken.[21] Der Natura-

---

[20] Vgl. hierzu die maßgeblichen Ausführungen von Hans Joachim Krämer: *Arete bei Platon und Aristoteles*, a.a.O., bes. S. 49-57 sowie S. 141-145.

[21] In *Met.* 988a 34-b 21 behauptet Aristoteles, daß er selbst es gewesen sei, der das τέλος bzw. das οὖ ἕνεκα als Ursprungsdimension des Seienden (ἀρχή) gefunden und damit die Philosophie als Aitiologie vollendet habe (vgl. dazu auch Test. Plat. 22 B'). In Bezug auf seinen Lehrer Platon kommt er zu der

lismus bleibt mit seiner materialursächlich-mechanischen Erklärungs-
weise natürlicher Gebilde – und seien sie noch so komplex – ordnungs-
theoretisch auf dem Standpunkt einer Aggregation von Elementen
stehen, und ist in der Folge nicht mehr in der Lage, einen ordnungs-
theoretischen Unterschied zwischen anorganischem und organischem
Seienden begreiflich zu machen, der die mit der Ordnungsform des Lebens einhergehende systematische Einheit der Teile im lebendigen Ganzen betrifft. Interessanter Weise ist es Immanuel Kant, der in seiner
Kritik der Urteilskraft – und zwar in der Kritik der teleologischen Urteilskraft – von einer ähnlichen Problemlage wie Platon ausgeht,
obgleich er mit seiner Konzeption einer für die Vernunft bloß subjektiv
gültigen Beurteilung teleologischer Kausalität keine metaphysische, sondern eine transzendentale Lösung vorschlägt:

> Ein organisiertes Wesen ist also nicht bloß Maschine: denn die hat
> lediglich *bewegende* Kraft; sondern es besitzt in sich *bildende* Kraft, und
> zwar eine solche, die es den Materien mitteilt, welche sie nicht haben
> (sie organisiert): also eine sich fortpflanzende bildende Kraft, welche
> durch das Bewegungsvermögen allein (den Mechanism) nicht erklärt
> werden kann.[22]

Eine solche bildende Kraft oder δύναμις, die für ein Lebewesen ἀρχή im
Sinne eines Struktur mitteilenden τέλος ist, muß auch nach Platon angenommen werden, sobald man die für Lebewesen charakteristische Leistung des Lebens überhaupt erklärlich machen will. Metaphysik und mit
ihr die Einführung des Zwecks als teleologischer Ursprungsdimension
ist für Platon um der Rettung des Phänomens des Lebens willen uner-

---

Feststellung, daß dieser sich vor allem an den Ursprungsdimensionen der ὕλη
und zwar in der Gestalt der ἀόριστος δυάς des μέγα καὶ μικρόν sowie des τί ἦν
εἶναι bzw. der οὐσία in der Gestalt der ἰδέα und des ἕν orientiert habe. Daß
Platon – und zwar gerade, wenn man auf den *Phaidon* und die dort vorgeführte
Begründung der Metaphysik blickt – zweifelsfrei als *der* Entdecker des τέλος
gelten muß, der mit dem τέλος das ἀγαθόν als einheitsstiftendes Prinzip in die
Naturforschung (ἱστορία περὶ φύσεως) eingeführt hat, wird von Aristoteles
irritierender Weise unterschlagen. Insofern muß gegen Aristoteles' Selbstver-
ständnis festgehalten werden: Platon ist der Entdecker des τέλος als ἀρχή. Vgl.
dazu Jens Halfwassen: „Die Entdeckung des Telos", a.a.O., bes. S. 25-28.
[22] *KdU* B 292 f.

lässlich. Der Naturalismus, der keine Zweckbestimmung für die Erklärung des Seienden akzeptiert, muß für das Charakteristische des Lebens
blind werden, weil er das Leben ebenso wie das Leblose nur durch
material-mechanische Ursachen zu erklären versucht und somit der ord-
nungstheoretischen Differenz zwischen Leben und Leblosem begrifflos
gegenübersteht.

Die bildende Kraft, von der Kant in seiner Kritik der teleologischen
Urteilskraft spricht und die ein Lebewesen so organisiert, daß es zu den
Leistungen des Lebens befähigt ist, kommt nach Platon ausschließlich
der Seele des Lebewesens zu. Sie ist das Prinzip seiner organologischen
Systemeinheit, wodurch auch der sinnenfällige Körper eines Lebewe-
sens überhaupt erst als Leib konstituiert wird.[23] Mit anderen Worten:

[23] Es ist sicher richtig, wenn Filip Karfik feststellt: „Aus dieser Perspektive
sehen wir, was Platons junger Sokrates in der alten Naturforschung vermißte. Es
war der *angemessene Seelenbegriff*. Denn erst in ihm findet er nun ein Verbin-
dungsglied, welches ihm erlaubt, den Anaxagoreischen νοῦς-Gedanken auf die
naturwissenschaftlichen Fragen im Sinne der materiellen Bedingungen anzu-
wenden." In: Filip Karfik: *Die Beseelung des Kosmos. Untersuchungen zur
Kosmologie, Seelenlehre und Theologie in Platons Phaidon und Timaios*, Mün-
chen/Leipzig 2004, S. 44. Zentral aber ist – und zwar gerade im *Phaidon* –, daß
es sich bei der Lehre von der Seele um die Antwort auf ein ordnungstheoretisches Problem handelt. Und dieses Problem, nämlich das Problem des Lebens,
kann nur gelöst werden, wenn der Rekurs auf die Seele mit der Einführung eines
neuen Ursachentyps, des Zwecks, einhergeht, der das Gute für das Seiende
darstellt. Es ist angesichts der Bedeutung dieses neuen Ursachentyps, der ja auch
für die Motivierung von Platons Metaphysik grundlegend ist, mehr als irri-
tierend, daß Karfik in seinen Ausführungen zur Seelenlehre im *Phaidon* nur
ganz unzureichend auf die Dimension der Teleologie eingeht. Platons Kritik an
Anaxagoras, daß dieser den νοῦς nämlich gerade nicht als ein nach Zwecken
tätiges Ordnungsprinzip der Welt gebraucht, wird dabei übrigens auch von
Aristoteles in der Sache bestätigt. So kritisiert Aristoteles ebenso wie Platon, daß
Anaxagoras den νοῦς eher im Sinne einer mechanischen Kausalität gebraucht:
„Denn Anaxagoras gebraucht bei seiner Weltbildung die Vernunft als Ma-
schinengott, und wenn er in Verlegenheit kommt, aus welcher Ursache denn
etwas notwendig sein soll, dann zieht er ihn herbei. Im Übrigen aber sucht er die
Ursache eher in allem anderen als in der Vernunft." (Übers. nach Bonitz, leicht
modifiziert) Ἀναξαγόρας τε γὰρ μηχανῇ χρῆται τῷ νῷ πρὸς τὴν κοσμοποιίαν,
καὶ ὅταν ἀπορήσῃ διὰ τίν᾽ αἰτίαν ἐξ ἀνάγκης ἐστί, τότε παρέλκει αὐτόν, ἐν δὲ

Leib ist immer durch eine Seele organisierte Körperlichkeit. Insofern Platon an einem Lebewesen als der Einheit von σῶμα und ψυχή die Seele zum teleologischen Prinzip dieser Einheit erhebt, weil nur duch die Seele dem Lebewesen sein Leben mitgeteilt werden kann, muß die Seele ursprünglicher als der Leib sein. Seele und Leib verhalten sich ontologisch zueinander wie das πρότερον zum ὕστερον, d.h. die Seele ist als das Ursprünglichere auch ein im höheren Maße Seiendes, während der Leib, der seine Einheit immer nur durch die Seele erfährt, etwas von der Seele Abgeleitetes und darum weniger Seiendes ist. Den höheren ontologischen Rang der Seele gegenüber dem Körperlichen, der daraus resultiert, daß sie das Einheitsprinzip alles Organischen ist, wird von Platon besonders deutlich im X. Buch der *Nomoi* herausgestellt:

> Die Seele, mein Freund, scheinen fast alle in ihrem Wesen und ihrer Wirkkraft (δύναμις) verkannt zu haben, sowohl was ihre sonstigen Eigenschaften als auch was ihre Entstehung betrifft, daß sie nämlich zu den ersten Dingen (πρῶτοι) gehört, da sie vor allen Körpern entstanden ist, und daß bei jeder Veränderung (μεταβολή) und Umgestaltung (μετα-κόσμησις) der Körper vor allem sie die Herrschaft (ἀρχή) übernimmt. Wenn dem aber so ist, müßte da nicht notwendig auch das, was mit der Seele verwandt ist, früher entstanden sein als das, was zum Körper gehört, da sie ja älter (πρεσβυτέρα) ist als der Körper?[24]

Der Gedanke, der für Platon innerhalb einer systematischen Erkenntis des Ganzen des Seienden die Annahme einer Seele unumgänglich macht, resultiert aus der spezifisch organologischen Ordnungsform des Lebendigen, durch die es sich von bloßen Aggregationen unterscheidet, weil Aggregationen niemals ein zweckmäßiges, organisiertes Ganzes aus vielen Teilen sein können. Für den Naturalismus muß sich das Phänomen des Lebens auflösen, sobald er in den Lebewesen nur eine

---

τοῖς ἄλλοις πάντα μᾶλλον αἰτιᾶται τῶν γιγνομένων ἢ νοῦν [...]. (*Met.* 985a 18-21).

[24] ψυχήν, ὦ ἑταῖρε, ἠγνοηκέναι κινδυνεύουσι μὲν ὀλίγου σύμπαντες οἷόν τε ὂν τυγχάνει καὶ δύναμιν ἣν ἔχει, τῶν τε ἄλλων αὐτῆς πέρι καὶ δὴ γενέσεως, ὡς ἐν πρώτοις ἐστί, σωμάτων ἔμπροσθεν πάντων γενομένη, καὶ μεταβολῆς τε αὐτῶν καὶ μετακοσμήσεως ἁπάσης ἄρχει παντὸς μᾶλλον· εἰ δὲ ἔστιν ταῦτα οὕτως, ἆρ᾽ οὐκ ἐξ ἀνάγκης τὰ ψυχῆς συγγενῆ πρότερα ἂν εἴη γεγονότα τῶν σώματι προσηκόντων, οὔσης γ᾽ αὐτῆς πρεσβυτέρας ἢ σώματος; (*Nom.* 892 A f).

kontigente Aggregation stofflicher Elemente auf der Grundlage mechanischer Kausalität erblickt. Daß der Seele ein im Verhältnis zum Körper selbständiges Sein zukommt, so daß das Sein, wie Platon im *Sophistes* ausführt, keineswegs mit Körperlichkeit bzw. räumlicher Ausdehnung gleichgesetzt werden darf,[25] ergibt sich aus der Platonischen Grundeinsicht, daß das Prinzip niemals in derselben Weise ein Seiendes sein kann wie das Prinzipiat bzw. daß dasjenige, was Einheit mitteilt – im Falle von Lebewesen eben die Seele – nicht von derselben Seinsart sein kann, wie dasjenige, was die Einheit empfängt.

> Wenn sich nun herausstellen sollte, daß die Seele das Erste ist, nicht aber das Feuer oder die Luft, sondern daß die Seele unter den ersten Dingen entstanden ist, so wird man wohl mit vollem Recht sagen dürfen, daß sie ganz besonders von Natur ist.[26]

Platon muß also – und zwar um des Phänomens des Lebens willen – ein Seiendes annehmen, das die Funktion erfüllt, teleologisches Einheitsprinzip für Lebewesen zu sein, und dem, gerade weil es Prinzip ist, eine von allem Körperlichen unabhängige und diesem überlegene Seinweise zukommt. Nur wenn die Seele nicht eine Wirkung körperliche Prozesses ist, kann sie einem Körper als Leib diejenige synthetische Einheit mitteilen, die die lebendige Einheit von Lebewesen ausmacht und die auf teleologischer Kausalität basiert.[27]

---

[25] Vgl. *Soph.* 246 A f.

[26] εἰ δὲ φανήσεται ψυχὴ πρῶτον, οὐ πῦρ οὐδὲ ἀήρ, ψυχὴ δ᾽ ἐν πρώτοις γεγενημένη, σχεδὸν ὀρθότατα λέγοιτ᾽ ἂν εἶναι διαφερόντως φύσει. (*Nom.* 892 C).

[27] Entsprechend stellt Platon auch im *Timaios* über die Weltseele fest, daß sich nicht nur *in* ihr das Körperliche befindet, was den grundsätzlichen Primat der Seele vor dem Körperlichen, letztlich sogar die Idealität des Körperlichen selber zum Ausdruck bringt, sondern daß sie auch das gegenüber allem Körperlichen Ursprünglichere, Ältere und Beherrschende ist: τὴν δὲ δὴ ψυχὴν οὐχ ὡς νῦν ὑστέραν ἐπιχειροῦμεν λέγειν, οὕτως ἐμηχανήσατο καὶ ὁ θεὸς νεωτέραν - οὐ γὰρ ἂν ἄρχεσθαι πρεσβύτερον ὑπὸ νεωτέρου συνέρξας εἴασεν - ἀλλά πως ἡμεῖς πολὺ μετέχοντες τοῦ προστυχόντος τε καὶ εἰκῇ ταύτῃ πῃ καὶ λέγομεν, ὁ δὲ καὶ γενέσει καὶ ἀρετῇ προτέραν καὶ πρεσβυτέραν ψυχὴν σώματος ὡς δεσπότιν καὶ ἄρξουσαν ἀρξομένου συνεστήσατο ἐκ τῶνδέ τε καὶ τοιῷδε τρόπῳ. (*Tim.* 34 B f).

II

So wie sich Platon durch die lebendigen Gebilde in der Natur zur Annahme des Zwecks bzw. des Guten als einer objektiven Ursprungsdimension genötigt sieht, so muß er aufgrund der ontologischen πρότερον/ὕστερον-Struktur ein eigenständiges Sein der Seele ansetzen. Dabei ist die Seele als das verlebendigende Ordnungsprinzip von Lebewesen immer auf höhere Weise seiend (μᾶλλον ὄν) als der von ihr abhängige, mithin durch sie prinzipiierte Leib. Wenn aber das Sein der Seele im Verhältnis zum Leib das Seiendere ist, stellt sich die Frage, wie dieses höhere Sein der Seele bestimmt werden muß. Platon nimmt hierfür im *Phaidon*, genau genommen im Rahmen des 3. Beweises für die Unsterblichkeit der Seele, eine wichtige Weichenstellung vor, aus der sich sowohl die ontologische als auch gnoseologische Stellung der Seele im Ganzen des Seienden mittelbar ergibt.[28]

Das Seiende läßt sich nach Platon nämlich zunächst und zu allererst in ein solches einteilen, das zusammengesetzt ist (ὄν φύσει σύνθετον), und in ein solches, das niemals eine Zusammensetzung aufweist (ὄν φύσει ἀξύνθετον).[29] Dabei gilt, daß ausschließlich dasjenige Seiende, das in der Weise der Zusammensetzung ist und somit grundsätzlich in seine Bestandteile aufgelöst werden kann, überhaupt einer Veränderung (μεταβολή) zu unterliegen vermag. Von solcher Art ist alles Seiende, das zur Natur und somit zu den sinnlichen Erfahrungsgegenständen gehört. Hingegen ist Seiendes, das sich aufgrund seiner Unzusammengesetztheit, d.h. aufgrund seiner Einfachheit immer auf die gleiche Weise verhält, notwendig unveränderlich. Solches unveränderliche Seiende hält sich uneingeschränkt in der Identität mit sich, es verhält sich κατὰ ταὐτὸ καὶ ὡσαύτως, wie Platon sagt. Dergestalt ist es ewig, weil es seine Bestimmtheit nicht ändern kann und somit insbesondere das Nacheinander als die Verlaufsform der Zeit transzendiert. Von dieser unver-

---

Gelungen sind die diesbezüglichen Ausführungen von Filip Karfik: *Die Beseelung des Kosmos*, a.a.O., S. 176 ff.

[28] Vgl. zur ontologisch-gnoseologischen Struktur der Seele sowie zu ihrer mittleren Stellung im Ganzen des Seienden die immer noch maßgeblichen Ausführungen von Konrad Gaiser: *Platons ungeschrieben Lehre*, a.a.O., bes. S. 41-66.

[29] Vgl. *Phaid.* 78 C.

änderlichen, ewigen und mit sich identischen Seinsart sind die Ideen, die nur durch und für das Denken des Geistes (νοῦς) erkennbar sind.

> Und nicht wahr, was sich immer gleich verhält und auf einerlei Weise, davon ist wohl am wahrscheinlichsten, daß es das Unzusammengesetzte sei; was aber bald so, bald anders und nimmer auf die gleiche Weise, dieses das Zusammengesetzte? Mir wenigstens scheint es so.[30]

Trotz dieser ontologisch-gnoseologischen Dualität von Zusammengesetztheit und Einfachheit sowie Intelligibilität und sinnlicher Erfahrbarkeit handelt es sich bei der Seele um ein Seiendes, das weder mit dem in sich einfachen Sein der Ideen noch mit dem zusammengesetzten Sein des Sinnenfälligen schlechthin identisch ist. Vielmehr ist nach Platon die Seele ein Drittes, das ontologisch zwischen den Ideen und dem Sinnenfälligen verortet werden muß. So ist die Seele einerseits seiender als das Sinnenfällige und andererseits weniger seiend als die Ideen, hat aber angesichts ihrer mittleren ontologischen Stellung zu beiden Seinsbereichen einen gnoseologischen Zugang.

> Und, nicht wahr, auch das haben wir schon lange gesagt, daß die Seele, wenn sie sich des Leibes bedient, um etwas zu betrachten [...] dann von dem Leibe gezogen wird zu dem, was sich niemals auf gleiche Weise verhält, und daß sie dann selbst schwankt und irrt und wie trunken taumelt, weil sie ja eben solches berührt. [...] Wenn sie aber durch sich selbst betrachtet, dann geht sie zu dem Reinen, immer Seienden, Unsterblichen und sich stets Gleichen, und, als diesem verwandt (συγγενής), hält sie sich stets zu ihm, wenn sie für sich selbst ist und dann hat sie Ruhe von ihrem Irren und ist auch in Beziehung auf jenes immer sich selbst gleich, weil sie eben solches berührt, und diesen ihren Zustand nennt man Einsicht (φρόνησις).[31]

---

[30] οὐκοῦν ἅπερ ἀεὶ κατὰ ταὐτὰ καὶ ὡσαύτως ἔχει, ταῦτα μάλιστα εἰκὸς εἶναι τὰ ἀσύνθετα, τὰ δὲ ἄλλοτ᾽ ἄλλως καὶ μηδέποτε κατὰ ταὐτά, ταῦτα δὲ σύνθετα; ἔμοιγε δοκεῖ οὕτως. (*Phaid.* 78 C).
[31] οὐκοῦν καὶ τόδε πάλαι ἐλέγομεν, ὅτι ἡ ψυχή, ὅταν μὲν τῷ σώματι προσχρῆται εἰς τὸ σκοπεῖν τι [...] τότε μὲν ἕλκεται ὑπὸ τοῦ σώματος εἰς τὰ οὐδέποτε κατὰ ταὐτὰ ἔχοντα, καὶ αὐτὴ πλανᾶται καὶ ταράττεται καὶ εἰλιγγιᾷ ὥσπερ μεθύουσα, ἅτε τοιούτων ἐφαπτομένη; [...] ὅταν δέ γε αὐτὴ καθ᾽ αὑτὴν σκοπῇ, ἐκεῖσε οἴχεται εἰς τὸ καθαρόν τε καὶ ἀεὶ ὂν καὶ ἀθάνατον καὶ ὡσαύτως ἔχον, καὶ ὡς

Obwohl das Sein der Seele als ein Drittes in der Mitte zwischen dem unveränderlichen Sein der Ideen und dem veränderlichen Sein der sinnenfälligen Werdewelt seinen Ort hat, weist es eine ursprünglich Verwandschaft mit dem Intelligiblen auf. D.h. für Platon ist das Sein der Seele dem Sein der Ideen in besonderer Weise ähnlich.[32]

Was die gerade zitierte Stelle im *Phaidon* ebenfalls verdeutlicht, ist, daß die Seele trotz ihrer ursprünglichen Verwandtschaft mit den Ideen so beschaffen ist, daß sie sich gnoseologisch mehr oder weniger dem Intelligiblen bzw. dem Sinnenfälligen zuwenden kann und zwar so, daß sich ihr eigenes Sein der Seinsart ihres gnoseologischen Gegenstandes ontologisch angleicht. Je mehr die Seele auf Sinnenfälliges bezogen ist, umso mehr wird sie selbst von der Art des Sinnenfälligen, und je mehr sie auf das Intelligible bezogen ist, umso mehr wird sie selbst von der Art des Intelligiblen. Die hierin bereits angelegte ontologische Möglichkeit einer Geistwerdung der Seele ist ihr aufgrund ihrer ursprünglichen Verwandschaft mit den Ideen als eine gnoseologische Rückkehr in ihren Ursprung sogar normativ aufgegeben. Denn durch ihre denkende Zuwendung zu den Ideen wird sie seiender und in sich einheitlicher, während ihre aisthetische Zuwendung zum Sinnenfälligen zu einer Selbstvergessenheit hinsichtlich ihrer ursprünglichen Verwandtschaft mit den Ideen führt und sie in sich selbst unbeständiger und vielheitlicher wird. Die Seele soll sich darum dem Intelligiblen zuwenden, um darüber selber intelligibel zu werden. Diesen Prozeß einer onto-

---

συγγενὴς οὖσα αὐτοῦ ἀεὶ μετ᾽ ἐκείνου τε γίγνεται, ὅτανπερ αὐτὴ καθ᾽ αὑτὴν γένηται καὶ ἐξῇ αὐτῇ, καὶ πέπαυταί τε τοῦ πλάνου καὶ περὶ ἐκεῖνα ἀεὶ κατὰ ταὐτὰ ὡσαύτως ἔχει, ἅτε τοιούτων ἐφαπτομένη· καὶ τοῦτο αὐτῆς τὸ πάθημα φρόνησις κέκληται; (*Phaid.* 79 C f).

[32] Allerdings weist Mischa von Perger zu Recht daraufhin: „Demnach würde das Werden der Seele in einer Mitte zwischen Teilbarem und Unteilbarem nicht einfach eine Relation zum unwandelbaren geistigen Sein vorgestellt, sondern es begründete eine eigene, körperanalog gefaßte Gestalt dieses Seins in der Seele; diese Gestalt schlösse in sich nicht nur die Möglichkeit, erkennend verschiedene Eigenschaften vom Wahrnehmbaren auszusagen, sondern erfüllte es insgesamt mit Leben und Erkenntnisvermögen. Dies bedeutete nicht Nachahmung, sondern Einbegreifen des Unteilbaren in der seelischen Einheit." In: Mischa von Perger: *Die Allseele im* Timaios, Stuttgart/Leipzig 1997, S. 93.

logischen sowie gnoseologische Geistwerdung der Seele begreift Platon bekanntlich als ὁμοίωσις θεῷ.[33] Dazu heißt es bei Konrad Gaiser:

> Mit dem Nus hat die Seele an der Idee teil: durch ihn wird sie von der Idee her gestaltet wie ein Fläche durch die lineare Begrenzung. Ebenso ist zu verstehen, daß die Seele ohne den Nus, also gleichsam ohne feste Grenze, die einheitliche, gute Gestalt verlieren muß und daß dann auch der von der Seele abhängige Körper notwendigerweise unbestimmt-veränderlich wird. Die Wirkung geht aber im zweiten Fall eher von ‚unten' aus, nämlich vom Körper als gestaltloser Masse und letztlich vom Apeiron-Prinzip selbst.[34]

Was für ein richtiges Verständnis von Platons Seelenbegriff jedoch eine Herausforderung darstellt, ist der Umstand, daß die Seele weder einfach wie die Ideen noch zusammengesetzt wie das Sinnenfällige ist und daß sie als ein Mittleres trotzdem beides mehr oder weniger annehmen kann. Das Sein der Seele ist in sich selbst nach beiden Richtungen hin dynamisch verfaßt. Besonders deutlich geht dies m. E. aus dem *Timaios* hervor, wo Platon im Modus der wahrscheinlichen Rede (εἰκὸς λόγος) beschreibt, wie die demiurgische Intelligenz des göttlichen Geistes[35] die Seele, genauer: die den gesamten Kosmos durchdringende und beherr-

---

[33] Vgl. dazu insbesondere *Rep.* 500 B-C und *Theait.* 176 A-E.

[34] Konrad Gaiser: *Platons ungeschriebene Lehre*, a.a.O., S. 65.

[35] Bezüglich des Zusammenhangs zwischen dem Demiurgen und dem Ideenkosmos folge ich Matthias Baltes, wenn er feststellt: „Wenn der Demiurg, was nicht bezweifelt werden kann, ein νοητὸν ζῷον ist, dann gibt es nur die Alternative, daß er entweder ein Teil oder das Ganze des νοητὸν ζῷον ist. Wäre er ein Teil, so wäre er unvollkommen (30 C 4 f). Da das undenkbar ist, kann er nur das Ganze des νοητὸν ζῷον sein; denn er ist ja „das beste der intelligiblen und immerseienden Dinge" (τῶν νοητῶν ἀεί τε ὄντων ... τὸ ἄριστον, 37 A 1)." In: Matthias Baltes: „Γέγονεν (Platon, *Tim.* 28 B 7). Ist die Welt real entstanden oder nicht?", in: ders.: *ΔΙΑΝΟΗΜΑΤΑ. Kleine Schriften zu Platon und zum Platonismus*, Stuttgart/Leipzig 1999, S. 309. Siehe dazu auch Reginald Hackforth: „Plato's Theism", in: *Classical Quarterly* 30 (1936), S. 4-9; Cornelia J. De Vogel: „What was God for Plato", a.a.O., S. 210-242 sowie Jens Halfwassen: „Der Demiurg: Seine Stellung in der Philosophie Platons und seine Deutung im antiken Platonismus", in: *Platons* Timaios. *Beiträge zu seiner Rezeptionsgeschichte*, hg. von Ada B. Neschke-Henschke, Leuven/Leiden 2000, S. 39-61.

schende Weltseele aus einem Teil des Einfachen, einem Teil des Zusammengesetzten sowie aus einem dritten aus beiden gemischten Teil durch eine mathematisch proportionierte Fügung erzeugt.

Er aber gestaltete die ihrer Entstehung und Vorzüglichkeit nach dem Körper gegenüber frühere und ehrwürdigere Seele als Gebieterin und künftige Beherrscherin des ihr unterworfenen Körpers aus folgenden Bestandteilen und auf folgende Weise: Zwischen dem unteilbaren und immer sich gleich bleibenden Sein (οὐσία) und dem teilbaren, im Bereich der Körper werdenden, mischte er aus beiden eine dritte Gestalt (εἶδος) des Seins. Was aber wiederum die Natur des Selben und die des Verschiedenen angeht, so stellte er entsprechend auch bei diesen je eine dritte Gattung zusammen zwischen dem Unteilbaren von ihnen und dem in den Körpern Teilbaren. Und diese drei nahm er und vereinigte alle zu einer Gestalt (ἰδέα), indem er die schlecht mischbare Natur des Verschiedenen gewaltsam mit der des Selben fügte und sie mit dem Sein vermischte.[36]

Aus dieser notorisch schwer verständlich Stelle geht eines deutlich hervor, nämlich daß für Platons Konzeption der Seele zentral ist, daß sie in je unterschiedlicher Gewichtung einen Teil des Einfachen, des Zusammengestzten und des aus beidem Gemischten aufweist und daß diese Teile in der Seele wiederum nicht äußerlich zusammengesetzt sind, wie es im Bereich des Sinnenfälligen stattfindet, sondern einer Fügung nach mathematischen Proportionen unterliegen. Ohne zusammengesetzt zu sein und ohne in sich selbst schlechthin einfach zu sein, ist die Seele aber dennoch mit dem Einfachen, d.h. mit den Ideen verwandt, weil die

---

[36] ὁ δὲ καὶ γενέσει καὶ ἀρετῇ προτέραν καὶ πρεσβυτέραν ψυχὴν σώματος ὡς δεσπότιν καὶ ἄρξουσαν ἀρξομένου συνεστήσατο ἐκ τῶνδέ τε καὶ τοιῷδε τρόπῳ. τῆς ἀμερίστου καὶ ἀεὶ κατὰ ταὐτὰ ἐχούσης οὐσίας καὶ τῆς αὖ περὶ τὰ σώματα γιγνομένης μεριστῆς τρίτον ἐξ ἀμφοῖν ἐν μέσῳ συνεκεράσατο οὐσίας εἶδος, τῆς τε ταὐτοῦ φύσεως [αὖ πέρι] καὶ τῆς τοῦ ἑτέρου, καὶ κατὰ ταὐτὰ συνέστησεν ἐν μέσῳ τοῦ τε ἀμεροῦς αὐτῶν καὶ τοῦ κατὰ τὰ σώματα μεριστοῦ· καὶ τρία λαβὼν αὐτὰ ὄντα συνεκεράσατο εἰς μίαν πάντα ἰδέαν, τὴν θατέρου φύσιν δύσμεικτον οὖσαν εἰς ταὐτὸν συναρμόττων βίᾳ. (*Tim.* 34 C-35 A). Vgl. zu den Mischungsverhältnissen von Teilbarem und Unteilbarem, von Selbigem und Anderem vor allem Konrad Gaiser: *Platons ungeschriebene Lehre*, a.a.O., S. 41 ff, der Aristoteles' Bericht über Platons Seelenlehre in *De anima* 404b 16-27 (= Test. Plat. 25 A) auf grundlegende Weise in seine Deutung einbezieht.

demiurgische Intelligenz ihr einen höheren Anteil von der Natur des ταὐτόν eingefügt hat als von der Natur des θάτερον. Kurzum: Die Einbindung der Ideen in das Sein der Seele ist für dieses Sein konstitutiv, weshalb die Seele in einem notwendigen Verhältnis zu den Ideen steht und als Weltseele ihrerseits die Materie nach Maßgabe von Ideen zu formen vermag.

Mit der Bestimmung des metaphysischen Orts der Seele als der Mitte zwischen den Ideen und dem zusammengesetzten Sein der Werdewelt ist aber der Begriff ihres Wesens für Platon noch nicht erfaßt. Ihren expliziten Begriff gibt Platon im Rahmen seines Beweises für die Unsterblichkeit der Seele im *Phaidros* sowie im X. Buch der *Nomoi*. In beiden Texten ist es das Ziel, darzulegen, daß jede Seele (πᾶσα ψυχή), insofern ihr die Eigenschaft zukommt, Prinzip des Lebens für Lebendiges zu sein, tatsächlich ἀθάνατος bzw. ohne φθορά ist.[37] Ein solcher Beweis gelingt laut Platon aber nur dann, wenn man einsichtig zu machen vermag, daß und inwiefern es sich bei der Seele selber um ein αὐτοκίνητον handelt. Dabei ist für Platon die Selbstbewegung keine Eigenschaft, die der Seele akzidentell zukommt, sie ist auch kein Vermögen, das bald tätig ist und bald ruht, sondern vielmehr handelt es sich beim αὐτοκίνητον um den Begriff des Wesens (λόγος τῆς οὐσίας) der Seele selber.[38] Sobald man also versteht, was es für die Seele heißt, sich durch sich selbst bewegend zu sein, hat man Einsicht in ihre οὐσία gewonnen. Vom αὐτοκίνητον als dem Begriff des Wesens der Seele muß sich folglich aufhellen lassen, wie Platon die Seele im Rahmen seiner Metaphysik begreift. Welche Bedeutung kommt also dem αὐτοκίνητον für die Seele zu?

Die Selbstbewegung wird sowohl im *Phaidros* als auch im X. Buch der *Nomoi* primär in ihrem kosmologischen Kontext thematisiert, ohne daß die Selbstbewegung hierauf jedoch eingeschränkt werden darf. Um die Notwendigkeit des Gedankens eines Seienden, das durch sich selbst bewegt und somit zugleich sich selbst bewegend ist, einsichtig zu machen, grenzt Platon diejenige Bewegungsform, in der ein Seiendes immer anderes Seiendes bewegt und seinerseits von anderem Seienden bewegt wird, von derjenigen Bewegungsform ab, in der ein Seiendes sowohl anderes als auch sich selbst zu bewegen vermag. Während die

---

[37] Vgl. *Phdr*. 245 C sowie *Phaid*. 106 D.
[38] Vgl. *Nom*. 895 D.

erste Bewegungsform dem Sinnenfälligen eignet, kommt die zweite spezifisch der Seele zu, so daß Platon sagen kann, daß das Wesen der Seele in gar nichts anderem als in dieser wirklichen Selbstbewegung besteht, durch die sie wiederum anderes bewegt. Zentral ist hierbei, daß die Selbstbewegung ursprünglicher als die Fremdbewegung ist, weil nur durch sie der innerkosmische Bewegungszusammenhang des Seienden verursacht sein kann. Denn der Kosmos vermag sich nicht aus sich selbst heraus in Bewegung zu setzen, weil die Bewegung des Körperlichen immer nur Fremdbewegung ist. D.h. ohne die Seele, die sich aus sich selbst heraus bewegt, müßte der innerkosmische Bewegungszusammenhang zum Stillstand kommen oder aber gar nicht erst anheben.

> Wenn aber etwas, das sich selbst in Bewegung gesetzt hat, ein anderes verändert, dieses dann wieder ein anderes und so die bewegten Dinge in die Tausende [...] gehen, wird es da etwa einen anderen Ursprung ihrer gesamten Bewegung geben als die Veränderung der sich selbst bewegenden Bewegung?[39]

Insofern die innerkosmische Bewegung einen Ursprung haben muß, durch den sie initiiert ist, kann es sich hierbei nur um einen solchen handeln, der seine Bewegung durch sich selbst hat, weil nur, was sich durch sich selbst bewegt, unabhängig alles andere zu bewegen vermag. Das aber ist eine Leistung der Seele, die darum in Bezug auf den Kosmos kineseologische Erstursache ist. Daß die Selbstbewegung der Seele weder einen Anfang noch ein Ende in der Zeit hat, so daß ihre Selbstbewegung eine immerwährende ist – ein Umstand, den Platon ins Zentrum seines Beweises für ihre Unsterblichkeit rückt –, ergibt sich daraus, daß sie als αὐτοκίνητον *wesenmäßig* ἀρχὴ τῆς κινήσεως ist. Würde sie dagegen aus sich selbst heraus aufhören, sich zu bewegen, so müßte sie ihr eigenes Wesen aufgeben bzw. sich hinsichtlich ihres eigenen εἶδος selbst verlassen, so daß sie sich auch nicht mehr aus sich heraus in Bewegung setzen könnte, um so anderes zu bewegen. Dazu heißt es im *Phaidros*:

---

[39] ἀλλ᾽ ὅταν ἄρα αὐτὸ αὑτὸ κινῆσαν ἕτερον ἀλλοιώσῃ, τὸ δ᾽ ἕτερον ἄλλο, καὶ οὕτω δὴ χίλια ἐπὶ μυρίοις γίγνηται τὰ κινηθέντα, μῶν ἀρχή τις αὐτῶν ἔσται τῆς κινήσεως ἁπάσης ἄλλη πλὴν ἡ τῆς αὐτῆς αὑτὴν κινησάσης μεταβολή; (*Nom.* 894 E-895 A).

Nur also das sich selbst Bewegende, weil es nie sich selbst verläßt, wird auch nie aufhören, bewegt zu sein, sondern auch allem, was sonst bewegt wird, ist dieses Quelle und Anfang der Bewegung. Der Anfang aber ist unentstanden. Denn aus dem Anfang muß alles Entstehende entstehen, er selbst aber aus nichts.[40]

Die Art und Weise, wie Platon den Begriff der Seele als αὐτοκίνητον im *Phaidros* und im X. Buch der *Nomoi* entwickelt, legt, wie bereits Karl Bormann klar gesehen hat, ein Verständnis der seelischen Selbstbewegung im Sinn einer spontanen Tätigkeit nahe,[41] die als solche das Wesen der Seele ausmacht und in der die Seele bei sich selbst ist. Aufgrund des reflexiven Charakters einer solchen sich selbst bewegenden spontanen Tätigkeit sowie Platons Feststellung im *Phaidros*, daß die Seele sich niemals selbst verläßt,[42] kommt man m. E. nicht umhin, in dieser Selbstbewegung eine Spontaneität als Vorstufe einer geistigen Selbstbeziehung zu erblicken. Der innerkosmische Bewegungszusammenhang des Seienden hätte bei Platon demnach seinen Ursprung in einer solchen sich auf sich beziehenden Spontaneität der Seele. Dabei ist diese Spontaneität nicht nur das Wesen der Weltseele, sondern auch jeder Einzelseele, insofern ihr Unsterblichkeit zukommt. Auf ihr beruht überhaupt das Vermögen der Lebewesen aus eigenem Antrieb, Leistun-

---

[40] μόνον δὴ τὸ αὐτὸ κινοῦν, ἅτε οὐκ ἀπολεῖπον ἑαυτό, οὔποτε λήγει κινούμενον, ἀλλὰ καὶ τοῖς ἄλλοις ὅσα κινεῖται τοῦτο πηγὴ καὶ ἀρχὴ κινήσεως. ἀρχὴ δὲ ἀγένητον· ἐξ ἀρχῆς γὰρ ἀνάγκη πᾶν τὸ γιγνόμενον γίγνεσθαι, αὐτὴν δὲ μηδ᾽ ἐξ ἑνός· (*Phdr.* 245 C).

[41] „Leben ist immanentes Wirken (= immanente Tätigkeit) im Gegensatz zum transeunten Wirken, das nur auf Hervorbringung oder Umgestaltung anderer Dinge gerichtet ist. Im immanenten Wirken oder Tätigsein entfaltet sich das Tätige sich selbst. Tätigsein, sich entfalten, Wirken sind nichts anderes als eine Art Bewegung. Da „Leben" immanente Tätigkeit ist, ist „Leben" eine Art Bewegung. [...] In sich selbst den Grund der Bewegung haben und alles andere Bewegen, von der Seele ausgesagt, bedeutet: Die Seele ist Träger des eidos Leben; und da sie wesensgemäß an diesem eidos teilhat und nie von diesem eidos getrennt werden kann, ist sie immer belebt, und zwar aus ihrem eigenen Wesen oder durch sich selbst." In: Karl Bormann: *Platon*, Freiburg 1973, S. 131 f.

[42] Vgl. zum Ausdruck οὐκ ἀπολεῖπον ἑαυτό die vorzüglichen Ausführungen von Thomas A. Szlezák: „,Seele' bei Platon", in: *Der Begriff der Seele in der Philosophiegeschichte*, hg. von Hans-Dieter Klein, Würzburg 2005, S. 65-86, bes. S. 69 f.

gen zu erbingen. Veränderungen an Lebewesen widerfahren ihnen nicht nur passiv durch Fremdbewegung von außen, indem sie durch äußere Ursachen etwas erleiden, sondern sie können von sich aus nach innen und nach außen wirken. Solche aktiven Eigenleistungen der Lebewesen, zu denen insbesondere auch die Sorge der Seele um sich selber gehört, die für Platon in ihrer höchsten Gestalt das philosophische Erkennen der Ideen und die damit einhergehende ὁμοίωσις θεῷ der Seele ist, haben ihre Quelle sowie ihre Ermöglichungsbedingung in der Spontaneität der Seele – einem Tätigsein aus eigenem Antrieb, das ihr Wesen ist und in dem die Seele aller Lebewesen immer zugleich bei sich selbst ist.

III

Obwohl für Platon der Begriff vom Wesen der Seele das αὐτοκίνητον ist und sie als durch sich selbst bewegt anderes aus eigenem Antrieb in Bewegung zu setzen vermag, ohne von ihrer Selbstbewegung je abzulassen, weil sie sonst ihr eigenes Wesen verlieren würde, bedarf die Rede von der Selbstbewegung noch weiterer Erhellung. Denn wenn die Seele sich selbst bewegt, muß diese Bestimmung mit der von Platon behaupteten ursprünglichen Verwandtschaft der Seele mit den Ideen sowie dem sich in den Ideen selbst denkenden Geist in Zusammenhang stehen. Ein solcher Zusammenhang wird nicht nur dadurch bestätigt, daß der Demiurg in der Mischung der Weltseele, wie bereits gesagt, einen Teil des ideenhaften Seins eingefügt hat, so daß das Intelligible zweifelsfrei zum Sein der Seele gehört. Sondern vielmehr ist das ideenhafte Sein auch in dem Sinne konstitutiv für die Seele, wie Platon im letzten Unsterblichkeitsbeweis des *Phaidon* ausführt, daß sie immer an der Idee des Lebens (τὸ τῆς ζωῆς εἶδος) teilhat.[43] So wie etwa das Feuer die Idee der Wärme mit sich führt oder die Zahl 3 die Idee des Ungeraden, so führt die Seele die Idee des Lebens mit sich, so daß allem, dem sie als verlebendigendes Prinzip innewohnt, das Leben aufgrund ihrer eigenen Teilhabe an der Idee des Lebens mitgeteilt wird. Wenn die Seele als Prinzip des Lebens das Leibhafte verlebendigt, dann nur deshalb, weil sie selber immer Teil an der Idee des Lebens habend selber lebendig ist.

---

[43] Vgl. *Phaid.* 106 D.

Das Leben, das der Seele zukommt oder das sie genauer an ihr selber ist, ist aber seinem Wesen nach nichts anderes als ihre spontane Tätigkeit im Sinne des αὐτοκίνητον. Die Idee des Lebens, von der die Seele einerseits nicht getrennt existieren kann und mit der sie andererseits nicht auf derselben ontologischen Ebene steht, gehört als Idee zum Bereich des rein geistigen Seins, zum νοητὸς τόπος aus der *Politeia* bzw. zum ὑπερουράνιος τόπος aus dem *Phaidros*. Dabei darf die Idee des Lebens nicht nur als eine besondere Idee unter vielen gedacht werden, sondern sie hat für das Ganze des wahrhaft Seienden eine umfassendere Bedeutung. Denn während wir im VI. Buch der *Politeia* zunächst erfahren, daß die Ideen gar nicht zusammenhanglos nebeneinander stehen, wie oft behauptet wird, sondern ein wohlgeordnetes System von an sich seienden, objektiven Gedankenbestimmungen ausmachen – Platon spricht von der Ganzheit des wahrhaft Seienden als einem τεταγμένον sowie als einem göttlichen κόσμος κατὰ λόγον,[44] der vollkommen gerecht ist, weil die Ideen aufgrund ihrer Wohlordnung einander weder Unrecht tun noch von einander Unrecht leiden –[45], wird die in der *Politeia* angedeutete Wohlordnung der Ideen im *Sophistes* noch einmal präzisiert. Denn im *Sophistes* wirft der eleatische Fremde die für die Bestimmtheit des wahrhaften Seins wichtige Frage auf.

> Aber, wie beim Zeus! Sollen wir uns leichtlich überreden lassen, daß in der Tat Bewegung und Leben und Seele und Vernunft dem wahrhaft Seienden gar nicht eigne? Daß es weder lebe noch Einsicht hat, sondern der ehrwürdigen und heiligen Vernunft entbehrend unbeweglich dastehe?[46]

Das wahrhaft Seiende ist offenkundig nicht nur in sich selbst geistig, sondern es ist auch in sich selbst lebendig und bewegt,[47] weshalb der

---

[44] Vgl. *Rep*. 500 B-C.
[45] Vgl. *Rep*. 500 C.
[46] τί δὲ πρὸς Διός; ὡς ἀληθῶς κίνησιν καὶ ζωὴν καὶ ψυχὴν καὶ φρόνησιν ἦ ῥᾳδίως πεισθησόμεθα τῷ παντελῶς ὄντι μὴ παρεῖναι, μηδὲ ζῆν αὐτὸ μηδὲ φρονεῖν, ἀλλὰ σεμνὸν καὶ ἅγιον, νοῦν οὐκ ἔχον, ἀκίνητον ἑστὸς εἶναι; (*Soph*. 248 E).
[47] Daß dem ursprünglichen Sein, dem ἓν ὄν, nicht nur Ruhe, sondern auch Bewegung zukommt, sagt Platon nicht nur in *Soph*. 248 E, sondern ausdrücklich auch in *Parm*. 146 A. Zum Gedanken von einer dem Ideenkosmos immanenten

vollkommenen Einheit und Ganzheit des wahrhaft Seienden zukommt, daß es einerseits der eine sich in den Ideen selbst denkende göttliche Geist ist und daß andererseits die Einheit und Ganzheit des wahrhaft Seienden von der Art eines intelligiblen Lebens ist. Intelligibles Leben und Geist gehören der Totalität des wahrhaft Seienden – und d.h. nichts anderes als dem Ideenkosmos – intrinsisch an.[48]

Wenn aber der Wohlordnung der Ideen das Leben eignet, dann handelt es sich bei ihr um eine lebendige Ordnung. Der Ideenkosmos wird darüber zu einem ewigen, mit sich selbst identischen Lebewesen (ἀίδιον ζῷον),[49] das keinerlei Veränderung ausgesetzt ist. Ohne sich in sich zu verändern, lebt es als die denkende Selbstbeziehung des Geistes in den Ideen, bei der es sich zugleich um seine ewige Selbstentfaltung in die Ideenvielheit auf der Grundlage des prinzipientheoretischen Zusammenwirkens der beiden höchsten Prinzipien, nämlich des ἕν und der ἀόριστος δυάς des μέγα καὶ μικρόν handelt.[50] Angesichts einer solchen lebendigen Ordnung der Ideen, die die Selbstentfaltung des Ganzen in seine Teile unter steter Rückwendung der Teile auf das Ganze in sich enthält, darf die Idee des Lebens, wie sie im *Phaidon* begegnet und an der die Seele immer teilhat, gerade nicht nur als eine Idee unter vielen verstanden werden, sondern sie ist als der Inbegriff der lebendigen Ordnung des sich in den Ideen selbst denkenden Geistes die Idee von der Selbstentfaltung der οὐσία bzw. des ἕν ὄν in die Einheit und Ganzheit des Ideenkosmos.[51] In der Idee des Lebens begegnen wir der Idee von

---

Bewegung vgl. Cornelia J. De Vogel: „Platon a-t-il ou n' a-t-il pas introduit le mouvement dans son monde intelligible?", in: dies.: *Philosophia I*, a.a.O., S. 176-182.

[48] Vgl. Florian Finck: *Platons Begründung der Seele im absoluten Denken*, a.a.O., S. 286 ff, der das Denken des göttlichen Geistes als die lebendige Selbstentfaltung des wahrhaft Seienden in die Ideen „absolutes Denken" nennt.

[49] Vgl. *Tim.* 37 D.

[50] Vgl. *Parm.* 143 A-144 E.

[51] Daß der Geist und zwar als göttlicher und in seiner Göttlichkeit transzendenter Geist tatsächlich das Ganze der Ideen ist, das sich aufgrund seines Geistcharakters in den Ideen selber denkt, so daß den Ideen eine ihnen eigentümliche ἐπιστήμη zukommt, ist philologisch am gründlichsten und überzeugendsten herausgearbeitet worden von Wilhelm Schwabe: „Der Geistcharakter des ‚überhimmlischen Raumes'", in: *Platonisches Philosophieren. Zehn Vorträge zu Ehren von Hans Joachim Krämer*, hg. von Thomas A. Szlezák unter Mitwirkung

der produktiven Verflechtung (συμπλοκή) aller Ideen, durch die sich der Ideenkosmos als lebendige Ordnung konstituiert. Dabei geht die Idee des Lebens durch alle Ideen hindurch, die sie darum auch als in sich enthalten umfaßt. Versteht man die Idee des Lebens in diesem Sinne, dann wird nicht nur klar, daß Platon dem wahrhaft Seienden Leben und Geist zusprechen kann, sondern auch, warum er im *Timaios* die Ideen, auf die die demiurgische Intelligenz in ihrer schöpferischen Tätigkeit blickt, νοητὰ ζῷα nennt, die in ihrer systematischen Einheit und Ganzheit als intelligibler Kosmos zugleich *ein* νοητὸν ζῷον bilden.[52] In gewissem Sinne ist die Idee des Lebens darum mit der Idee des Seins identisch. Sie artikuliert den produktiven Aspekt der Idee des Seins. Denn die Idee des Seins, wenn man dem *Sophistes* und der 2. Hypothesis des *Parmenides* folgt, ist nicht nur eine Idee, an der alle Ideen teilhaben, um überhaupt sein zu können, sondern sie enthält auch in sich selbst den Prozess ihrer Selbstentfaltung in die Ideenvielheit, weshalb sie als Ganze in jeder Idee als einer anderen bei sich selbst ist. Die Idee des Lebens unterscheidet sich von der Idee des Sein folglich primär

von Karl-Heinz Stanzel, Hildesheim/Zürich/New York 2001, S. 181-331. Schwabe interpretiert in seinem bedeutenden Aufsatz die für ein korrektes Platonverständnis höchst wichtige Stelle *Phdr.* 247 C-E. Er legt äußerst subtil dar, daß die Ideen nicht nur der Inhalt der ἀληθὴς ἐπιστήμη sind, sondern daß umgekehrt die ἀληθὴς ἐπιστήμη auch eine Bestimmung an den Ideen selber ist. Letzteres bringt Platon vor allem dadurch zum Ausdruck, daß er über die ἀληθὴς ἐπιστήμη, die von den Göttern und den Seelen in ihrem Aufschwung zum „überhimmlischen Raum" geschaut wird, sagt, daß sie weder ein Entstehen noch ein Vergehen hat und daß sie als solche die *im* wahrhaften Seienden wahrhafte Wissenschaft ist: τὴν ἐν τῷ ὅ ἐστιν ὂν ὄντως ἐπιστήμην οὖσαν. (*Phdr.* 247 E). Des Weiteren geht aus der besagten Stelle hervor, daß, wenn die Götter und die Seelen sich zur Betrachtung des wahrhaft Seienden aufschwingen, sie zur Einsicht in die δικαιοσύνη, in die σωφροσύνη sowie in die ἐπιστήμη selber gelangen. Wenn Platon in *Phdr.* 247 D von den Ideen der Gerechtigkeit, der Besonnenheit und der Wissenschaft spricht, sind damit aber nicht nur Einzelideen gemeint, sondern höherstufige Ideen, die den Ideenkosmos als die Wohlordnung des Ideenganzen in sich begreifen. Platon kennt somit Ideen, die die Ideen von der Einheit und Ganzheit aller Ideen sind. Zu diesen Ideen gehören neben der δικαιοσύνη, der σωφροσύνη und der ἐπιστήμη offenkundig auch das ὄν und die ζωή. *Phdr.* 246 E legt nahe, daß zu diesen Ideen ferner das καλόν, das σοφόν sowie das ἀγαθόν gehören.
[52] Vgl. *Tim.* 30 C f sowie 39 E.

dadurch, daß in ihr das Moment der produktiven Selbstentfaltung des Seins hervorgehoben ist. Insofern der Ideenkosmos als ein in sich produktives ewiges Lebewesen begriffen werden muß, wie es in der Idee des Lebens geschieht, ist seine lebendige Ordnung ein vollkommenes und darum höchstes, intelligibles Leben, dem nichts fehlt und das in einem uneingeschränkten Sinne αὐτάρκεια besitzt. Da nun aber die Seele, wie Platon sagt, immer an der Idee des Lebens teilhat, weil sie allem Leiblichen, dem sie innewohnt, das Leben mitteilt und zugleich mit den Ideen ursprünglich verwandt, mithin ähnlich ist, muß das unvergängliche Leben, das ihr selbst als Lebensprinzip zukommt, ein von dem vollkommenen, intelligiblen Leben des Ideenkomsmos abgeleitetes sein. Als Prinzip des Lebens für die sinnenfällige Welt des Werdens ist sie selbst auf ein höheres Leben angewiesen, nämlich auf das vollkommene Leben des sich in den Ideen selbst denkenden göttlichen Geistes. Die ontologische Ähnlichkeit der Seele mit den Ideen im Allgemeinen und ihre Teilhabe an der Idee des Lebens im Besonderen läßt sie somit zu einem Abbild des wahrhaften Seins (ὄν), des wahrhaften Lebens (ζωή) und des wahrhaften Geistes (νοῦς) werden.

Letztlich muß im Rahmen einer solchen ontologischen Dependenz des Niederen vom Höheren und Vollkommeneren auch die Selbstbewegung der Seele, die ihr Wesen als αὐτοκίνητον ausmacht, als eine spontane Tätigkeit begriffen werden, die nicht nur von nichts Leiblichem abhängt, weil alles Leibliche überhaupt erst durch sie in Bewegung gesetzt wird, sondern die zugleich ein Abbild der wahrhaften Selbstbewegung des Geistes ist.[53] Das aber wiederum besagt, die Seele ist nicht der göttliche Geist selber, sondern sie hat am göttlichen Geist Anteil. Und alles Seiende, das über eine lebendige Einheit verfügt, steht

---

[53] Daß die Seele ein Abbild des Geistes ist, wird auch von Florian Finck hervorgehoben, dem ich hier ohne Einschränkung folge. Finck macht den Abbildcharakter der Seele nicht zu Letzt an dem Umstand fest, daß ohne ein solches Abbildverhältnis gar nicht erklärbar wäre, warum die Selbstzuwendung der Seele in der philosophischen θεωρία als eine ὁμοίωσις θεῷ der erkennenden Seele verstanden werden kann. Generell handelt es sich bei der Ideenerkenntnis durch den νοῦς in der Seele immer um eine solche ὁμοίωσις. Vgl. Florian Finck: *Platons Begründung der Seele im absoluten Denken*, a.a.O., S. 243. Siehe zum Abbildcharakter der Seele auch Konrad Gaiser: *Platons ungeschriebene Lehre*, a.a.O., bes. S. 98.

aufgrund seiner Beseeltheit in einer durch die Seele vermittelten Beziehung zum göttlichen Geist, mithin zum göttlichen Leben als der denkenden Selbstbeziehung der Ideen. Selbst noch das Leben der natürlichen beseelten Körper, der Organismen, so verlangt Platon, müssen wir hinsichtlich ihrer zweckmäßigen Ordnung von Ganzem und Teil als ein durch die Seele und die stofflichen Elemente hochgradig vermitteltes Abbild geistiger Ordnung und Selbstbeziehung betrachten. Die Konsequenz eines solchen metaphysischen Denkens für die Dinge hat kein Geringerer als Georg Wilhelm Friedrich Hegel in seinen philosophiegeschichtlichen Vorlesungen über Platon vorzüglich auf den Punkt gebracht.

> Das Sterbliche, Endliche ist von Platon richtig als das bestimmt, dessen Existenz, Realität nicht absolut adäquat ist der Idee oder bestimmter der Subjektivität.[54]

Literatur

Aristoteles: *Metaphysica*, recognovit brevique adnotatione critica instruxit, W. Jaeger, Oxford 1957.

Aristoteles: *Metaphysik*, übers. von Hermann Bonitz und neu hg. von Ursula Wolf, Reinbek b. H. [3]2002.

Baltes, Matthias: „Γέγονεν (Platon, *Tim.* 28 B 7). Ist die Welt real entstanden oder nicht?", in: ders.: *ΔΙΑΝΟΗΜΑΤΑ. Kleine Schriften zu Platon und zum Platonismus*, Stuttgart/Leipzig 1999, S. 303-325.

Bolton, Robert: „Plato's Discovery of Metaphysics. The New *Methodos* of the *Phaedo*", in: *Method in Ancient Philosophy*, ed. by Jyl Gentzler, Oxford 1998, S. 91-111.

Bormann, Karl: *Platon*, Freiburg 1973.

Dangel, Tobias: *Hegel und die Geistmetaphysik des Aristoteles*, Berlin/Boston 2013.

De Vogel, Cornelia J.: „Platon a-t-il ou n' a-t-il pas introduit le mouvement dans son monde intelligible?", in: dies.: *Philosophia I*, Assen 1970, S. 176-182.

---

[54] Georg Wilhelm Friedrich Hegel: *Vorlesungen über die Geschichte der Philosophie*, in: *Theorie-Werkausgabe*, Bd. 19, hg. von Eva Moldenhauer und Karl Markus Michel Frankfurt a. M. [3]1998, S. 50.

dies.: „What was God for Plato", in: dies.: *Philosophia I. Studies in Greek Philosophy*, Assen 1970, S. 210-242.

Finck, Florian: *Platons Begründung der Seele im absoluten Denken*, Berlin/New York 2007.

Gadamer, Hans-Georg: „Die Seele zwischen Natur und Geist", in: *Der Anfang der Philosophie*, übers. aus dem Italienischen von Joachim Schulte, Stuttgart 1996, S. 67-81.

Gaiser, Konrad: *Platons ungeschriebene Lehre. Studien zur systematischen und geschichtlichen Begründung der Wissenschaften in der platonischen Schule*, Stuttgart 1963.

ders.: *Gesammelte Schriften*, hg. von Thomas A. Szlezák unter Mit-wirkung von Karl-Heinz Stanzel, Sankt Augustin 2004.

Gerson, Lloyd: *From Plato to Platonism*, Ithaca/New York 2013.

Hackforth, Reginald: „Plato's Theism", in: *Classical Quarterly* 30 (1936), S. 4-9.

Hager, Fritz-Peter: *Gott und das Böse im antiken Platonismus*, Würzburg/Amsterdam 1987.

Halfwassen, Jens: „Monismus und Dualismus in Platons Prinzipienlehre", in: *Bochumer Philosophisches Jahrbuch für Antike und Mittelalter* 2 (1997), S. 1-27.

ders.: „Der Demiurg: Seine Stellung in der Philosophie Platons und seine Deutung im antiken Platonismus", in: *Platons* Timaios. *Beiträge zu seiner Rezeptionsgeschichte*, hg. von Ada B. Neschke-Henschke, Leuven/Leiden 2000, 39-61.

ders.: „Platons Metaphysik des Einen", in: *Philotheos* 4 (2004), S. 207-221.

ders.: „Die Entdeckung des Telos: Platons Kritik der vorsokratischen Ursachenlehre", in: *Zweck und Natur. Historische und systematische Untersuchungen zur Teleologie*, hg. von Tobias Schlicht, München/Paderborn 2011, S. 23-35.

Hegel, Georg Wilhelm Friedrich: *Vorlesungen über die Geschichte der Philosophie*, in: *Werke*, Bd. 19, hg. von Eva Moldenhauer und Karl Markus Michel, Frankfurt a. M. [3]1998.

Kant, Immanuel: *Kritik der Urteilskraft*, in: *Werkausgabe*, Bd. 10, hg. von Wilhelm Weischedel, Frankfurt a. M. 1974.

Karfik, Filip: *Die Beseelung des Kosmos. Untersuchungen zur Kosmologie, Seelenlehre und Theologie in Platons Phaidon und Timaios*, München/Leipzig 2004.

ders.: „Gott als Nous. Der Gottesbegriff Platons", in: *Platon und das Göttliche*, hg. von Dietmar Koch, Irmgard Männlein-Robert und Niels Weidtmann, Tübingen 2010, S. 82-97.

Krämer, Hans Joachim: *Arete bei Platon und Aristoteles. Zum Wesen und zur Geschichte der platonischen Ontologie*, Heidelberg 1959.

54   Tobias Dangel

ders.: „ἘΠΕΚΕΙΝΑ ΤΗΣ ΟΥΣΙΑΣ. Zu Platon, *Politeia* 509 b", in: *Archiv für Geschichte der Philosophie* 51 (1969), S. 1-30.
ders.: *Gesammelte Aufsätze zu Platon*, hg. von Dagmar Mirbach, Berlin/Boston 2014.
Nagel, Thomas: *Mind and Cosmos. Why the Materialist Neo-Darwinian Conception of Nature Is Almost Certainly False*, Oxford 2012.
Perger, Mischa von: *Die Allseele im* Timaios, Stuttgart/Leipzig 1997.
Platonis Opera, recognovit brevique adnotatione critica instruxit Ioannes Burnet, Oxford 1900-1907.
Platon: *Werke in acht Bänden*, griechisch und deutsch, hg. von Gunther Eigler, Darmstadt [6]2011.
Reale, Giovanni: *Zu einer neuen Interpretation Platons. Eine Auslegung der Metaphysik der großen Dialoge im Lichte der „ungeschriebenen Lehre"*, übers. aus dem Italienischen von Ludger Hölscher, Paderborn 1993.
Schwabe, Wilhelm: „Der Geistcharakter des ‚überhimmlichen Raumes'", in: *Platonisches Philosophieren. Zehn Vorträge zu Ehren von Hans Joachim Krämer*, hg. von Thomas A. Szlezák unter Mitwirkung von Karl-Heinz Stanzel, Hildesheim/Zürich/New York 2001, S. 181-331.
Speusippp: *Frammenti. Edizione, traduzione e commento a cura di Margherita Isnardi Parente*, Napoli 1980.
Szlezák, Thomas A.: „‚Seele' bei Platon", in: *Der Begriff der Seele in der Philosophiegeschichte*, hg. von Hans-Dieter Klein, Würzburg 2005, S. 65-86.
ders.: „Psyche: ihr Ort im Menschen, im Kosmos und im Geist nach Platon und Plotin", in: *Geist und Psyche. Klassische Modelle von Platon bis Freud und Damasio*, hg. von Edith Düsing und Hans-Dieter Klein, Würzburg 2008, S. 17-39.
Verdenius, Willem J.: „Platons Gottesbegriff", in: *La notion du divin depuis Homère jusqu' à Platon*, éd. par Herbert J. Rose, Genève 1954, S. 241-292.

Franco Ferrari (Salerno)

Materie, Seele und Bewegung vor der Weltentstehung: Plutarch und Attikos als Interpreten des Platonischen *Timaios*

I

Die mittelplatonische Auffassung von der Materie in ihrem Bezug zur Seele als Ursache der Bewegung entsteht im Rahmen der Interpretation zu Platons *Timaios*.[1] Obwohl fast alle Autoren des sogenannten Mittelplatonismus eine Materie- und Seelenlehre entwickelt haben,[2] besteht kein Zweifel darüber, dass diese Lehre insbesondere bei den Vertretern der wörtlichen Interpretation der Weltentstehung zu einem interessanten und originellen Beitrag in der Geschichte des Platonismus geführt hat.

Es ist zu bemerken, dass die interessantesten Versuche, die Verhältnisse zwischen Materie, Seele und Bewegung zu erfassen und zu gliedern, im Rahmen der Diskussionen über den vorkosmischen Zustand des Universums aufgekommen sind. Denn für die Anhänger der didaskalischen bzw. metaphorischen Interpretation bezieht sich Platons Beschreibung des vorkosmischen Status des Alls nicht auf einen wirklichen Zustand (d.h. auf einen Zustand vor der Weltentstehung), sondern auf einen logischen und ontologischen Status. Nach den Vertretern dieser

---

[1] Eine allgemeine Darstellung der Materie-Lehre im Rahmen der Geschichte des Platonismus findet sich in Fritz-Peter Hager: „Die Materie und das Böse im antiken Platonismus", in: *Museum Helveticum* 19 (1962), S. 73-103.

[2] Die beste Diskussion über die Seelenlehre des Platonismus ist jene von Werner Deuse: *Untersuchungen zur mittelplatonischen und neuplatonischen Seelenlehre*, Wiesbaden 1983.

Interpretation gab es also keinen präkosmischen Zeitpunkt, in dem Materie und Bewegung unordentlich existierten: die einzige wirkliche Bewegung ist die kosmische (die regelmäßig ist) und ihre Ursache kann
keine andere als die Weltseele sein.

Unsere Quellen belegen, dass in der Zeit des Mittelplatonismus eine
verbreitete Auseinandersetzung über die Bedeutung der Weltentstehung
im platonischen *Timaios* stattfand. Auf der einen Seite vertraten die Anhänger der didaskalischen Interpretation, dass die Beschreibung der
Weltentstehung nicht wörtlich interpretiert werden darf, sondern nur als
ein sprachliches Mittel, mit dem Platon die metaphysischen Abhängig-
keitsverhältnisse in der Form einer zeitlichen Abhängigkeit dargestellt
hat (zu den Vertretern dieser Interpretation muss man Albinos, Alkinoos
und insbesondere Kalvenos Tauros zählen).

Auf der anderen Seite versuchten einige Platoniker die Stellen
Platons wörtlich auszulegen und fassten somit die Weltentstehung als
zeitlich auf. Nach diesen Autoren, unter denen Plutarch und Attikos die
wichtigsten waren, gab es einen Zeitpunkt vor der Weltentstehung, in
dem sich das All regellos und ungeordnet bewegte. Diese Interpreten
waren fest davon überzeugt, dass Platon im *Timaios* lehrt, die Welt sei
in einem einmaligen Schöpfungsakt entstanden. Die Aufgabe, die Natur
und die Ursache der vorkosmischen Bewegung zu erklären, führte diese
Interpreten zu einer neuen und originellen Lehre, die als eine der wichtigsten Lehren des Mittelplatonismus zu betrachten ist.[3]

Bevor wir die Grundzüge von Plutarchs und Attikos' Exegese erör-
tern, sind die wichtigsten Stellen Platons zu erwähnen, wo vom vorkosmischen Zustand des Alls die Rede ist. Es handelt sich dabei insbesondere um zwei Textpassagen, die sich am Anfang und in der Mitte von
Timaios' Rede befinden. Die erste Stelle ist sehr bekannt. Timaios
behauptet:

---

[3] Zur antiken Diskussion über die Bedeutung der Weltentstehung des *Timaios*
vgl. Matthias Baltes: *Die Weltentstehung des Platonischen Timaios nach den
antiken Interpreten*, Bde. 1-2, Leiden 1976-78. Die wichtigsten Texte, durch die
sich diese Kontroverse entwickelt hat, wurden als Bausteine gesammelt und von
Matthias Baltes systematisch kommentiert: *Der Platonismus in der Antike.
Grundlagen – System – Entwicklung*, Bd. 5: *Die philosophische Lehre des
Platonismus. Platonische Physik (im antiken Verständnis) II*, Stuttgart/Bad
Cannstatt 1998, Baust. 136-145 (Texte) und S. 373-535 (Kommentar).

denn da der Gott wollte, dass alles gut und – soweit möglich – nichts
schlecht sei, übernahm er alles, was sichtbar war, – dies hielt keine
Ruhe, sondern befand sich in regelloser und ungeordneter Bewegung –
und führte es aus der Unordnung zur Ordnung (βουληθεὶς γὰρ ὁ θεὸς
ἀγαθὰ μὲν πάντα, φλαῦρον δὲ μηδὲν εἶναι κατὰ δύναμιν, οὕτω δὴ πᾶν
ὅσον ἦν ὁρατὸν παραλαβὼν οὐχ ἡσυχίαν ἄγον ἀλλὰ κινούμενον
πλημμελῶς καὶ ἀτάκτως, εἰς τάξιν αὐτὸ ἤγαγεν ἐκ τῆς ἀταξίας).[4]

Die zweite Behauptung Platons betrifft den Zustand der *chora*, d.h. der
dritten Gattung (die die Materie und den Raum einschließt)[5] vor dem
Eingreifen Gottes. Timaios sagt, dass vor der Entstehung der Welt sich
alle Dinge in einem Zustand ohne Proportion und Maß befinden
(ἀλόγως καὶ ἀμέτρως).[6]

Wie bisher gesagt worden ist, verstanden Plutarch und Attikos diese
Behauptungen wörtlich; sie teilten beide die Meinung, dass Platon einen
realen Zustand beschriebe. Wenn aber der vorkosmische Zustand als
wirkliches Ereignis verstanden wird, stellt sich die Frage nach der Ursache seiner Bewegung. Mit anderen Worten: Woher kommt die Bewegung des Alls vor der Weltentstehung? Die Seelenlehre Plutarchs und
Attikos' entsteht aus dem Versuch, auf diese Frage eine sinnvolle und
überzeugende Antwort zu geben. Die beiden Autoren teilen die Grundzüge ihrer Lehre, auch wenn sie in einigen Punkten voneinander abzu-
weichen scheinen, wie Werner Deuse in seiner hervorragenden Mono-

---

[4] Platon, *Tim.* 30 A (= Baust. 111.0 Dörrie-Baltes). Zu dieser Stelle vgl. aus
unterschiedlichen Perspektiven Dana R. Miller: *The Third Kind in Plato's
Timaeus*, Göttingen 2003, S. 158 ff und Gabriela R. Carone: *Plato's Cosmology
and its Ethical Dimension*, Cambridge 2011, S. 29-31.
[5] Zu der doppelten Funktion (sowohl materiellen als auch räumlichen) der
platonischen dritten Gattung vgl. Keimpe Algra: *Concepts of Space in Greek
Thought*, Leiden 1994, S. 72-120 und Franco Ferrari: „La *chora* nel *Timeo* di
Platone. Riflessioni su "materia" e "spazio" nell'ontologia del mondo fenomenico", *Quaestio* 7 (2007), S. 3-23, bes. S. 16-22.
[6] Platon, *Tim.* 53 A. Eine der ausführlichsten Diskussionen dieser Stelle findet
sich in F.M.D. Cornford: *Plato's Cosmology. The* Timaeus *of Plato translated
with a running commentary*, London 1937, S. 198 ff. Vgl. auch Luc Brisson: *Le
Même et l'Autre dans la structure ontologique du* Timée *de Platon*, Sankt
Augustin 1994, S. 471 ff.

graphie gezeigt hat.[7] Auf jeden Fall, könnte man die Auffassung Plutarchs und Attikos' als Antworten auf die Probleme betrachten, die aus dem Verständnis der wörtlichen Exegese von Platons Kosmologie entstehen.

II

Plutarch und Attikos kannten das platonische Axiom, nach dem die Seele Quelle, Anfang und Ursache aller Bewegungen ist, sehr gut; ebenfalls kannten sie die These, nach der das Wesen der Seele in der Selbstbewegung besteht.[8] Deshalb war für sie die Antwort auf die Frage „woher kommt die vorkosmische Bewegung des Alls" fast automatisch: diese Bewegung kann nur von einer Seele stammen. Aber um welche Seele geht es hierbei? Es kann sich nicht um eine rationale und kosmische Seele handeln, d.h. es kann sich nicht um die Weltseeele handeln, weil sie das Prinzip einer geordneten und sinnvollen Bewegung darstellt. Es ist also unvermeidlich, die Existenz einer präkosmischen Seele anzunehmen, die die Ursache der vorkosmischen Bewegung sein könnte. Insofern die vorkosmische Bewegung des Alls ungeordnet ist, muss auch ihre Ursache ungeordnet sein: es handelt sich um eine vorkosmische und irrationale Seele, die die Bewegung des Alls vor der Weltentstehung verursacht.

Der Gedankengang Plutarchs und Attikos' wird ausdrücklich in dem berühmten Bericht des Proklos wiedergegeben:

> Plutarch von Chaironeia und Attikos mit ihren Anhängern klammern sich beharrlich an diese Worte (πλημμελῶς καὶ ἀτάκτως), weil sie ihnen angeblich die zeitliche Entstehung der Welt bezeugen, und sie behaupten sogar, vor der Entstehung des Kosmos habe es nicht nur die ungeordnete Materie gegeben, sondern auch die bösartige Seele, die dieses Regellose

---

[7] Werner Deuse: *Untersuchungen zur mittelplatonischen und neuplatonischen Seelenlehre*, a.a.O., S. 57-61.

[8] Platon, *Phaedr.* 245 C-D und *Leg.* X 895 E ff. Zur antiken Rezeption dieses Axioms vgl. Matthias Baltes: *Der Platonismus in der Antike. Grundlagen – System – Entwicklung*, Bd. 6 (1-2): *Die philosophische Lehre des Platonismus. Von der Seele als Ursache aller sinvollen Abläufe*, Stuttgart/Bad Cannstatt 2002.

bewegt habe. Denn woher stammte die Bewegung, wenn nicht von einer Seele? Wenn aber die Bewegung ungeordnet war, dann stammte sie von einer ungeordneten Seele. In den *Nomoi* jedenfalls wird gesagt, die gutartige Seele führe auf den rechte, d.h. den vernünftigen Weg, die bösartige hingegen bewege sich ungeordnet und führe das von ihr Gelenkte auf regelloser Bahn dahin. (<Οἱ> μὲν οὖν <περὶ Πλούταρχον τὸν Χαιρωνέα καὶ Ἀττικὸν> λιπαρῶς ἀντέχονται τούτων τῶν ῥημάτων ὡς τὴν ἀπὸ χρόνου τῷ κόσμῳ γένεσιν αὐτοῖς μαρτυρούντων καὶ δὴ καί φασι προεῖναι μὲν τὴν ἀκόσμητον ὕλην πρὸ τῆς γενέσεως, προεῖναι δὲ καὶ τὴν κακεργέτιν ψυχὴν τὴν τοῦτο κινοῦσαν τὸ πλημμελές· πόθεν γὰρ ἡ κίνησις ἦν ἢ ἀπὸ ψυχῆς; εἰ δὲ ἄτακτος ἡ κίνησις, ἀπὸ ἀτάκτου ψυχῆς· εἴρηται γοῦν ἐν <Νόμοις> [X 897 B] τὴν μὲν ἀγαθοειδῆ ψυχὴν <ὀρθὰ> καὶ ἔμφρονα <παιδαγωγεῖν>, τὴν δὲ κακεργέτιν ἀτάκτως τε κινεῖσθαι καὶ τὸ ὑπ' αὐτῆς διοικούμενον πλημμελῶς ἄγειν·).[9]

Sowohl Plutarch als auch Attikos benutzten die (vielleicht nur hypothetische) Hinweise auf eine zweite Seele, die sich im X. Buch der *Gesetze* finden, als Belege dafür, dass Platon eine vorkosmische Seele erfasste, die im Vergleich zur gutartigen Seele, nämlich die Weltseele, gegensätzliche Wirkungen mit sich bringt.

Plutarch und wahrscheinlich auch Attikos sind davon überzeugt, dass Platon in den Dialogen auf diese zweite, vorkosmische Seele mit verschiedenen Namen hingewiesen hat. Nur in den *Gesetzen* habe er sie explizit „schlechte Seele" genannt, wie Plutarch behauptet in einer sehr bekannten Stelle aus *De Iside et Osiride*:

> Platon hält sich an vielen Stellen gewissermaßen bedeckt und versteckt und nennt die entgegengesetzen Prinzipien „das Selbige" und „das Verschiedene"; in den *Gesetzen* aber, als er schon älter war, drückte er sich nicht in Rätseln und Symbolen aus, sondern sagte mit offenen Worten: nicht von einer einzigen Seele werde die Welt bewegt, sondern wahrscheinlich von mehreren, jedenfalls nicht weniger als zweien; davon bewirke die eine das Gute, die andere sei ihr entgegengesetzt und schaffe das Gegenteil.[10]

---

[9] Proklos, *In Tim.* I 381,26-382,7 Diehl (= Attikos fr. 23 des Places = Baust. 137.6 Dörrie-Baltes). Vgl. den Kommentar *ad locum* von Michael Baltes: *Der Platonismus in der Antike*, Bd. 5, S. 415-16.

[10] Plutarch, *Is. et Os.*, 370 E-F (= Baust. 114.2 Dörrie-Baltes). Vgl. den Kommentar von Matthias Baltes: *Der Platonismus in der Antike. Grundlagen –*

Wenn Platon nur in den *Gesetzen* von dieser zweiten Seele ausdrücklich als „schlechter Seele" gesprochen hat, so gibt es jedenfalls verschiedene Stellen, in denen diese Wesenheit mit anderen Namen in Betracht gezogen wurde. In der Schrift über die Seelenentstehung (*De animae procreatione*) setzte Plutarch diese vorkosmische unvernünftige Seele mit der „Notwendigkeit" (ἀνάγκη) aus *Timaios* 48 A, mit der „Unendlichkeit" (ἀπειρία) aus *Philebos* 24 A-25 A, mit dem sogenannten „angeborenen Verlangen oder Begierde" (σύμφυτος ἐπιθυμία) aus *Politikos* 272 E und mit dem „ungeordneten Urzustand der Welt" (σύντροφον τῆς πάλαι ποτὲ φύσεως) aus *Politikos* 273 B gleich. Mit all diesen Begriffen umschreibt Platon, laut Plutarch, ein einziges Prinzip, d.h. die Seele an sich, die die Ursache der ungeordneten vorkosmischen Bewegung der Materie ist.[11]

In der Schrift *De animae procreatione*, die ein Kommentar zu *Timaios* 35 A-36 B darstellt, versucht Plutarch zu zeigen, dass auch in der platonischen Beschreibung der Entstehung der Weltseele ein direkter Hinweis auf die schlechte vorkosmische Seele vorkommt.

Nach *Timaios* 35 A (= Baust. 104.0a Dörrie-Baltes) besteht die Weltseele aus zwei grundsätzlichen Bestandteilen, nämlich aus der unteilbaren und sich immer gleichbleibenden Substanz (ἀμέριστος oder ἀμερὴς οὐσία) und aus der im Bereich der Körper entstehenden teilbaren Substanz (οὐσία μεριστὴ περὶ τὰ σώματα γιγνομένη). Laut Plutarch könnte die Weltseele ihre seelischen Eigenschaften nur aus einer seelischen Substanz nehmen. Deshalb muss die Seele zu den grundsätzlichen Bestandteilen der Weltseele gezählt werden. Sie kann nur die teilbare Substanz sein, die nicht mit dem Körper bzw. mit der Materie gleichgesetzt werden darf, weil von ihr gesagt wurde, dass sie *teilbar* im Bereich der Körper ist (und daher nicht identisch mit ihnen sein kann). Nach Plutarchs Interpretation ist diese teilbare Substanz eigentlich eine

---

System – Entwicklung, Bd. 4: *Die philosophische Lehre des Platonismus. Einige grundlegende Axiome / Platonische Physik (im antiken Verständnis) I*, Stuttgart/Bad Cannstatt 1996, S. 402-07. Wichtige Bemerkungen finden sich auch bei Werner Deuse: *Untersuchungen zur mittelplatonischen und neuplatonischen Seelenlehre*, a.a.O., S. 27-37.

[11] Plutarch, *De animae procreatione*, 1015 A-B (= Baust. 114.1 Dörrie-Baltes). Vgl. Matthias Baltes: *Der Platonismus in der Antike*, Bd. 4, S. 399-402.

Seele, und zwar die Urseele, d.h. die Seele an sich, die Seele vor jedem Kontakt mit dem Intellekt bzw. mit Gott.[12]

Wenn die Seele des Alls die eigenen Merkmale der Seele besitz (d.h. das Wesen des Seelischen), stellt sich die Frage nach dem Ursprung dieser Merkmale: Woher hat die Weltseele diese seelischen Eigenschaften/Kennzeichnen bekommen? Plutarchs Antwort scheint sehr konsequent zu sein: sie hat sie von einer Urseele (d.h. von der Seele an sich) bekommen, nämlich vom teilbaren Sein.

Zu diesen seelischen bzw. psychischen Merkmalen gehören: die Bewegtheit (τὸ κινητικόν), d.h. das Vermögen der Bewegung, und dann die Vermögen der Wahrnehmung (τὸ αἰσθητικόν), der Vorstellung (τὸ φανταστικόν), der Meinungsbildung (τὸ δοξαστικόν) und dazu das Beurteilungsvermögen (τὸ κριτικόν). In diesem Zusammenhang ist es bemerkenswert, dass das Wesen der Seele die Fähigkeit einschließt, sowohl das Intelligible (oder die Spuren des Intelligiblen) als auch das Sinnliche aufzunehmen. Die Summe dieser Rezeptionsfähigkeiten stellt das sogenannte παθητικόν der Seele dar. Das παθητικόν schließt also sowohl das Wahrnehmungsvermögen ein, durch das die Urseele im Kontakt mit der Materie ist, als auch das Urteilsvermögen, durch das sie die vorkosmischen Spuren des Intelligiblen speichern (aufnehmen) kann. Alle diese Merkmale gehören zur Urseele und werden von ihr auf die Weltseele übertragen. Die Zwischenstellung der Urseele, die sich zwischen der Materie und dem Intellekt befindet, erlaubt ihr, die Abbilder der Ideen in der vorkosmischen Materie zu verteilen.

In der Schrift über die Entstehung der Seele im *Timaios* erklärt Plutarch diese Denkkonstellation:

[12] Plutarch, *De animae procreatione*, 1023 F-1024 A. Zur Zurückführung der seelischen Merkmale der Weltseele auf die vorkosmische Seele vgl. Franco Ferrari: „La psichicità dell'anima del mondo e il divenire precosmico in Plutarco", in: *Ploutarchos* 9 (2010/2011), S. 15-36, bes. S. 22-25. Über die psychischen Eigenschaften der Weltseele vgl. auch Matthias Baltes: „Plutarchs Lehre von der Seele", in ders.: *ΕΠΙΝΟΗΜΑΤΑ. Kleine Schriften zur Antiken Philosophie und homerischen Dichtung*, hg. von Marie-Luise Lakmann, München/Leipzig 2005, S. 77-99, bes. S. 77-84 und Werner Deuse: *Untersuchungen zur mittelplatonischen und neuplatonischen Seelenlehre*, a.a.O., S. 15-17.

Sie (*scil.* die vorkosmische Seele) befand sich in der Mitte zwischen beiden (d.h. dem Wahrnehmbaren und dem Intelligiblen) und besaß eine für beide aufgeschlossene und beiden verwandte Natur, indem sie mit ihrem Wahrnehmungsvermögen die Materie zu erfassen versucht, mit ihrem Urteilsvermögen die intelligiblen Dinge (ἐν μέσῳ ἦν ἀμφοῖν καὶ πρὸς ἀμφότερα συμπαθῆ καὶ συγγενῆ φύσιν εἶχε, τῷ μὲν αἰσθητικῷ τῆς ὕλης ἀντεχομένη τῷ δὲ κριτικῷ τῶν νοητῶν).[13]

Im vorkosmischen Zustand des Universums gehören Materie und Urseele zusammen, da sie nur logisch, nicht aber „zeitlich" trennbar sind. In der Vierten *Quaestio Platonica* behauptet Plutarch: ἡ μὲν γὰρ ἄνους ψυχὴ καὶ τὸ ἄμορφον σῶμα συνυπῆρχον ἀλλήλοις ἀεὶ καὶ οὐδέτερον αὐτῶν γένεσιν ἔσχεν οὐδ᾽ ἀρχήν. Es gibt also keinen Zeitpunkt, in dem die Materie nicht bewegt ist, d. h. nicht mit der Urseele in Kontakt ist (sie ist also immer beseelt). Die Lehre von der Zusammengehörigkeit zwischen Materie und Seele erlaubt Plutarch, ein wichtiges Textproblem zu lösen. Es ist bekannt, dass nach einem berühmten Axiom Platons der Geist (d.h. der Intellekt: νοῦς) nicht ohne Seele existieren kann (*Tim.* 30 B und *Phil.* 30 C). Wird aber die Existenz einer vorkosmischen Seele angenommen, dann könnte man diejenigen Stellen erklären, in denen von einem vorkosmischen Kontakt zwischen Materie und Intellekt (oder Intelligiblem) die Rede ist. Die vorkosmische Materie ist in der Lage, Spuren (d.h. Abbilder) des Intelligiblen aufzunehmen, insofern sie schon in der vorkosmischen Zeit beseelt ist.[14] Dass der *Nous* (oder das *noeton*) schon vor der Schöpfung der Welt in Gestalt der Elementen-Spuren auf die Materie einwirkt, hatte sich für Plutarch an der Interpretation von *Timaios* 52 D ff ergeben. Die Lehre, nach der die vorkosmische Materie durch die Urseele beseelt ist, erlaubt es, diese Stelle sinnvoll auszulegen.

---

[13] Plutarch, *De animae procreatione*, 1024 B (= Baust. 104.5 Dörrie-Baltes). Vgl. Matthias Baltes: *Der Platonismus in der Antike*, Bd. 4, S. 283-85 und den Kommentar von Franco Ferrari in Plutarch: *La generazione dell'anima nel Timeo*, introduzione, testo critico, traduzione e commento di Franco Ferrari e Laura Baldi, Napoli 2002, S. 291-92 Anm. 164.

[14] Zum vorkosmischen Kontakt zwischen der Urseele und dem Intelligiblen vgl. Christoph Schoppe: *Plutarchs Interpretation der Ideenlehre Platons*, Münster/Hamburg 1994, S. 165-69; siehe auch Pierre Thévenaz: *L'Âme du monde, le devenir et la matière chez Plutarque*, Neuchâtel 1938, S. 114-16.

Anhand der Lehre einer vorkosmischen unvernünftigen Seele führt Plutarch eine entscheidende Neuerung in der Geschichte des antiken Platonismus ein. Zum ersten Mal wird die Seele als Seele, d.h. die Seele an sich (ψυχὴ καθ᾽ ἑαυτήν), nicht mit der Rationalität oder mit dem Geist verbunden. Das Seelische, d.h. das Wesen der Seele *qua* Seele, wird dagegen mit der Irrationalität verbunden: die Urseele stellt das Prinzip und die Ursache der Unordnung und damit des Bösen dar. Es ist selbstverständlich wahr, dass die Weltseele die Ursache der sinnvollen Bewegungen im Kosmos ist. Es handelt sich aber nicht um eine Seele an sich, sondern um eine von dem Eingreifen des Intellekts bestimmte Seele. Vor diesem Eingreifen, nämlich vor der Weltschöpfung, ist die Urseele nur mit Irrationalität verbunden. Werner Deuse hatte also Recht, als er schrieb: „Die Entdeckung des seelischen Seins als eines eigenen Seinsbereiches hat keine Gültigkeit mehr für den kosmischen Raum, für das Sein nach der Entstehung des Kosmos."[15] Die Urseele und die Weltseele dürfen nicht als zwei unterschiedliche Wesenheiten betrachtet werden; sie stellen vielmehr dasselbe Wesen in zwei verschiedenen Phasen dar: vor der Weltentstehung (die Urseele) und nach dem Eingreifen des Demiurgen (die Weltseele).[16]

Die Entdeckung des Seelischen als unabhängigen ontologischen Bereich stellt zweifellos ein der hervorragenden Beiträge Plutarchs (und Attikos') zur Geschichte des Platonismus dar. Es ist sicher merkwürdig, dass sie die ewige Seele des *Phaidros* mit der unvernünftigen Urseele identifiziert haben. Trotzdem muss man zugeben, dass Plutarch und Attkos als Interpreten der platonischen Dialoge alles getan haben, um Platon ein kohärentes, einheitliches, textbegründetes und widerpruchsloses Denken zuzuschreiben.

Plutarch und Attikos versuchen also die Bewegung des vorkosmischen Chaos auf eine Seele zurückzuführen. Es ist aber sehr wahr-

---

[15] Werner Deuse: *Untersuchungen zur mittelplatonischen und neuplatonischen Seelenlehre*, a.a.O.,S. 48.

[16] Wie richtig bemerkt Jan Opsomer: „Plutarch's *De animae procreatione in Timaeo*: Manipulation or Search for Consistency?", in: *Philosophy, Science and Exegesis in Greek, Arabic and Latin Commentaries*, vol. 1, ed. by Peter Adamson, Han Baltussen and M.W.F. Stone, London 2004, S. 137-62, bes. S. 153: „For the world soul is not really a numerically different soul from the precosmic soul, but merely the same soul in a harmonised condition."

scheinlich, dass ihre Hypothese einer vorkosmischen Seele philologisch völlig unkorrekt ist, weil die präkosmische Bewegung durch die Ungleicheit der δυνάμεις und die Anziehungskraft zwischen Ähnlichem verursacht ist.[17]

III

Es ist interessant zu bemerken, dass Plutarch und Attikos die dritte Gattung Platons in zwei verschiedene und voneinander (logisch) unabhängige Prinzipien teilen: es handelt sich um die Materie und um die Seele. Auf die Materie wird die Korporeität des Alls zurückgeführt, während die Seele die Ursache seiner vorkosmischen Bewegung darstellt.

Die Teilung der platonischen *chora* in zwei verschiedene Aspekte führt zu einer neuen und originellen Dreiprinzipienlehre, die nur von Plutarch ausdrücklich vertreten wurde. Anhand dieser Lehre versucht er auch die stoischen Aporien hinsichtlich des Ursprungs des Bösen zu lösen. In der Schrift über die Entstehung der Seele nach *Timaios* (*De animae procreatione*) behauptet Plutarch:

> Denn es ist unmöglich, dass Platon das, was qualitätlos, aus sich selbst wirkungslos und ohne jede Neigung zu etwas ist" (τὸ ἄποιν καὶ ἀργὸν ἐξ αὑτοῦ καὶ ἀρρεπές), als Ursache und Prinzip des Bösen ansetzt (αἰτίαν κακοῦ καὶ ἀρχήν).[18]

Insofern die Materie qualitätslos ist, kann sie überhaupt nicht Ursache des Bösen sein. Daher kommt die Notwendigkeit, ein drittes Prinzip neben Gott und der Materie anzunehmen. Anders als die Stoiker (und vielleicht als einige Platoniker), die das Böse aus der qualitätslosen Materie entstehen lassen, versuchte Platon den Ursprung des Bösen nicht

---

[17] Diese war die Hypothese von Gregory Vlastos: „The disorderly Motion in the *Timaeus*", jetzt in: *Studies in Plato's Metaphysics*, ed. by Reginald E. Allen, London 1965, S. 379-99, bes. S. 395-96; für einen Versuch, die vorkosmische Bewegung des Substrats immanent zu erklären, siehe auch Elizabeth Jelinek: „Pre-Cosmic Necessity in Plato's *Timaeus*", *Apeiron* 44 (2011), S. 287-305, bes. S. 301-02.

[18] Plutarch, *De animae procreatione*, 1015 A.

ohne Ursache zu lassen. Durch die Hypothese eines dritten zwischen der Materie und dem Gott befindlichen Prinzips konnte Platon diese Schwierigkeit und Absurdität vermeiden: so bleibt bei ihm das Böse nicht ohne Ursache. Der Gedenkengang Plutarchs wird sehr klar in dieser Stelle ausgedrückt:

> Denn dann geraten wir in die Schwierigkeiten der Stoiker, indem wir das Böse ohne Ursache und ohne Entstehung aus dem Nicht-Seienden einbringen; denn dass von den seienden Dingen das Gute oder das Qualitätslose Sein und Werden des Bösen veranlasst, ist ja nicht wahrscheinlich. Aber Platon passierte nicht dasselbe wie den späteren Philosophen, noch musste er sich, weil er wie jene das zwischen der Materie und dem Gott befindliche dritte Prinzip und Vermögen übersah, zu der sonderbarsten aller Lehren verstehen, die die Natur des Bösen auf unerklärliche Weise zu einem Zwischenfall macht, zufällig und akzidentell (αἱ γὰρ Στωικαὶ καταλαμβάνουσιν ἡμᾶς ἀπορίαι, τὸ κακὸν ἐκ τοῦ μὴ ὄντος ἀναιτίως καὶ ἀγενήτως ἐπεισάγοντας· ἐπεὶ τῶν γ᾽ ὄντων οὔτε τὸ ἀγαθὸν οὔτε τὸ ἄποιον εἰκός ἐστιν οὐσίαν κακοῦ καὶ γένεσιν παρασχεῖν. ἀλλὰ ταὐτὸ Πλάτων οὐκ ἔπαθε τοῖς ὕστερον, οὐδὲ παριδὼν ὡς ἐκεῖνοι τὴν μεταξὺ τῆς ὕλης καὶ τοῦ θεοῦ τρίτην ἀρχὴν καὶ δύναμιν ὑπέμεινε τῶν λόγων τὸν ἀτοπώτατον, ἐπεισόδιον οὐκ οἶδ᾽ ὅπως ποιοῦντα τὴν τῶν κακῶν φύσιν ἀπ᾽ αὐτομάτου κατὰ συμβεβηκός).[19]

Unter den Gelehrten bleibt es fraglich, ob es in der vorkosmischen Phase ein Stadium gab, in welchem Materie und Seele getrennt waren. Man fragt sich also, ob im präkosmischen Chaos von zwei trennbare „Momenten" die Rede sein kann: nämlich die Materie an sich (völlig untätig) und die beseelten Materie, d.h. die von der Urseele bewegten Materie. Meiner Meinung nach, sind, zumindest bei Plutarch, die zwei Ebenen der Materie nur logisch nicht aber zeitlich trennbar.

Bei Attikos scheint die Frage sicher komplizierter zu sein: aus Proklos wissen wir, dass Attikos zwei verschieden Phasen der vorkosmischen Materie angenommen hat. Auf die Frage „Warum hat Gott den Kosmos nur in einem bestimmten Zeitpunkt erschaffen", scheint Attikos geantwortet zu haben: „weil er das richtige Moment aufgewartet hat, in

---

[19] Plutarch, *De animae procreatione*, 1015 B (= Baust. 114.1 Dörrie-Baltes). Vgl. den Kommentar von Matthias Baltes: *Der Platonismus in der Antike*, Bd. 4, S. 399-402.

dem die Materie die taugliche Disposition hatte, um von dem Gott umgeformt zu werden". Mit anderen Worten: Attikos führte den Begriff von Tauglichkeit der Materie (ἐπιτηδειότης τῆς ὕλης) ein und trennt die Materie in zwei verschieden Phasen: eine untaugliche Materie und eine taugliche Materie.

Attikos' Lehre der Tauglichkeit der Materie ist nur bei Proklos belegt und hängt von Porphyrios ab. Im Rahmes einer Polemik gegen die wörtliche Interpretation der Weltentstehung behauptet der Schüler Plotins, dass die Ursache der Entstehung des Kosmos, d. h. der Übergang von der Unordnung zur Ordnung, weder Gott noch die Materie sein kann. Die Materie kann nicht verantwortich für die Weltentstehung sein, weil sie sich dem Gott und seiner Wirkung entgegensetzt. Das ist nach Porphyrios der Grund dafür, dass Attikos (der aber in dieser Stelle nicht explizit erwähnt wird) behauptet hätte, dass die Materie tauglich wird, um von dem Gott ungeformt zu werden. Proklos berichtet also:

> Noch wird das All überhaupt aus einem ungeordneten zu einem geordneten. Denn wenn der Gott alles zur Ordnung führen will, wie will er es? Immer oder zu einem Zeitpunkt? Wenn nämlich zu einem bestimmten Zeitpunkt tut er dies dann nach Maßgabe seiner selbst, oder nach Maßgabe der Hyle? Wenn nach Maßgabe seiner selbst, so wäre das unsinnig; denn er ist immer gut, jedes Gute aber besitzt immer die Fähigkeit zu guter Schöpfertätigkeit. Wenn aber nach Maßgabe der Hyle, die sich doch widersetzt, wieso ist sie dann in den Zustand ihrer heutigen Ordnung gelangt? Weil sie, so sagen sie, die Tauglichkeit erlangt habe, die Vernunftordnung des Demiurgen aufzunehmen; dies habe der Gott sogar abgewartet, ihre Tauglichkeit. Denn aber besteht offensichtlich der Zwang zur Annahme, sie sei nicht als ungeordnete zur Ordnung geführt worden — denn sonst wäre sie nicht tauglich gewesen — sondern erst nach Ablegung der Unordnung; denn die Untauglichkeit besteht in ihrer ungeordneten Bewegung. [20]

Matthias Baltes hat richtig den Gedankengang des Attikos dargelegt: „Der Gott habe die Veränderungen der Hyle genau verfolgt und dann

---

[20] Porphyrios bei Proklos, *In Tim.* I 394,11-22 Diehl. Dazu vgl. Matthias Baltes: *Weltentstehung*, S. 47-8 und S. 226-27; siehe auch A. Rescigno: „Desiderari componi a deo. Attico, Plutarco e Numenio sulla materia prima della creazione", in: *KOINΩNIA* 21 (1997), S. 39-81, bes. S. 39-49.

erst mit dem Schaffen begonnen, als die Hyle einen Zustand erreicht hatte, der für das Erschaffen eines schönen und möglichst guten Kosmos geeignet war."[21]

IV

Die Lehre von der vorkosmischen Seele und die Aufnahme einer wörtlichen Interpretation der Weltentstehung bringen eine Reihe von Aporien und Schwierigkeiten mit sich, von denen wir in unseren Quellen einige Spuren finden. Die erste und vielleicht die wichtigste dieser Aporien betrifft den Zustand der Zeit und insbesondere die Frage nach der Anwesenheit der Zeit vor der Schöpfung der Welt.

Es besteht kein Zweifel darüber, dass diese Hypothese für einen Platoniker ziemlich bizarr klingt, weil die Zeit nur mit dem Kosmos und nicht vor ihm entstanden ist.[22] Das kann nur bedeuten, dass der Schöpfungsakt der Genesis nicht zeitlich verstanden werden kann, weil die Zeit erst zusammen mit dem Kosmos entstand. Allerdings setzt die wörtliche Exegese der Weltentstehung voraus, dass sich in der vorkosmischen Phase die beseelte Materie bewegt, und die Bewegung ist überall mit der Zeit verbunden. Es ist also unvermeidbar, die Existenz der Zeit oder einer Form der Zeit auch vor der Entstehung anzunehmen.

---

[21] Vgl. Matthias Baltes: „Zur Philosophie des Platonikers Attikos", jetzt in: ders.: ΔIANOHMATA. Kleine Schriften zu Platon und zum Platonismus, hg. von Annette Hüffmeier, Marie-Luise Lakmann und Matthias Vorwerk, Stuttgart/Leipzig 1999, S. 81-111, bes. S. 93. Zur Attikos' Lehre der Tauglickheit der Materie siehe auch Franco Ferrari: „Materia, movimento, anima e tempo prima della nascita dell'universo: Plutarco e Attico sulla cosmologia del Timeo", in: De l'Antiquité tardive au Moyen Âge. Études de logique aristotélicienne et de philosophie grecque, syriaque, arabe et latine offerts à Henry Hugonnard-Roche, éd. par. E. Coda et C. Martini Bonadeo, Paris 2014, S. 255-76, bes. 266-68.

[22] Platon, Tim. 38 B: „So entstand die Zeit zusammen mit dem Himmel (χρόνος δ᾽ οὖν μετ᾽ οὐρανοῦ γέγονεν)". Zur Interpretation dieser Stelle vgl. F.M.D. Cornford: Plato's Cosmology, a.a.O., S. 99-104 und Rémi Brague: Du temps chez Platon et Aristote, Paris 1982, S. 39-42.

Plutarch geht diese Probleme in der *Quaestio platonica* VIII an, wo er
versucht, auf die Frage zu antworten, warum Platon im *Timaios* die Erde
als ein Werkzeug der Zeit bezeichnet hat. Er behauptet:

> Deswegen hat ja auch Platon gesagt, die Zeit sei erst zusammen mit dem
> Himmel entstanden. Bewegung hingegen habe es auch vor dem Ent-
> stehen des Himmels gegeben (38 B). Zeit allerdings gab es nicht; denn
> es gab ja auch keine Ordnung, keinerlei Maß, keine Abgrenzung, son-
> dern nur unbegrenzte Bewegung, gleichsam eine form- und gestaltlose
> Materie der Zeit (διὸ δὴ καὶ Πλάτων ἔφη χρόνον ἅμα μετ' οὐρανοῦ
> γεγονέναι, κίνησιν δὲ καὶ πρὸ τῆς τοῦ οὐρανοῦ γενέσεως. χρόνος δ' οὐκ
> ἦν· οὐδὲ γὰρ τάξις οὐδὲ μέτρον οὐδὲν οὐδὲ διορισμός, ἀλλὰ κίνησις
> ἀόριστος ὥσπερ ἄμορφος ὕλη χρόνου καὶ ἀσχημάτιστος·).[23]

Die Stelle Plutarchs scheint zu bestätigen, dass die Existenz der Bewegung jene der Zeit voraussetzt. Allerdings ist die Zeit wesentlich mit
Maß und Abgrenzung verbunden, ohne die sie undenkbar wäre. Das ist
der Grund dafür, dass Plutarch die Hypothese einer vorkosmischen Zeit
ablehnt. Demnoch scheint er zu behaupten, dass in der präkosmischen
Phase eine formlose Zeit anwesend ist: es handelt sich um ein noch un-
gestaltetes und ungeformtes Materialprinzip der Zeit (ὕλη χρόνου), das
durch das Eingreifen Gottes zur kosmischen Zeit werden kann.

   Die Auffassung einer vorkosmischen Zeit ist nur für Attikos mit
Sicherheit belegt, obschon in Proklos' Bericht diese Lehre sowohl Attikos als auch Plutarch zugesprochen wird. Es ist aber sehr wahrscheinlich, dass die Worte des Proklos nur Attikos' Lehre Attikos wieder-
geben, wie Matthias Baltes überzeugend gezeigt hat.[24] Wir lesen bei
Proklos:

> Plutarch, Attikos und viele andere Platoniker verstanden das Entstehen
> im Sinne der Zeit, und sie meinen, das Problem laute, ob der Kosmos der
> Zeit nach unentstanden oder entstanden sei. Es gebe ja vor der
> Erschaffung des Kosmos eine ungeordnete Bewegung, zusammen mit

---

[23] Plutarch, *Plat. quaest.* VIII 4, 1007 C (= Baust. 137.4 Dörrie-Baltes). Zu
diesem Text siehe Matthias Baltes: *Der Platonismus in der Antike*, Bd. 5, S.
412-14 und Franco Ferrari: „Materia, movimento, anima e tempo prima della
nascita dell'universo", a.a.O., bes. S. 266-268.
[24] Vgl. Matthias Baltes: *Der Platonismus in der Antike*, Bd. 5, S. 415-16.

der Bewegung gibt es aber auf jeden Fall auch Zeit, so dass es vor dem
All auch Zeit gegeben haben muss. Zusammen mit dem All sei die Zeit
entstanden, die die Zahl der Bewegung des Alls ist, so wie jene die Zahl
der ungeordneten Bewegung war, die vor der Erschaffung des Kosmos
existierte (<Πλούταρχος> μὲν καὶ <Ἀττικὸς> καὶ ἄλλοι πολλοὶ τῶν
Πλατωνικῶν κατὰ χρόνον τὴν γένεσιν ἤκουσαν καί φασι γίγνεσθαι τὴν
ζήτησιν, εἴτε ἀγένητος κατὰ χρόνον ὁ κόσμος, εἴτε γενητός· εἶναι γὰρ
πρὸ τῆς κοσμοποιίας ἄτακτον κίνησιν, ἅμα δὲ κινήσει πάντως ἐστὶ καὶ
χρόνος, ὥστε καὶ χρόνον εἶναι πρὸ τοῦ παντός· ἅμα δὲ τῷ παντὶ
γεγονέναι <χρόνον, ἀριθμὸν> ὄντα τῆς τοῦ παντὸς <κινήσεως>, ὡς
ἐκεῖνος ἦν τῆς πρὸ τῆς κοσμοποιίας οὔσης ἀτάκτου κινήσεως
ἀριθμός).[25]

Die Frage nach der Existenz der Zeit vor der Weltentstehung gehört
sicher zu den Problemen, die von einer wörtlichen Interpretation der
Weltschöpfung kommen. Sowohl Plutarch als auch Attikos waren sich
dessen bewusst, dass die Hypothese einer vorkosmischen Bewegung die
Möglichkeit einer vorkosmischen Zeit mitbringt. Beide scheinen aber zu
wissen, dass der vorkosmische Zustand, der durch Unordnung charakterisiert ist, sich nicht dem Wesen der Zeit anpasst. Denn zum Wesen
der Zeit gehört die Ordnung, insofern sie von der Reihenfolge „vorher-
und-nachher" nicht trennbar ist. Diese Feststellung könnte der Grund dafür sein, dass Plutarch diese Hypothese abgelehnt hat und nur von einer
formlosen Materie der Zeit geredet hat. Attikos dagegen versuchte, die
Anwesenheit der Zeit in der präkosmischen Phase mit ihrer Natur zu
versöhnen. In diesem Zusammenhang scheint er die These zu vetreten,
dass es eine Zahl gibt, die die unregelmäßige Bewegung misst. Wie problematisch und vielleicht widersprüclich diese Auffassung ist, versteht
sich von allein.

Unsere Quellen scheinen zu belegen, dass vor Attikos einige
Platoniker versuchten, die Zeit von der Zahl zu trennen. Insofern die
Zahl von der regelmäßigen Bewegung der Gestirne abhängt,[26] kann sie
nicht im vorkosmischen Stadium existieren. Deswegen versuchten ei-

---

[25] Proklos, *In Tim.* I 276,31-277,7 Diehl (= Attikos, fr. 19 des Places = Baust.
137.5 Dörrie-Baltes).

[26] Platon, *Tim.* 38 C: „damit die Zeit entstehe, Sonne, Mond und fünf andere
Sterne, mit dem Beinamen Planeten, zur Abgrenzung und Bewahrung der
Zeitabschnitte entstanden".

nige Platoniker eine nicht mit der Zahl verbundene Zeit zu begreifen.
Der erste Beweis dieser theoretischen Kostellation findet sich bei Cicero, der von den vorkosmischen Jahrhunderten (*saecla*) folgendermaßen
redet:

> die Jahrhunderte gab es ja auch schon ohne Welt. Unter Jahrhunderten
> verstehe ich nicht diejenigen, die durch die Zahl der Tage und Nächte im
> Lauf der Jahre zustande kommen – doch gab es seit unendlicher Zeit
> eine Ewigkeit, die keine zeitliche Umgrenzung ausgemessen hat, deren
> Eigenart aber demnoch an ihrer Ausdehnung erkannt werden kann (*non
> enim, si mundus nullus erat, saecla non erant, saecla nunc dico non ea,
> quae dierum noctiumque numero annuis cursibus cunficiuntur – nam
> fateor ea sine mundi conversione effici non potuisse – sed fuit quaedam
> ab infinito tempore aeternitas, quam nulla circumscriptio temporum
> metiebatur, spatio tamen, qualis ea fuerit, intelligi potest, quod ne in
> cogitationem quidem cadit, ut fuerit tempus aliquod, nullum cum tempus
> esset*).[27]

Bei Cicero (d.h. bei seiner Quelle) findet man eine Spur der Versuche,
die vorkosmische Zeit nicht auf die (kosmische) Zahl, sondern auf den
Raum bzw. auf die Ausdehnung zurückzuführen. Es ist zu bemerken,
dass ähnliche Versuche auch bei einigen Kommentatoren des vergan-
genen Jahrhunderts zu finden sind.[28]

Es kann nicht ausgeschlossen werden, dass Attikos' Hypothese einer
vorkosmischen Zeit von seiner Materielehre abhängt: Wie oben bemerkt
worden ist, trennte Attikos zwei Phase der vorkosmischen Materie: die
erste, in der sie noch nicht die richtige Disposition hatte, um von Gott
umgeformt zu werden, die zweite hingegen, in der sie für die göttlichen

---

[27] Cicero, *Nat. deor.* I 21 (= *Epicurea*, fr. 367 S. 245,26-246,3 Usener = Baust.
136.1 Dörrie-Baltes). Zu dieser wichtigen Stelle vgl. Matthias Baltes: *Der
Platonismus in der Antike*, Bd. 5, S. 388-98, der eine nutzliche Liste der *loci
paralleli* liefert. Siehe auch Richard Sorabji: *Time, Creation & the Continuum.
Theories in Antiquity and the Early Middle Ages*, London 1983, S. 270.
[28] Siehe zum Beispiel Gregory Vlastos: „Creation in the *Timaeus*: Is it a
Fiction?", jetzt in: *Studies in Plato's Metaphysics*, a.a.O., S. 401-19, bes. S. 409-
11; Richard D. Mohr: *Plato's Cosmology*, Leiden 1985, S. 65-66 und Alvaro
Vallejo: „No, it's not a Fiction", in: *Interpreting* Timaeus-Critias. *Proceedings
of the IV Symposium Platonicum*, ed. by Tomás Calvo and Luc Brisson, Sankt
Augustin 1997, S. 141-48, bes. S. 147-48.

Schaffung tauglich ist. Die zwei vorkosmischen Phasen könnten in der vorkosmischen Zeit aufeinander folgen.

V

Die wichtigsten Ergebnisse der vorliegenden Untersuchung können folgendermaßen zusammengefasst werden. 1) Die interessantesten Aspekte der mittelplatonischen Seelenlehre entstanden im Rahmen der wörtlichen Exegese der Weltschöpfung und sind Plutarch und Attikos zuzuschreiben. 2) Beide Autoren stimmen darin überein, dass die Schöpfung des Universums ein einziges reales Ereignis war. Daraus folgt, dass der Schöpfungsakt ein reales vorkosmisches Stadium der Welt beendet. 3) Dieses vorkosmische Stadium war von einer ungeordneten und grenzenlosen Bewegung der Materie charakterisiert, deren Ursache auf eine vorkosmische und unvernünftige Seele zurückzuführen ist. Es handelt sich um die Seele an sich, nämlich um das Wesen des Seelischen. 4) In dem vorkosmischen Chaos sind also zwei unabhängige Prinzipien voneinander zu trennen: die Materie und die Urseele. Sie gehören zusammen, sind aber dennoch logisch voneinander trennbar. 5) Zum ersten Mal in der Geschichte des Platonismus wird die Seele ausdrücklich mit der Irrationalität, bzw. mit dem Bösen verbunden. 6) Die wörtliche Exegese des *Timaios* bringt eine Reihe von Aporien und Schwierigkeiten mit, zu denen jene der Existenz einer vorkosmischen Zeit zu zählen ist.

Literatur

Algra, Keimpe: *Concepts of Space in Greek Thought*, Leiden 1994.

Baltes, Matthias: *Die Weltentstehung des Platonischen Timaios nach den antiken Interpreten*, Bde. 1-2, Leiden 1976-78.

der.: *Der Platonismus in der Antike. Grundlagen – System – Entwicklung*, Bd. 4: *Die philosophische Lehre des Platonismus. Einige grundlegende Axiome / Platonische Physik (im antiken Verständnis) I*, Stuttgart/Bad Cannstatt 1996.

der.: *Der Platonismus in der Antike. Grundlagen – System – Entwicklung*, Bd. 5: *Die philosophische Lehre des Platonismus. Platonische Physik (im antiken Verständnis) II*, Stuttgart/Bad Cannstatt 1998.

ders.: „Zur Philosophie des Platonikers Attikos", jetzt in: ders.: *ΔIANOHMATA. Kleine Schriften zu Platon und zum Platonismus*, hg. von Annette Hüffmeier, Marie-Luise Lakmann und Matthias Vorwerk, Stuttgart/Leipzig 1999, S. 81-111.

ders.: *Der Platonismus in der Antike. Grundlagen – System – Entwicklung*, Bd. 6 (1-2): *Die philosophische Lehre des Platonismus. Von der Seele als Ursache aller sinvollen Abläufe*, Stuttgart/Bad Cannstatt 2002.

ders.: „Plutarchs Lehre von der Seele", in ders.: *EΠINOHMATA. Kleine Schriften zur Antiken Philosophie und homerischen Dichtung*, hg. von Marie-Luise Lakmann, München/Leipzig 2005, S. 77-99

Brague, Rémi: *Du temps chez Platon et Aristote*, Paris 1982.

Brisson, Luc: *Le Même et l'Autre dans la structure ontologique du* Timée *de Platon*, Sankt Augustin 1994.

Carone, Gabriela R.: *Plato's Cosmology and its Ethical Dimension*, Cambridge 2011.

Cicero: *De natura deorum*, recogn. O. Plasberg, iterum ed. app. adiecit W. Ax, Leipzig 1933.

Cornford, F.M.D.: *Plato's Cosmology. The* Timaeus *of Plato translated with a running commentary*, London 1937.

Deuse, Werner: *Untersuchungen zur mittelplatonischen und neuplatonischen Seelenlehre*, Wiesbaden 1983.

Ferrari, Franco: „La *chora* nel *Timeo* di Platone. Riflessioni su "materia" e "spazio" nell'ontologia del mondo fenomenico", in: *Quaestio* 7 (2007), S. 3-23.

ders.: „La psichicità dell'anima del mondo e il divenire precosmico in Plutarco", *Ploutarchos* 9 (2010/2011), S. 15-36.

ders.: „Materia, movimento, anima e tempo prima della nascita dell'universo: Plutarco e Attico sulla cosmologia del *Timeo*", in: *De l'Antiquité tardive au Moyen Âge. Études de logique aristotélicienne et de philosophie grecque, syriaque, arabe et latine offerts à Henry Hugonnard-Roche*, éd. par. E. Coda e C. Martini Bonadeo, Paris 2014, S. 255-76.

Hager, Fritz-Peter: „Die Materie und das Böse im antiken Platonismus", in: *Museum Helveticum* 19 (1962), S. 73-103.

Jelinek, Elizabeth: „Pre-Cosmic Necessity in Plato's *Timaeus*", *Apeiron* 44 (2011), S. 287-305.

Miller, Dana R.: *The Third Kind in Plato's* Timaeus, Göttingen 2003.

Mohr, Richard D.: *Plato's Cosmology*, Leiden 1985.

Opsomer, Jan: „Plutarch's *De animae procreatione in Timaeo*: Manipulation or Search for Consistency?", in: *Philosophy, Science and Exegesis in Greek, Arabic and Latin Commentaries*, vol. 1, ed. by Peter Adamson, Han Baltussen and M.W.F. Stone, London 2004, S. 137-62.

Platonis Opera. Recognovit Brevique Adnotatione Critica Instruxit Ioannes Burnet, Oxford 1900–1907.

Plutarch: *Œuvres morales (Moralia)*, 15 vol., Paris 1972–2012.

der.: *La generazione dell'anima nel Timeo*, introduzione, testo critico, traduzione e commento di Franco Ferrari e Laura Baldi, Napoli 2002.

Proklos: *Procli Diadochi in Platonis Timaeum Commentaria*, 3 Bände, hg. von Ernst Diehl, Leipzig 1903–1906.

Rescigno, Andrea: „Desiderari componi a deo. Attico, Plutarco e Numenio sulla materia prima della creazione", in: *KOINΩNIA* 21 (1997), S. 39-81.

Schoppe, Christoph: *Plutarchs Interpretation der Ideenlehre Platons*, Münster/Hamburg 1994.

Sorabji, Richard: *Time, Creation & the Continuum. Theories in Antiquity and the Early Middle Ages*, London 1983.

Thévenaz, Pierre: *L'Âme du monde, le devenir et la matière chez Plutarque*, Neuchâtel 1938.

Vallejo, Alvaro: „No, it's not a Fiction", in: *Interpreting* Timaeus-Critias. *Proceedings of the IV Symposium Platonicum*, ed. by Tomás Calvo and Luc Brisson, Sankt Augustin 1997, S. 141-48.

Vlastos, Gregory: „Creation in the *Timaeus*: Is it a Fiction?", jetzt in: *Studies in Plato's Metaphysics*, ed. by Reginald E. Allen, London 1965, S. 401-19.

ders.: „The disorderly Motion in the *Timaeus*", jetzt in: *Studies in Plato's Metaphysics*, ed. by Reginald E. Allen, London 1965, S. 379-99.

Federico M. Petrucci (Pisa)

ἀντέχεσθαι τῶν ῥημάτων: The Neoplatonic Criticism of Atticus' Exegesis of Plato's Cosmogony

I Premise

From several points of view, looking at the history of Platonism compels scholars to face the development not only of doctrines, but also of methods applied to the reading of Plato's writings. According to our sources, in the Old Academy Platonism started as a philosophical reading of Plato's texts,[1] and then in the Neoplatonic schools the standard philosophical method became the production of running commentaries (on non-Platonic writings as well). As a matter of fact, the sources attest that the Platonic commentary became a well-structured form of philosophical writing only after Plotinus: Neoplatonists found their chief philosophical method in this "literary" genre.[2] The midpoint in this history of

---

[1] Plutarch (*De an. procr.* 1012d2-3; see also Ps.-Plut., *Plac. Philos.* chap. 3) suggests that Xenocrates may be considered a Platonic exegete; on the other hand, Proclus (*In Tim.* I 75,30-76,2, but see also Plut., *De an. procr.* 1012d5-1013a5) states that Crantor was the first exegete of Plato's text (see also Plut., *De an. procr.* 1022c-e, and Procl., *In Tim.* I 75, 30-76, 8). On the *Timaeus* in the Old Academy and for further bibliography, see now Bruno Centrone: "L'esegesi del *Timeo* nell' Accademia antica", in: *Il Timeo. Esegesi greche, arabe, latine*, a cura di Francesco Celia e Angela Ulacco, Pisa 2012, pp. 57-80.

[2] See above all Erich Lamberz: "Proklos und die Form des philosophischen Kommentars", in: *Proclus, lecteur et interprète des anciens*, éd. par Jean Pépin et Henri Dominique Saffrey, Paris 1987, pp. 1-20 and David Runia and Michael Share (eds.): *Proclus, Commentary on Plato's Timaeus, vol. II: Book 2: Proclus on the Causes of the Cosmos and its Creation*, Cambridge 2008. On the importance of the *Timaeus* in Neoplatonism, see Philippe Hoffmann: "La place

Platonic exegesis is represented by Middle Platonism, whose philosophical core is often seen to consist in an either directly or indirectly
exegetical investigation of Plato's writings. Although Middle Platonists
dealt with several dialogues,[3] they were chiefly engaged in the exegesis
of Plato's *Timaeus*.[4] Moreover, it is likely that they applied to this text

du *Timée* dans l'enseignement philosophique néoplatonicien: ordre de lecture et
harmonisation avec le *De Caelo* d'Aristote. Étude de quelques problèmes
exégétiques", in: *Il Timeo. Esegesi greche, arabe, latine*, a cura di Francesco
Celia e Angela Ulacco, Pisa 2012, pp. 133-180.
[3] There was, indeed, a wide exegetical activity: besides the well-known
Anonymous *Commentary on Theaetetus*, our sources testify to the existence of
commentaries on the *Phaedo*, *First Alcibiades*, *Gorgias*, *Phaedrus*, *Symposium*,
Republic, *Statesman* and *Laws* (see Heinrich Dörrie & Matthias Baltes (Hgg.):
Der Platonismus in der Antike, *Band III*, Stuttgart/Bad Cannstatt, pp. 162-209,
and Federico M. Petrucci: "L'esegesi e il Commento di Platone (a partire
dall'esegesi della cosmogonia del *Timeo*)", in: *Rivista di Storia della Filosofia*
69 (2015), pp. 295-320).
[4] More generally, from the mid-1970s onwards scholars began focusing their
attention on the strict dependence of Middle-Platonic elaborations on the either
direct or indirect exegesis of the *Timaeus*. Cf., Matthias Baltes: "Numenios von
Apamea und der platonische *Timaios*", in: *VChr* 29 (1975), pp. 241-270; id.: *Die
Weltentstehung des platonischen Timaios nach den antiken Interpreten*, I,
Leiden 1976; John Dillon: "Tampering with the *Timaeus*: Ideological
Emendations in Plato, with Special Reference to *Timaeus*", in: *AJPh* 110 (1989),
pp. 50-72; Pierluigi Donini: "Plutarco e i metodi dell'esegesi filosofica", in: *I
Moralia di Plutarco tra filologia e filosofia*, a cura di Italo Gallo e Renato.
Laurenti, Napoli 1992, pp. 79-96; id.: "Il trattato filosofico in Plutarco", in: *I
generi letterari in Plutarco*, ed. by Italo Gallo and Claudio Moreschini, Napoli
2000, pp. 136-9; Franco Ferrari: *Dio, idee e materia. La struttura del cosmo in
Plutarco di Cheronea*, Napoli 1995; id.: "I commentari specialistici alle sezioni
matematiche del *Timeo*", in: *La filosofia in età imperiale*, a cura di Aldo
Brancacci, Napoli 2000, pp. 171-224; Id.: "La letteratura filosofica di carattere
esegetico in Plutarco", in: *I generi letterari in Plutarco*, a cura di Italo Gallo e
Claudia Moreschini, Napoli 2000, pp. 147-175; id.: "Struttura e funzione
dell'esegesi testuale nel Medioplatonismo: il caso del *Timeo*", in: *Athenaeum* 89
(2001), pp. 525-574; Id.: "Esegesi, commento e sistema nel medioplatonismo",
in: *Argumenta in Dialogos Platonis*, hg. von Ada Neschke, Kasper Howald,
Tanja Ruben and Andreas Schatzmann, Basel 2010, pp. 51-76; Id.: "L'esegesi
medioplatonica del *Timeo*: metodi, finalità, risultati", in: *Il Timeo. Esegesi
greche, arabe, latine*, a cura di Francesco Celia e Angela Ulacco, Pisa 2012, pp.

an exegetical method which Neoplatonists later discarded in favour of the running commentary, or *Spezialkommentar*,[5] a specialised commentary focusing (mainly) on specific philosophical matters, circumscribed sections, and theories that can be traced back to particular disciplines.[6] Within the framework of specific ζητήματα, the aim of these commentaries was to explain Plato's text by means of a set of connected exegetical methods, such as *Platonem ex Platone*, exegesis κατὰ λέξιν, philological analysis and textual emendation.

The differences between Middle-Platonic and Neoplatonic exegeses, then, cannot be reduced to a matter of doctrine; on the contrary, it chiefly concerns the methods generally used by Middle-Platonists and Neoplatonists. This point becomes fundamental in the (quite frequent) cases where our knowledge of Middle-Platonic doctrines is grounded on Neoplatonic sources. In other terms: when a Neoplatonist criticises

81-132; Franco Ferrari and Laura Baldi: *Plutarco. La generazione dell'anima nel Timeo*, Napoli 2002; Federico M. Petrucci: *Teone di Smirne. Expositio rerum mathematicarum ad legendum Platonem utilium*, Sankt Augustin 2012, pp. 49-62.

[5] A reply to the former thesis, held above all by David Sedley: "Plato's Auctoritas and the rebirth of the Commentary Tradition", in: *Philosophia Togata II: Plato and Aristotle at Rome*, ed. by Jonathan Barnes and Miriam Griffin, Oxford 1997, pp. 110-29, has been provided by Franco Ferrari: "I commentari specialistici"; "La letteratura filosofica"; *La generazione dell'anima nel Timeo*; "Esegesi, commento e sistema"; "L'esegesi medioplatonica del *Timeo*". I would not exclude, however, that Middle-Platonic commentaries, albeit being mainly focused on specific sections and problems, did *somehow* (i.e., more quickly, or only in outline) take into account also other sections of a dialogue.

[6] Besides the Plutarch's renowned *De animae procreatione in Timaeo*, we must mention at least the much more ancient commentary by Eudorus, Galen's *Commentary on the Medical Sections of the Timaeus* (see Franco Ferrari: "Galeno interprete del *Timeo*", in: *MH* 55 (1998), pp. 14-341), the technical commentaries by Adrastus and Aelianus (see Franco Ferrari: "I commentari specialistici" and Federico Petrucci: "Il *Commento al Timeo* di Adrasto di Afrodisia", in: *Documenti e studi sulla tradizione filosofica medievale* 23 (2012), pp. 1-33 – on Adrastus), and Theon's *Expositio* (see my commentary and translation). Plutarch's *Platonicae quaestiones* should also be envisaged according to this perspective, or indeed as providing an even clearer example of κατὰ ζητήματα exegesis: see Franco Ferrari: "La letteratura filosofica", pp. 162-165.

Plato's interpretation at the hands of a Middle Platonist, to what extent does this criticism also involve Middle-Platonic exegetical methods, at least implicitly? And accordingly, can we also consider these criticisms as evidence for Middle-Platonic exegetical methods? In this paper, I shall address these questions by analysing Proclus' criticism of Atticus' interpretation of the cosmogony which Plato outlines in the *Timaeus*[7]. In particular, I shall attempt to define: the nature of the strategy called ἀντέχεσθαι τῶν ῥημάτων and ascribed specifically to Atticus; how it relates to Atticus' exegesis; whether (and to what degree) it is consistent with standard Middle-Platonic methods; whether (and how) it affects Neoplatonic accounts on Atticus' exegesis.

II   Proclus against Atticus on Plato's cosmogony

No complete work of the Middle-Platonist Atticus (*fl.* c. 176-180 A. D.)[8] has been transmitted directly, but we have extensive fragments (1-9 des Places) of a book against those who read Plato through the lens of Aristotle, quoted *ad litteram* by Eusebius,[9] and a considerable number of

---

[7] On the Neoplatonists' criticism of Plutarch, see Andrea Rescigno: "Proclo lettore di Plutarco?", in: *L'eredità culturale di Plutarco dall'antichità al rinascimento*, a cura di Italo Gallo, Napoli 1998, pp. 111-141 and Jan Opsomer: "Neoplatonist Criticism of Plutarch", in: *Estudios Sobre Plutarco. Misticismo y Reliogiones Mistéricas en la Obra de Plutarco*, ed. by Aurelio Pérez Jiménez and Francesco Casadesús Bordoy, Madrid/Malaga 2001, pp. 187-99. On Proclus as witness to Middle-Platonic argumentatives strategies, see also Federico M. Petrucci: "Le Témoignage du Deuxième Livre du *Commentaire au Timée* de Proclus sur la forme de l'argumentation médio-platonicienne au sujèt de la génèse du monde", in: *Revue des études Grecques* 127 (2014), pp. 331-375.

[8] Although scholars have tried to place his activity in a specific context (for example, he has been regarded as the master of Athens' chair of Platonism immediately after its refoundation by Marcus Aurelius: see in particular John Dillon: *The Middle Platonists*, London 1977, pp. 247-248), probably it is impossible to define his activity with certainty.

[9] Scholars often consider the expression πρὸς τοὺς διὰ τῶν Ἀριστοτέλους τὰ Πλάτωνος ὑπισχνουμένους, by means of which Eusebius introduces his quotations, as the title of Atticus' work; however, this is far from certain: see George

fragments from a *Commentary on Plato's Timaeus* (fr. 12-39), which are transmitted by Neoplatonic sources (mainly by Proclus, who probably depends here on Porphyry and Iamblichus).[10] Atticus was among those Platonists who upheld a temporal interpretation[11] of the cosmogony of the *Timaeus*: in his view, the world soul (in the strict sense) and accordingly the world were produced κατὰ χρόνον by the Demiurge, but are nevertheless eternal thanks to divine βούλησις. In addition to this, however, we also find pre-cosmic matter; and since before the generation of the world this matter moved irrationally, there must be an irrational principle of movement, that is a κακεργέτις ψυχή. The Demiurge establishes a rational order – that is, produces the world – by coupling a divine soul and an irrational one in order to give order and rationality to matter.[12]

In general terms, this interpretation was not upheld only by Atticus, but also, for example, by Plutarch: some specific (albeit important) divergences aside, it can be considered an important exegetical stream.[13] This fact is well testified to by our sources, which frequently couple the

---

Karamanolis: *Plato and Aristotle in Agreement?*, Oxford 2006, pp. 150-153, particularly n.4.

[10] As is widely acknowledged, des Places' collection (1977) is nowadays inadequate; see Matthias Baltes: „Zur Philosophie des Platonikers Attikos", in: *Platonismus und Christentum. Festschrift für Heinrich Dörrie*, hg. von Horst-Dieter Blume und Friedhelm Mann, Münster 1983, pp. 38-57 and *infra*. Fortunately Alexandra Michalewski is now working on a new edition.

[11] I avoid referring to the well known quarrel on this problem by referring to an opposition between a "literalist" and a "metaphorical" interpretation, which seems inadequate to me, since Taurus' exegesis also has literalist grounds: see Federico M. Petrucci: "Argumentative Strategies for Intepreting Plato's Cosmogony: Taurus and the Issue of Literalism in Antiquity", in: *Phronesis* 61 (2016).

[12] On Atticus' doctrine and on the Middle-Platonic perspective which it reflects, see Franco Ferrari: "Materia, movimento, anima e tempo prima della nascita dell'universo: Plutarco e Attico sulla cosmologia del *Timeo*", in: *Études de logique et de cosmologie offertes à Henri Hugonnard-Roche*, éd. par Elisa Coda et Cecilia Martini Bonadeo, Paris 2014 and his paper in this volume. (I shall deal with it only in relation to those points which are important for my argument).

[13] Again, see Franco Ferrari's paper in this volume and Franco Ferrari: "Materia, movimento, anima".

names of Plutarch and Atticus[14] in order to outline the common features
of their interpretations. So, before dealing specifically with Atticus' strategy, I shall indicate which testimonies may be seen to refer only or
chiefly to Atticus. Then, I shall point out the main features of Atticus'
perspective which emerge from Neoplatonic criticism in order to outline
the methodological approach they imply: I argue that Atticus grounded
his interpretation on some specific textual sections (above all, *Tim.*
30a),[15] which he systematically used as cornerstones when extending his
exegesis to other passages, as well as when employing further Platonic
sections for exegetical purposes; finally, I shall consider this point
within the wider framework of Middle-Platonic and Neoplatonic exegetical methods.

III   Selecting the sources

In his edition des Places detected twenty-seven fragments of Atticus'
Commentary on the Timaeus (fr. 12-39). In my view, however, it is correct to also consider fragments 10 and 11, which des Places suggested
might come from an unattested essay *On the Soul*, and which are consistent with the exegetical sections of Atticus' *Commentary*. Among
these twenty-nine fragments, at least twenty-one concern Plato's cosmogony: 10-11, 15, 19-26, 28-32, 35-39. As suggested above, in eleven

---

[14] Atticus and Plutarch are quoted together in fragments 11, 19, 22-24, 32, 35,
38. But Neoplatonists also associated him with Albinus (fr. 15), Arpokration (fr.
25), Severus (fr. 32, also with Plutarch), "the ancients" (fr. 15), and "others" in
general (fr. 10-11, 19 and 35, also with Plutarch). In fragments 40 and 41, on
logic, he is coupled with Plutarch and Democritus and with Nichostratus
respectively.

[15] Already Matthias Baltes: *Die Weltentstehung des platonischen Timaios*, p. 45,
and John Dillon: *The Middle Platonists*, p. 253, noted (in very general terms)
that this very passage represents the core of Atticus' exegesis. While they
focused their attention on the contents of Atticus' exegesis, they did not extend
their inquiry to examine the role played by this passage with respect to others,
nor did they explain whether and how it may have affected Atticus' overall
strategy.

of them[16] the philosophical doctrine is ascribed not only to Atticus, but also to other Platonists (frequently Plutarch, but also Albinus, Arpokration, and other unnamed Platonists). Now, a considerable part of this group must be considered as providing only general evidence regarding the exegetical stream which Atticus belonged to: fragments 10, 19, 22, 24, 25, 32, 35, 38, in fact, outline very briefly and in broad terms the temporal interpretation of Plato's doctrine.[17] So among these fragments

---

[16] That is in 10-11; 15; 19; 22-25; 32; 35; 38.

[17] As pointed out in Heinrich Dörrie and Matthias Baltes (Hgg.): *Der Platonismus in der Antike, Band V*, p. 415, sometimes it is difficult to understand whether Neoplatonists are referring to a doctrine ascribable to Plutarch and Atticus, to a doctrine of Plutarch refashioned by Atticus, or to a doctrine developed by Atticus himself. However, it seems that frequently the posited theory is too general to be ascribable to Plutarch or Atticus, and it is likely that in such cases Plutarch and Atticus are only mentioned as leaders of the chronological interpretation. As concerns fragments 25 and 32, see the discussion in Heinrich Dörrie & Matthias Baltes (Hgg.): *Der Platonismus in der Antike, Band V*, pp. 417-419, which does not ascribe the related doctrines to Atticus alone. On other fragments see this paragraph *passim*. The only problematic case might be represented by fragment 19 (Procl., *In Tim.* I 276, 30-277, 7): Atticus is mentioned with Plutarch and ἄλλοι πολλοὶ τῶν Πλατωνικῶν, and Proclus ascribes to them the doctrine of the generation κατὰ χρόνον of the world and of the existence of a pre-cosmic soul which moves in disorderly fashion. He then introduces the idea that pre-cosmic motion must exist, provided that there is also a pre-cosmic χρόνος. Werner Deuse: *Untersuchungen zur mittelplatonischen und neuplatonischen Seelenlehre*, Wiesbaden 1983, pp. 51-52, detected in this fragment a position which, albeit generally upheld also by Plutarch, spread among Neoplatonists only after its re-elaboration by Atticus, since the strict thesis of a pre-cosmic χρόνος would not be ascribable to Plutarch (see also Heinrich Dörrie & Matthias Baltes (Hgg.): *Der Platonismus in der Antike, Band V*, p. 416, and Jan Opsomer: "Neoplatonist Criticism of Plutarch", pp. 188-90). Although this claim is correct, the Proclean context seems to be more general: he is introducing his discussion on *Tim.* 28b6-7 by means of a review of preceding theories; moreover, some passages of Plutarch (such as *Plat. Quaest.* 1007c), while emphasising the notion that ordered time is produced by the Demiurge by means of the generation of the world, do not deny the possibility of a pre-cosmic, disordered time, at least in a problematic way (see Matthias Baltes: *Die Weltentstehung des platonischen Timaios*, pp. 43-45, and also the specific analysis in Franco Ferrari: "Materia, movimento, anima", pp. 255-276). It is possible, therefore, that Neoplatonists coupled Plutarch and Atticus with respect to this doctrine. So

only 11, 15 and 23 will be considered in my analysis. Finally, it must be noted that they are taken from Neoplatonic authors, above all Proclus (*In Timaeum*), but also Iamblichus and Philoponus; all of them, however, depend (either directly or indirectly) on Porphyry.[18]

This repertory, taken from des Places' edition, must be slightly re-considered in the light of a fundamental article which M. Baltes has devoted to Atticus.[19] Fragments 20 (Procl., *In Tim.* I 283, 27-30) and 21 (*ibid.* I 284, 5-6 and 285, 6-7) must be read in the wider context of *In Tim.* I 283, 27-285, 7 and 286, 26-29, and it is helpful to re-consider fragments 26 (*ibid.* I 391, 4-12) and 28 (*ibid.* I 393, 31-394, 12) within *In Tim.* I 391, 4-396, 26,[20] where Proclus, in his discussion of *Tim.* 30 a3-6, extensively refers to Porphyry's criticism of Atticus.[21] Therefore, the set of useful Neoplatonic (above all Proclean) accounts on Atticus' exegesis of Plato's cosmogony has been defined as follows: fragments

Proclus here is probably outlining in general terms (albeit probably by reference to Atticus' terminology) a common perspective of the "chronological inter-pretation" of Plato's cosmogony.

[18] In the case of Iamblichus, this is not quite certain: he definitely drew upon Porphyry's works, but sometimes he seems to present independent accounts; see John Dillon (ed.): *Iamblichi Chalcidensis in Platonis dialogos commentariorum fragmenta*, Leiden 1973 *passim*. As concerns Proclus, scholars agree in stating that he did not have Atticus' *Commentary on the Timaeus* at his disposal, and that he referred to him by means of Porphyry and Iamblichus (see now David Runia & Michael Share (eds.): *Proclus*, pp. 10-11). A valuable account on Proclus' (mostly indirect) knowledge of Middle Platonists is Harold Tarrant, "Must Commentators Know Their Sources? Proclus' *In Timaeum* and Nume-nius", in: *Philosophy, Science and Exegesis in Greek, Arabic, and Latin Com-mentaries* I, ed. by Peter Adamson, Han Baltussen, and Martin W. F. Stone, London 2004, pp. 175-190.

[19] See Matthias Baltes: „Zur Philosophie des Platonikers Attikos", particularly pp. 47-57.

[20] Also fr. 27, on God, belongs to this section, which deals with several themes in Atticus' exegesis.

[21] Matthias Baltes: „Zur Philosophie des Platonikers Attikos", pp. 40-41, mentions as a source for Atticus' theory two further passages (Procl., *In Tim.* I 359, 22-27 concerning the Demiurge; Procl., *In Tim.* I 384, 5-16, which concerns the generation of the world and the problem of eternal matter, has a quite generic content, and Atticus is quoted together with Plutarch).

11, 15, [20-21,] 23, [26, 28,] 29-31, 36-37 *plus* Procl., *In Tim.* I 283, 27-285, 7; 286, 26-29; 391, 4-396, 26.

IV   ἀντέχεσθαι τῶν ῥημάτων

There is one chief aspect by means of which Atticus' exegesis is characterised by Neoplatonists, that is his steady attention and respect for Plato's λέξεις and ῥήματα.[22] The clearest text in this regard is *In Tim.* I 283, 27-285, 7, where Proclus deals with *Tim.* 28b7-c2. Here he criticises Atticus' theory that τὸ μὲν πλημμελῶς καὶ ἀτάκτως κινούμενον εἶναι ἀγένητον, τὸν δὲ κόσμον ἀπὸ χρόνου γενητόν, and accordingly that it is correct to state that the world γέγονε.[23] In criticising this thesis, Proclus observes that δεινὸς ὁ ἀνὴρ [Atticus] ἀντιλαβέσθαι τῶν ῥημάτων. This feature of Atticus' approach is confirmed by fragment 14: according to Atticus Plato is speaking of two mixing vessels, and this is astonishing to Proclus since Atticus was εἰωθότα σφόδρα παρέπεσθαι ταῖς ῥήσεσι.[24] A further attestation comes from two fragments, 15 and 23,[25] which are among those in which Atticus is quoted together with other Platonists (in fr. 15 with Albinus and τοιούτους τινάς, on the human soul, and in fr. 23 with Plutarch). As demonstrated by Baltes,[26]

---

[22] This rather clear aspect has been widely noted by scholars, albeit in a cursory way.

[23] The passage is probably corrupted, but its general meaning is clear. The text established in the *Teubner* edition by Diehl is τὸ μὲν πλημμελῶς καὶ ἀτάκτως κινούμενον εἶναι ἀγένητον, τὸν δὲ κόσμον ἀπὸ χρόνου γενητόν, καὶ φῶμεν περὶ αὐτοῦ τοῦτο δὴ τὸ γέγονε [*lac.*] καλῶς; however, it is likely that the meaning of this passage is grasped by Kroll with his conjecture, εἰρῆσθαι.

[24] fr. 14 (= Procl., *In Tim.* III 247, 12-15) concerns the κρατήρ used by the Demiurge while producing the "psychical substance"; see in general ibid. III 246, 29-250, 28, and Matthias Baltes: „Zur Philosophie des Platonikers Attikos", pp. 52-53.

[25] Respectively Procl., *In Tim.* III 234, 9-18 and 243, 9-18.

[26] Matthias Baltes: „Zur Philosophie des Platonikers Attikos", pp. 47-57, has demonstrated, also by referring to parallel passages in Galen and other works of Proclus, that the doctrines and the terms (for example, ἄλογος ζωή in fr.15 and κακεργέτις ψυχή in fr.23) which one finds in these fragments are typical of Atticus' exegesis. On fr. 23, see also Heinrich Dörrie & Matthias Baltes (Hgg.):

however, these fragments contain some elements which suggest that a doctrine which belonged chiefly to Atticus is arbitrarily ascribed to "others". In fr. 23, in particular, Proclus sketches out the theory of chronological generation of the world and accordingly that of the pre-cosmic κακεργέτις soul: Atticus and Plutarch, while upholding this view, λιπαρῶς ἀντέχονται τῶν ῥημάτων.

By means of this (relatively) wide set of statements, it can easily be acknowledged that according to Neoplatonists the distinguishing feature of Atticus' exegetical strategy was precisely παρέπεσθαι ταῖς ῥήσεσι / ἔπεσθαι τῇ λέξει / ἀντιλαβέσθαι or ἀντέχεσθαι τῶν ῥημάτων. From a formal point of view, therefore, Neoplatonic sources give us a clear suggestion concerning the "peculiar" core of Atticus' exegetical strategy, which he applied while dealing with different topics in Plato's text. Now, the very fact that they present this aspect as a distinctive feature of Atticus' exegesis should lead us to deepen the inquiry by focusing on this methodological point: it is necessary to understand what the core of this peculiar[27] "approach" might be – let us call it *ατρ, ἀ(ντέχεσθαι) τ(ῶν) ῥ(ημάτων)*[28] – and whether it affects the sources' attitude towards and criticism of Atticus' doctrines.

Der Platonismus in der Antike, Band V, 416, and Jan Opsomer: "Neoplatonist Criticism of Plutarch", pp. 190-192.

[27] No other Middle Platonist is so often said to practice his exegesis following this principle. In T 4 Gioè, Arpokration, a student of Atticus', is said to be προσεσχηκὼς τῷ ῥητῷ (see Adriano Gioè: _Filosofi medioplatonici del II secolo d.C. Testimonianze e Frammenti: Gaio, Albino, Lucio, Nicostrato, Tauro, Severo, Arpocrazione_, Napoli 2002, pp. 456-458). Considering his philological work, this description is very reasonable; however: it seems to have a different (and broader) meaning, since Olympiodorus is only stating that _here_ Arpokration's interpretation (a "logical" analysis) is consistent with Plato's text. It is quite unlikely, then, that this characterisation of Arpokration depends on the fact that he, like Atticus, was the author of several extensive works (as also suggested by Gioè ibid. pp. 456-458). Similar occurrences could be detectable in Taurus (fr. 23 Gioè) and Albinus (fr. 11 Gioè): they confirm the general frame of Atticus' method, but are isolated and actually not focused as the occurrences in Atticus are.

[28] I adopt this acronym for the sake of brevity. Of course, I do not wish to establish any normative relation between this definition and a formalised method; on the contrary, my aim is to identify the practical strategy of Atticus, which Neoplatonists referred to by means of the expressions indicated above. I am

V   Some interpretations

Baltes[29] has implicitly proposed a general interpretation of this methodological datum. Considering that Atticus was among the few Middle
Platonists who focused on the first part of the *Timaeus*,[30] he claimed that
Atticus' ατρ should be considered a strictly philological method,[31]
implying an in-depth analysis of the text. This claim, however, does not
seem to be a satisfying one. Firstly, although only a few Platonists dealt
with the first part of the dialogue, this can hardly be thought of as a
distinguishing feature of Atticus.[32] Secondly, ατρ cannot be identified as
an enduring attention to the text (this could be another implication of
Baltes' point): in the sources there is no clear statement of Atticus'
extensive interest in the whole proem (or, for example, in the "anthro-
pological" and "biological" part,)[33] and we cannot infer just how
extensive Atticus' remarks were, or what they consisted in. Moreover, if

grateful to Michael Erler for indicating to me that the phase "ἀντέχεσθαι τῶν
ῥημάτων" is used by Plato in the *Euthydemus* (305a4), where it refers to a bad
dialectical attitude towards discourse. Neoplatonists do not use this phase in a
negative sense, but an indirect dependence (albeit different from that which is
detectable in the case of the method *aphormè labein*) is still possible.

[29] See above all Matthias Baltes: „Zur Philosophie des Platonikers Attikos", pp.
38-39. Heinrich Dörrie & Matthias Baltes (Hgg.): *Der Platonismus in der
Antike, Band V*, p. 415, seem to suggest that ατρ could also refer, quite generally,
to the literal interpretation of Plato's cosmogony; however this seems quite
implausible, since this perspective was shared by other Platonists, and Proclus
was absolutely aware of this.

[30] See fragments 16 and 17.

[31] See Heinrich Dörrie & Matthias Baltes (Hgg.): *Der Platonismus in der Antike,
Band III*, p. 215. On these grounds, Atticus' method has been seen as similar to
that of Longinus; see Matthias Baltes: „Zur Philosophie des Platonikers
Attikos", p. 39.

[32] Although it was possible and traditionally justified (see Procl., *In Parm.* 658,
33 ff.) to avoid commenting the proems of dialogues (such as the first part of the
Timaeus), several Middle Platonists dealt with them (for example, Numenius and
Dercillidas). Moreover, it is meaningful that Proclus (*In Tim.* I 204, 16-18 =
Severus T 3 Gioè = 81, 15 Dörrie & Baltes) indicates specifically that Severus
οὐδὲ ἐξηγήσεως ἠξίωσε τὸ παράπαν the proem.

[33] Moreover, when Atticus refers to the passages concerning the χώρα, he uses
them in order to explain Plato's cosmogony.

Atticus' peculiarity lay in his focus on a wider section of the dialogue, it would be quite strange for the sources to acknowledge it exactly in the passages concerning the world and the soul.

ατρ could be also thought to consist in an extensive use of Platonic quotations. Of course, in Atticus' fragments (including those transmitted by Eusebius) arguments are frequently structured by using Plato's words. However, it has been widely demonstrated that Middle Platonists used to quote Plato's writing – often implicitly – in order to present their own arguments.[34] So, this cannot be considered a peculiarity of Atticus: as is widely known, Middle-Platonic texts which we can read directly, e.g. the *Didaskalikòs* or Plutarch's *De animae procreatione in Timaeo*, reflect a (more or less) conscious strategy based on the combining of quotations.

Furthermore, one might argue that ατρ consists in systematically applying a philological analysis to the texts under consideration. This hypothesis might fit with some fragments which suggest that Atticus engaged in a philological clarification of certain puzzling passages.[35] In

---

[34] See John Whittaker: "The Value of Indirect Tradition in the Establishment of Greek Philosophical Texts, or the Art of Misquotation", in: *Editing Greek and Latin Texts*, ed. by John N. Grand, New York 1989, pp. 63-95; John Dillon: "Tampering with the *Timaeus*"; Adriano Gioè: "Aspetti dell' esegesi medio platonica: la manipolazione e l'adattamento delle citazioni", in: *Rendiconti dell'Accademia nazionale dei Lincei s.* IX, VII (1996), pp. 287-309; Franco Ferrari: "Struttura e funzione", pp. 525-574; Federico Petrucci: "La tradizione indiretta dell'ultima pagina dell' *Epinomide* (991d5-992b1): Nicomaco, Teone, Giamblico, Elia, Davide, Pseudo-Elia", in: *Epinomide. Studi sull'oera e la sua ricezione*, a cura di Franco Ferrari e Francesca Alesse, Napoli 2012, pp. 295-340.

[35] See Matthias Baltes: „Zur Philosophie des Platonikers Attikos", pp. 38-41, and Claudio Moreschini: "Attico: una figura singolare nel Medioplatonismo", in: *ANRW* II (1987) 36, 1, pp. 478-479. A classic example is provided by fragment 18 (= Procl., *In Tim.* I 271, 31-272, 6), according to which Atticus, probably aiming to claim that the Demiurge always cares for his creation, focused his attention on *Tim.* 28a7, ὅτου μὲν οὖν ἂν ὁ δημιουργὸς πρὸς τὸ κατὰ ταὐτὰ ἔχον βλέπων ἀεί, and linked ἀεί to βλέπων. Also, in fragment 29 (Procl., *In Tim.* II 100, 1-3 and 6) Proclus seems to ascribe to Atticus a particular interpretation of *Tim.* 34a9-b1 (τὸν ποτὲ ἐσόμενον). However, here Proclus only states that one should not apply a chronological interpretation to this passage, as Atticus

this case, however, such an interpretation seems to fall short of the first assumption of our inquiry, that ατρ is somehow peculiar to Atticus' exegesis.

VI   Understanding ατρ according to Neoplatonic sources

"Standard" interpretations fail to account for ατρ; they are too general since they identify it with well-known methods, which we find in other Middle-Platonic texts. Quite paradoxically, then, in as much as ατρ belongs properly to Atticus, in order to understand it we are compelled to avoid parallels and to focus firstly on the clearest Neoplatonic account, that is fragment 23. It consists in the very first lines of Proclus' discussion of *Timaeus* 30a3-6 (*In Tim.* I 381, 26-382, 12): Plutarch and Atticus λιπαρῶς ἀντέχονται τούτων τῶν ῥημάτων ὡς τὴν ἀπὸ χρόνου τῷ κόσμῳ γένεσιν αὐτοῖς μαρτυρούντων καὶ δὴ καί φασι προεῖναι μὲν τὴν ἀκόσμητον ὕλην πρὸ τῆς γενέσεως, προεῖναι δὲ καὶ τὴν κακεργέτιν ψυχὴν τὴν τοῦτο κινοῦσαν τὸ πλημμελές· πόθεν γὰρ ἡ κίνησις ἦν ἢ ἀπὸ ψυχῆς; εἰ δὲ ἄτακτος ἡ κίνησις, ἀπὸ ἀτάκτου ψυχῆς. Then, Proclus refers to *Laws* X 897b ff. as a parallel, probably reproducing Atticus' strategy.[36] Here Proclus ascribes to Atticus a sharp exegetical focus, which consists in λιπαρῶς ἀντέχεσθαι *τούτων τῶν ῥημάτων*, that is *Timaeus* 30a3-6:

(βουληθεὶς γὰρ ὁ θεὸς ἀγαθὰ μὲν πάντα, φλαῦρον δὲ μηδὲν εἶναι κατὰ δύναμιν,) οὕτω δὴ πᾶν ὅσον ἦν ὁρατὸν παραλαβὼν οὐχ ἡσυχίαν ἄγον ἀλλὰ κινούμενον πλημμελῶς καὶ ἀτάκτως, εἰς τάξιν αὐτὸ ἤγαγεν ἐκ τῆς

believes: the reference, then, is probably too general to allow us to speculate on a specific textual exegesis.

[36] This is a very important passage for Atticus' exegesis: it is a common implicit reference, which is also quoted in the fragments transmitted by Eusebius (see e.g. fr. 7); see John Dillon: *The Middle Platonists*, p. 252 ff. In general terms, however, the cross-reference between the *Timaeus'* cosmogony and this passage of *Laws* X is a typical argumentative tool: see e.g. Plut. *De an. procr.* 1014d-1015c, with Franco Ferrari: *La generazione dell'anima nel Timeo*, ad loc.; see also Franco Ferrari: "Materia, movimento, anima", pp. 255-276.

ἀταξίας, ἡγησάμενος ἐκεῖνο τούτου πάντως ἄμεινον. (θέμις δ' οὔτ' ἦν
οὔτ' ἔστιν τῷ ἀρίστῳ δρᾶν ἄλλο πλὴν τὸ κάλλιστον·)[37]

Indeed, the first sentence of Proclus' statement (ὡς τὴν ἀπὸ χρόνου τῷ
κόσμῳ γένεσιν αὐτοῖς μαρτυρούντων) is explicitly linked to this very
passage, and describes the general content of Atticus' position. The
clearer exposition of the latter, provided in the following lines, echoes
Plato's wording (προεῖναι δὲ ... τὴν τοῦτο κινοῦσαν τὸ πλημμελές· ... εἰ
δὲ ἄτακτος ἡ κίνησις, ἀπὸ ἀτάκτου ψυχῆς). Accordingly, Proclus suggests that Atticus' exegesis of Plato's cosmogony was grounded not
only on a literal interpretation, but also and above all on the literal interpretation of a *specific* passage, namely *Timaeus* 30a3-6. Of course, this
is not enough to close the inquiry: one might wonder whether Proclus is
referring to this method only for the sake of the context (and even so,
this would be quite meaningful); and besides, it is unclear whether
Atticus singled out several passages and in what way he used his key
passage(s).

Given this background, let me move on to the most extensive text, *In
Tim.* I 283, 27-285, 7.[38] It concerns *Tim.* 28b7-c2: γέγονεν· ὁρατὸς γὰρ
ἁπτός τέ ἐστιν καὶ σῶμα ἔχων, πάντα δὲ τὰ τοιαῦτα αἰσθητά, τὰ δ'
αἰσθητά, δόξῃ περιληπτὰ μετ' αἰσθήσεως, γιγνόμενα καὶ γεννητὰ ἐφάνη.
Atticus is quoted alone, in a leading position (immediately after the
main explanation of the problem). Proclus, probably dependent upon
Porphyry, criticises Atticus' doctrine and, as seen above, observes that
he followed Plato's ῥήματα very closely (I 284, 13-14). Atticus' thesis is
presented as follows: τὸ μὲν πλημμελῶς καὶ ἀτάκτως κινούμενον εἶναι
ἀγένητον, τὸν δὲ κόσμον ἀπὸ χρόνου γενητόν, καὶ φῶμεν περὶ αὐτοῦ
τοῦτο δὴ τὸ γέγονε [*lac.*] καλῶς.

This formulation, while no doubt concise, reveals Atticus' procedure
for explaining a text. As witnessed not only by the sentence itself, but
also by the fact that this passage is arranged within the commentary on
28b7-c2, it is clear that the "problem" which Atticus is dealing with is
the explanation of the puzzling γέγονε. However, in as much as Atticus
explains γέγονε by referring to the fact that before the generation of the

---

[37] Within brackets are sentences which are not in Proclus' lemma, but which will
be useful in the later sections of this paper.
[38] Fragments 20 and 21 belong to this passage.

cosmos πᾶν ὅσον ἦν ὁρατὸν was κινούμενον πλημμελῶς καὶ ἀτάκτως (and then the Demiurge εἰς τάξιν αὐτὸ ἤγαγεν ἐκ τῆς ἀταξίας), the core of his argument is to be found elsewhere in the dialogue, and in particular again at *Tim.* 30a3-6. This is moreover confirmed by our source, which strongly suggests that Atticus explicitly relied on *Tim.* 30a3-6. In what follows, in fact, Proclus argues against Atticus' thesis by means of an *ad hominem* argument, which can be sketched out as follows:[39]

1) the cosmos is ὁρατός and ἁπτός (as stated in the lemma analysed);

2) must we think that everything (πᾶν) which is ὁρατὸς καὶ ἁπτός is generated?

a) If so, it follows that also what moves πλημμελῶς καὶ ἀτάκτως is generated, since Plato ὁρατὸν γὰρ καὶ ἐκεῖνό φησιν;

b) if not, Atticus' argument is meaningless, since what moves πλημμελῶς καὶ ἀτάκτως must be ὁρατός. On the other hand, in order to make his argument meaningful Atticus should say that everything which *is* visible is generated, while everything which *was* visible is not, since Plato uses ἐστι in 28b7-c2 and ἦν in 30a3-6 (and Proclus briefly quotes this passage of the *Timaeus*).

c) According to Proclus, it is possible that Atticus used this argument (ταῦτα λέγῃ), since δεινὸς ὁ ἀνὴρ ἀντιλαβέσθαι τῶν ῥημάτων. If this is the case, however, it must be recalled that Plato defines what is generated by saying that τὸ γενητὸν δόξῃ μετ' αἰσθήσεως ἀλόγου δοξαστόν (*Tim.* 28a2-3). So, if something is perceptible, it is generated. Now, on the one hand everything which is visible is perceptible, and on the other what is κινούμενον πλημμελῶς καὶ ἀτάκτως is visible (as confirmed by *Tim.* 52d, which Proclus quotes here); it follows that what is κινούμενον πλημμελῶς καὶ ἀτάκτως is generated.

---

[39] For some useful remarks on this passage see David Runia & Michael Share (eds.), *Proclus*, p. 136.

3) Therefore, both the cosmos and what is κινούμενον πλημμελῶς καὶ ἀτάκτως must be either generated or ungenerated. But if both are generated, one must derive from the other; so disorder must derive from the cosmos, and the cause of this must be the Demiurge; but if this were the case, it would mean that the Demiurge has done something bad (that is, destroy something beautiful in order to produce disorder), which is impossible.

In as much as this argument is meant to be a direct criticism of Atticus (I 283, 27: ἔτι δὲ καὶ ἐπακολουθήσωμεν ταῖς <Ἀττικοῦ> θαυμασταῖς ὑποθέσεσιν), it is *ad hominem*. Passage "a" already indicates that Proclus has detected that Atticus' chief reference is *Tim.* 30a3-6, and that he is trying to clarify *Tim.* 28b7-c2, which Proclus is discussing, by means of it. Indeed, the following arguments are explicitly directed towards this aim. In the same point "a", he infers from 30a3-6 the fact that what is κινούμενον πλημμελῶς καὶ ἀτάκτως is, or was, visible. In point "b" he goes further in stressing the use of this very passage by focusing on the different forms of the verb "to be", which occurs in the present in 28b7-c2 and in the imperfect in 30a3-6; he then hypothesises that Atticus consciously stressed this difference. In "2c" Proclus uses *Tim.* 28a2-3 in order to explain the true content of 30a3-6. Finally, in "3" he provides the reader with a further dialectical argument, which is grounded on the principle that is stated at the beginning of 30a and is strictly linked to the key passage on what is κινούμενον πλημμελῶς καὶ ἀτάκτως: βουληθεὶς γὰρ ὁ θεὸς ἀγαθὰ μὲν πάντα, φλαῦρον δὲ μηδὲν εἶναι κατὰ δύναμιν, ... ἡγησάμενος ἐκεῖνο τούτου πάντως ἄμεινον. θέμις δ᾽ οὔτ᾽ ἦν οὔτ᾽ ἔστιν τῷ ἀρίστῳ δρᾶν ἄλλο πλὴν τὸ κάλλιστον. All in all, Proclus' argument is directed against the use of a specific passage, that is 30a (and in particular 30a3-6), to explain the puzzling lines under consideration, namely 28a2-3.

Now, it is important to note that Proclus indicates that Atticus is said to be δεινὸς ἀντιλαβέσθαι τῶν ῥημάτων in "2c", that is in the middle of his *ad hominem* argument alluding to Atticus' use of *Tim.* 30a. This suggests again that Atticus stressed and used as a cornerstone for his exegesis *some specific* words or sentences: in as much as Proclus' criticism implies that Atticus referred to *Tim.* 30a in order to explain 28a2-3, it is plausible that according to Proclus Atticus was δεινός in drawing upon his literal interpretation of a specific text, that is *Tim.* 30a, as a way to explain other passages.[40] *ατρ* becomes clearer, therefore: it consists in the literal and radical use of a *specific* passage of Plato's *Timaeus* (30a) in order to solve other puzzles concerning the same topic. This also explains the argumentative strategy of Proclus: rather than criticising Atticus' doctrine or introducing other Platonic parallels, he aims to underline the fact that such a use of this passage leads on the one hand to internal inconsistencies and on the other to insolvable difficulties with respect to the text which it purports to clarify.

At this point, it is necessary to verify (quite briefly) whether this reading fits with other fragments. The first passage that must be taken into account is Porphyry's wide-ranging criticism of Atticus, which Proclus (I 391,4-396,26[41]) quotes while commenting *Tim.* 30a3-6. Proclus criticises Atticus' positions from several points of view: his theory of God, of the ideas and of matter, along with his cosmogony and psychology. Why, then, did Proclus (and probably Porphyry) decide to present this comprehensive criticism exactly in this place? The answer is that every point which Proclus criticises seems to be rooted in *Tim.* 30a-c, and in particular 30a3-6. Firstly, Atticus' theory is sketched out by Proclus as follows:

> Πρῶτον μὲν οὖν ἀποτείνεται πρὸς τοὺς περὶ Ἀττικὸν πολλὰς
> ὑποτιθεμένους ἀρχὰς συναπτούσας ἀλλήλοις τὸν δημιουργὸν καὶ τὰς
> ἰδέας, οἳ καὶ τὴν ὕλην ὑπὸ ἀγενήτου φασὶ κινουμένην ψυχῆς, ἀλόγου δὲ
> καὶ κακεργέτιδος, *πλημμελῶς καὶ ἀτάκτως φέρεσθαι*, <καὶ> προϋφιστᾶσι
> κατὰ χρόνον τὴν μὲν ὕλην τοῦ αἰσθητοῦ, *τὴν δὲ ἀλογίαν τοῦ λόγου, τὴν*
> *δὲ ἀταξίαν τῆς τάξεως.*

---

[40] This does not imply, of course, that Proclus read Atticus' work directly; on the contrary, here he is probably only hypothesising Atticus' claims, as he does in "2c": κἂν ταῦτα τοίνυν λέγῃ (see David Runia & Michael Share (eds:): *Proclus*, p. 136 n.489). However, in as much as we are reading Proclus' evaluation of Atticus' strategy within his criticism of Atticus' doctrines, this passage indicates that Proclus linked Atticus' strategy to the radical use of *Tim.* 30a. Moreover, Proclus' source, Porphyry, surely had a wider (and direct: see *Vit. Plot.* 14, 72) knowledge of Atticus, and it is possible that Proclus is resuming a more extended survey originally provided by Porphyry in his work.

[41] Fragments 26-28 are taken from this passage.

After the brief mention of God and the ideas (that are nevertheless linked to this passage, which also takes into account God's activity and hence, by implication, the ideas),[42] Proclus' summary focuses on the doctrine of uncreated matter moved πλημμελῶς καὶ ἀτάκτως by an irrational and κακεργέτις soul. This doctrine implies that of the generation κατὰ χρόνον of the world, and explains the production of τάξις out of ἀταξία. Of course, there are also elements which are drawn from other Platonic passages,[43] but the core of the doctrine as well as the terminology stem from *Tim.* 30a3-6:[44] Proclus somehow links the whole exegetical theory of Atticus to this very section.

After this first summary, Proclus focuses on some specific theories concerning God (and the adaptation of matter) and discusses them by means of dialectical arguments. But when he comes closer to the main theme, that is cosmogony, the reference to *Tim.* 30a3-6 is again very explicit:

> οὔτε ψυχή τις ἄλογος κινεῖ τὸ πλημμελῶς καὶ ἀτάκτως φερόμενον· πᾶσα γὰρ ψυχὴ γέννημά ἐστι τῶν θεῶν. οὔτε ὅλως ἐξ ἀτάκτου τεταγμένον γίνεται τὸ πᾶν·

Proclus' arguments, which are of course *ad hominem*, aim to bring out a contradiction between Atticus theory, which has been posited as being dependent upon *Tim.* 30a3-6, and this very passage.[45] The philosopher

---

[42] Proclus will further discuss this problem within this section. Atticus probably upheld a typical Middle-Platonic theory with regard to the relation between God and the ideas, according to which the ideas are thoughts of God. In particular, the Demiurge always beholds the ideas (fr. 18), which are his thoughts (fr. 9); God and the ideas are always in contact; nevertheless, the latter are somehow independent from God (fr. 28). See Matthias Baltes: „Zur Philosophie des Platonikers Attikos", pp. 41-44, and now the good discussion of Atticus' metaphysics by Alexandra Michalewski: *La puissance de l'Intelligible: la théorie plotinienne des formes au miroir de l'héritage médio-platonicien*, Leuven 2014, pp. 69-96. A valuable account on ancient theories of the Demiurge is in Carl S. O'Brien: *The Demiurge in Ancient Thought*, Cambridge 2015.

[43] The reference to a κακεργέτις soul recalls *Laws* X.

[44] The very core of Atticus' exegesis, that is the centre on which every other passage converges, is here *Tim.* 30a.

[45] The following passages have also impressive lexical parallels in Plato's text.

objects: εἰ γὰρ ὁ θεὸς βούλεται εἰς τάξιν ἄγειν πάντα, πῶς βούλεται; ἆρα ἀεὶ ἢ ποτέ; εἰ μὲν γὰρ ποτέ, ἢ παρ' αὐτὸν τοῦτο ἢ παρὰ τὴν ὕλην. And he goes to say that this shift cannot depend either on the Demiurge, since he is ἀεὶ ἀγαθός (as implied by *Tim.* 30a), or on a progressive self-ordering of matter,[46] since in such a case there is no need for the Demiurge's activity (which is the object of *Tim.* 30a). In other terms, whether Atticus prefers the former option or the second one, he will find himself in contradiction with the passage on which he is implicitly said to ground his exegesis. Finally, Proclus explains the reason why according to him Plato posited disorder (τί δή ποτε οὖν ὑπέθετο τὴν ἀταξίαν; ἢ ἵνα θεωρήσωμεν, ὅπως ἄλλη μὲν ἡ τῶν σωμάτων γένεσις, ἄλλη δὲ ἡ γενομένων αὐτῶν τάξις, ὑποθετέον ὄντα μὲν αὐτά, κινούμενα δὲ ἀτάκτως·). In so far as this is the explicit claim of *Tim.* 30a, this confirms the strict connection between the former theories of Atticus and this Platonic section.[47] In this passage, moreover, there is a further aspect which could bring out the use of *ατρ*. In fragment 29 (Procl., *In Tim.* II 100, 1-3 and 6), Atticus is said to have interpreted Plato's phrase τὸν ποτὲ ἐσόμενον θεὸν (that is the world, at *Tim.* 34a8-b1) as κατὰ χρόνον. Now, this claim seems to be implied and referred to by the criticism which we have just noted above (ἆρα ἀεὶ ἢ ποτέ;). So, in as much as Proclus refutes Atticus' interpretation of 34a8-b1 by explaining that it is inconsistent with respect to 30a3-6, he implicitly indicates that Atticus found the basis for his interpretation of 34a8-b1 again in 30a3-6.

A brief survey on some further fragments, both from Atticus' *Commentary* and from the work directed against those who use Aristotle in order to explain Plato, seems to confirm this analysis.[48] Firstly, fragment

---

[46] That was probably Atticus' perspective. The point concerns the so-called *idoneitas* of matter; see Franco Ferrari: "Materia, movimento, anima", pp. 255-276.

[47] The fact that Porphyry is using *ad hominem* arguments could be confirmed by the reference to the Demiurge as the "best" craftsman which underpins some of Porphyry's later arguments. This argument, in fact, was used by Atticus, as clearly indicated by fragment 4.

[48] Fragment 30 (Procl., *In Tim.* II 114, 33-115, 5, on *Tim.* 34b10-c2) deals with the problem of the "seniority" of the soul over the body. However, Proclus indicates only in general terms that Atticus provided a chronological interpretation of the terms πρεσβύτερον and νεώτερον which occur in this passage; so it is impossible to detect the method applied by Atticus in order to uphold this

31 (Procl., *In Tim*. III 37, 11-18), which is part of Proclus' discussion of *Tim*. 37d-e: Ἡμέρας γὰρ καὶ νύκτας καὶ μῆνας καὶ ἐνιαυτούς, οὐκ ὄντας πρὶν οὐρανὸν γενέσθαι, τότε ἅμα ἐκείνῳ συνισταμένῳ τὴν γένεσιν αὐτῶν μηχανᾶται. ταῦτα δὲ πάντα μέρη χρόνου, καὶ τό τε ἦν καὶ ἔσται χρόνου γεγονότα εἴδη. After demonstrating that time begins together with movement, Proclus can attack Atticus' position, according to which χρόνος μὲν ἦν καὶ πρὸ οὐρανοῦ γενέσεως, τεταγμένος δὲ χρόνος οὐκ ἦν. Although all we can do is speculate, it is likely that the "key terms" of Atticus' reasoning here are τεταγμένος and ἦν, which are borrowed from *Tim*. 30a3-6.[49] Secondly, in fragment 1 (Eus., *Praep. euang*. XI 1,2-2,6, particularly at lines 32-37) Atticus (who is here quoted *ad litteram*) says that Plato has systematised every aspect of philosophical knowledge, and that he παρῆκέ τε οὐδὲν καὶ ἕκαστα ἠκρίβωσε, μήτε ἐλλείπων πρὸς τὸ ἀναγκαῖον μήτε πρὸς τὸ ἄχρηστον ἐξενεχθείς. Of course, this remark is a typical (albeit strong) example of Platonists' allegiance to and veneration for the Master. Atticus, however, also suggests that Plato posited his doctrines by considering only what was necessary and without dwelling on superfluous points. It is doubtful whether we have to read this claim as applying only to philosophical content or also to the

---

thesis. Fragment 11 seems to be more focused on individual souls; nevertheless, the wording seems to be taken from *Tim*. 30a: the pre-cosmic soul is ἄλογος πλημμελής, and Atticus is said to emphasise the process which makes it possible for this soul to be mixed with the rational one. Also fragment 15 (on this puzzling passage see Matthias Baltes: „Zur Philosophie des Platonikers Attikos", pp. 47-57, and the critical survey by Adriano Gioè: *Filosofi medioplatonici del II secolo d.C.*, pp. 103-108) is devoted to the individual soul; this is the reason why it stems chiefly from *Tim*. 69c (and also from 41d and 65a). The fact that also in this case Atticus and Albinus are said to ἕπεσθαι τῇ λέξει does not disprove my interpretation. Firstly, the sources refer to *ατρ* mainly when Atticus deals with cosmogony, and I am providing an interpretation concerning these (several) cases. Secondly, it cannot be excluded (nor demonstrated, since there are only a few witnesses) that Atticus applied *ατρ* to each topic, by shifting from one key passage to another: as concerns the individual soul, for example, the key passage seems to be *Tim*. 69c; see Matthias Baltes: *Die Weltentstehung des platonischen Timaios*, pp. 47-49, and id.: „Zur Philosophie des Platonikers Attikos", pp. 53-54.

[49] As a confirmation, one might consider *In Tim*. I 283, 27-285, 7 (which I analyzed above), where Proclus ascribes to Atticus an argument based on this occurrence of ἦν.

formal aspects of Plato's texts. Fragment 4 (Eus., *Praep. euang.*

XV 6,1-17), however, confirms that according to Atticus Plato explained his thought clearly and perfectly, σαφεῖ καὶ τρανῷ τῷ στόματι: Plato's explanations were, all in all, perfect from a formal point of view; and this must concern specifically Plato's cosmogony, since here Atticus is referring to this doctrine. So, it cannot be a mere coincidence that this statement is immediately followed by an *ad litteram* quotation of *Tim.* 30a2-6. Then, Atticus emphasises that in this passage Plato did not speak δι' αἰνιγμάτων or ἐπὶ τοῦ σαφοῦς χρείᾳ, as the supporters of a sempiternalistic interpretation of the generation of the world often argue.[50] Now, the claim that Plato explains his theory *clearly* is not so usual in Middle Platonism; on the contrary, the exegetical theme of Plato's ἀσάφεια/*obscuritas* was widespread and important.[51] It cannot be incidental, then, that both Atticus' methodological peculiarities, that is *ατρ* and the claim of Plato's clarity, converge on the very same passage of Plato's *Timaeus*. On the contrary, such a claim indicates the reason why Atticus developed his exegetical strategy: he found in *Timaeus* 30a the key passage for Plato's doctrine, that is the text which *clearly* explains it. So, it is quite right for him to read it literally, and above all to use it as *the* cornerstone for Platonic exegesis.

---

[50] See the paper of Franco Ferrari in this volume.

[51] While there was no standard explanation for this *obscuritas* (which could depend on different reasons, such as doctrinal complexity or Plato's wish to hide some fundamental points – see Plut. *De Is.* 370 e-f, and *Def. or.* 420 f), it was commonly acknowledged that Plato's writing was far from clear (on this theme see Franco Ferrari: "La letteratura filosofica", 151 ff., and Id.: "Struttura e funzione", pp. 533 ff.). It was in any case a fundamental object of polemic since the Hellenistic age, as the polemic statement of Philodemus (*Ad contub.* XVI Angeli) shows (see Michael Erler: "ΕΠΙΤΕΔΕΥΕΙΝ ΑΣΑΦΕΙΑΝ", *CrHerc* 21 (1991), pp. 83-87). In Atticus' case one also might argue that, though he acknowledged Plato's *obscuritas*, he considered it as depending from the inadequacy of the reader. On the one hand, this perspective is quite original (it was also shared by Galen, *Comp. Tim.* 1, 8-23, who however borrowed several doctrines from Atticus: see Werner Deuse: *Untersuchungen,* pp. 49-51, and Matthias Baltes: „Zur Philosophie des Platonikers Attikos"); on the other hand Atticus' point here is that Plato *has*, in any case, *clearly explained* his doctrines.

VII   *Timaeus* 30a and other texts

As a last step of this inquiry, it is appropriate to ask what the relation is
between *Tim.* 30a and other Platonic sections. As concerns a cross-
reading of the *Timaeus* sections, a first indication is provided by Procl.,
In Tim. I 283, 27-285, 7, on *Tim.* 28b7-c2. Here it is quite clear that *Tim.*
30a is used as the clarifying passage: *Tim.* 28b7-c2, with its γέγονε, is
puzzling, but it can be explained by means of *Tim.* 30a, where Plato has
explicitly stated his doctrine. As we have seen, a similar approach can
be detected elsewhere, e.g. in fragments 29 and 31. Atticus, then, systematically clarified puzzling texts by applying his key passage. This is
a peculiar application of a more widespread method, that is *Platonem ex
Platone* σαφηνίζειν: while in general this method is meant to explain a
passage by means of another, Atticus' strategy is based on the idea that
the same passage, because of its philosophical clarity, can systematically
be applied in order to shed light on others. So, *Tim.* 30a is considered the
core of every exegetical construction on Plato's cosmogony. In addition,
since Plato has clearly expressed his doctrines in this very passage, it
must be read literally and with focused philological attention: this is the
ground of some arguments ascribed to Atticus, such as the claim that
there necessarily *was* a pre-cosmic, *disordered* movement.

If we consider the interaction between the *Timaeus* and passages tak-
en from other dialogues, it is necessary to explain those cases where it
seems that our key text interacts with others. (As an example, it may be
noted that the doctrine of a κακεργέτις soul stems from *Laws* X 896a
ff.[52], which "produces" the exegetical doctrine by means of an interaction with different passages of Plato's *Timaeus*).[53] This methodological step, which entails the gathering together of several texts, is
absolutely unavoidable in order to work out a complex doctrine.
Nonetheless, *Tim.* 30a still lies at the basis of this operation, since for
Atticus it ensures and underpins the fundamental exegetical point, that is
the temporal interpretation of Plato's cosmogony. This is demonstrated
quite clearly by Procl., *In Tim.* I 391, 4-396, 26: although several aspects

---

[52] See the paper by Franco Ferrari in this volume.
[53] See Matthias Baltes: „Zur Philosophie des Platonikers Attikos", pp. 47-53, and
Heinrich Dörrie & Matthias Baltes (Hgg.): *Der Platonismus in der Antike, Band
V*, pp. 415-419.

of Plato's doctrine are considered, and although they interact with other texts (above all *Laws* X), the core of Atticus' exegesis is still to be found at *Tim.* 30a.[54]

The relation between *Tim.* 30a and other Platonic passages, therefore, is twofold. On the one hand, *Tim.* 30a is the centre of gravity of Atticus' exegesis in as much as it clarifies other puzzling passages within Plato's *Timaeus*: by means of it Plato's doctrine of the generation of the world becomes clear from every point of view, so that it can be regarded as a complete theory. On the other hand, the central role of *Tim.* 30a does not imply that Atticus did not refer to other passages; on the contrary, having established Plato's doctrine by taking *Tim.* 30a as a starting point, the system of Platonic passages (which concern cosmogony and are taken from the *Timaeus* and other dialogues) can be used in order to outline a wider exegetical framework.

VIII   Atticus' Strategy: Middle-Platonic Praxis and
       Neoplatonic Criticism

Neoplatonists ascribed to Atticus a peculiar approach to Plato's text, which is the core of his exegetical strategy: παρέπεσθαι ταῖς ῥήσεσι, ἕπεσθαι τῇ λέξει, ἀντιλαβέσθαι or ἀντέχεσθαι τῶν ῥημάτων. This has often been interpreted as a standard philological method, or as a literal interpretation of the *Timaeus*. However, it must be something more peculiar, since it represents the specific aspect of Atticus' exegesis from a methodological point of view. The principles of this approach may be summed up as follows:

---

[54] It is no coincidence that a similar relation among Platonic passages can be found in the fragments transmitted by Eusebius. The set of dialogues and sections used by Atticus is of course wide and manifold. In fragment 7 (*Praep. euang.* XV 9, 1-14), for example, he refutes Aristotle's criticism and his theory of the soul by means of passages taken from several dialogues, above all *Phaedrus* (above all 246b-c), *Laws* X (896a ff.) and *Timaeus* (on this fragment see Heinrich Dörrie & Matthias Baltes (Hgg.): *Der Platonismus in der Antike, Band VI*, pp. 170-176). However, when he wants to indicate the core of Plato's theory (as he does in fragment 4), he refers to his key-passage, *Tim.* 30a.

1. Plato's doctrines constitute a complete, consistent and at the same time essential system. They are *clearly* explained in the dialogues.

2. However, this clarity is to be found above all in specific passages. In the case of Plato's cosmogony, the key text is *Tim.* 30a.

3. So, this very passage must be used in order to explain others, which are less clear; moreover, it must be read literally and philologically, and applied to several puzzling sections in order to explain them.

4. Therefore, ατρ does not imply only a literal/philological approach to Plato's text, but also a wider exegetical strategy: the core of Plato's doctrine is found in one specific passage, the clearest of all, which is systematically used as the centre of gravity for a focused and peculiar strategy of *Platonem ex Platone* σαφηνίζειν.

5. The use of other passages is not avoided or devoid of importance; on the contrary, these become important and useful since, in the light of the key passage, they are firstly clarified and then arranged within Plato's doctrinal system in order to fully define it.

This methodological perspective is a rather peculiar one for Middle Platonism, for several reasons. Whereas Plato's text is often seen as obscure, Atticus claims that it is clear. Taking this assumption as a starting point, he identifies the clearest passage of all, and applies it to others: while the standard method of *Platonem ex Platone* σαφηνίζειν implies – especially when it is applied to cosmogony – the comparison between wide sections of Plato's *Timaeus* or the explanation of obscure passages by means of a set of clearer ones,[55] Atticus sets out from a specific passage, which he then uses to clarify other puzzling sections in Plato's writing.

---

[55] E.g., these are the methods which Plutarch uses in his *De animae procreatione in Timaeo*; see Franco Ferrari: *La generazione dell'anima nel Timeo*, particularly at pp. 23-24. Another typical (and very clear) example of the standard practice of *Platonem ex Platone* σαφηνίζειν is provided by Severus (T 6-8), who explained Plato's cosmogony by referring to the myth of the *Statesman* (see Adriano Gioè: *Filosofi medioplatonici del II secolo d.C.*, pp. 406-412).

In addition, the philological focus on the text is doubled: on the one hand, it consists in a radically literal reading of *Tim.* 30a; on the other hand, it is ancillary with respect to Atticus' peculiar strategy of *Platonem ex Platone* σαφηνίζειν, since a philological reading of obscure passages is provided after considering the statements in *Tim.* 30a.

These elements, however, do not lead us to acknowledge a substantial shift with respect to the Middle-Platonic set of exegetical methods. Atticus, in fact, refashions them within the tradition in as much as the methodological economy of his strategy is that of a *Spezialkommentar*. This emerges in the light of the reasons why Porphyry and Proclus criticised Atticus so harshly, namely: not just the content of his exegesis, but also (and above all, considering the typical mention of its ατρ) his strategy, that is the systematic application of *Tim.* 30a – interpreted literally – to other passages of Plato's *Timaeus*. Now, Atticus' method implies a hierarchy among the various sections of the *Timaeus*, a hierarchy which is independent of the sections' order within the dialogue and more binding than the *lexis* of each passage which must be explained. Atticus focuses on a specific text (*Tim.* 30a), which is presumably discussed and/or considered before others; then, he uses this passage in order to clarify other sections, which occur earlier (e.g. *Tim.* 28b) or later (e.g. *Tim.* 34a) in the dialogue. In this perspective, Atticus' method may be seen as a radical application of Middle-Platonic exegesis, that is of the focused exegesis of a theme drawn out of different sections of a dialogue.[56] But this exegetical procedure, in as much as it radicalises Middle-Platonic methods, is irreconcilable with the logic of Neoplatonic running commentaries, which is grounded on the progressive analysis of a dialogue, on the specific analysis of each *lexis*, and on the cross-examination of the text without any (explicit) hierarchy among passages.[57] From the Neoplatonists' point of view, then, Atticus'

---

[56] It is impossible to demonstrate that Atticus' *Commentary* was a running one. The fact that Atticus made some claims on the proem does not demonstrate that he dealt with it by following the order of its sections: instead, it is likely that he dealt with it as a whole, or by tackling specific problems, without producing a running commentary.

[57] It is immediately clear that Atticus' strategy contravenes some underlying methodological principles of Proclus' commentary (besides André-Jean Festugière: "Modes de Composition des Commentaires de Proclus", in: *MH* 26 (1963), pp. 77-100 and Erich Lamberz: "Proklos", pp. 1-20, see the points raised

exegesis is unacceptable since its principle of ἀντέχεσθαι τῶν ῥημάτων implies an arbitrary selection and hierarchical arrangement of a text's passages, which affects every other exegetical choice and ignores the order of sections and arguments within the dialogue. In other terms, it is likely that Atticus' method was specifically referred to by Neoplatonists because it was seen as a hyper-Middle-Platonic method.

Acknowledgements

This article stems from a project devoted to methods of Middle Platonic exegesis of Plato's *Timaeus*, which I pursued at the Institut für klassische Philologie of the Universität Würzburg, with the support of the Humboldt Foundation and under the direction of Prof. Dr. Michael Erler, to whom I am very grateful for the useful suggestions about these pages he has given to me.

Bibliography

Baltes, Matthias: „Numenios von Apamea und der platonische *Timaios*, *VChr* 29 (1975), pp. 241-270.
id.: *Die Weltentstehung des platonischen Timaios nach den antiken Interpreten*, I, Leiden 1976.
id.: „Zur Philosophie des Platonikers Attikos", in: *Platonismus und Christentum. Festschrift für Heinrich Dörrie*, (= Jahrbuch für Antike und Christentum, Ergänzungsband 10), hg. von Horst-Dieter Blume und Friedhelm Mann, Münster 1983, pp. 38-57.
Centrone, Bruno: "L'esegesi del *Timeo* nell'Accademia antica", in: *Il Timeo. Esegesi greche, arabe, latine*, a cura di Francesco Celia e Angela Ulacco, Pisa 2012, pp. 57-80.

by David Runia and Michael Share (eds.): *Proclus*, pp. 4-9), that is those which regulate the commentary's structure: e.g. Atticus does not follow the structure posited by Plato, and subordinates the lexical explanation of texts to their clarification by means of *Tim.* 30a. In other terms, he opposes a logic of themes and key-passage(s) to that of "structures" (within which themes are discussed).

des Places, Édouard (ed.): Atticus: *Fragments*, Paris 1977.

Deuse, Werner: *Untersuchungen zur mittelplatonischen und neuplatonischen Seelenlehre*, Wiesbaden 1983.

Dillon, John (ed.): *Iamblichi Chalcidensis in Platonis dialogos commentariorum fragmenta*, Leiden 1973.

id.: *The Middle Platonists*, London 1977.

id.: "Tampering with the *Timaeus*: Ideological Emendations in Plato, with Special Reference to *Timaeus*", in: *AJPh* 110 (1989), pp. 50-72.

Donini, Pierluigi: "Plutarco e i metodi dell'esegesi filosofica", in: *I Moralia di Plutarco tra filologia e filosofia*, a cura di Italo Gallo e Renato Laurenti, Napoli 1992, pp. 79-96.

id.: "Il trattato filosofico in Plutarco", in: *I generi letterari in Plutarco*, a cura di Italo Gallo and Claudio Moreschini, Napoli 2000, pp. 133-45.

Dörrie, Heinrich und Baltes, Matthias (Hgg.): *Der Platonismus in der Antike, Band III. Der Platonismus im 2. Und 3. Jahrhundert nach Christus*, Stuttgart/Bad Cannstatt 1993.

id.: *Der Platonismus in der Antike, Band V. Die philosophische Lehre des Platonismus. Platonische Physik (im antiken Verständnis) II*, Stuttgart/Bad Cannstatt 1998.

id.: *Der Platonismus in der Antike, Band VI, 1. Die philosophische Lehre des Platonismus: von der Seele als Ursache aller sinnvollen Ablaufe*, Stuttgart/Bad Cannstatt 2002.

Erler, Michael: "ΕΠΙΤΕΔΕΥΕΙΝ ΑΣΑΦΕΙΑΝ", *CrHerc* 21 (1991), pp. 83-87.

Ferrari, Franco: *Dio, idee e materia. La struttura del cosmo in Plutarco di Cheronea*, Napoli 1995.

id.: "Galeno interprete del *Timeo*", in: *MH* 55 (1998), pp. 14-34.

id.: "I commentari specialistici alle sezioni matematiche del *Timeo*", in: *La filosofia in età imperiale*, a cura di Aldo Brancacci, Napoli 2000, pp. 171-224.

id.: "La letteratura filosofica di carattere esegetico in Plutarco", in: *I generi letterari in Plutarco*, a cura di Italo Gallo e Claudia Moreschini, Napoli 2000, pp. 147-175.

id.: "Struttura e funzione dell'esegesi testuale nel Medioplatonismo: il caso del *Timeo*", in: *Athenaeum* 89 (2001), pp. 525-574.

id.: "Esegesi, commento e sistema nel medioplatonismo", in:, *Argumenta in Dialogos Platonis*, hg. von Ada Neschke, Kasper Howald, Tanja Ruben und Andreas Schatzmann, Basel 2010, pp. 51-76.

id.: "L'esegesi medioplatonica del *Timeo*: metodi, finalità, risultati", in: *Il Timeo. Esegesi greche, arabe, latine*, a cura di Francesco Celia e Angela Ulacco, Pisa 2012, pp. 81-132.

id.: "Materia, movimento, anima e tempo prima della nascita dell'universo: Plutarco e Attico sulla cosmologia del *Timeo*", in: *Études de logique et de cosmologie offertes à Henri Hugonnard-Roche*, éd. par Elisa Coda et Cecilia Martini Bonadeo, Paris 2014, pp. 255-276.

Ferrari, Franco and Baldi, Laura: *Plutarco. La generazione dell'anima nel Timeo*, Napoli 2002.

Festugière, André-Jean: "Modes de Composition des Commentaires de Proclus", in: *MH* 26 (1963), pp. 77-100.

Gioè, Adriano: "Aspetti dell'esegesi medio platonica: la manipolazione e l'adattamento delle citazioni", in: *Rendiconti dell'Accademia nazionale dei Lincei s.* IX, VII (1996), pp. 287-309.

id. (ed.): *Filosofi mediolatonici del II secolo d.C.*, Napoli 2002.

Hoffmann, Philippe: "La place du *Timée* dans l'enseignement philosophique néoplatonicien: ordre de lecture et harmonisation avec le *De Caelo* d'Aristote. Étude de quelques problèmes exégétiques", in: *Il Timeo. Esegesi greche, arabe, latine*, a cura di Francesco Celia e Angela Ulacco, Pisa 2012, pp. 133-180.

Karamanolis, George: *Plato and Aristotle in Agreement?*, Oxford 2006.

Lamberz, Erich: "Proklos und die Form des philosophischen Kommentars", in: *Proclus, lecteur et interpréte des anciens. Actes du colloque international du CNRS*, Paris (2-4 octobre 1985), éd. par Jean Pépin et Henri Dominique Saffrey, Paris 1987, pp. 1-20.

Michalewski, Alexandra: *La puissance de l'Intelligible: la théorie plotinienne des formes au miroir de l'heritage médioplatonicien*, Leuven 2014.

Moreschini, Claudio: "Attico: una figura singolare nel Medioplatonismo", in: *ANRW* II (1987) 36, 1, pp. 477-91.

O'Brien, Carl S.: *The Demiurge in Ancient Thought*, Cambridge 2015.

Opsomer, Jan: "Neoplatonist Criticism of Plutarch", in: *Estudios Sobre Plutarco. Misticismo y Reliogiones Mistéricas en la Obra de Plutarco*, ed. by Aurelio Pérez Jiménez and Francesco Casadesús Bordoy, Madrid/Malaga 2001, pp. 187-99.

Petrucci, Federico M.: *Teone di Smirne. Expositio rerum mathematicarum ad legendum Platonem utilium*, Sankt Augustin 2012.

id.: "Il *Commento al Timeo* di Adrasto di Afrodisia", in: *Documenti e studi sulla tradizione filosofica medievale* 23 (2012), pp. 1-33.

id.: "La tradizione indiretta dell'ultima pagina dell' *Epinomide* (991d5-992b1): Nicomaco, Teone, Giamblico, Elia, Davide, Pseudo-Elia", in: *Epinomide. Studi sull'oera e la sua ricezione*, a cura di Franco Ferrari e Francesca Alesse, Napoli 2012, pp. 295-340.

id.: "Le Témoignage du Deuxième Livre du *Commentaire au Timée* de Proclus sur la Forme des Argumentations Médio-platoniciens au Sujet de la Genèse du Monde", in: *Revue des études Grecques* 127 (2014), pp. 331-375.

id.: "L'esegesi e il Commento di Platone (a partire dall'esegesi della cosmogonia del *Timeo*)", in: *Rivista di Storia della Filosofia* 69 (2015), pp. 295-320.

id.: "Argumentative Strategies for Intepreting Plato's Cosmogony: Taurus and the Issue of Literalism in Antiquity", in: *Phronesis* 61 (2016, in press).

Rescigno, Andrea: "Proclo lettore di Plutarco?", in: *L'eredità culturale di Plutarco dall'antichità al rinascimento*, a cura di Italo Gallo, Napoli 1998, pp. 111-141.

Runia, David and Share, Michael (eds.): *Proclus, Commentary on Plato's Timaeus, vol. II: Book 2: Proclus on the Causes of the Cosmos and its Creation*, Cambridge 2008.

Sedley, David: "Plato's *Auctoritas* and the rebirth of the Commentary Tradition", in: *Philosophia Togata II: Plato and Aristotle at Rome*, ed. by Jonathan Barnes and Miriam Griffin, Oxford 1997, pp. 110-29.

Tarrant, Harold: "Must commentators know their sources? Proclus' *In Timaeum* and Numenius", in: *Philosophy, Science and Exegesis in Greek, Arabic, and Latin Commentaries* I, (= Bulletin of the Institute of Classical Studies, Supplement 83), ed. by Peter Adamson, Han Baltussen and Martin W.F. Stone, London 2004, pp. 175-190.

Whittaker, John: "The Value of Indirect Tradition in the Establishment of Greek Philosophical Texts, or the Art of Misquotation", in: *Editing Greek and Latin Texts*, ed. by John N. Grand, New York 1989, pp. 63-95.

Carl O'Brien (Heidelberg)

Plotinus and the Soul's *logos* as the structuring principle of the World

I   Introduction

An area of particular concern for the metaphysical systems of antiquity is explaining the manner in which matter is ordered to form the sense-perceptible world. Plato had explained this in the *Timaeus* in terms of the ordering activity of the Demiurge (assisted by the Young Gods).[1] If one demythologises the myth (as was practiced by the majority of Platonists), one is left with a rational World-Soul, which is responsible for regulating the world. This is essentially the solution adopted by Plotinus, although the details are very different. Plotinus drew on the Stoic notion of the *logos*, an immanent and active principle which is responsible for the ordering of passive matter. He dematerialises this *logos* and places it in the soul, but maintains its role as a structuring principle. Plotinus was not unique in his use of the *logos* as an intermediary mechanism between the intelligible and material worlds: it was perhaps most famously employed by Philo of Alexandria, who had also adopted

---

[1] For a detailed account of Plotinus' response to the demiurgic account of the *Timaeus*, see Euree Song: "Plotinus on the World-Maker", in: *Horizons 3: Seoul Journal of Humanities* (2012), pp. 81-102, Riccardo Chiaradonna: "Plotinus' Metaphorical Reading of the *Timaeus*: Soul, Mathematics, Providence", in: *Fate, Providence and Moral Responsibility in Ancient, Medieval and Early Modern Thought. Studies in Honour of Carlos Steel*, ed. by Pieter D'Hoine and Gerd Van Riel, Leuven 2014, esp. pp. 203-207, or Carl Séan O'Brien: *The Demiurge in Ancient Thought. Secondary Gods and Divine Mediators*, Cambridge 2015, esp. Ch. 10.

the *logos* from Stoicism, in his postulation of the Logos-Cutter (λόγος τομεύς) which formed a link between God and the less dignified realms of the cosmos. Origen similarly portrayed Christ as the Son-Logos and God's helper in the act of creation.[2]

Plotinus' use of the *logos*, though, is very different: naturally it does not take place within the context of Biblical exegesis and it is much lower-ranking than the counterparts posited by Philo and Origen, which are located immediately after the First Principle. The *logos* is employed by Philo and Origen in a more theological manner: in Philo, for example, it is frequently identified as an angel,[3] whereas we might think of Plotinus' usage as more 'scientific': the closest comparison which one might make is to the modern conception of DNA. In fact, the role of the *logos* is key to understanding Plotinus' entire system: individuation, the soul's amphibious nature (between the intelligible and material worlds) and the influence of the World-Soul upon the cosmos in a manner which avoids Stoic determinism can all be explained by the functioning of the *logos*. Furthermore, it is the *logos* which ensures that the material realm is a reflection of the intelligible one, explains the interaction of the soul on the body and which accounts for the manner in which the characteristic features of living beings pervade even their most minute subdivisions.

II   The *logos* and the structuring of matter

Soul plays a much greater role in the ordering of the material world in Plotinus than was the case in Plato and Middle Platonism, since Plotinus adopts an original position in asserting that (sensible) matter was actually generated by the soul. This is by no means accepted by all scholars: Schwyzer, for example, claimed that matter was ungenerated.[4]

---

[2] This aspect of Philo's and Origen's thought is discussed at length in Carl Séan O'Brien: *Demiurge*, Chs. 3 and 9.

[3] Examples include *De Cherub.* 3 & 35, *Mut. Nom.* 87, *Fug.* 5 and *Quod Deus* 182, and the identification is hinted at elsewhere (e.g. *Quod Deus* 158).

[4] A detailed refutation of Schwyzer's claim clearly lies beyond the scope of this paper. Denis O'Brien has demonstrated the generation of matter by the soul. The most important of the remaining theses relating to the generation of matter is

However, this argument is based upon a couple of problematic passages, primarily *Enn*. II 5 [25] 5.9-22 and *Enn*. I 8 [51] 14.51-54:[5]

> So then it [matter] must be non-existent not in the sense of being different from existence, like motion: for this rides on existence as if coming from it and being in it, but matter is as if cast out and utterly separated and unable to change itself, but always in the state it was from the beginning – and it was non-existent. It was not anything actually from the beginning since it stood apart from all realities, and it did not become anything. It has not been able to take even a touch of colour from the things that wanted to plunge in it, but, remaining directed to something else, it exists potentially to what comes next; when the realities of the intelligible world had already come to an end, it appeared and was caught by the things that came into being after it and took its place as the last after these two. So, being caught by both it could belong to neither class of realities, it is only left for it to be a sort of weak and dim phantasm unable to receive a shape. (*Enn*. II 5 [25] 5.9-22)[6]

This passage, though, does not really support Schwyzer's contention that matter is not generated: it is simply a claim, consistent with Plotinus' thoughts elsewhere, that matter lacks any real existence. The claim that matter cannot be even partially actualised (in the example of it not receiving even a partial element of colour) helps to clarify Plotinus' later

---

that advocated by Corrigan, proposing three generations of matter: Corrigan's position, too, postulates that two of these types of matter are generated by the soul.

[5] Translations of the *Enneads* are from Armstrong, slightly modified on occasion.

[6] Εἴη ἂν οὖν τοῦτο μὴ ὄν, οὐχ ὡς ἕτερον τοῦ ὄντος, οἷον κίνησις· αὕτη γὰρ καὶ ἐποχεῖται τῷ ὄντι οἷον ἀπ' αὐτοῦ καὶ ἐν αὐτῷ οὖσα, ἡ δέ ἐστιν οἷον ἐκριφεῖσα καὶ πάντη χωρισθεῖσα καὶ μεταβάλλειν ἑαυτὴν οὐ δυναμένη, ἀλλ' ὅπερ ἐξ ἀρχῆς ἦν — μὴ ὂν δὲ ἦν — οὕτως ἀεὶ ἔχουσα. Οὔτε δὲ ἦν ἐξ ἀρχῆς ἐνεργείᾳ τι ἀποστᾶσα πάντων τῶν ὄντων οὔτε ἐγένετο· ἃ γὰρ ὑποδῦναι ἠθέλησεν, οὐδὲ χρωσθῆναι ἀπ' αὐτῶν δεδύνηται, ἀλλὰ μένουσα πρὸς ἄλλο δυνάμει οὖσα πρὸς τὰ ἐφεξῆς, τῶν δ' ὄντων ἤδη παυσαμένων ἐκείνων φανεῖσα ὑπό τε τῶν μετ' αὐτὴν γενομένων καταληφθεῖσα ἔσχατον καὶ τούτων κατέστη. Ὑπ' ἀμφοτέρων οὖν καταληφθεῖσα ἐνεργείᾳ μὲν οὐδετέρων ἂν εἴη, δυνάμει δὲ μόνον ἐγκαταλέλειπται εἶναι ἀσθενές τι καὶ ἀμυδρὸν εἴδωλον μορφοῦσθαι μὴ δυνάμενον.

speculations at *Enn.* VI 1 [42] 20.18-21 on the manner in which the *appearance* of colour is added to matter as a result of the activity of the *logos*. One might note at this point the modern understanding of colour as the result of the wavelength at which light is reflected from an object: that is the conception of colour as the result of *appearance*, rather than as an *inherent feature* of the material object: another similarity between Plotinus' understanding of the structuring activity of the *logos* and contemporary scientific thought (although since Plotinus has no understanding of light waves, this example is not such a close parallel).[7]

At *Enn.* I 8 [51] 14.51-53, in the context of his commentary on the view that matter is the cause of evil, Plotinus states *"even if soul produced matter*...matter is the cause [of evil] by its presence".[8] This statement can be read as an unreal condition or a concession for the sake of argument, and therefore be used to support the claim, as it was by Schwyzer, that soul is not responsible for the generation of matter. However, this cannot be supported by the context: Plotinus is arguing that despite soul's generation of matter, and matter's association with evil, soul itself should not be regarded as responsible for evil.

Plotinus, strictly speaking, does not think of matter as something which is capable of being ordered. It is only 'covered', 'veiled' or invested with form by soul. Matter "cannot be formed" (μορφοῦσθαι μὴ δυνάμενον).[9] When the soul encounters matter, it exercises its forming-principle (*logos*) which orders matter from within (ὁ γὰρ λόγος ἐν ὕλῃ ποιεῖ, *Enn.* II 3 [52] 17.2-3) and which ensures that the development of the substance takes place in conformity with its Form. All the *logoi* are enclosed within the One (VI 8 [39] 17.4), making the One a sort of *logos* or forming-principle of the *logoi*.[10] Plotinus defines this *logos* as reason proceeding from Intellect and emanated from Intellect (III 2 [47] 2.15-

---

[7] Eyjólfur Kjalar Emilsson: *Plotinus in Sense-Perception. A Philosophical Study*, Cambridge 1988, p. 55. Plotinus' explanation of sight is more complex than outlined here: the role of light is discussed in detail by Emilsson, pp. 42-63 and perception of colour at pp. 83-91.

[8] καὶ γὰρ εἰ αὐτὴ ἡ ψυχὴ τὴν ὕλην ἐγέννησε παθοῦσα, καὶ εἰ ἐκοινώνησεν αὐτῇ καὶ ἐγένετο κακή, ἡ ὕλη αἰτία παροῦσα·

[9] *Enn.* II 5 [25] 5.22.

[10] Edgar Früchtel: *Weltentwurf und Logos: Zur Metaphysik Plotins*, Frankfurt-am-Main 1970, p. 22.

18) and it should not be regarded as Intellect by itself or pure soul (III 2 [47] 16.12-17). The *logos* is not a thought and it does not order by thinking, but through its immanent activity:[11] "The administration of the universe is like that of a single living being, where there is one kind which works from outside and deals with it part by part, and another kind which works from inside, from the Principle of its life" (*Enn*. IV 4 [28] 11.1-3).[12] At this point on the ontological scale, the *logos* only exhibits the last traces of intelligible activity – it can generate and order by being illuminated by the higher aspect of the soul – but it has limited capacity to think.[13]

Whereas the account of the Demiurge in the *Timaeus* was able to attribute the stability of the world to the desire of the Demiurge (he will not allow what has been well-put together to be dismantled and the world is everlasting at his pleasure), Plotinus needs another mechanism to explain this stability (since he downplays the role of a demiurgic figure who orders according to a model and conceives the world as the result of a "procession" of lower ontological levels from the higher ones to which they "return" to order themselves). His doctrine of the soul allows him to accomplish this – the World-Soul flows into every part of the heavens (*Enn.*V 1 [10] 2.17 ff.),[14] thereby ensuring that the entire material realm is under its governance and contains some degree of rationality and the World-Soul (as well as individual souls) continuously order the bodies which they inhabit.

The *logos* of the Hypostasis Soul regulates the embodiment of individual souls (*Enn.* IV 3 [27] 12.16-17). The forming-principle is therefore responsible for delineating the magnitude/dimensions of every natural thing, so that matter can be formed into a human or a bird or a precise species of bird in accordance with its forming-principle: "But if on the one hand the rational form of the swan produces whiteness and [on the other] the swan coming into being is made white, are we going to say that the swan is thus affected as it proceeds to be a substance? But

---

[11] Edgar Früchtel: *Weltentwurf und Logos*, p. 61.
[12] Ἔστι γὰρ ὥσπερ ἐφ' ἑνὸς ζῴου ἡ διοίκησις, ἡ μέν τις ἀπὸ τῶν ἔξωθεν καὶ μερῶν, ἡ δέ τις ἀπὸ τῶν ἔνδον καὶ τῆς ἀρχῆς...
[13] Edgar Früchtel: *Weltentwurf und Logos*, p. 61.
[14] Rudolf Schicker: *Plotin. Metaphysik und Modalität*, Sankt Augustin 1994, p. 85.

is it [so affected] if it is made white afterwards when it has come into being?" (*Enn.* VI 1 [42] 20.18-20).[15] Therefore something becomes white because the forming-principle within it "makes the white colour in a living thing, and the other varied colours too, it is not varied colour itself, but a various, if you like to put it that way, formative principle."[16] This capacity of soul to order the body is an ability that would not have served any function in the intelligible world (IV.8 [6] 5.30-33), but soul is not contaminated "if it flees very quickly". Even things which might be considered extremely corporeal or inert contain a forming-principle; for example, Plotinus argues for the existence of "an ensouled forming-principle" working inside the earth to shape it (VI 7 [38] 11.25-26).[17] He bases this claim on the formation of mountains and rocks, claiming that even these have some sort of principle directing them.

While the *logoi* look to the Forms as a model, they are not identical with the Forms of the intelligible realm and lack their purity:

> For what the quality in matter does, it does not do when it is separate, as the shape of an axe does not do anything without the iron. Then, too, the forms in matter are not the same as they would be if they were by themselves; they are formative forces immanent in nature, corrupted in matter and infected with its nature. Essential fire does not burn, nor do any other forms existing by themselves do what they are said to do when they come to exist in matter. For matter masters what is imaged in it and corrupts and destroys it by applying its own nature which is contrary to form, not bringing cold to hot but putting its own formlessness to the form of heat and its shapelessness to the shape and its excess and defect to that which is measured, till it has made the form belong to matter and no longer to itself. (*Enn.* I 8 [51] 8.11-24)[18]

---

[15] Ἀλλ' εἰ τὸ μὲν λευκαίνει ὁ λόγος ὁ τοῦ κύκνου, ὁ δὲ λευκαίνεται ὁ γιγνόμενος κύκνος, πάσχειν φήσομεν ἰόντα εἰς οὐσίαν; Εἰ δὲ καὶ ὕστερον λευκαίνοιτο γενόμενος;

[16] ...τὸ δὲ πεποιηκὸς τὸ λευκὸν χρῶμα ἐν ζῴῳ καὶ τὰ ἄλλα δὲ χρώματα ποικίλα οὐκ ἦν ποικίλον χρῶμα, ἀλλὰ ποικίλος, εἰ βούλει, λόγος... *Enn.* II 4 [12] 9.8-10; cf. III 6 [26] 1.6-10 & 17.27-31.

[17] ...που λόγου ἐμψύχου δημιουργοῦντος ἔνδοθεν καὶ εἰδοποιοῦντος...

[18] Ἅ τε γὰρ ποιεῖ ἡ ἐν ὕλῃ ποιότης, οὐ χωρὶς οὖσα ποιεῖ, ὥσπερ οὐδὲ τὸ σχῆμα τοῦ πελέκεως ἄνευ σιδήρου ποιεῖ· εἶτα καὶ τὰ ἐν τῇ ὕλῃ εἴδη οὐ ταὐτά ἐστιν, ἅπερ ἦν, εἰ ἐφ' αὑτῶν ὑπῆρχεν, ἀλλὰ λόγοι ἔνυλοι φθαρέντες ἐν ὕλῃ καὶ τῆς φύσεως τῆς ἐκείνης ἀναπλησθέντες· οὐδὲ γὰρ τὸ πῦρ αὐτὸ καίει οὐδὲ ἄλλο τι τῶν ἐφ' ἑαυτῶν ταῦτα ἐργάζεται, ἃ ἐν τῇ ὕλῃ γενόμενα λέγεται ποιεῖν. Γενομένη

In this way, the "man" of the sensible realm is ordered by the soul which inhabits his body and which is also a man (VI.7 [38] 5.11-15). Above the enmattered man is a superior man associated with a more divine soul (this must correspond to the undescended part of the soul, which is illuminated by an intelligible man (this must be the Form of Man).[19] Therefore there is a figure of "man" at three different levels, with the lowest one being indirectly "illuminated" by the highest one. However, Man (and all other animals) in the intelligible realm are of course superior to their instantiations in the sensible realm (VI.7 [38] 9.5-10).

This model of world-generation is clearly influenced by the Stoic notion of *logoi spermatikoi* which can be found, for example, in human semen and acts as the rational principle in the formation of a child. To this extent, it is similar to an Aristotelian Unmoved Mover and comparable in many ways to the modern conception of DNA (both account for individuation and therefore for the manner in which multiplicity comes to be out of a unity). Plotinus compares the *logos* at work in nature to a craftsman (III 8 [30] 2); this is a blatant rejection of the demiurgic motif of Plato's *Timaeus*. The distinction between Plato and Plotinus is that Nature, whose activity is represented here by the *logos*, does not plan, but fulfils its function by its mere existence. Plotinus uses this notion of forming-principles to explain the Aristotelian *dia ti*, the cause of a thing. Plotinus' conception of the soul is similar to Aristotle's claim in *Physics* VIII that souls function as unmoved movers,[20] which was itself one of the antecedents of the Stoic *logos*. Plotinus identified a thing's essence and its cause.[21] The things which exist in Intellect are the same as their causes, although Plotinus acknowledges that this is often the case in the sensible world as well (*Enn.* VI 7 [38] 2.11-13). The example which Plotinus gives is an eclipse: if one were to explain the

---

γὰρ κυρία τοῦ εἰς αὐτὴν ἐμφαντασθέντος φθείρει αὐτὸ καὶ διόλλυσι τὴν αὐτῆς παραθεῖσα φύσιν ἐναντίαν οὖσαν, οὐ τῷ θερμῷ τὸ ψυχρὸν προσφέρουσα, ἀλλὰ τῷ εἴδει τοῦ θερμοῦ τὸ αὐτῆς ἀνείδεον προσάγουσα καὶ τὴν ἀμορφίαν τῇ μορφῇ καὶ ὑπερβολὴν καὶ ἔλλειψιν τῷ μεμετρημένῳ, ἕως ἂν αὐτὸ ποιήσῃ αὐτῆς, ἀλλὰ μὴ αὐτοῦ ἔτι εἶναι...

[19] Dominic J. O'Meara: *Structures Hiérarchiques dans la pensée de Plotin. Étude Historique et Interprétative.* Leiden 1975, p. 77.

[20] Kevin Corrigan: "Essence and Existence in the *Enneads*", in: *The Cambridge Companion to Plotinus*, ed. by Lloyd P. Gerson, Cambridge 1996, 111.

[21] *Enn.* VI. 7 [38] 2.16.

cause of an eclipse, one would end up describing the eclipse itself. Where Plotinus differs from Aristotle is that essence for Aristotle is defined as "why a thing is itself", whereas essence for Plotinus is the cause of a thing's existence (VI 7 [38] 2.16).[22]

While the *logos* is responsible for colour, it should not be equated with colour: "...and the rational forming principles in the seeds which produce these are not form and colour, for both these and still more the intelligibles are naturally invisible. And they and those which possess them have the same nature, as do the rational principle in the seed and the soul which possesses these [invisible principles of colour and form]".[23] The *logos* and the colour which it engenders differ in an important way. *Logos*, as an aspect of the soul, is present throughout the body.[24] To return to our example, the whiteness of the swan might be found throughout the surface of the swan, but it can be subdivided into distinct parts in every part of the swan in which it is found. This is because colour, as a πάθημα of body can be subdivided into individual items, just as body can. Soul cannot; it is present as a whole to all of the body and in each part of the body. Plotinus' proof of this is that we can experience pain both in our finger and toe (*Enn.* IV 7 [2] 6.3-8)[25] and indeed the reason that we can localise pain within the body is because the soul, as an entirety, pervades the entire body. Otherwise, if soul consisted of parts, each part would transmit the pain experienced in the extremity to the next part, which would then have a less accurate conception of the pain's location (for example the part of the soul next to

---

[22] Michael F. Wagner: "Plotinus on the Nature of Physical Reality", in: *The Cambridge Companion to Plotinus*, ed. by Lloyd P. Gerson, Cambridge 1996, 158.

[23] καὶ ὁ λόγος δὲ ὁ ἐν τοῖς σπέρμασι τοῖς ταῦτα ποιοῦσιν οὐ ταῦτα· ἀόρατα γὰρ τῇ φύσει καὶ ταῦτα, καὶ ἔτι μᾶλλον ἐκεῖνα. καὶ ἔστι φύσις ἡ αὐτὴ ἐκείνων καὶ τῶν ἐχόντων, οἷον ὁ λόγος ὁ ἐν τῷ σπέρματι καὶ ἡ ἔχουσα ψυχὴ ταῦτα. (*Enn.* V 3 [49] 8.4-7)

[24] "But the nature is at once divisible and indivisible and we affirm to be soul is not one in the way the continuous is one, having different parts it is divisible because it is in all the parts of that in which it is, but indivisible in that it is present in all the parts of it as a whole and in any one part as a whole." (*Enn.* IV 2 [4] 1.63-7)

[25] Eyjólfur Kjalar Emilsson: "Soul and ΜΕΡΙΣΜΟΣ", in: *Studi sull'anima in Plotino*, ed. by Riccardo Chiaradonna, Naples 2005, p. 82.

the toe would simply be aware of the pain in the foot) and by the time the command centre received this message, the soul would simply be conscious of the experience of pain (IV 7 [2] 6).[26] This confirms that Soul, even when embodied, retains aspects of its intelligible nature (substantial unity), even though it is divided into individual bodies.[27] "It is not divided in that it gives itself whole to the whole body and is divided in that it is present in every part" (IV 2 [1] 20-22). However, this division is caused by bodies (which are unable to receive soul indivisibly), not a characteristic of soul itself (IV 2 [4] 1.69-76).

This forming principle must be "contemplated bare, without matter, even if it is itself as inseparable as it can be from matter. For the separated form is a different one, that which is in Intellect and it is in Intellect, because it is Intellect itself" (*Enn.* II 7 [37] 3.12-15).[28] Hence the *logos* posited by Plotinus is immaterial. In this way, he stands midway between Aristotelian and Stoic notions. Like the Stoics, Plotinus regarded qualities as extending throughout matter, but unlike the Stoics, he rejected the notion that these qualities were material (*Enn.* II 7 [37] 2.27 ff.). In positing an immaterial *logos* which transmits the entire set of qualities to matter, Plotinus seems to be influenced by the Aristotelian view of the generated realm as consisting of unions of matter and form, reflected in his choice of the phrase λόγον ἐνόντα (II 7 [37] 3.12), which is influenced by the Aristotelian expression τὸ εἶδος τὸ ἐνόν (*Met.* 1037a29). (There is a difference in so far as substance (οὐσία) for Aristotle consists of matter and form, whereas for Plotinus it does not, but rather refers to the Being of the Intelligible World).[29] Furthermore, while Aristotle's form needs to be embodied to exist, Plotinus' souls do not need to be embodied all of the time. (It is just that in this case, their *logoi* would have no ordering function).

---

[26] This is clearly a criticism of the Stoic doctrine of the *hēgemonikon*, their teaching concerning the corporeality of the soul and their theory of perception: they equated the soul with a spider's web which transmits impressions from the periphery to the centre or to messengers reporting back to the king.

[27] Eyjólfur Kjalar Emilsson: "Soul and ΜΕΡΙΣΜΟΣ", p. 83.

[28] ...αὐτὸν δὲ εἶδος ὄντα ἄνευ ὕλης ψιλὸν θεωρεῖσθαι, κἂν ὅτι μάλιστα ἀχώριστος αὐτὸς ᾖ. Ὁ γὰρ χωριστὸς ἄλλος, ὁ ἐν νῷ· ἐν νῷ δέ, ὅτι καὶ αὐτὸς νοῦς.

[29] Rudolf Schicker: *Plotin*, pp. 124-5.

Plotinus' *logos* is not an additional hypostasis (II 9 [33] 1.31-33), but an aspect of both Intellect and soul. Intellect only comprises *logos* (III 2 [47] 2.36)[30] and is the source from which the soul derives its *logoi*, transmitting them in its turn as an instrument to the sensible world.[31] Armstrong, however, argues for the establishment of *Logos* ('the Great Logos') as a fourth hypostasis postulated later in Plotinus' career (in III 2 [47] 2, *On Providence*), regarding it as taking over the position of soul as an intermediary between Intellect and matter.[32] Armstrong's claim is weak, particularly since, in order to account for soul being mentioned in connection with the *logos* at III.2.16, he subsequently notes that "Plotinus did not mean to exclude soul from the series of Hypostases".[33] Armstrong here seems to be unduly concerned with accounting for why the *logos* is brought into connection with Intellect in this passage, since Plotinus does not mention it being related to Intellect directly or via soul. Armstrong's claim that the *logos* as a separate hypostasis is also based on his interpretation of III 2 and 3 [47 and 48] as referring to the generation of *logos* through soul. Since the *logos* is an aspect of the soul, I do not feel that Plotinus is positing a separate entity here: he is simply being more precise with regard to what exactly is doing the ordering. In fact, Armstrong himself in the introduction to his translation of III 2 and 3 expresses a different view to that of his 1967 Plotinus monograph, siding with Bréhier that the *logos* is not "a distinct hypostasis, but...a way of speaking of the living formative and directive pattern."[34] The *logos* is naturally connected with Intellect, since the *logos* of the World Soul orders by contemplating the entire Intellect and the *logoi* of the individual souls order through the contemplation of their individual Intellects. Armstrong similarly claims that Nature is a further hypostasis, although not as clearly defined as the *logos*: in fact, Nature is simply the lowest aspect of soul. Although there can sometimes appear to be a dup-

---

[30] Ὁ μὲν γὰρ νοητὸς μόνον λόγος...
[31] John N. Deck: *Nature, Contemplation and the One*, Toronto 1967, p. 56.
[32] Arthur Hilary Armstrong: *The Architecture of the Intelligible Universe in the Philosophy of Plotinus. An Analytical and Historical Study*, Amsterdam 1967, pp. 102 ff.
[33] Arthur Hilary Armstrong: *Architecture*, pp. 102-3.
[34] Arthur Hilary Armstrong: "Introductory Note", in: Plotinus: *The Enneads*, vol. III, p. 39.

lication between soul and *logos*, the *logos* is simply the structuring-principle of the soul, which serves an intermediary function between the higher and lower entities.[35]

Plotinus distinguishes between form as something able to produce a substance and the *logos* as a forming-principle, which ensures that the substance conforms to its form (*Enn.* VI 3 [44] 3.15-16). The World-Soul is the forming principle of the universe. It produces a sort of rough draft of the cosmos. The forming-principle within the individual soul comes to this sketch or tracing and adds details to it in order to generate the corporeal entity which it will inhabit; Plotinus illustrates this process by comparing it to a dancer assuming a role adapted for her (*Enn.* VI. 7 [38] 7.16). The comparison with a dancer is particularly apt, since the activity of the *logos* is not one carried out by means of rational planning (such as that of Plato's Demiurge), but a spontaneous and unconscious one, like a dancer who moves her limbs, without consciously deliberating over every single movement or like the automatic growth of a beard or horns.[36] Even if the World-Soul prepares the body for the individual soul, the individual soul is still allotted a body which resembles it, based on the experience of its previous lives (IV 3 [27] 12.37-8). In this way, it is the individual soul which is responsible for determining what sort of body it will inhabit, despite the overarching, regulatory activity of the World-Soul. As examples, Plotinus mentions that those who live subject to their passions will be reincarnated as wild animals or that those who have managed to preserve a minimal element of the civic virtues, will be reincarnated as some sort of social insect, such as bees (III.4 [15] 2.28-31). Souls which are reincarnated as plants will only have access to the growth-principle and none of the higher powers of the soul.[37] It is only those who have preserved the human element in the soul who will be assigned once again to a human body. However, even if a good soul were to be assigned to a bad body (or the reverse were the case), the forming-powers of the soul are potent enough to ensure that the body will form a suitable habitation (III 4 [15] 5.10-14).

---

[35] Edgar Früchtel: *Weltentwurf und Logos*, p. 39.

[36] *Enn.* IV.3 [27] 13.14.

[37] In claiming that humans can be reincarnated as plants, Plotinus breaks with Plato's claim at *Tim.* 92b6-7 and *Phil.* 20c that the lowest form in which a human can be incarnated is that of an oyster.

One might explain this interaction between the World-Soul and individual souls in terms of a city having a soul. The individual inhabitants
naturally have souls too, but the soul of the city would be more perfect
(τελειοτέρα) and more powerful (δυνατωτέρα), although there is nothing
preventing the individual souls attaining the same nature as the soul of
the city.[38] Even though the World-Soul is only a partial soul, along with
individual souls, the superiority of the World-Soul is reminiscent of the
One; the One is the most perfect (τελεώτατον) and the most powerful
(δυνατώτατον) of all things.[39] In another analogy, the World-Soul prepares the parts of a drama, while the individual souls play these roles
(VI 7 [38] 7.8-18). The souls obtain the details which they instantiate in
the physical realm by looking at Intellect (which one would expect, if it
is supposed to be the realm of the Forms) and more precisely at the
measured sketches (περιγραφαί)[40] which it contains. Plotinus compares
this to a geometrician contemplating figures drawn on the sand, he is not
contemplating something material (and the *logoi* for Plotinus, unlike for
the Stoics, are immaterial), but rather the relationships of numbers, represented by these drawings.[41] However, sensible matter can never act-
ualise Forms, since if it could, it would cease to be pure potentiality and
would therefore no longer be matter.[42] Soul in general, then, rather than
the World-Soul in particular, takes over the functions assigned to the
World-Soul in Middle Platonism[43] (and this itself is justified by a non-
literal reading of the *Timaeus*; once the Demiurge is 'de-constructed', as
has been said above, one is simply left with a demythologised World-
Soul).

---

[38] *Enn.* IV 8 [6] 3.8-19. Dominic J. O'Meara: *Structures Hiérarchiques*, 39 n. 22
notes that this image of the city has previously been used by Philo of Alexandria
Opif. 17, and pseudo-Aristotle, *De mundo* V, 396a 33sq., VI, 400b 25sq.
[39] *Enn.* V 4 [7] 1.24-25.
[40] *Enn.* VI 7 [38] 14.13.
[41] Jens Halfwassen: *Plotin und der Neuplatonismus*, Munich, 2004., p. 116.
[42] Silvia L.Tonti: *Plotins Begriff der "Intelligiblen Materie" als Umdeutung des
Platonischen Begriffs der Andersheit*, Würzburg 2010, p. 122.
[43] *Enn.* I 6 [1] 6.29, 31; IV 7 [2] 22-25; V 9 [5] 2.15-18; 3, 26-36; VI 9 [9] 1.17-
26; V 1 [10] 2.1-5. Cf. Dominic J. O'Meara: *Structures Hiérarchiques*, p. 48.

III   Individuation

Plotinus' account of the forming principle of soul raises the question of whether differences in the instantiation of Forms are accounted for by differences in matter. If there are only universal Forms, then this would explain the differences in particular instantiations, although if there are Forms of individuals, a notion which Plotinus at least entertains, then this becomes a moot point. However, while soul contains its own ordering principle as a *logos*, matter has no ordering principle of its own which could account for individuation. At *Enn.* V 9 [5] 12.8-12, Plotinus raises the issue of whether matter which has already been ordered – for example "the nature of places and waters and air" – can influence a person's features, i.e. influencing soul which has already become enmattered.[44] That matter is responsible for individuation also appears to be suggested by *Enn.* IV 9 [8] 5.9-12: In the seed "a whole and the parts into which it naturally divides derive from it, and each part is a whole and the whole remains an undiminished whole, but matter divided it and all the parts are one". However, matter is not responsible for life, rather this is due to the φύσις, which is contained within the soul. Furthermore, as Nikulin points out, unembodied souls should all be the same, if matter is responsible for individuation.[45] (This is not the case.) There is no requirement for souls to be embodied (IV 3 [27] 12.1 ff.). Therefore, individuation occurs due to the *logos* of the Soul. For example, as already mentioned, the *logos* is responsible for colour (V 9 [5] 12.10).

Prior to the soul's descent into the body, the body is prepared in accordance with the soul's "disposition" (διάθεσις; IV 3 [37] 12.38), and the soul enters the body which has the greatest resemblance to it, a feature which is influenced by a combination of the soul's character, its discursive thinking and previous lives (IV 3 [27] 8.5-9), permitting the soul "to be itself as much as it wants to be" (*Enn.* IV 3 [27] 8.39-40).[46]

---

[44] ...παρὰ φύσεως τόπων πολλὰ ἀπομάττεσθαι καὶ ὑδάτων καὶ ἀέρος· (*Enn.* IV 3 [27] 7.23-24. Cf. Dmitri Nikulin: "Unity and Individuation of the Soul in Plotinus", in: *Studi sull'anima in Plotino*, ed. by Riccardo Chiaradonna, Naples 2005, p. 293.

[45] Dmitri Nikulin: "Unity and Individuation", p. 295.

[46] ἀλλ' αὐτή ἐστιν ὅσον θέλει... Dmitri Nikulin: "Unity and Individuation", p. 297.

Since all souls form a unity, individual *logoi* are linked together via the system (σύνταξις) which souls constitute. This means that an individual soul contains not just the *logos* which orders the particular body which the soul inhabits (or in the case of metempsychosis, every body which the soul will inhabit), but all the *logoi* of the cosmos (*Enn.* V.7 [18] 1.7-10). All of these *logoi* are in the soul simultaneously (IV 3 [27] 16.4-6). Again at *Enn.* V 7 [18] 1.16-21, "...the man as model would do for all men, just as souls limited in number produce an infinity of men. No, there cannot be the same forming principle for different individuals, and one man will not serve as a model for different men differing from each other, not only by reason of their matter, but with a vast number of special differences of form."[47] This inclusion of all *logoi*, or more strictly speaking the deducibility of all *logoi* from the *logos* of the in-dividual soul, allows all souls to be all things (*Enn.* IV 3 [27] 8.12), al-though when the soul becomes enmattered, some of the *logoi* will be hidden (V 7 [18] 2.16-17]. They are, however, still available for use (V 7 [18] 2.5-6). If the *logos* can be regarded as DNA, then perhaps this feature might be considered as equivalent to recessive genes. This would mean that souls contain an infinite number of *logoi*.

This is not as problematic as it sounds, since Plotinus only envisages potential infinity, rather than actual infinity (there can only be a finite number of individuals present in the world): "We ought not to be afraid of the infinity which this introduces to the intelligible world for it is all in an indivisible unit and, we may say, comes forth when it acts (V 7 [18] 1.25 ff.; 3.20 ff.).[48] This is similar to positing a theorem from which all other theorems could potentially be derived. Chiaradonna has stress-ed Plotinus' consistent avoidance of the mathematical/geometric structure in terms of which Plato envisages world-generation.[49] (This is illustrated by the elementary triangles which form the elements, as well as the two series which inform the production of soul-stuff). Even when Plotinus alludes to this mathematical structure, for example by means of

---

[47] Ἀρκεῖν γὰρ ἕνα ἄνθρωπον εἰς πάντας ἀνθρώπους, ὥσπερ καὶ ψυχὰς ὡρισμένας ἀνθρώπους ποιούσας ἀπείρους. Ἢ τῶν διαφόρων οὐκ ἔστιν εἶναι τὸν αὐτὸν λόγον, οὐδὲ ἀρκεῖ ἄνθρωπος πρὸς παράδειγμα τῶν τινῶν ἀνθρώπων διαφερόντων ἀλλήλων οὐ τῇ ὕλῃ μόνον, ἀλλὰ καὶ ἰδικαῖς διαφοραῖς μυρίαις·

[48] Dmitri Nikulin: "Unity and Individuation", p. 301.

[49] Riccardo Chiaradonna: "Plotinus' Metaphorical Reading", p. 191.

a quotation of *Tim.* 35a ff. at IV 2 [4], 2.49-52, despite outwardly show-ing due deference – it is a divinely-inspired saying, after all – he inter-prets it as support for his own view that the soul is amphibious[50] (it exists in both intelligible and material worlds). Plotinus simply ignores the mathematical implications which this has for the structure of soul.

However, the *logos* in Plotinus helps to serve some of the functions that this mathematical structure of soul fulfils in the *Timaeus*: Firstly, the comparison of the *logos* to a theorem as a means of explaining its relationship to all other *logoi* helps to stress that the world has been gen-erated along rational lines and to provide it with an overarching unity.[51] (If every *logos* structured matter in accordance with its own individual intellect, there would be a multitude of separate worlds. The World-Soul and the Intellect to which it looks supplies this unity, but the relationship of all individual *logoi* to each other is still rationally accounted for). Secondly, the mathematical series 1, 2, 4 etc. and 1, 3, 9 etc. in the *Timaeus* help to integrate Sameness and Difference into the structure of the soul and due to the claim that like is known by like, help to explain how the soul has knowledge of everything in the world. Once again, the interaction of the individual *logoi* upon each other is accounted for by their relationship to each other, to the World-Soul and to Intellect.

The individual *logos* is responsible for instantiating differences (ἰδικαῖς διαφοραῖς μυρίαις, V 7 [18] 1.21). This would then make posit-ing Forms of Individuals unnecessary.

> For as the craftsman (ὁ τεχνίτης used generically here, rather than a reference to the Demiurge), even if he is producing things which do not differ from each other, must apprehend sameness by means of a logical difference, according to which he will make the thing another by bringing some difference to its sameness, so in nature where the other thing does not come to be by discursive reasoning, but only by *logoi*, the difference must be linked with the form, but we are unable to grasp the difference (*Enn.* V 7 [18] 3.7-13).[52]

---

[50] Ibid.

[51] This is, of course, not the only means by which the overarching unity of the world in Plotinus can be explained.

[52] Ὡς γὰρ ὁ τεχνίτης, κἂν ἀδιάφορα ποιῇ, δεῖ ὅμως τὸ ταὐτὸν διαφορᾷ λαμβάνειν λογικῇ, καθ᾽ ἣν ἄλλο ποιήσει προσφέρων διάφορόν τι τῷ αὐτῷ· ἐν δὲ

So even if we are unable to perceive a difference between two individuals, the *logos* will ensure that there is some distinction between
the two. If there are Forms of individuals, then each Form would have
an individual *logos*, which looks to it as a model. If, however, there are
only Forms of universals, then individual *logoi* again account for individuation through activating or deactivating certain features of the
Form once they become enmattered. Ultimately, the issue of whether
there are Forms of individuals or not would become a moot point, as far
as accounting for individuation in bodies is concerned.

There is still an unresolved contradiction. The World-Soul marks out
the role which individual souls will play (*Enn.* VI 7 [38] 7.8 ff.) and it
prepares for them the bodies which they will inhabit (*Enn.* IV 3 [27]
6.13-15; cf. II 9 [33] 8.15-16). Yet if bodies are assigned to souls
according to suitability, it necessarily means that the souls are not all the
same. (Surely they should be since they should only contain contents of
Intellect.)[53] How does matter, which is undifferentiated, account for the
individuation of souls and how can this be determined by the World-
Soul, if it is meant to occupy the same ontological level as individual
souls.[54] Since Plotinus regards individual souls as influenced by their
former lives, this would further help to account for the distinction between the World-Soul and individual souls, since the World-Soul can
only have a continuous relationship with one specific body and is ex-
empt from the cycle of reincarnation. (A weakness is that the "previous
lives" argument cannot be deployed to account for the individuation of
souls at the first incarnation, but since this process is depicted as an eternal one, there would not be a first incarnation). A large part of
Plotinus' problem is caused because, although he considers the
possibility of Forms of individuals, he does not decisively accept it, and
thus he cannot satisfactorily account for why individual souls should be
different. That Plotinus himself was aware of this problem is illustrated
by his prayers when discussing the matter (*Enn.* IV 9 [8] 4.6-7), al-

---

τῇ φύσει μὴ λογισμῷ γινομένου τοῦ ἑτέρου, ἀλλὰ λόγοις μόνον, συνεζεῦχθαι δεῖ
τῷ εἴδει τὸ διάφορον· ἡμεῖς δὲ λαμβάνειν τὴν διαφορὰν ἀδυνατοῦμεν.
[53] Blumenthal, Henry Jacob: "Soul, World-Soul and Individual Soul in
Plotinus", in: *Le Néoplatonisme*, éd. par Pierre-Maxime Schuhl et Pierre Hadot,
Paris 1971, 60.
[54] Ibid.

though this usage of 'programmatic' prayer as a preamble to philosophical inquiry had been long established.[55]

Plotinus faces a similar problem to that which Middle Platonists dealt with. In positing some sort of mediator between the intelligible world and the material realm, the temptation arises to posit an increasing number of mediators to 'insulate' the higher level from the lower one, a situation which reached its logical conclusion in the numerous entities posited by Gnosticism. While Plotinus' system does not need to explain how his First Principle can shape an evil matter, he does have to account for the emergence of multiplicity from unity. This leads to the characterisation of soul as a "unity and multiplicity" (IV 2 [4] 2.53; VI 8 [39] 26, Plato, *Parm.* 155e)[56] and results in the multiplication of souls (Hypostasis Soul, World-Soul, individual soul). A good example of this is Nature (φύσις), which is the lowest level of the World-Soul (III 8 [30]. 4.15-16) and the image of soul which soul transfers to the body (I 1 [53] 8.15-23). Since it ranks so far down on the ontological scale – an image of soul which itself received the *logoi* from Intellect – it is unable to harmonise its product with the Forms (although matter would resist definition in any case).

Plotinus needs an intermediary with a presence in the intelligible world (hence the undescended soul) to order matter, with the paradox that matter is not capable of being ordered. "It is better for the soul to be in the intelligible but all the same, since it has this kind of nature, it is necessarily bound to be able to participate in the perceptible" (*Enn.* IV 8 [6] 7.2-4).[57] This intermediary position also helps to differentiate its intellectual activity from that of Intellect: "The work, then, of the more rational kind of soul is intellection, but not only intellection, for [if it was] why would it be different from Intellect? For by adding to its being intelligent something else, according to which it did not remain

---

[55] E.g. Plato: *Tim.* 27c. For a fuller discussion of prayer in the Platonic tradition, see John M. Dillon: "The Platonic Philosopher at Prayer", in: *Metaphysik und Religion. Zur Signatur des spätantiken Denkens. Akten des Internationale Kongresses vom. 13-17. März 2001 in Würzburg*, ed. by Theo Kobusch and Michael Erler, Munich/Leipzig 2002, pp. 279-295 or *Platonic Theories of Prayer*, ed. by John M. Dillon and Andrei Timotin, Leiden, 2016.

[56] Jens Halfwassen: *Plotin*, p. 101.

[57] ...ἄμεινον μὲν ψυχῇ ἐν τῷ νοητῷ εἶναι, ἀνάγκη γε μὴν ἔχειν καὶ τοῦ αἰσθητοῦ μεταλαμβάνειν τοιαύτην φύσιν ἐχούσῃ...

intelligence, it also has a work to do, like any other intelligible reality which exists. But when it looks to what comes before it, it exercises its intelligence; when it looks to itself, it sets in order what comes after it and directs and rules it" (*Enn.* IV 8 [6] 3.21-27).[58] Soul as "unity and multiplicity" plays an intermediate role as part of a continuum which stretches from the unity of the One, via the "unity-multiplicity" of Intellect beyond soul to the "multiplicity and unity" (IV 2 [4] 2.54) of individual things.[59]

However, soul's position as an intermediary can also be explained historically and not just in metaphysical terms. By envisioning the demiurgic impetus as Intellect and assigning demiurgic activity to the soul, Plotinus exhibits a tension between two different conceptions of soul: as contemplative and as enmattered with demiurgic functions. Plotinus' concept of **soul** differs from the Middle Platonic World-Soul, which is outside the intelligible world, in having a part that works directly upon matter from within, although there is a certain precursor in Numenius' Second God who is similarly an intermediary entity. He becomes, however, forgetful of the intelligible world as a result of his involvement with matter (Fr. 11).[60]

Plotinus' system, then, requires the lower part of soul to descend into matter and cannot really avoid this event being regarded as deficient.[61] The "fall" of the soul consists of its individuation[62] (III 7 [45] 11.7; cf. Plato, *Phaedrus* 248c8) and results from its free choice to "become its own master" (III 7 [45] 11.15 f.), although this free choice does not imply deliberation, but rather a natural impulse (IV 3 [27] 13.17-32). Unlike the One and Intellect, soul is not at rest when it produces, but generates by declination – projecting parts of itself to lower ontological levels.[63]

---

[58] Ψυχῆς δὲ ἔργον τῆς λογικωτέρας νοεῖν μέν, οὐ τὸ νοεῖν δὲ μόνον· τί γὰρ ἂν καὶ νοῦ διαφέροι; Προσλαβοῦσα γὰρ τῷ νοερὰ εἶναι καὶ ἄλλο, καθὸ νοῦς οὐκ ἔμεινεν· ἔχει τε ἔργον καὶ αὐτή, εἴπερ πᾶν, ὃ ἐὰν ᾖ τῶν νοητῶν. Βλέπουσα δὲ πρὸς μὲν τὸ πρὸ ἑαυτῆς νοεῖ, εἰς δὲ ἑαυτὴν τὸ μετ' αὐτὴν [ὃ] κοσμεῖ τε καὶ διοικεῖ καὶ ἄρχει αὐτοῦ·

[59] Jens Halfwassen: *Plotin*, p. 101.

[60] Dominic J. O'Meara: *Structures Hiérarchiques*, p. 49.

[61] John N. Deck: *Nature*, p. 40.

[62] Jens Halfwassen: *Plotin*, p. 105.

[63] John N. Deck: *Nature*, p. 42.

But soul does not abide unchanged when it produces: it is moved and so brings forth an image. It looks to its source and is filled and going forth to another opposed movement generates its own image, which is sensation and the principle of growth in plants. Nothing is separated or cut off from that which is before it. For this reason the higher soul seems to reach as far as plants; and in a way it does reach so far, for the life-principle in plants belongs to it: it is certainly not all in plants, but it has come to be in plants in the sense that it has extended itself down to their level and produced another degree of being by that extension, in desire of its inferior. The part before this, which is immediately dependent on Intellect, leaves Intellect alone, abiding in itself. (V 2 [11] 1.18-28).[64]

Plotinus, though, has difficulty with this notion at *Enn.* III.8 [30] 4.1-17, since a declined entity would forget the intelligible realities. Instead, he argues there that soul generates as a result of inclination – by striving towards the intelligible world. This seems to be a way of viewing the same action from a different perspective. Soul moves back towards the Intellect and down towards matter, whereas the Intellect's generative activity does not consist of this twofold action. This befits soul as an intermediary entity, as well as underlining its dependency upon the prior ontological levels.[65]

III.9 [13] 3.5-16 explains how soul generates matter and then orders it with the aid of its *logos*:

But the [universal] soul-entire is always above, where it is natural for it to be: that which comes next to it is the All [the physical universe], both the immediately neighbouring part and that which is beneath the sun. The partial soul, then, is illuminated when it goes towards that which is before it – for then it meets reality – but when it goes towards what

---

[64] Ἡ δὲ οὐ μένουσα ποιεῖ, ἀλλὰ κινηθεῖσα ἐγέννα εἴδωλον. Ἐκεῖ μὲν οὖν βλέπουσα, ὅθεν ἐγένετο, πληροῦται, προελθοῦσα δὲ εἰς κίνησιν ἄλλην καὶ ἐναντίαν γεννᾷ εἴδωλον αὐτῆς αἴσθησιν καὶ φύσιν τὴν ἐν τοῖς φυτοῖς. Οὐδὲν δὲ τοῦ πρὸ αὐτοῦ ἀπήρτηται οὐδ' ἀποτέτμηται· διὸ καὶ δοκεῖ καὶ ἡ ἄνω ψυχὴ μέχρι φυτῶν φθάνειν· τρόπον γάρ τινα φθάνει, ὅτι αὐτῆς τὸ ἐν φυτοῖς· οὐ μὴν πᾶσα ἐν φυτοῖς, ἀλλὰ γιγνομένη ἐν φυτοῖς οὕτως ἐστίν, ὅτι ἐπὶ τοσοῦτον προέβη εἰς τὸ κάτω ὑπόστασιν ἄλλην ποιησαμένη τῇ προόδῳ καὶ προθυμίᾳ τοῦ χείρονος· ἐπεὶ καὶ τὸ πρὸ τούτου τὸ νοῦ ἐξηρτημένον μένειν τὸν νοῦν ἐφ' ἑαυτοῦ ἐᾷ.

[65] John N. Deck: *Nature*, p. 43.

comes after it, it goes towards non-existence. But it does this when it goes towards itself, for, wishing to be directed towards itself it makes an image of itself, the non-existent, as if walking on emptiness and becoming more indefinite; and the indefinite image of this is in every way dark: for it is altogether without reason and unintelligent and stands far removed from reality. Up to the time between, it is in its own world, but when it looks at the image again, as it were directing its attention to it a second time, it forms it and goes into it rejoicing.[66]

Clearly the non-Being produced by the first glance of the soul is matter, and the second glance is the result of soul's *logoi* ordering matter to form body, although soul "stumbles"; it loses definition.[67] There is a tension inherent in Plotinus' references to matter as evil or responsible for evil in the soul[68] and the view that it is necessary, while the notion that it is non-being represents it more as a privation than as an actively-evil agent. Although the soul illuminates matter, it lacks definition to such an extent that it is unable to perceive the source of its illumination. Matter is a shadow of the *logos*, which it falls away from.[69]

Although part of the World-Soul has descended into the material realm, this is a "stumble", rather than a fall. The World-Soul clearly remembers the intelligibles, since it is able to fashion the world, whereas if it had fallen, this would not be the case (II 9 [16] 4.1-9). This accounts for Plotinus' doctrine of the undescended soul – it helps to explain the connection of the sensible realm with Intellect, but it also accounts for the 'fall' of the soul which Plato proposes at *Phdr.* 246-8 and *Tim.* 34a-b and 41d-42e. This prevents the World-Soul being 'contaminated' by its

---

[66] Ἡ δ' ἀεὶ ἄνω ἐν ᾧ πέφυκεν εἶναι ψυχή· τὸ δὲ ἐφεξῆς τὸ πᾶν, οἷον τὸ πλησίον ἢ τὸ ὑφ' ἡλίῳ. Φωτίζεται μὲν οὖν ἡ μερικὴ πρὸς τὸ πρὸ αὐτῆς φερομένη—ὄντι γὰρ ἐντυγχάνει—εἰς δὲ τὸ μετ' αὐτὴν εἰς τὸ μὴ ὄν. Τοῦτο δὲ ποιεῖ, ὅταν πρὸς αὐτήν· πρὸς αὐτὴν γὰρ βουλομένη τὸ μετ' αὐτὴν ποιεῖ εἴδωλον αὐτῆς, τὸ μὴ ὄν, οἷον κενεμβατοῦσα καὶ ἀοριστοτέρα γινομένη· καὶ τούτου τὸ εἴδωλον τὸ ἀόριστον πάντη σκοτεινόν· ἄλογον γὰρ καὶ ἀνόητον πάντη καὶ πολὺ τοῦ ὄντος ἀποστατοῦν. Εἰς δὲ τὸ μεταξύ ἐστιν ἐν τῷ οἰκείῳ, πάλιν δὲ ἰδοῦσα οἷον δευτέρᾳ προσβολῇ τὸ εἴδωλον ἐμόρφωσε καὶ ἡσθεῖσα ἔρχεται εἰς αὐτό.
[67] John N. Deck: *Nature*, p. 45.
[68] A claim made frequently throughout *Enn.* I 8 [51].
[69] VI 3 [44] 7.8.

involvement with matter (IV 8 [6] 2.15-33), although Plotinus never makes that case for the individual soul.

If the individual soul acts as the forming-principle of the entity which it inhabits, there is an obvious problem, since the world would then consist of subjective products, incapable of unification into a harmonious whole. However, because the souls simply order in accordance with the Forms, and more immediately within the confines of the design which has been sketched out for them by the World-Soul, this is not an issue. The individual souls are not demiurges, their *logoi* are simply responsible for the individual instantiation of a rational principle pervading the entirety of the sensible world, like genetic code. Matter is said to be 'covered' by soul, rather than truly ordered, since the objects which are formed are not stable and never participate in the Forms. Sensible matter does not become united with form, unlike the situation regarding intelligible matter (*Enn.* II 4 [12] 5.12-23; II 5 [25] 3-5). Matter remains privation and its covering with form only serves to emphasise its lack of form.

Plotinus argues for this on the basis of Aristotle's distinction between substrate and a privation. So in *Phys.* I.7 189b32-191a3, Aristotle uses the argument of an uneducated man. If a man (substrate) ceases to be uneducated (privation) by becoming educated, the substrate (the man) will continue to exist, although the privation (lack of education) will not. Plotinus similarly uses the example of a female desiring a male and claims that at the moment of insemination the female is at her most female, though desiring the male (*Enn.* II 4 [12] 16.13-16). Even so, although matter receives form, this does not make it any less a privation.[70] Since matter is synonymous with privation, the sensible world, which is only a covering (III 6 [26].11-14) provided by soul to matter, can never participate in the intelligible world. The sensible world is no more than "a corpse adorned" (II 4 [12] 5.18) and matter is like a prisoner fettered in chains of gold which serve to hide him (I 8 [51] 15.24-28).[71] These chains are a clear reference to the *logoi* of the soul which serve to order matter. It is a weak and dim phantasm, which cannot receive a shape or

---

[70] John Bussanich: *The One and Its Relation to Intellect in Plotinus*, Leiden 1988, p. 179.
[71] John M. Dillon: "An Ethic For the Late Antique Sage", in: *The Cambridge Companion to Plotinus*, ed. by Lloyd Gerson, Cambridge 1996, p. 329.

even a touch of colour from the *logoi* which become enmattered (*Enn.* II 5 [25] 5.9-22).

Part of the problem with understanding Plotinus' account of the generation of matter is due to the distinction which he draws between different levels of the soul. This is understandable to the extent that soul is an essential mediating entity in Plotinian cosmology, forming a link between the intelligible and sensible realms. At III 4 [15].1 and III 9 [33] 3.7-16, matter is only generated by the "partial" soul "which comes to be in plants", not by any higher level of soul. Its product is a form of non-being, lacking in definition, which is a consequence of the relative lack of definition of the soul which ends up in plants. This soul is little more than a life-principle. Once this matter receives form, it becomes body (III 4 [15] 1.14-16). There is a marked difference in the generation of the entities of the intelligible world and the generation of matter. The One has no need of its productions and does not particularly trouble itself with them. Soul, however, has a vested interest in serving as the ordering principle for matter, since it needs a place to receive it in the sensible world: "For the truth is as follows. If body does not exist soul would not go forth, since there is no place other than body where it is natural for it to be. But if it intends to go forth, it will produce a place for itself, and so a body. Soul's rest is, we may say, confirmed in absolute rest; a great light shines and at the outermost edge of this fire-light, there is a darkness. Soul sees this darkness and informs it, since it is there as a substrate for form" (*Enn.* IV 3 [27] 9.20-26).[72]

The One remains in itself as it generates, as does Intellect, whereas the partial soul is in movement as it generates matter (V 2 [11] 1.10-19; III 4 [15] 1.1-3)[73] and becomes "more indefinite" (III. 9 [13] 3.11-12),

---

[72] Ἐπεὶ τό γε ἀληθὲς ὧδε ἔχει· σώματος μὲν μὴ ὄντος οὐδ' ἂν προέλθοι ψυχή, ἐπεὶ οὐδὲ τόπος ἄλλος ἐστίν, ὅπου πέφυκεν εἶναι. Προϊέναι δὲ εἰ μέλλοι, γεννήσει ἑαυτῇ τόπον, ὥστε καὶ σῶμα. Τῆς δὴ στάσεως αὐτῆς ἐν αὐτῇ τῇ στάσει οἱονεὶ ῥωννυμένης οἷον πολὺ φῶς ἐκλάμψαν ἐπ' ἄκροις τοῖς ἐσχάτοις τοῦ πυρὸς σκότος ἐγίνετο, ὅπερ ἰδοῦσα ἡ ψυχή, ἐπείπερ ὑπέστη, ἐμόρφωσεν αὐτό.

[73] Cf. "This [Nous] when it has come into being, turns back upon the One and is filled and becomes Intellect by looking towards it. Its halt and turning towards the One constitutes Being, its gaze upon the One, Intellect. Since it halts and turns towards the One that it may see, it becomes at once Intellect and Being. Resembling the One thus, Intellect produces in the same way, pouring forth a multiple power, this is a likeness of it - just as that which was before it poured it

while the One, when generating, remains "complete" (V 2 [11] 1.7).[74]
Unlike the higher ontological levels, which turn back upon the proceeding principle to order themselves, matter is not capable of doing this
and requires its ugliness to be masked by soul (*Enn.* III 9 [13] 3.14-16),
which in principle is the same process as the ordering of matter to con-
form to geometric rules (itself a form of beauty) in Plato. It is responsible for evil because of the response it is capable of producing in
soul, which can display an excessive eagerness for matter and as a result
turns away from the intelligible world. However, elsewhere (e.g. at *Enn.*
I 8 [51] 14-15), Plotinus attributes a more active role to matter where it
produces its own screen of illusion to attract soul: "matter is there and
begs it and, we may say, bothers it and wants to come right inside"
(προσαιτεῖ καὶ οἶον καὶ ἐνοχλεῖ καὶ εἰς τὸ εἴσω παρελθεῖν θέλει, *Enn.* I 8
[51] 14.35-36). It is important to bear in mind that matter cannot be
solely responsible for evil. Sensible gods contain matter and yet have no
evil and not all men sin (I 8 [51] 5.31-4).

While Plotinus often describes bodies being ensouled, it is clear that
what he actually envisages is soul being present to body or the body
being in the soul:[75]

> That is why Plato rightly does not put the soul in the body when speak-
> ing of the universe but the body in the soul, and says also that there is a
> part of the soul in which body is and a part in which there is no body,
> clearly the powers of the soul of which the body has no need. And the
> same principle clearly applies to the other souls. We must not say that
> there is even a presence of the other powers of the soul to the body, but
> that the powers which it needs are present, and present without being sit-
> uated in its parts or in the whole either, and the sense-faculty is present
> to the whole of the perceiving body for the purposes of sense-perception,
> but one part at one time to one and one to another according to the

forth. This activity springing from the substance of Intellect is soul, which
comes to be this, while Intellect abides unchanged: for Intellect too comes into
Being, while that which is before it abides unchanged. But soul does not abide
unchanged when it produces; it is moved and so produces an image." (*Enn.* V 2
[11] 1. 10-19)

[74] Denis O'Brien: "Plotinus on Matter and Evil", in: *The Cambridge Companion
to Plotinus*, ed. by Lloyd P. Gerson, Cambridge 1996, p. 182.
[75] Emilsson, Eyjólfur Kjalar: "Soul and ΜΕΡΙΣΜΟΣ", p. 87.

[particular] sense activity [in progress] (*Enn.* IV 3 [27] 22.7-17, Cf. III 9 [13] 3.2).[76]

O'Meara has drawn attention to the difficulties caused by the participation of matter in the Forms (treated, for example, at VI.5 [23]) during Plotinus' "second period" (i.e. after the arrival of Porphyry). The need for a localised emanation between the Forms and matter appears to be downplayed: "For, I think, it is probable and indeed necessary that the ideas are not placed separately on one side and matter a long way off on the other and then illumination comes to matter from somewhere up there [*Parm.* 130b], …For what would 'far off' and 'separately' mean in this context? And again, the business of participation would not be said to be hard to express and extremely perplexing, but the explanation would be extremely accessible and well known from the examples" (VI 5 [25] 8.4-10).[77]

As O'Meara notes, this sort of spatial understanding misrepresents the problem of the participation of matter in the Forms.[78] Furthermore, matter receives the Forms to the extent that it is capable: "… and then the Idea is reflected in matter as if in water, but that matter, from every side grasping (and again not grasping) the Idea, receives from the Form, over the whole of itself by its drawing near to it all that it can receive with nothing in between; the Idea does not pass through and run over the

---

[76]Διὸ καὶ Πλάτων καλῶς τὴν ψυχὴν οὐ θεὶς ἐν τῷ σώματι ἐπὶ τοῦ παντός, ἀλλὰ τὸ σῶμα ἐν τῇ ψυχῇ, καί φησι τὸ μέν τι εἶναι τῆς ψυχῆς ἐν ᾧ τὸ σῶμα, τὸ δὲ ἐν ᾧ σῶμα μηδέν, ὧν δηλονότι δυνάμεων οὐ δεῖται τῆς ψυχῆς τὸ σῶμα. Καὶ δὴ καὶ ἐπὶ τῶν ἄλλων ψυχῶν ὁ αὐτὸς λόγος. Τῶν μὲν ἄλλων δυνάμεων οὐδὲ παρουσίαν τῷ σώματι λεκτέον τῆς ψυχῆς εἶναι, ὧν δὲ δεῖται, ταῦτα παρεῖναι, καὶ παρεῖναι οὐκ ἐνιδρυθέντα τοῖς μέρεσιν αὐτοῦ οὐδ' αὖ τῷ ὅλῳ, καὶ πρὸς μὲν αἴσθησιν παρεῖναι παντὶ τῷ αἰσθανομένῳ τὸ αἰσθητικόν, πρὸς δὲ ἐνεργείας ἤδη ἄλλο ἄλλῳ.

[77] Εὔλογον γὰρ καὶ ἀναγκαῖον, οἶμαι, μὴ κειμένων τῶν εἰδῶν χωρὶς καὶ αὖ τῆς ὕλης πόρρωθεν ἄνωθέν ποθεν τὴν ἔλλαμψιν εἰς αὐτὴν γεγονέναι·…τί γὰρ ἂν εἴη τὸ 'πόρρω' ἐν τούτοις καὶ τὸ 'χωρίς'; Καὶ οὐκ αὖ τὸ δύσφραστον καὶ τὸ ἀπορώτατον ἦν τὸ τῆς μεταλήψεως λεγόμενον, ἀλλ' εἴρητο ἂν προχειρότατα γνώριμον ὂν τοῖς παραδείγμασιν.

[78] Dominic J. O'Meara: *Structures Hiérarchiques*, p. 60 n.25.

whole of matter but remains in itself" (VI 5 [25] 8.16-22).[79] This, on the surface, seems to negate the need for the intermediacy of the soul. O'Meara notes two problems with this idea: 1) how can the presence of Forms in matter be conceived (III 6 [26]) and 2) if Forms are present in matter, how can the passivity of matter be explained?[80] Hence, there is a need for the *logos* of the soul to resolve both of these issues.

Rather like the Demiurge of Plato's *Timaeus*, the *logos* serves as an intermediary between the contrary features of the world and seeks to harmonise them, even if not with complete success. The confrontations which exist in the sensible world are therefore a result of the diverse oppositions contained within the *logos*: "It is necessary that this *logos* should be one pattern made out of opposites, since it is opposition of this kind which gives it its structure, and, we might say, its existence. For certainly, if it was not many it would not be a *logos*; but since it is a *logos*, it has distinctions in itself and the extreme distinction is opposition" (*Enn.* III 2 [47] 16.49-54).[81] Opposition in the world results from these diverse elements contained by the *logos* and this opposition has purpose in terms of the variety of the whole:[82] "But the *logos* makes all these things as their sovereign, and wishes them to be as they are, and makes the things which are called bad according to reason, because it does not wish that all be good...in the same way the *logos* did not make everything gods, but some gods, some daimons (a nature of the second rank), then men and animals after them in order, not out of grudging meanness, but by reason containing all the rich variety of the

---

[79] ...τοῦ εἴδους εἶθ᾽ ὥσπερ ἐν ὕδατι ἐνορᾶσθαι τῇ ὕλῃ τὴν ἰδέαν, ἀλλὰ τὴν ὕλην [εἶναι] πανταχόθεν οἷον ἐφαπτομένην καὶ αὖ οὐκ ἐφαπτομένην τῆς ἰδέας κατὰ πᾶν ἑαυτῆς ἴσχειν παρὰ τοῦ εἴδους τῷ πλησιασμῷ ὅσον δύναται λαβεῖν οὐδενὸς μεταξὺ ὄντος, οὐ τῆς ἰδέας διὰ πάσης διεξελθούσης καὶ ἐπιδραμούσης, ἀλλ᾽ ἐν αὐτῇ μενούσης.

[80] Dominic J. O'Meara: *Structures Hiérarchiques*, p. 60.

[81] ...ἀνάγκη καὶ τὸν ἕνα τοῦτον λόγον ἐξ ἐναντίων λόγον εἶναι ἕνα, τὴν σύστασιν αὐτῷ καὶ οἷον οὐσίαν τῆς τοιαύτης ἐναντιώσεως φερούσης. Καὶ γὰρ εἰ μὴ πολὺς ἦν, οὐδ᾽ ἂν ἦν πᾶς, οὐδ᾽ ἂν λόγος· λόγος δὲ ὢν διάφορός τε πρὸς αὐτόν ἐστι καὶ ἡ μάλιστα διαφορὰ ἐναντίωσίς ἐστιν·

[82] Cf. II 3 [52] 16.43-46: "Suppose, then, the worse helps towards the completion of the whole, and everything ought not to be good? For the opposites, too, cooperate for the perfection of the universe, and without them there is no universal order: yes, and it is so with particular living beings too."

intelligible world" (*Enn.* III 2 [47] 11.2-9).[83] Since the *logos* itself is composed of unequal elements, and is subsequently divided into unequal elements in the course of its descent into the sensible realm, it is not capable of composing equal beings (*Enn.* III 2 [47] 18.3; 12.1-7).[84]

IV   Conclusion

The soul's *logos*, as the structuring principle of the material realm, allows Plotinus to present an explanation for the rationality inherent in the world in a manner which is stripped bare of mythology, unlike the myth of the Demiurge in Plato's *Timaeus* or Proclus' complex theological system with teams of demiurgic entities, each operating at different ontological levels, populated with figures drawn from Greek religion or the *Chaldaean Oracles*. Plotinus' aversion to such a mythological framework is clear from his comment to Amelius[85] that he had no desire to visit the temples of the gods, and his identification of philosophical entities with divinities (for example Zeus with the World-Soul) seem more like passing comments, rather than part of a systematic attempt to philosophise Greek religion.[86]

The *logos* is an effective bridge between the intelligible and material realms because it helped to resolve many of the problems inherent in explaining the transition from the unity of the One to the multiplicity of the sensible world which lies at the heart of Neoplatonism. The *logos* helps to explain how matter comes to be ordered in line with universal Forms, and helps to explain individuation, without the need for postulating an infinity of Forms or attributing this to matter. The manner in which the *logos* of each individual soul ultimately contains all other *logoi* helps to provide an overarching unity to the world and this overarching unity is

---

[83] Ἢ οὔ, ἀλλ' ὁ λόγος ταῦτα πάντα ποιεῖ ἄρχων καὶ οὕτω βούλεται καὶ τὰ λεγόμενα κακὰ αὐτὸς κατὰ λόγον ποιεῖ οὐ βουλόμενος πάντα ἀγαθὰ εἶναι... οὕτως οὐδ' ὁ λόγος πάντα θεοὺς εἰργάζετο, ἀλλὰ τὰ μὲν θεούς, τὰ δὲ δαίμονας, δευτέραν φύσιν, εἶτα ἀνθρώπους καὶ ζῷα ἐφεξῆς, οὐ φθόνῳ, ἀλλὰ λόγῳ ποικιλίαν νοερὰν ἔχοντι.

[84] Dominic J. O'Meara: *Structures Hiérarchiques*, p. 93.

[85] At Porphyry *VP* 10.

[86] As can be found in later Neoplatonism.

not so far removed from our ordinary, everyday experiences. For example, the unity-in-multiplicity of a seed (the seed is one but contains the *logoi* of everything which it will bring into being) is compared to the soul's *logos* by Plotinus.[87]

The theory of the *logos* exemplifies Plotinus' manner of working. He takes a feature deeply rooted in Stoic philosophy, radically alters its nature (by regarding it as immaterial) and interprets it in a manner consistent with (his brand of) Platonism: the greater role played by soul in the generation of the material realm (in comparison to Plato) necessitated some sort of organisational principle which could account for the means by which matter becomes a reflection (to a limited extent) of the intelligible world. The previous view in Platonism had attributed this to the Demiurge: that is to say to the level of Intellect. However, Plotinus' innovation can still be represented as acceptable in Platonic terms: that the overarching regulation of the cosmos is provided by the World-Soul is consistent with the view of the *Timaeus* (and indeed this is the logical interpretation if the myth of the Demiurge is jettisoned), while soul, in its highest aspect, according to Plotinus, is intellective.

One might close with a final remark: in its postulation of the manner in which genetic code interacts upon an organism's body, modern science has adopted a solution strangely reminiscent of the way in which Plotinus attempted to explain, with the *logos*, the way in which rational patterns can be instantiated in the material realm.

Acknowledgements

This research for this article was made possible thanks to the generous award of Fellowships from the Alexander von Humboldt and Fritz Thyssen Foundations, and has greatly benefitted from the assistance and advice of Prof. Jens Halfwassen, Prof. John Dillon and Prof. Dominic O'Meara.

---

[87] V 9 [5] 6.15-16.

Bibliography

Armstrong, Arthur Hilary: *The Architecture of the Intelligible Universe in the Philosophy of Plotinus. An Analytical and Historical Study*, Amsterdam 1967.
Blumenthal, Henry Jacob: *Plotinus' Psychology. His Doctrines of the Embodied Soul*, The Hague 1971.
id.: "Soul, World-Soul and Individual Soul in Plotinus", in: *Le Néoplatonisme* (= Colloques Internationaux du Centre National de la Recherche Scientifique. Sciences Humaines), éd. par Pierre-Maxime Schuhl et Pierre Hadot, Paris 1971, pp. 55-63.
Bussanich, John: *The One and Its Relation to Intellect in Plotinus*, Leiden 1988.
Chiaradonna, Riccardo: "Plotinus' Metaphorical Reading of the *Timaeus*: Soul, Mathematics, Providence", in: *Fate, Providence and Moral Responsibility in Ancient, Medieval and Early Modern Thought. Studies in Honour of Carlos Steel*, ed. by Pieter D'Hoine and Gerd Van Riel, Leuven 2014, pp. 187-210.
Corrigan, Kevin: "Essence and Existence in the *Enneads*", in: *The Cambridge Companion to Plotinus*, ed. by Lloyd P. Gerson, Cambridge 1996, pp. 105-129.
Deck, John N.: *Nature, Contemplation and the One*, Toronto 1967.
Dillon, John M.: "An Ethic For the Late Antique Sage", in: *The Cambridge Companion to Plotinus*, ed. by Lloyd Gerson, Cambridge 1996, pp. 315-335.
id.: "The Platonic Philosopher at Prayer", in: *Metaphysik und Religion. Zur Signatur des spätantiken Denkens. Akten des Internationale Kongresses vom 13.-17. März 2001 in Würzburg*, ed. by Theo Kobusch and Michael Erler, Munich/Leipzig 2002, pp. 279-295.
Emilsson, Eyjólfur Kjalar: *Plotinus on Sense-Perception. A Philosophical Study*, Cambridge 1988.
id.: "Soul and ΜΕΡΙΣΜΟΣ", in: *Studi sull'anima in Plotino* (= Elenchos: Collana di testi e studi sul pensiero antico XLII), ed. by Riccardo Chiaradonna, Naples 2005, pp. 81-93.
Früchtel, Edgar: *Weltentwurf und Logos. Zur Metaphysik Plotins* (= Philosophische Abhandlungen 38), Frankfurt-am-Main 1970.
Halfwassen, Jens: *Der Aufstieg zum Einen. Untersuchungen zu Platon und Plotin*, Stuttgart 1992, 2nd rev. edn. Munich and Leipzig 2006.
id.: *Plotin und der Neuplatonismus*, Munich 2004.
Nikulin, Dmitri: "Unity and Individuation of the Soul in Plotinus", in: *Studi sull'anima in Plotino* (= Elenchos: Collana di testi e studi sul pensiero antico XLII), ed. by Riccardo Chiaradonna, Naples 2005, pp. 275-304.
O'Brien, Carl Séan: "The Origin in Origen. Platonic Demiurgy or Christian Creation?", in: *Freiburger Zeitschrift für Philosophie und Theologie* 54 (2007) Band, Heft 1/2, pp. 169-177.

id.: "Platonism and the Tools of God", in: *Trinity College Dublin Journal of Postgraduate Research* Volume 6 (2007), pp. 60-72.

id.: "The Middle Platonist Demiurge and Stoic Cosmobiology", in: *Horizons* 3. *Seoul Journal of Humanities* (2012), pp. 19-39.

id.: *The Demiurge in Ancient Thought. Secondary Gods and Divine Mediators*, Cambridge 2015.

O'Brien, Denis: "Plotinus on Matter and Evil", in: *The Cambridge Companion to Plotinus*, ed. by Lloyd P. Gerson, Cambridge 1996, pp. 171-195.

O'Meara, Dominic J.: *Structures Hiérarchiques dans la pensée de Plotin. Étude Historique et Interprétative*, Leiden 1975.

Plotinus: *The Enneads*, trans. by Arthur Hilary Armstrong, vols. 1-7, Cambridge, Mass./London 1978-1987.

Schicker, Rudolf: *Plotin. Metaphysik und Modalität* (= Academia Hochschulschriften Philosophie Band 4), Sankt Augustin 1994.

Song, Euree: "Plotinus on the World-Maker", in: *Horizons* 3. *Seoul Journal of Humanities* (2012), pp. 81-102.

Tonti, Silvia L.: *Plotins Begriff der "Intelligiblen Materie" als Umdeutung des Platonischen Begriffs der Andersheit* (= Epistemata: Würzburger Wissenschaftliche Schriften, Reihe Philosophie, Band 469), Würzburg 2010.

Wagner, Michael F.: "Plotinus on the Nature of Physical Reality", in: *The Cambridge Companion to Plotinus*, ed. by Lloyd P. Gerson, Cambridge 1996, pp. 130-170.

Christian Tornau (Würzburg)

Seelenspur und Aufnahmefähigkeit: ein plotinischer Zirkel?

Eines[1] der Hauptanliegen der Philosophie Plotins besteht darin, die Seele als eine immaterielle, vom Körper unabhängige und von ihm nicht zu beeinflussende Wesenheit zu denken. Dieses Anliegen, das er mit seiner üblichen Konsequenz verfolgt, führt ihn insbesondere in den Schriften IV 9 [8], VI 4-5 [22-23] und IV 3 [27], 1-8 auf das Paradoxon der Einheit aller Seelen: Die Seele als solche (im Singular) ist nicht bloß die Summe der in den menschlichen, tierischen und pflanzlichen Körpern vorfindlichen Einzelseelen, sondern geht diesen ontologisch voraus.[2] Sie ist eine einheitliche und unteilbare Entität, die in jedem einzelnen von ihr belebten oder gestalteten Körper – ja sogar an jedem einzelnen Punkt eines Körpers – als ganze präsent ist. Auf sie ist daher das Teilhabe-Paradoxon des *Parmenides* anwendbar, nach dem die Idee „als eine und dieselbe in vielen voneinander getrennten [Einzeldingen] zugleich ganz ist" (131b); und wenn Platon im *Timaios* sagt, sie pflege sich „an den Körpern zu teilen" (35a), so handelt es sich dabei um eine nur scheinbare Teilung oder um eine uneigentliche, die Teilbarkeit der beseelten Körper auf die Seele selbst übertragende Redeweise.[3] Daß die

---

[1] Ich danke Carlos Steel für seine scharfsinnige Kritik an einer früheren Version dieses Beitrags. Paul Kalligas und Christopher Noble sei gedankt für die freundliche Übersendung ihrer Artikel.

[2] Vgl. bes. IV 3, 4, 14-16.

[3] VI 4, 4, 21-34. Filip Karfík hat jetzt einen ausgezeichneten Überblick über Plotins Psychologie und Metaphysik der Seele vorgelegt, der bei Plotins Exegese von *Tim.* 35a und dem Paradoxon der gleichzeitigen Teilbarkeit und Unteilbarkeit der Seele ansetzt; (Filip Karfík: „Parts of the Soul in Plotinus", in:

Seele nicht nur Einheit, sondern auch Vielheit ist („Eines und Vieles",
ἓν καὶ πολλά), wird nicht geleugnet, doch besteht Plotin darauf, daß
diese Vielheit keine Folge des Bezugs der Seele zu den Körpern ist,
sondern diesem vorausgeht – andernfalls ergäbe sich die Vielheit der
Seelen aus einer Wirkung der Körper auf die Seele, was nach
platonisch-plotinischer Ontologie unzulässig ist.

Wie angedeutet, läßt dieser Versuch, die Seele immateriell zu denken, an Konsequenz wenig zu wünschen übrig. Er wirft jedoch ein gra-
vierendes, von Plotin selbst öfters hervorgehobenes Problem auf, nämlich die spezifische Differenziertheit der geformten und beseelten Körper.[4] Wie erklärt es sich, daß es menschliche, tierische, pflanzliche oder
auch mineralische Körper gibt, und warum hat ein Tierkörper die Form
eines Löwen, ein anderer aber die einer Gazelle? Wenn eine und dieselbe Seele überall ist, ist nicht einzusehen, warum sie nicht auch überall
in derselben Weise wirkt. Die den Körpern vorgängige Vielheit der
Seelen bietet ebenfalls keine Erklärung, weil die Gesamtseele *mit allen
Einzelseelen* überall ist, genauer: weil in und mit jeder Einzelseele die
Gesamtseele präsent ist.[5] Plotin gibt daher eine bemerkenswerte, weil
auf den ersten Blick ganz inadäquate Antwort: Der Grund ist die unterschiedliche Aufnahmefähigkeit (ἐπιτηδειότης, δεκτικόν) der Körper, die
wegen ihrer Schwäche – bzw. der Schwäche der ihnen zugrundeliegen-
den Materie – Geistiges nicht als ganzes, sondern nur teilweise aufnehmen können. Trübes Wasser nimmt weniger Licht auf als klares Wasser;[6] ein artikulierter Laut wird von menschlichen Ohren als sinntragen-
des Wort, von Tieren aber nur als Laut aufgenommen.[7] Sterben ist nichts
anderes als die (scheinbare) Abwesenheit der Seele aufgrund einer Veränderung der körperlichen Aufnahmefähigkeit.[8]

Freilich scheint es, daß damit das Problem nur verlagert ist. Denn
wie erklären sich wiederum die Unterschiede in der Aufnahmefähigkeit?
Die uniforme Schwäche der Materie erklärt hier nichts. Wie gerade die

---

Partitioning the Soul. Debates from Plato to Leibniz, hg. von Klaus Corcilius
und Dominik Perler, Berlin 2014, S. 107-148, hier S. 107-112).
[4] Vgl. VI 4, 2, 48f.; 11,1-3 etc.
[5] Vgl. VI 4, 4, 18-24.
[6] VI 4, 11, 3-9.
[7] VI 4, 14, 26-18; 15, 6-8 (φωνή und λόγος).
[8] IV 3, 8, 47-50.

Beispiele des klaren Wassers und des sinntragenden Lauts zeigen, ist höhere Aufnahmefähigkeit für Geistiges eine eidetische Bestimmung des betreffenden Körpers. Damit aber ist sie nach den Grundsätzen von Plotins platonischer Metaphysik selbst geistiger Natur und von der Seele an die Körper vermittelt. Kurz: Die Seele ist den Körpern präsent, weil diese für sie aufnahmefähig sind, und die Körper sind für die Seele aufnahmefähig, weil diese ihnen präsent ist – ein offenkundiger Zirkel.[9]

Für dieses auch früher schon öfters diagnostizierte, aber noch nie befriedigend gelöste Problem hat jüngst Paul Kalligas einen bedenkenswerten Lösungsvorschlag gemacht.[10] Er greift hierzu auf Plotins Konzeption einer vorläufigen Skizzierung der einzelnen Körper durch die Weltseele zurück. Die Weltseele ist, mit einer Metapher Plotins, nicht die Mutter, sondern die Schwester der Einzelseelen; diese sind nicht Teile der Weltseele, sondern gehen gleichursprünglich mit dieser auf die Seele an sich (Hypostase Seele) zurück. In ihrer Eigenschaft als Physis sorgt die Weltseele für die vegetativ-organische Gestaltung der Körper und bereitet damit die „Wohnungen" vor, die ihre Geschwister, die Einzelseelen, beziehen werden.[11] In vegetativer Hinsicht sind wir somit alle – Menschen und Tiere – Teile des Welt-Lebewesens.[12] Diese Skizzierung (προϋπογραφή) oder Vorbereitung (προπαρασκευή) ist, so Kalligas, die Ursache der differenzierten Aufnahmefähigkeit der Körper. Dem Einwand, daß eine bloß physische, Menschen, Tieren und Pflanzen

---

[9] Vgl. Paul Kalligas: „Eiskrisis, or the Presence of Soul in the Body: A Plotinian Conundrum", in: *Ancient Philosophy* 32 (2012), S. 147-166, hier S. 155: „But this now seems to involve Plotinus' theory in a vicious circle, making the qualitative formation of the living body both a precondition and an effect of the soul's agency on it."

[10] Vgl. Paul Kalligas: „Eiskrisis, or the Presence of Soul in the Body", a.a.O., S. 155-158 („The Contribution of the World Soul"); S. 162. Frühere Diskussionen z.B. bei Henry J. Blumenthal: „Nous and Soul in Plotinus: Some Problems of Demarcation", in: *Atti del Convegno internazionale sul tema: Plotino e il Neoplatonismo*, Rom 1974, S. 203-219 (= ders.: *Soul and Intellect. Studies in Plotinus and Later Neoplatonism*, London 1993, Study II), hier S. 217; Dominic J. O'Meara: „The Problem of Omnipresence in Plotinus, *Ennead* VI, 4-5. A Reply", in: *Dionysius* 4 (1980), S. 61-73, hier S. 70-73; Christian Tornau: *Plotin, Enneaden VI 4-5 [22-23]. Ein Kommentar,* Stuttgart/Leipzig 1998, S. 61-65.

[11] IV 3, 6, 10-15; vgl. VI 7, 7, 8-16; II 9, 18, 14-17.

[12] IV 9, 3, 25; IV 4, 32, 7-9.

gemeinsame seelische Grundierung zu uniform ist, um den Unterschied
etwa zwischen Menschen- und Tierkörpern erklären zu können, begegnet Kalligas mit dem Hinweis auf die Vielzahl der in der Weltseele enthaltenen Logoi, die sie durch schöpferische Schau (θεωρία) erwirbt.[13]
Nach der Schrift III 8 [30] hat die Physis schauenden Zugriff auf alle in
ihrer „Mutter", der Seele, enthaltenen Logoi; und da ihre Schau pro-
duktiv ist, gibt sie diese Logoi sämtlich an die von ihr gestaltete Körperwelt weiter.[14] Entsprechend den Einschränkungen der Körperwelt werden die Logoi dabei im Raum verteilt. Die Existenz sehr verschiedener
Arten und Grade der Aufnahmefähigkeit in der Körperwelt ist also
durch das Wirken der Physis hinreichend begründet.

Diese Argumentation hat das unbestreitbare Verdienst, daß sie erst-
mals einen echten Ausweg aus dem plotinischen Zirkel weist, und ist
meines Erachtens grundsätzlich korrekt. Trotzdem läßt Kalligas' Darstellung noch einige Fragen offen. Die wichtigste ist die nach dem Verhältnis der προϋπογραφή durch die Weltseele zu einer anderen psychophysischen Entität, der sogenannten Seelenspur oder dem Seelenbild
(ἴχνος ψυχῆς, εἴδωλον ψυχῆς). Die Seelenspur ist die immanente Form
des durch die ihm transzendente Seele verursachten und gestalteten
Körpers, die ihn von einem bloßen (nur dreidimensionalen und wider-
ständigen) Körper zu einem Körper bestimmter Art (σῶμα τοιόνδε) oder
lebenden Körper macht; das Lebewesen (συναμφότερον oder κοινόν) ist
aus der unsterblichen Seele und dem qualifizierten lebenden Körper
(statt eines beliebigen Körpers) zusammengesetzt.[15] Plotin vergleicht die

---

[13] Paul Kalligas: „Eiskrisis, or the Presence of Soul in the Body", a.a.O., S. 158;
S. 162: „The World Soul is sometimes referred to as Nature [...] As such, it
carries within it the formative principles or *logoi* of all living creatures and thus
provides a variety of options with which the individual soul can become
engaged."
[14] Vgl. III 8, 2-4.
[15] Vgl. I 1, 7, 1-6; IV 4, 18 und einige weiter unten zu nennende Stellen. Die
ausführlichste Diskussion des Phänomens der Seelenspur findet sich in IV 4, 18-
29. Vgl. dazu zuletzt Paul Kalligas: „Eiskrisis, or the Presence of Soul in the
Body", a.a.O., S. 148-152; Filip Karfík: „Parts of the Soul in Plotinus", a.a.O., S.
119-128; Christopher I. Noble: „How Plotinus' Soul Animates His Body: The
Argument for the Soul-Trace at *Ennead* 4.4.18.1-9", in: *Phronesis* 58 (2013), S.
249-279. Siehe jetzt auch Damian Caluori: *Plotinus on the Soul*, Cambridge
2015, S. 186-192.

Seelenspur mit einer Beleuchtung oder Erwärmung:[16] Die Seele ist wie die Licht- oder Wärmequelle von dem beleuchteten oder erwärmten Körper unabhängig und gehört doch zu dem Gesamtsystem „Lebewesen", das die Einheit von Körper, Seelenspur und transzendenter Seele ist; die von Körper *und* Seele (freilich in je unterschiedlicher Weise) abhängige Seelenspur ist das vermittelnde Element zwischen diesen beiden heterogenen Entitäten. Ist diese Seelenspur nun mit der προϋπογραφή identisch oder von ihr zu unterscheiden?[17] Wodurch unterscheiden sie sich, wenn sie zu unterscheiden sind (beide sind ja Formungen eines beseelten oder zu beseelenden Körpers)? Wenn sie identisch sind, worin besteht dann die formende Wirkung der Einzelseele über den Beitrag der Weltseele hinaus?[18] Diese Fragen werden von Kalligas nicht ausdrücklich gestellt, und es ist seinen Ausführungen auch nicht eindeutig zu entnehmen, wie er sie beantworten würde.[19] Die

---

[16] IV 4, 18, 5f.; VI 4, 15, 15f.

[17] Paul Kalligas ist grundsätzlich der Ansicht, daß die vorbereitende Skizzierung die Aufnahmefähigkeit für die Seelenspur bewirkt und daß diese die Spur der Einzelseele ist. Vgl. ders.: „Eiskrisis, or the Presence of Soul in the Body", a.a.O., S. 162: „In order to receive the trace of the soul, the body must be suitably constituted [...] The suitability of the various parts of an organism that make it a proper receptor of the individual soul's activity is brought about mainly through the agency of the World Soul". Vgl. aber ibid. S. 159: „evasive movements, exclamations, etc. ... occur at the level of the trace soul and are conditioned by the natural constitution of the body effected by the World Soul". Filip Karfík („Parts of the Soul in Plotinus", a.a.O., S. 126) weist die Produktion der Seelenspur und des qualifizierten lebenden Körpers ausschließlich der Weltseele zu. Das führt zu einer etwas gewundenen Erklärung von IV 3, 12, 1f. (die Einzelseelen sehen „Bilder von sich selbst", εἴδωλα αὐτῶν, im „Spiegel des Dionysos" und lassen sich dadurch zum Abstieg in die Körperwelt verführen): Die von der Weltseele verursachten Spuren sind zugleich εἴδωλα der Einzelseelen, weil diese dieselben Logoi enthalten wie die Weltseele.

[18] Vgl. Paul Kalligas („Eiskrisis, or the Presence of Soul in the Body", a.a.O., S. 156) über die Wirkung der Weltseele: „The organs of any given body are already endowed with some sort of plant-like vitality before the advent of the individual soul. And it is presumably this preliminary structuring of the body that renders it organic and therefore suitable to ‚tune into' the higher activities of the soul". Es fragt sich, welche formende Leistung noch für die Seelenspur übrigbleibt, wenn der skizzierte Körper schon ein aristotelisches σῶμα ὀργανικόν ist.

[19] Vgl. die beiden vorigen Anmerkungen.

folgenden Überlegungen sind der Versuch, in Fortführung von Kalligas'
Ansatz diesen Fragen nachzugehen und einige textliche und sachliche
Schwierigkeiten aufzuzeigen, die ihrer klaren Beantwortung entgegen-
stehen.

I

Beginnen wir mit einem Text aus der Schrift VI 4, in dem Plotin die
Aufnahmefähigkeit (ἐπιτηδειότης) der Körper für Seelisches explizit mit
der Seelenspur (ἴχνος) in Verbindung bringt:

T1   Aber wie hat das Hinzugetretene[20] überhaupt zu uns hinzutreten können?
Nun: Da bei ihm eine bestimmte Eignung (ἐπιτηδειότης) vorhanden war,
hat es das aufgenommen, wofür es geeignet war; und es war eben von
der Art, daß es Seele aufnehmen konnte. Dagegen ist anderes so beschaffen, daß es sie nicht ganz aufnimmt, obgleich sie ganz gegenwärtig ist,
aber nicht ihm; so wie etwa die übrigen Lebewesen und die Pflanzen nur
so viel enthalten, wie sie fassen können. […][21] Also, nehmen wir an, ein
Lebewesen entsteht, das einerseits aus dem Sein heraus eine Seele bei
sich gegenwärtig hat, durch die es sich in Abhängigkeit von dem Sein
insgesamt befindet; und andererseits ist ihm auch ein Körper gegenwärtig, der nicht leer und ohne Teil an der Seele ist (ein Körper, der auch
davor schon nicht bloß im Unbeseelten dalag; und das trifft erst recht zu,
wenn er durch seine Eignung (τῇ ἐπιτηδειότητι) quasi in die Nähe der
Seele gelangt ist), so daß er nicht mehr nur Körper, sondern darüber hinaus lebender Körper ist; d.h. er hat quasi durch seine Nachbarschaft zur
Seele eine Spur (ἴχνος) von ihr für sich gewonnen, keinen Teil von ihr,
sondern so, wie wenn eine Art Erwärmung oder Beleuchtung über ihn
gekommen wäre. Hierdurch kommt es in ihm zu der Entstehung von Be-
gierden, Lustempfindungen und Schmerzen … (VI 4, 15, 1-17).[22]

[20] Gemeint ist der Körper oder körperliche Mensch, der uns zu einem psychophysischen Wesen statt zu einer reinen Seele macht (vgl. VI 4, 14, 22-31).
[21] In dem gekürzten Stück steht das Beispiel des sinntragenden Lauts, vgl. Anm.
7.
[22] Ἀλλὰ πῶς προσελήλυθε τὸ προσεληλυθός; ἢ ἐπειδὴ ἐπιτηδειότης αὐτῷ παρῆν,
ἔσχε πρὸς ὃ ἦν ἐπιτήδειον. ἦν δὲ γενόμενον οὕτως, ὡς δέξασθαι ψυχήν. Τὸ δὲ
γίνεται ὡς μὴ δέξασθαι πᾶσαν καίτοι παροῦσαν πᾶσαν, ἀλλ᾽ οὐχ αὑτῷ, οἷον καὶ
ζῷα τὰ ἄλλα καὶ τὰ φυτὰ τοσοῦτον ἔχει, ὅσον δύναται λαβεῖν […]. Γενομένου

Plotin beschreibt die Beseelung des menschlichen Körpers und die Entstehung des Lebewesens „Mensch" hier als einen zweistufigen Prozeß. Der Körper erwirbt „zunächst" eine besondere Aufnahmefähigkeit, die es ihm „dann" erlaubt, mit der Seele – die ihm ja immer gegenwärtig ist – in einen engeren Kontakt zu treten und eine „Spur" von ihr zu erwerben, die ihm allein gehört und die das verbindende Element zwischen ihm und der Seele darstellt, so daß nun genau dieser qualifizierte, lebende Körper und die (nach wie vor ungeteilte) Seele zusammen ein individuelles Lebewesen (ζῷον) bilden. Die beiden Stufen sind dabei nur logisch, nicht aber chronologisch voneinander zu unterscheiden: Zwar setzt die Aufnahme der Seelenspur eine entsprechende Eignung des Körpers voraus, aber die Spur – und damit die Verbindung von Körper und Seele – entsteht instantan, sobald die Aufnahmefähigkeit vorhanden ist.[23] Dagegen wird die Entstehung der Aufnahmefähigkeit selbst als ein chronologischer Prozeß beschrieben: Der Körper „liegt von vornherein

δὴ ζῴου, ὃ ἔχει μὲν παροῦσαν αὐτῷ ἐκ τοῦ ὄντος ψυχήν, καθ᾽ ἣν δὴ ἀνήρτηται εἰς πᾶν τὸ ὄν, παρόντος δὲ καὶ σώματος οὐ κενοῦ οὐδὲ ψυχῆς ἀμοίρου, ὃ ἔκειτο μὲν οὐδὲ πρότερον ἐν τῷ ἀψύχῳ, ἔτι δὲ μᾶλλον οἷον ἐγγὺς γενόμενον τῇ ἐπιτηδειότητι, καὶ γενομένου οὐκέτι σώματος μόνου, ἀλλὰ καὶ ζῶντος σώματος, καὶ τῇ οἷον γειτονείᾳ καρπωσαμένου τι ἴχνος ψυχῆς, οὐκ ἐκείνης μέρους, ἀλλ᾽ οἷον θερμασίας τινὸς ἢ ἐλλάμψεως ἐλθούσης – Die Stelle ist vielbehandelt, vgl. Christian Tornau: *Plotin, Enneaden VI 4-5 [22-23]*, a.a.O., S. 276-286; Gwenaëlle Aubry: „Capacité et convenance: La notion d'epitêdeiotês dans la théorie porphyrienne de l'embryon", in: *L'embryon: Formation et animation. Antiquité grecque et latine, tradition hébraïque, chrétienne et islamique*, éd. par. Luc Brisson, Marie-Hélène Congourdeau et Jean-Luc Solère, Paris 2008, S. 139-155, hier S. 149-151; Filip Karfík: „Δημογέροντες. L'image de l'assemblée dans les *Ennéades* VI, 4 [22], 15", in: *Plato Revived. Essays on Ancient Platonism in Honour of Dominic J. O'Meara*, hg. von Filip Karfík und Euree Song, Berlin 2013, S. 85-95, hier S. 87f.; zuletzt Eyjólfur K. Emilsson and Steven K. Strange: *Plotinus, Ennead VI.4 and VI.5. On the Presence of Being, One and the Same, Everywhere as a Whole*. Translation with an Introduction and Commentary, Las Vegas 2015, S. 201-203. Plotin wird nach der Ausgabe von Henry und Schwyzer zitiert (*Plotini Opera*, ed. Paul Henry/Hans-Rudolf Schwyzer, 3 Bde., Oxford 1964-1982). Die Übersetzungen stammen, wo vorhanden, aus meiner Auswahlausgabe (Plotin: *Ausgewählte Schriften*, hg., übers. und komm. von Christian Tornau, Stuttgart ²2011). Die übrigen Texte wurden neu übersetzt.
[23] Vgl. IV 3, 8, 47-54; explizit in diesem Sinne Porph. *ad Gaur.* 11, 3, p. 49, 4-11 (ἐξαίφνης); 13, 7, p. 53, 17-27; 16, 6, p. 57, 25-29 (εὐθύς).

(πρότερον) nicht im Unbeseelten" und nähert sich der Seele noch weiter an, wenn seine Eignung wächst (11f.). Der erste Teil dieser Aussage erklärt sich am leichtesten daraus, daß der Körper Teil des von der Weltseele belebten Weltkörpers ist; Plotin nimmt also offenbar Bezug auf die die Beseelung durch Einzelseelen vorbereitende Skizzierung (προϋπογραφή) der Einzelkörper durch die Weltseele. Aus dieser Skizzierung ergibt sich, so scheint es, die Aufnahmefähigkeit oder Eignung, die, sobald sie ihr volles Maß erreicht hat, die Seelenspur entstehen läßt. Etwas überraschend ist auf den ersten Blick, daß die Aufnahmefähigkeit einer Entwicklung unterliegt, daß also die Skizzierung nicht bloß eine einmalige, elementare Grundierung, sondern ein komplexerer genetischer Prozeß ist. Doch erklärt sich das leicht, wenn man mit Kalligas die Skizzierung als die Übertragung eines in der Physis enthaltenen seelischen Logos begreift, d.h. gleichsam eines Bauplans, dessen Umsetzung ins Körperliche nur als zeitliche Abfolge möglich ist. Konkret ließe sich etwa an das Heranwachsen des menschlichen Embryos denken,[24] der sich – nach Porphyrios' an Plotin orientierter Spekulation in der Schrift *Ad Gaurum* – im Uterus als vegetatives Wesen entwickelt, bis er die Aufnahmefähigkeit für die Sinnenseele erreicht (was bei Porphyrios erst zum Zeitpunkt der Geburt der Fall ist).

Wir finden in **T1** also eine Bestätigung der Überlegungen von Paul Kalligas und ein recht klares Schema der Entstehung eines psychophysischen Einzelwesens: Aufgrund der προϋπογραφή durch die Weltseele entsteht nach und nach die Aufnahmefähigkeit für die Seelenspur; die Seelenspur ist von der προϋπογραφή klar unterschieden und ist nicht das Werk der Weltseele, sondern der individuellen Seele, die als transzendente Form auf den aufnahmefähigen Körper wirkt und in ihm die Seelenspur als immanente Form entstehen läßt – wie eine Lichtquelle, die einen dafür geeigneten Körper beleuchtet. Genauer gesagt: Die Seelenspur ist das Produkt der allgegenwärtigen Gesamtseele, die sich bei einem individuellen Körper entsprechend dessen begrenzter Aufnahmefähigkeit als individuelle Sinnen- oder Vernunftseele aktualisiert. Jedenfalls ist die Aufnahmefähigkeit selbst keine vollgültige immanente Form, sondern lediglich die Disposition zu einer solchen – Plotin übernimmt und differenziert hier offenbar den aus dem kaiserzeitlichen

---

[24] So der ingeniöse Vorschlag von Gwenaëlle Aubry: „Capacité et convenance", a.a.O., S. 150f.

Peripatos stammenden Begriff der ἐπιτηδειότης, der dort die Potentialität der Materie als rein passive Rezeptivität für die Form im Gegensatz zur „ersten Entelechie" oder ἕξις bezeichnet.[25] Zugleich wird einer der philosophischen Gründe deutlich, die Plotin zur Einführung des Konzepts der Seelenspur veranlaßt haben. Erst durch diese entstehen im lebenden Körper Affekte wie Lust, Schmerz oder Begierde, von denen der bloße, unbelebte Körper ebenso frei ist wie die reine, nicht körpergebundene Seele. Indem Plotin den durch die Seelenspur geformten Körper zum passiven Subjekt dieser Affekte macht und der Seele lediglich aktiv-kognitive Wahrnehmung derselben zuschreibt, kann er entsprechend seinem platonischen Programm die Seele von der Beeinflussung durch den Körper freihalten, ohne den psychischen Charakter passiv-affektischer Phänomene leugnen zu müssen. Die Präsenz der Seele ist notwendige Bedingung für die Entstehung der Seelenspur und damit der Affekte; und die Seele muß sich zu ihnen verhalten, insofern der Mensch – dessen Teil und Wesenskern sie ist – vor der Aufgabe steht, die Affekte seines körperlich-physischen Anteils zu kontrollieren.[26]

Doch sind die Zuordnungen nicht überall bei Plotin so klar wie in **T1**. Seine ausführlichste Abhandlung zur Seelenspur und ihrer Bedeutung für die Erklärung der körperlichen Affekte (IV 4, 18-29) beginnt beispielsweise mit einem bekannten Text, in dem die Seelenspur zwar klar von der vegetativen Seele (φύσις) unterschieden und als etwas „dem Körper Eigenes" – also eine ihm immanente und von ihm abhängige Form – bezeichnet, aber zugleich eng mit der Physis assoziiert wird (IV 4, 18, 1-13). Der Lust- und Schmerzempfindungen des qualifizierten Körpers (τὸ τοιόνδε σῶμα) ermöglichende „Schatten" (σκιά) der Seele scheint dort speziell ein Schatten der vegetativen Seele zu sein, von der

---

[25] Alexander von Aphrodisias stellt der ἐπιτηδειότης die ἕξις gegenüber, ordnet sie also (nach dem Schema von Arist. *de an.* 2, 5, 417a 21-b2) der ersten Potentialität im Gegensatz zur zweiten Potentialität/ersten Entelechie zu (Alex. Aphr. *de an.* 36, 26-37, 3 Bruns; *Quaest.* 81, 8-10). Diese Zuordnung kehrt bei Porphyrios (*ad Gaur.* 1, 2, p. 33, 18-22; 1, 4, p. 34, 7-10 etc.) und dann in der spätneuplatonischen Kommentarliteratur wieder. Hierzu und zur Entwicklung und den Nuancen des Begriffs vgl. Gwenaëlle Aubry: „Capacité et convenance", a.a.O.. Zu ἐπιτηδειότης im peripatetischen Sinne bei Plotin vgl. II 4, 7, 3, zur Assoziation von Hyle und ἐπιτηδειότης auch VI 7, 7, 8.

[26] Vgl. die ethisch orientierte Fortsetzung von **T1**, VI 4, 15, 17-40 und dazu Filip Karfik: „Δημογέροντες", a.a.O., S. 89-94.

die „andere" – sinnliche und rationale – Seele als Subjekt der kognitiven Erfassung dieser Empfindungen explizit unterschieden wird.[27] Wenig später sagt Plotin auch ausdrücklich, daß die Ausstattung des Körpers mit der Seelenspur und seine Gestaltung zum qualifizierten Körper Aufgabe der Physis ist:

T2 ... die [dem Körper] nächstgelegene Seele, die wir Natur (Physis) nennen und die [ihm] die Spur gibt [...] Denn die Natur (Physis) ist da, bevor der in bestimmter Weise beschaffne Körper entsteht, denn sie erschafft den in bestimmter Weise beschaffenen Körper, indem sie ihn gestaltet und formt (IV 4, 20, 15f.; 23-25).[28]

Wenn die φύσις an dieser Stelle mit der Weltseele zu identifizieren ist, dann ergibt sich zumindest eine Spannung, wenn nicht sogar ein Widerspruch zu **T1**, wo die Weltseele die Körper nicht mit der eigentlichen Seelenspur, sondern nur mit der Aufnahmefähigkeit für sie versah. Diese Inkonsistenz ist umso störender, als das Argumentationsziel in beiden Zusammenhängen – in IV 4, 18-20 wie in VI 4, 15 – dasselbe ist: die Entstehung der körperlichen Affekte so zu erklären, daß die reine Seele nicht von ihnen berührt wird. Zwei Auswege sind denkbar. Man könnte entweder behaupten, daß die „Natur (Physis)" von **T2** nicht mit der

---

[27] IV 4, 18, 1-13: „Περὶ δὲ τοῦ εἰ ἐφ' ἑαυτοῦ τι ἔχει τὸ σῶμα καὶ παρούσης ζῇ τῆς ψυχῆς ἔχον ἤδη τι ἴδιον, ἢ ὃ ἔχει ἡ φύσις ἐστί, καὶ τοῦτό ἐστι τὸ προσομιλοῦν τῷ σώματι ἡ φύσις. Ἡ καὶ αὐτὸ τὸ σῶμα, ἐν ᾧ καὶ ψυχὴ καὶ φύσις, οὐ τοιοῦτον εἶναι δεῖ, οἷον τὸ ἄψυχον καὶ οἷον ὁ ἀὴρ ὁ πεφωτισμένος, ἀλλ' οἷον ὁ τεθερμασμένος, καὶ ἔστι τὸ σῶμα τοῦ ζῴου καὶ τοῦ φυτοῦ δὲ οἷον σκιὰν ψυχῆς ἔχοντα, καὶ τὸ ἀλγεῖν καὶ τὸ ἤδεσθαι δὲ τὰς τοῦ σώματος ἡδονὰς περὶ τὸ τοιόνδε σῶμά ἐστιν. ἡμῖν δὲ ἡ τούτου ἀλγηδὼν καὶ ἡ τοιαύτη ἡδονὴ εἰς γνῶσιν ἀπαθῆ ἔρχεται. Λέγω δὲ ἡμῖν τῇ ἄλλῃ ψυχῇ, ἅτε καὶ τοῦ τοιοῦδε σώματος οὐκ ἀλλοτρίου, ἀλλ' ἡμῶν ὄντος· διὸ καὶ μέλει ἡμῖν αὐτοῦ ὡς ἡμῶν ὄντος." – Christopher Noble hat diesen Text jüngst einer eingehenden Interpretation unterzogen (vgl. ders.: „How Plotinus' Soul Animates His Body", a.a.O.), weshalb eine Detaildiskussion hier unterbleiben kann. Zu den Parallelen von VI 4, 15 und IV 4, 18-20 vgl. Christian Tornau: *Plotin, Enneaden VI 4-5 [22-23]*, a.a.O., S. 284-287.

[28] ἡ ψυχὴ ἡ ἐγγύς, ἣν δὴ φύσιν φαμὲν τὴν δοῦσαν τὸ ἴχνος [...] ἔστι γὰρ ἡ φύσις πρὸ τοῦ τὸ τοιόνδε σῶμα γενέσθαι, αὕτη γὰρ ποιεῖ τὸ τοιόνδε σῶμα πλάττουσα καὶ μορφοῦσα. Vgl. IV 4, 28, 49-52 und Filip Karfík: „Parts of the Soul in Plotinus", a.a.O., S. 123.

Weltseele, sondern mit der individuellen vegetativen Seele des betreffenden Lebewesens zu identifizieren ist. Dann wäre wie in **T1** die προϋπογραφή Aufgabe der Weltseele, während ihre Ausformung zur Seelenspur von der Einzel-Physis geleistet würde; **T1** und **T2** wären dann im Prinzip kompatibel, und Plotin ginge in IV 4 [28] nur etwas mehr ins Detail als in der früheren Schrift VI 4 [22]. Oder es ließe sich argumentieren, daß in IV 4, 18-20 nur von elementaren körperlichen Empfindungen wie Lust, Schmerz und Begierde die Rede ist, für deren Existenz eine elementare Belebung des Körpers hinreichend ist. Eine solche könnte womöglich schon von einer weitgehend undifferenzierten vegetativen Seelenspur geleistet werden, die Plotin im Kontext von IV 4 vielleicht nicht scharf von der προϋπογραφή trennen zu müssen meinte, weil diese ebenfalls bereits eine – freilich vorläufige und skizzenhafte – eidetische Bestimmung ist. Beim Körper eines zur sinnlichen Wahrnehmung befähigten Wesens müßte die Seelenspur dagegen für Sinnesorgane und eine insgesamt stärker artikulierte Struktur sorgen; hierzu scheint eine bloße Vorab-Skizzierung *prima facie* kaum in der Lage, so daß die Seelenspur eines Sinnenwesens entsprechend dem Schema von **T1** von der προϋπογραφή zu scheiden und der Einzelseele zuzuschreiben wäre.

Diese einander nicht ausschließenden Auswege sind, wie gesagt, denkbar, aber kaum anhand plotinischer Texte zu bestätigen. Daß Plotin zwischen Weltseele und Einzel-Physeis unterschied, darf bezweifelt werden; jedenfalls bezeichnet er einmal alle Lebewesen als „Teile" des Weltganzen, „soweit sie an der Seele des Alls teilhaben", eine Formulierung, die sich auf Pflanzenseelen ebenso wie auf die vegetativen Seelen der Einzelwesen bezieht.[29] Die Bedeutung der Seelenspur für die sinnliche Wahrnehmung wiederum kommt wenig später in der Schrift IV 4 zur Sprache:

---

[29] IV 4, 32, 4-13. Hierin liegt für Plotin die Ursache der kosmischen Sympathie. Vgl. auch IV 9, 3, 23-28; Filip Karfík: „Parts of the Soul in Plotinus", a.a.O., S. 124: „The vegetative soul of a living being comes, according to Plotinus, from the world soul." Anders Christopher I. Noble: „How Plotinus' Soul Animates His Body", a.a.O., S. 251f.; 274, der die Seelenspur ausdrücklich als Wirkung der individuellen und nicht der kosmischen Nährseele betrachtet (270 Anm. 36).

T3   Es darf also nicht nur die beiden geben, das Äußere und die Seele (denn
dann gäbe es gar keine Affektion); sondern das, was leiden soll, muß ein
drittes sein, d.h. ein solches, das die Formung aufnehmen kann. [...]
Denn da es das Werkzeug (Organ) einer Erkenntnis ist, darf es weder mit
dem Erkennenden noch mit dem Gegenstand, der erkannt werden soll,
identisch sein, sondern muß geeignet sein, beidem ähnlich zu werden:
dem Äußeren durch das Affiziertwerden, dem Inneren dadurch, daß
seine Affektion zu einer Form wird. Wenn wir damit etwas Zutreffendes
sagen, müssen die Sinneswahrnehmungen durch körperliche Werkzeuge
(Organe) erfolgen (IV 4, 23, 19-21; 29-34).[30]

Hier geht es um die Vermittlungsleistung des mit Sinnesorganen aus-
gestatteten lebenden Körpers beim Vorgang der Sinneswahrnehmung.
Da die Seele als vom Körper nichtaffizierbar zu denken ist, interpretiert
Plotin die sinnliche Wahrnehmung wie stets nicht als ein passives Erleiden (Geformtwerden) der Seele, sondern als das aktive Erkennen einer
Affektion (Formung) des Körpers.[31] Als geistige Entität kann die Seele
jedoch den Körper qua Körper nicht erkennen; die Objekte der Sinneswahrnehmung müssen also durch eine zwischen Körperlichem und
Geistigem stehende Instanz an die Seele vermittelt und aus körperlichen
Impulsen in Formen umgesetzt werden, die der Seele faßbar und letztlich intelligibel sind.[32] Diese Instanz sind die Sinnesorgane, genauer gesagt: der von einer entsprechenden Seelenspur geformte organische Körper.[33] Wie zuvor bei Lust und Schmerz ist das Vorhandensein der

---

[30] Οὐ τοίνυν δεῖ μόνα ταῦτα εἶναι, τὸ ἔξω καὶ τὴν ψυχήν. ἐπεὶ οὐδ' ἂν πάθοι,
ἀλλὰ δεῖ τὸ πεισόμενον τρίτον εἶναι, τοῦτο δέ ἐστι τὸ τὴν μορφὴν δεξόμενον.
[...] Ὄργανον γὰρ ὂν γνώσεώς τινος οὔτε ταὐτὸν δεῖ τῷ γινώσκοντι εἶναι οὔτε
τῷ γνωσθησομένῳ, ἐπιτήδειον δὲ ἑκατέρῳ ὁμοιωθῆναι, τῷ μὲν ἔξω διὰ τοῦ
παθεῖν, τῷ δὲ εἴσω διὰ τοῦ τὸ πάθος αὐτοῦ εἶδος γενέσθαι. Εἰ δή τι νῦν ὑγιὲς
λέγομεν, δι' ὀργάνων δεῖ σωματικῶν τὰς αἰσθήσεις γίνεσθαι. – Zu diesem Text
vgl. Christopher I. Noble: „How Plotinus' Soul Animates His Body", a.a.O., S.
264-266; Eyjólfur K. Emilsson: *Plotinus on Sense-Perception. A Philosophical
Study*, Cambridge 1988, S. 67-73.
[31] Vgl. bes. III 6, 1, 1-4.
[32] Vgl. I 1,7,12 und dazu Eyjólfur K. Emilsson: *Plotinus on Sense-Perception*,
a.a.O., S. 114-117; Markus Gabriel: *Skeptizismus und Idealismus in der Antike*,
Frankfurt a. M. 2009, S. 269f.
[33] Der aristotelische Hintergrund ist offensichtlich. Vgl. unten Abschnitt 2 und
Anm. 45.

Seelenspur die Bedingung dafür, daß der Körper etwas empfindet und die Seele sich dieser Tatsache bewußt werden kann. Aber die Art des Empfindens oder Erleidens ist eine andere. Für Lust oder Schmerz sind keine besonderen Organe nötig; elementare Empfindungen dieser Art sind keine „Formen", deren Gehalt sich in propositionale Äußerungen umsetzen läßt („Das ist rot"). Die Seelenspur eines sinnlich wahrnehmenden Wesens muß also offenbar anders und komplexer geformt sein als die eines nur empfindenden; die schlichte Lebendigkeit genügt in diesem Fall nicht. Es fällt schwer zu glauben, daß beide Seelenspuren gleichermaßen das Produkt der Physis und mehr oder weniger mit der προϋπογραφή durch die Weltseele gleichzusetzen sind – auch wenn die προϋπογραφή, wie in **T1** gesehen, ein in sich differenziertes Phänomen ist, das sogar Raum für eine Art Entwicklungspsychologie bietet.

Ein wichtiger Text spricht jedoch dafür, daß Plotin auch die Formung des organischen Körpers der Weltseele oder Physis zugeschrieben hat:

T4   Und warum stammt das nährende Element (τὸ θρεπτικόν) nicht von unserer Seele? Weil das, was genährt wird, Teil des Ganzen ist, das, was auch das passiv Wahrnehmende (παθητικῶς αἰσθητικόν) ist; die Sinneswahrnehmung dagegen, die in Verbindung mit dem Geist urteilt, gehört jedem Einzelnen, und sie hat es nicht nötig, etwas zu formen, das seine Formung schon von dem Ganzen her hat (IV 9, 3, 24-28).[34]

Das „passiv Wahrnehmende" kann nur der in **T3** behandelte mit Sinnesorganen ausgestattete Körper sein, den Plotin hier mit großer Eindeutigkeit als ein Produkt nicht der – hier ganz auf das urteilende Bewußtsein reduzierten – Sinnenseele, sondern der Weltseele bezeichnet. Er geht sogar noch weiter und bestreitet generell, daß irgendein individueller Körper von einer anderen Instanz als der Weltseele gestaltet ist. Das bedeutet natürlich, daß – wie in **T2** bereits angedeutet – jede Seelenspur die Spur oder der Schatten der Weltseele oder Physis ist, unabhängig davon, ob sie sich in einem niederen oder höheren

---

[34] Διὰ τί οὖν οὐ καὶ παρὰ τῆς ἡμετέρας ψυχῆς τὸ θρεπτικόν; Ὅτι τὸ τρεφόμενον μέρος τοῦ ὅλου, ὃ καὶ παθητικῶς αἰσθητικόν, ἡ δὲ αἴσθησις ἡ κρίνουσα μετὰ νοῦ ἑκάστου, ᾗ οὐδὲν ἔδει πλάττειν τὸ ὑπὸ τοῦ ὅλου τὴν πλάσιν ἔχον. – Vgl. Paul Kalligas: „Eiskrisis, or the Presence of Soul in the Body", a.a.O., S. 156.

Lebewesen, einer Pflanze oder einem Menschen findet. Leisten kann das die Physis nur dank ihrer Kenntnis sämtlicher seelischer Logoi durch schöpferische Schau; die These von Paul Kalligas findet also erneut Bestätigung.

Problematisch ist dieser Befund jedoch für unsere Frage nach dem Verhältnis von προϋπογραφή und Seelenspur und ihrer Bedeutung für die Theorie der Aufnahmefähigkeit aus VI 4-5. Wenn sowohl die προϋπογραφή als auch die Seelenspur von der Weltseele verursacht ist, dann drängt sich die Frage auf, ob beide Begriffe verschiedene Phänomene bezeichnen (wie **T1** = VI 4, 15 nahelegt) oder ob sie sachlich letztlich dasselbe meinen (wie im Zusammenhang mit **T2** = IV 4, 20 vermutet werden konnte). Keine dieser Lösungen kann ganz befriedigen. Im ersten Fall würde die Physis die Körper in zwei Phasen gestalten und sie zunächst aufnahmefähig machen für eine Form, die sie ihnen dann selbst vermitteln würde. Im zweiten Fall ergäbe sich aus der Identität von προϋπογραφή und Seelenspur nicht nur ein flagranter Widerspruch zu **T1** (VI 4, 15), sondern auch die Konsequenz, daß die Seelenspur sowohl durch die Aufnahmefähigkeit bedingt als auch deren Bedingung wäre (sofern man die Verantwortlichkeit der προϋπογραφή für die Aufnahmefähigkeit nicht in Zweifel ziehen will) – die Annahme führt also in denselben Zirkel zurück, von dem wir ausgegangen waren und aus dem die προϋπογραφή-Theorie einen Ausweg weisen sollte.[35] Außerdem fragt es sich, in welcher Beziehung sinnliche und rationale (etwa menschliche) Seelen überhaupt zu den sie aufnehmenden Körpern stehen, wenn die Konzeption der Seelenspur im Sinne von **T2** und **T4** für diese Seelen ausgeschlossen wird.

Die Interpretationsschwierigkeiten, denen wir bis hierher begegnet sind, sind kondensiert in Plotins ausführlichstem Text über die Skizzierung der Körper durch die Weltseele:[36]

T5 … [die Form,] die das Material durch seine Aufnahmefähigkeit (ἐπιτηδειότητι) verlangt.[37] Denn was spricht dagegen, daß die Seele des

---

[35] Das gilt womöglich auch für die erste Annahme, nämlich in solchen Fällen, wo die beiden Phasen der Formung nicht chronologisch, sondern nur logisch unterscheidbar wären.

[36] Die weiteren Belege außer **T1** sind IV 3, 6, 10-15; II 9, 18, 14-17.

Alls mit ihrer Wirkkraft – die ja jede mögliche rationale Struktur ist – eine vorläufige Skizze anfertigt (προϋπογράφειν), noch bevor die einzelnen seelischen Kräfte von ihr aus hierhergelangen? D.h. die vorläufige Skizze (προϋπογραφὴν) besteht aus Beleuchtungen in der Materie, die quasi Vorboten [der Seele] sind, und solchen bereits vorhandenen Spuren (ἴχνεσιν) folgt diejenige Seele, die die Ausarbeitung vornimmt, indem sie die Spuren Stück für Stück gliedert und dadurch jeweils dasjenige produziert und *wird*, dem sie sich durch eine entsprechende Konfiguration ihrer selbst angenähert hat (VI 7, 7, 8-15).[38]

Wie in **T1** (VI 4, 15) ist die Aufnahmefähigkeit hier eng mit der προϋπογραφή assoziiert. Die Weltseele kann die vorläufige Skizzierung leisten, weil sie „jeglicher Logos ist", d.h. weil sie durch ihre kontemplative Tätigkeit alle Logoi in sich hat – Plotins Weltseele ist, auch wenn sie als Physis agiert, keine vegetative Seele (ψυχὴ φυτική) im engen Sinne, sondern verfügt auch über einen denkenden und noetischen Teil.[39] Nicht leicht zu verstehen ist die Rede von den „seelischen Kräften", die von der Weltseele ausgehen. Es handelt sich sicher nicht um die höheren Einzelseelen, die für Plotin ja nicht Teile der Weltseele sind; eher ist an auf einzelne Körper bezogene vegetative Seelen zu denken (die mit gutem Grund nicht als ψυχαί, sondern nur als ψυχικαὶ δυνάμεις der Weltseele bezeichnet werden). Hier deutet sich also viel-

---

[37] Schlußsatz eines Vergleichs, in dem die Einzelseele mit einem Handwerker analogisiert wird, der mit vorgegebenem Material arbeitet. ὕλη ist hier also nicht die absolut ungeformte Materie, sondern die bereits mit Eigenschaften versehene *materia proxima*.

[38] ...ὃ ἡ ὕλη ἐθέλει τῇ ἐπιτηδειότητι. Τί γὰρ κωλύει τὴν μὲν δύναμιν τῆς τοῦ παντὸς ψυχῆς προϋπογράφειν, ἅτε λόγον πάντα οὖσαν, πρὶν καὶ παρ' αὐτῆς ἥκειν τὰς ψυχικὰς δυνάμεις, καὶ τὴν προϋπογραφὴν οἷον προδρόμους ἐλλάμψεις εἰς τὴν ὕλην εἶναι, ἤδη δὲ τοῖς τοιούτοις ἴχνεσιν ἐπακολουθοῦσαν τὴν ἐξεργαζομένην ψυχὴν κατὰ μέρη τὰ ἴχνη διαρθροῦσαν ποιῆσαι καὶ γενέσθαι ἑκάστην τοῦτο, ᾧ προσῆλθε σχηματίσασα ἑαυτήν. – Vgl. zu diesem Text Pierre Hadot: *Plotin: Traité 38 (VI, 7)*, Paris 1988, S. 229, der eine allegorische Exegese der Wahl der Seelen im Schlußmythos der *Politeia* vermutet (Pl. *R.* 10, 618a) und bereits auf den Bezug zur Prosopopoiie der Natur in der *Theoria*-Schrift hinweist (III 8, 4, 9).

[39] IV 4, 25, 1-10: Lediglich das sinnliche Wahrnehmungsvermögen ist bei ihr nicht aktiv (obwohl im Prinzip vorhanden), weil sie bzw. der Weltkörper es nicht braucht.

leicht ein Schaffen der Physis in zwei Phasen im Sinne der ersten oben
erwogenen Lösung an. Doch schließt **T5** ein gestalterisches Wirken der
Einzelseelen keineswegs aus, denen im Gegenteil ausdrücklich die
„Ausarbeitung" der durch die Vorab-Skizzierung vorgegebenen Grund-
linien oder „Spuren" zugeschrieben wird. Es fällt nicht allzu schwer,
hierin die uns schon vertraute Struktur aus **T1** (VI 4, 15) wieder-
zufinden. Hier wie dort bewirkt die προϋπογραφή die Aufnahmefähigkeit der Körper; und wenn in **T5** die Einzelseelen die zuvor nur
skizzierten Körperwesen völlig ausarbeiten, während in **T1** die Körper
dank ihrer Aufnahmefähigkeit eine Spur (ἴχνος) der Seele erhalten, so
handelt es sich zweifellos um denselben Vorgang, der lediglich aus zwei
unterschiedlichen Perspektiven betrachtet wird. Bemerkenswert ist allerdings, daß Plotin den Terminus „Spur", der in **T1** (VI 4, 15, 15) die mit
der Aufnahme der Seele einhergehende vollgültige Formung bezeich-
nete, jetzt auf das Ergebnis der προϋπογραφή, die vorläufige Skizzierung, bezieht (VI 7, 7, 13f.). Das ist nicht nur eine für Plotin nicht un-
gewöhnliche terminologische Unschärfe, sondern zeugt von der Schwierigkeit, die beiden Phänomene oder Phasen der Beziehung der Seele
zum Körper exakt voneinander abzugrenzen.[40]
    Eine Parallele zu **T5** und Bestätigung unserer Interpretation bietet
eine Passage, die wenige Seiten früher in derselben Schrift VI 7 zu
finden ist. Plotin definiert dort den Menschen als „Seele mit einer bestimmten rationalen Struktur" (VI 7, 5, 3: ψυχὴν ἐν τοιῷδε λόγῳ), erläutert die rationale Struktur oder den Logos näher als eine bestimmte
Aktivität (ἐνέργεια) der Seele und fragt dann, welcher der drei Stufen
des aristotelischen Schemas diese Aktivität zuzuordnen ist, der vegetativen, Sinnen- oder Vernunftseele:

T6   Die rationalen Strukturen also, die den Menschen machen, von welcher
        Seele sind sie die Aktivitäten? Etwa von der vegetativen? Eher von der,
        die das Lebewesen herstellt, einer Seele, die klarer und eben darum auch
        lebensvoller ist. Die so geartete Seele nun, die in eine entsprechende
        Materie eingegangen ist, weil sie genau *das* ist (wie wenn sie schon
        ohne Körper in dieser Verfassung wäre), ist der Mensch; und im Körper,
        wenn sie ihn nach sich selbst gestaltet und dadurch noch ein weiteres

---

[40] In **T5** ist außerdem sicher an die Element-Spuren des *Timaios* (53b) zu
denken.

Bild des Menschen, soweit der Körper dafür aufnahmefähig war, erschafft (so wie der Maler wiederum einen Menschen schaffen könnte,
der noch geringer als dieser ist), hat sie [menschliche] Gestalt und die
dazugehörigen rationalen Strukturen ... (VI 7, 5, 8-17).[41]

Es kommt Plotin hier darauf an, das Wesen des Menschen so zu bestimmen, daß seine äußere Gestalt und seine Fähigkeit zur sinnlichen Wahrnehmung – die positiv-eidetische Bestimmungen sind – nicht erst aus
dem Kontakt der Seele mit der Körperlichkeit resultieren, so daß sie Ergebnis einer Minderung und im Extremfall sogar widernatürlich
wären.[42] Der sinnliche Mensch darf daher nicht primär ein psycho-
physisches Wesen, sondern muß ein seelischer Logos sein, der schon
vor dem Kontakt mit dem Körper existiert und der sich in die äußere
menschliche Gestalt umsetzt, sobald er auf eine geeignete Materie wirkt.
Die äußere Gestalt des Menschen bildet den in der Seele enthaltenen Logos dabei so ab, wie der Logos seinerseits die platonische Form des
Menschen abbildet, die im Geist enthalten ist (VI 7, 5, 14f.: ἄλλο
εἴδωλον ἀνθρώπου). Von der Seelenspur ist im Kontext nicht ausdrücklich die Rede (einschlägige Termini wie ἴχνος, εἴδωλον oder σκιά
fallen nicht). Doch ist das durch die gestaltende Wirkung des Logos in
der Materie entstandene Bild zweifellos mit der Ausgestaltung der durch
die προϋπογραφή entstandenen „Spuren" durch die Einzelseelen in **T5**
zu identifizieren; wenn also unsere Interpretation dieses Textes das
Richtige traf, ist die Seelenspur die unmittelbare Wirkung des in der
Einzelseele enthaltenen Logos und gleichsam dessen immanente Seite.
Es ist von Bedeutung, daß die Seelenspur oder zumindest der sie be-
wirkende Logos in **T6** ausdrücklich nicht der vegetativen, sondern der
„das Lebewesen herstellenden" Seele zugesprochen wird (VI 7, 5, 10),

---

[41] Οἱ οὖν δὴ ποιοῦντες ἄνθρωπον λόγοι ποίας ψυχῆς ἐνέργειαι; ἆρα τῆς φυτικῆς;
Ἡ τῆς ζῷον ποιούσης, ἐναργεστέρας τινὸς καὶ αὐτὸ τοῦτο ζωτικωτέρας. Ἡ δὲ
ψυχὴ ἡ τοιαύτη ἡ ἐγγενομένη τῇ τοιαύτῃ ὕλῃ, ἅτε οὖσα τοῦτο, οἷον οὕτω
διακειμένη καὶ ἄνευ τοῦ σώματος, ἄνθρωπος, ἐν σώματι δὲ μορφώσασα κατ᾽
αὐτὴν καὶ ἄλλο εἴδωλον ἀνθρώπου ὅσον ἐδέχετο τὸ σῶμα ποιήσασα, ὥσπερ καὶ
τούτου αὖ ποιήσει ὁ ζωγράφος ἔτι ἐλάττω ἄνθρωπόν τινα, τὴν μορφὴν ἔχει καὶ
τοὺς λόγους. – Vgl. hierzu Pierre Hadot: *Plotin: Traité 38 (VI, 7)*, a.a.O., S.
220f. (mit Hinweis auf II 1, 5, 17-24, wonach es scheint, daß auch die
Sinnenseele Produkt der Weltseele ist).
[42] Vgl. VI 7, 7, 3.

worunter nach Aussage des Textes die Sinnenseele vor ihrem Eintritt in den Körper zu verstehen ist – der Kontrast zu den Belegen in **T2** und **T4** ist offensichtlich. Wie in **T1** und **T5** ist davon die Rede, daß die Voraussetzung für den Eintritt der Seele in den Körper bzw. das Wirken ihres Logos eine entsprechend beschaffene Materie (VI 7, 5, 12: τῇ τοιαύτῃ ὕλῃ) oder ein aufnahmefähiger Körper ist (VI 7, 5, 15: ὅσον ἐδέχετο τὸ σῶμα); beide Formulierungen dürften dieselbe Sache bezeichnen. Zu der Frage, wodurch die Präformierung der Materie bzw. die Aufnahmefähigkeit des Körpers verursacht ist, äußert sich Plotin in **T6** überhaupt nicht; erst später in **T5** (VI 7, 7) wird die Frage gestellt und mit der προϋπογραφή-Theorie beantwortet.

II

Texte wie die zuletzt besprochenen sollten davor warnen, die ausschließliche Zuschreibung der Seelenspur an die Physis in **T2** und **T4** für Plotins abschließende Stellungnahme in dieser Frage zu halten.[43] Die für Plotin grundlegende Struktur, wie sie sich aus unserer Interpretation von **T1**, **T5** und **T6** ergibt, ist vielmehr: Die Körper werden für Seelisches aufnahmefähig durch die vorbereitende Wirkung der Weltseele („Skizzierung"); die Aufnahmefähigkeit kann sich in der Zeit entwickeln und führt, sobald sie ihre Vollendung erreicht hat, zur Aufnahme der Seele. Hierdurch entsteht im Körper eine „Spur" der Seele, d.h. eine von der transzendenten Seele verursachte immanente Form, die die Ausarbeitung der vorläufigen Skizze der Weltseele ist. Es kann also mit Kalligas festgestellt werden, daß die Theorie der προϋπογραφή das mit dem Gedanken der Aufnahmefähigkeit verbundene Zirkelproblem löst; dies jedoch nur, wenn man, wie in **T1**, **T5** und **T6**, προϋπογραφή

---

[43] Für eine formende Wirkung der Einzelseelen sprechen auch die Texte, die die transzendente Seele des Einzelwesens mit einer Lichtquelle und die Gestaltung des σῶμα τοιόνδε mit der Beleuchtung durch diese vergleichen (Seele: Seelenspur : Körper = Lichtquelle : Beleuchtung : Körper). Vgl. bes I 1, 7, 1-6: Ἢ τὸ συναμφότερον ἔστω τῆς ψυχῆς τῷ παρεῖναι οὐχ αὐτὴν δούσης τῆς τοιαύτης εἰς τὸ συναμφότερον ἢ εἰς θάτερον, ἀλλὰ ποιούσης ἐκ τοῦ σώματος τοῦ τοιούτου καί τινος οἷον φωτὸς τοῦ παρ' αὐτὴν δοθέντος τὴν τοῦ ζῴου φύσιν ἕτερόν τι, οὗ τὸ αἰσθάνεσθαι καὶ τὰ ἄλλα ὅσα ζῴου πάθη εἴρηται.

und Seelenspur präzise voneinander unterscheidet und – gegen Kalligas – die Seelenspur nicht grundsätzlich als das Produkt der Weltseele betrachtet.

Doch wäre es sicher verfehlt, die klare Aussage von **T4** (IV 9, 3) und die Äußerungen von **T2**, die schon aufgrund ihrer Herkunft aus der ausführlichsten einschlägigen Abhandlung IV 4, 18-29 Autorität beanspruchen, einfach beiseite zu schieben. Es ist vielmehr zur Kenntnis zu nehmen, daß Plotin in der uns beschäftigenden Frage keine völlige Konsistenz erreicht und wahrscheinlich nicht einmal angestrebt hat. Hierin spiegelt sich womöglich die Einsicht, daß προϋπογραφή und Seelenspur nicht mit der Präzision, die das Zirkelproblem erfordern würde, voneinander zu scheiden sind. In beiden Fällen handelt es sich ja um gestaltende Wirkungen von Seelen auf Körper, und bekanntlich sind für Plotin die verschiedenen Seelen letztlich nur Ausprägungen und Erscheinungsformen einer und derselben Gesamtseele. Wenn aber die προϋπογραφή und damit die Aufnahmefähigkeit eine mit der Seelenspur verwandte Erscheinung ist und u.U. sogar mit ihr in eins fällt, dann ist die Leistungsfähigkeit der προϋπογραφή-Theorie für die Lösung des Zirkelproblems begrenzt. Auffällig ist schließlich, daß in der Schrift VI 4-5, wo das Aufnahmefähigkeitsproblem am drängendsten ist, mit der Ausnahme von **T1** (VI 4, 15) keine Anspielungen auf die προϋπογραφή vorkommen. Es scheint also, daß Plotin sich des Zirkels zwar bewußt gewesen ist, ihn aber nicht für so bedrohlich gehalten hat, daß er mit letzter Konsequenz hätte vermieden werden müssen. Es soll daher abschließend kurz über mögliche Gründe Plotins für diese Haltung spekuliert werden.

Einer der Gründe ist vermutlich exegetischer Natur. Bekanntlich ist Plotins Lehre von der Seelenspur in exegetischer Hinsicht eine platonische Transformation der aristotelischen Seelenlehre, nach der die Seele „die erste Entelechie eines natürlichen, organ-artigen, potentiell lebenden Körpers"[44] oder, nach der etwas vereinfachenden Interpretation des Alexander von Aphrodisias, die immanente Form eines solchen Körpers ist.[45] Den Begriff des „in bestimmter Weise beschaffenen" le-

---

[44] Arist. *de an.* 2, 1, 412a 19-21 und 412b 4-6.
[45] Alex Aphr. *de an.* 31, 23-25: ὅτι ἡ μὲν ψυχὴ εἶδός τε τοῦ σώματος καὶ ὃ δέδεκται τὸ τοιόνδε σῶμα, τὸ δὲ σῶμα ὕλη τε τῆς ψυχῆς καὶ τὸ δεδεγμένον. – Wie Riccardo Chiaradonna in mehreren Arbeiten gezeigt hat, ist Alexanders Version des Aristotelismus für Plotin weitgehend die kanonische; vgl. z.B. ders.:

benden Körpers (σῶμα τοιόνδε) hat Plotin von Aristoteles übernommen;[46] seine charakteristisch platonische Umformung der aristotelischen Theorie besteht darin, daß die immanente Form dieses Körpers bei ihm nicht mehr die Seele selbst, sondern lediglich die von einer transzendenten Seele verursachte immanente „Spur" derselben ist.[47]

Nun war aber Aristoteles bei der Entwicklung seiner Seelendefinition eben von der Frage nach den Bedingungen ausgegangen, die ein Körper erfüllen muß, wenn er für die Seele aufnahmefähig sein soll. Diese Frage hatten seine Vorgänger, wie er ihnen polemisch vorwirft, trotz ihrer Wichtigkeit vernachlässigt und infolgedessen statt einer wissenschaftlichen Erklärung mythische Erzählungen geboten:

T7   Sie versuchen nur zu sagen, was die Beschaffenheit der Seele ist, aber über den Körper, der sie aufnehmen soll (τοῦ δεξομένου), fügen sie keine weitere Bestimmung hinzu, als ob wie in den pythagoreischen Mythen jede beliebige Seele in jeden beliebigen Körper eintauchen könnte (de an. 1, 3, 407b 20-23; vgl. 2, 2, 414a 4-28, bes. 22-25).[48]

Unter das damit erreichte Reflexionsniveau konnte und wollte Plotin nicht zurückfallen. Obgleich Aristoteles sich explizit nur gegen die pythagoreische Seelenwanderungslehre wendet (deren Erklärung Plotin demzufolge einigen gedanklichen Aufwand abverlangt),[49] trifft seine Kritik faktisch auch die dualistische platonische Seelenlehre, wie sie etwa im Phaidon dokumentiert ist. Plotins Überlegungen zur Aufnahme-

---

„Hylémorphisme et causalité des intelligibles. Plotin et Alexandre d'Aphrodise", in: Les Études philosophiques 86 (2008), S. 379-397. Vgl. auch Damian Caluori: „The Essential Functions of a Plotinian Soul", in: Rhizai 2 (2005), S. 75-93, hier S. 77.

[46] Arist. de an. 2,1, 412a 16f.: καὶ σῶμα καὶ τοιόνδε, ζωὴν γὰρ ἔχον. Vgl. Alex. Aphr. de an. 18, 26; 31, 23-25 etc.

[47] Vgl. z.B. Paul Kalligas: „Eiskrisis, or the Presence of Soul in the Body", a.a.O., S. 151f.; Christopher I. Noble: „How Plotinus' Soul Animates His Body", a.a.O, S. 273. Vgl. I 1, 4, 20-27 mit Zitaten von Arist. de an. 2, 1, 412b 12 und 1, 4, 408b 12f.

[48] οἱ δὲ μόνον ἐπιχειροῦσι λέγειν ποῖόν τι ἡ ψυχή, περὶ δὲ τοῦ δεξομένου σώματος οὐθὲν ἔτι προσδιορίζουσιν, ὥσπερ ἐνδεχόμενον κατὰ τοὺς Πυθαγορικοὺς μύθους τὴν τυχοῦσαν ψυχὴν εἰς τὸ τυχὸν ἐνδύεσθαι σῶμα.

[49] Vgl. VI 7, 6-7; I 1, 11.

fähigkeit der Körper und zur Seelenspur sind insofern auch der Versuch, dem aristotelischen naturphilosophischen Anspruch gerecht zu werden, ohne darum den zentralen platonischen Gedanken der Selbständigkeit der Seele gegenüber dem Körper aufgeben zu müssen.[50]
Aristoteles bestimmt die Bedingungen, die ein für die Seele aufnahmefähiger Körper erfüllen muß, näher in der bekannten Seelendefinition, die er ausgehend von seiner obigen methodischen Vorüberlegung entwirft und nach der ein solcher Körper, wie erwähnt, „natürlich, organartig" und „potentiell lebend" sein muß.[51] Schon diese Formulierungen legen den Verdacht nahe, daß diese Bedingungen nur von einem bereits beseelten Körper tatsächlich erfüllt werden können. Diese Vermutung bestätigt ein Blick auf die Analogien, mit deren Hilfe Aristoteles seine Konzeption erläutert. Beispielsweise verhält sich der Körper zur Seele wie das Auge zum Sehvermögen. Das Sehvermögen ist ebenso die erste Entelechie des Auges wie die Seele diejenige des Gesamtkörpers; ein totes oder gemaltes Auge – ein Auge also, dem diese Entelechie fehlt – ist nicht mehr potentiell sehend. Entsprechend darf man annehmen, daß auch ein Körper ohne Seele nicht mehr potentiell lebend ist.[52] Diese Interpretation bestätigt sich wenige Zeilen später:

T8   Etwas ist potentiell so, daß es lebt, nicht wenn es die Seele verloren hat [sc. das tote Auge], sondern wenn es sie hat; und der Same und die Frucht sind potentiell ein in bestimmter Weise beschaffener Körper (τοιονδὶ σῶμα) (de an. 2, 1, 412b 25-27).[53]

---

[50] Die Theorie der Seelenspur kann insofern auch Exegese und Verteidigung der Zuschreibung der Empfindungen an den Körper im *Phaidon* sein (vgl. Christopher I. Noble: „How Plotinus' Soul Animates His Body", a.a.O., S. 258f. mit Hinweis auf *Phd.* 66c; 81b; 94b-e). Der spätere Neuplatonismus erbt diese Aufgabe von Plotin; beispielhaft ist Porphyrios' Kombination des aristotelischen und platonischen Seelenbegriffs: κατὰ συμφωνίαν σώματος ὀργανικοῦ (vgl. Arist. *de an.* 2, 1, 412b 5f.) καὶ τοῦ χρωμένου (vgl. Pl. *Alc.* 130c) τῷ ὀργάνῳ (Porph. *ad Gaur.* 13, 7, p. 53, 24f.).
[51] Vgl. Anm. 45.
[52] Arist. *de an.* 2, 1, 412b 17-25. Aristoteles spricht ausdrücklich von einer Teil-Ganzes-Analogie.
[53] ἔστι δὲ οὐ τὸ ἀποβεβληκὸς τὴν ψυχὴν τὸ δυνάμει ὂν ὥστε ζῆν, ἀλλὰ τὸ ἔχον· τὸ δὲ σπέρμα καὶ ὁ καρπὸς τὸ δυνάμει τοιονδὶ σῶμα.

Die Vorformen ausgewachsener lebendiger Wesen, wie der Same oder die Frucht, werden hier von dem aufnahmefähigen Körper der Seelendefinition unterschieden und als lediglich potentiell aufnahmefähig charakterisiert. Im Vollsinn aufnahmefähig ist ein Körper dagegen erst dann, wenn er die Seele hat und weil er sie hat. Aristoteles hat also die zirkuläre Begründung der Anwesenheit der Seele durch die Aufnahmefähigkeit des Körpers und der Aufnahmefähigkeit des Körpers durch die Anwesenheit der Seele als sachgerecht betrachtet – was insofern nachvollziehbar ist, als seine Unterscheidung zwischen dem aufnahmefähigen Körper und der Seele als seiner Entelechie lediglich eine nachträgliche Abstraktion ist. Weder die als Entelechie verstandene Seele noch der ihr zugrundeliegende Körper hat in der Realität selbständige Existenz. Dieses aristotelische wechselseitige Begründungsverhältnis zwischen der Aufnahmefähigkeit eines Körpers und seiner tatsächlichen Beseelung überträgt Plotin, wie wir sahen, auf das Verhältnis zwischen Aufnahmefähigkeit und Seelenspur:[54] Ein Körper, der die Aufnahmefähigkeit erreicht hat, erwirbt die Seelenspur instantan; Seelenspur und voll entwickelte Aufnahmefähigkeit sind begrifflich („intensional") voneinander unterschieden, faktisch („extensional") aber miteinander identisch. Dies gilt bei Plotin freilich nur für die Seelen-Spur, in deren Gestalt die aristotelische Entelechie-Seele bei ihm wiederkehrt, und nicht für die (platonische) transzendente Seele selbst, die vom Körper unabhängig bleibt. Doch kann man eine indirekte Involviertheit auch der transzendenten Seele feststellen, insofern sie als Ursache der Seelenspur in dieser und damit im Körper präsent ist.

Bei Aristoteles bleibt die Frage unthematisiert, wie es bei Same und Frucht von der potentiellen zur realen Aufnahmefähigkeit kommt. Es ist möglich, daß Plotin mit seiner Theorie von der vorläufigen Skizzierung (προϋπογραφή) durch die Weltseele einen Ausweg aus diesem aristotelischen Zirkel gesucht hat. Andernorts scheint er den Zirkel jedoch wie Aristoteles als sachgerecht oder doch als unproblematisch hingenommen zu haben. Damit sind wir bei einem zweiten, sachlichen Grund für Plotins Haltung, der – so vermute ich – in den Grenzen der προϋπογραφή-Theorie zu suchen ist. Wie vor allem die Schrift VI 4-5 zeigt, hat Plotin den Gedanken der Einheit aller Seelen sehr ernst genommen und diese Einheit ausdrücklich nicht als bloß artmäßige, sondern als numerische

---

[54] Vgl. Anm. 23.

betrachtet.[55] Die Seele als solche – und diese ist es, deren Immaterialität und ungeteilte Allgegenwart Plotin einsichtig zu machen versucht – ist, wie wir aus den Anfangskapiteln der psychologischen Schrift IV 3 lernen, weder Weltseele noch Einzelseele; wenn sie in einer dieser beiden Eigenschaften in ein Verhältnis zum Körper tritt, so geschieht dies „akzidentell" und berührt das eigentliche Wesen der Seele nicht.[56] Es gibt folglich auch keine Seele, die *per se* und wesensmäßig Physis oder Sinnenseele wäre. Wenn die Weltseele in ihrer Eigenschaft als Physis eine Vorab-Skizzierung der körperlichen Welt aufgrund der ihr innewohnenden Logoi vornimmt, dann handelt real keine andere Instanz als die *eine* (Hypostase) Seele selbst. Und wenn eine Einzelseele die von der Weltseele gefertigten Skizzen oder Spuren ihren eigenen Logoi entsprechend ausgestaltet, so ist in der Realität wieder dieselbe Seele tätig, die die im Geist enthaltenen transzendenten Formen schaut, sie in sich selbst zu rationalen Strukturen (λόγοι) entfaltet und diese ggf. in körperliche Formen umsetzt. Dies ist die Aktivität (ἐνέργεια), die allen körperbezogenen Bestimmungen wie „Physis" oder „Sinnenseele" vorausliegt, die das eigentliche Wesen (οὐσία) der Seele ausmacht und die bei Weltseele und Einzelseelen exakt dieselbe ist.[57] Kurz: Sobald man bei der ἓν καὶ πολλά-Struktur der Seele das Augenmerk auf den Einheitsaspekt und die Einheit aller Seelen legt, sind προϋπογραφή, Seelenspur und Aufnahmefähigkeit nicht bedeutungsvoll voneinander zu unterscheiden; der Zirkel ergibt sich unvermeidlich und muß ausgehalten werden. Faßt man dagegen die Vielheit der Seele ins Auge und unterscheidet die Relationen, die die Seele zum Körper einnimmt, etwa nach Welt- und Einzelseele oder Physis und Sinnenseele, so kann auf dieser Grundlage ein Ausweg aus dem Zirkel gesucht werden.

---

[55] VI 4, 1, 23f.; VI 5, 1, 1; 11, 31-38.

[56] Vgl. IV 3, 2, 5-10.

[57] Zur Kontemplation und Produktion der Logoi als dem eigentlichen Wesen der Seele vgl. Damian Caluori: „The Essential Functions of a Plotinian Soul", a.a.O., S. 78-82. Die Bedeutung des aristotelischen Schemas von Vernunftseele, Sinnenseele und vegetativer Seele als heuristisches Raster von Plotins Psychologie sollte aber nicht bestritten werden; vgl. Henry J. Blumenthal: *Plotinus' Psychology. His Doctrines of the Embodied Soul*, The Hague 1971, S. 135.

III

Es war das Ziel der vorstehenden Überlegungen, im Anschluß an Paul Kalligas nach dem Verhältnis von Seelenspur (ἴχνος ψυχῆς) und vorbereitender Skizzierung (προϋπογραφή) der Körper durch die Weltseele bei Plotin zu fragen und zu untersuchen, inwieweit die προϋπογραφή die Aufnahmefähigkeit der Körper für Seelisches erklärt und damit das mit dem Aufnahmefähigkeitsgedanken verbundene Zirkelproblem löst. Es zeigte sich, daß προϋπογραφή und Seelenspur grundsätzlich zu unterscheiden sind. Aufgrund der προϋπογραφή durch die Weltseele entwickelt sich die Aufnahmefähigkeit bis zu dem Punkt, wo sie instantan die Seelenspur und mit ihr deren Ursache, die transzendente Seele, aufnimmt. Als Ausgestaltung der προϋπογραφή ist die Seelenspur grundsätzlich das Werk der Einzelseele. Vielfach lassen sich jedoch προϋπογραφή und Seelenspur nicht so präzise voneinander scheiden, insbesondere dort, wo die letztere der Physis und damit der Weltseele zugeschrieben wird. Dies sowie der aristotelische Hintergrund der Theorie von der Seelenspur und die Bedeutung des Prinzips der Einheit aller Seelen für Plotin legt die Vermutung nahe, daß sich der plotinische Zirkel von Aufnahmefähigkeit und Seelenspur nicht so rein auflösen läßt, wie man nach der Lektüre von Kalligas gern annehmen würde.

Literatur

Alexander von Aphrodisias: *De anima liber cum mantissa*, in: *Commentaria in Aristotelem Greca. Supplementum Arictotelicum*, vol. 2.1, ed. Ivo Bruns, Berlin 1887.
ders.: *Quaestiones. Alexandri Aphrodisiensis praeter commentaria scripta minora*, ed. Ivo Bruns, Berlin 1892.
Aristoteles: *De anima*, recognovit W. D. Ross, Oxford 1963.
Aubry, Gwenaëlle: „Capacité et convenance: La notion d'epitêdeiotês dans la théorie porphyrienne de l'embryon", in: *L'embryon: Formation et animation. Antiquité grecque et latine, tradition hébraïque, chrétienne et islamique*, éd. par Luc Brisson, Marie-Hélène Congourdeau et Jean-Luc Solère, Paris 2008, S. 139-155.
Blumenthal, Henry J.: *Plotinus' Psychology. His Doctrines of the Embodied Soul*, The Hague 1971.

ders.: „Nous and Soul in Plotinus: some problems of demarcation", in: *Atti del Convegno internazionale sul tema: Plotino e il Neoplatonismo*, Rom 1974, S. 203-219.

ders.: *Soul and Intellect. Studies in Plotinus and Later Neoplatonism*, London 1993.

Caluori, Damian: „The Essential Functions of a Plotinian Soul", in: *Rhizai* 2 (2005), S. 75-93.

ders. *Plotinus on the Soul*, Cambridge 2015.

Chiaradonna, Riccardo: „Hylémorphisme et causalité des intelligibles. Plotin et Alexandre d'Aphrodise", in: *Les Études philosophiques* 86 (2008), S. 379-397.

Emilsson, Eyjólfur K.: *Plotinus on Sense-Perception. A Philosophical Study*, Cambridge 1988.

Emilsson, Eyjólfur K. and Strange, Steven K.: *Plotinus, Ennead VI.4 and VI.5. On the Presence of Being, One and the Same, Everywhere as a Whole.* Translation with an Introduction and Commentary, Las Vegas 2015

Gabriel, Markus: *Skeptizismus und Idealismus in der Antike*, Frankfurt a. M. 2009.

Hadot, Pierre: *Plotin: Traité 38 (VI,7)*, Paris 1988.

Kalligas, Paul: „Eiskrisis, or the Presence of Soul in the Body: A Plotinian Conundrum", in: *Ancient Philosophy* 32 (2012), S. 147-166.

Karfík, Filip: „Δημογέροντες. L'image de l'assemblée dans les *Ennéades* VI, 4 [22], 15", in: *Plato Revived. Essays on Ancient Platonism in Honour of Dominic J. O'Meara*, hg. von Filip Karfík, Euree Song, Berlin 2013, S. 85-95.

ders.: „Parts of the Soul in Plotinus", in: *Partitioning the Soul. Debates from Plato to Leibniz*, hg. von Klaus Corcilius und Dominik Perler, Berlin 2014, S. 107–148.

Noble, Christopher I.: „How Plotinus' Soul Animates His Body: The Argument for the Soul-Trace at *Ennead* 4.4.18.1-9", in: *Phronesis* 58 (2013), S. 249-279.

O'Meara, Dominic J.: „The Problem of Omnipresence in Plotinus, *Ennead* VI,4-5. A Reply", in: *Dionysius* 4 (1980), S. 61-73.

Platonis Opera, recognovit brevique adnotatione critica instruxit Ioannes Burnet, Oxford 1900-1907.

Plotin: *Ausgewählte Schriften,* hg., übers. und komm. von Christian Tornau, Stuttgart ²2011.

Plotini Opera, ed. Paul Henry et Hans-Rudolf Schwyzer, 3 Bde., Oxford 1964-1982.

Porphyrios: *Ad Gaurum*, ed. Karl Kalbfleisch, Abhandlungen der königlichen Akademie der Wissenschaften, Berlin 1895.

Tornau, Christian: *Plotin, Enneaden VI 4-5 [22-23]. Ein Kommentar*, Stuttgart/Leipzig 1998.

Michele Abbate (Salerno)

Die Verbindung zwischen Kosmos und Seele bei Plotin und Proklos

I

Im Bereich der neuplatonischen Deutung von Platons Werk *Timaios* stellt die Verbindung zwischen der Struktur des Kosmos und der Natur der Seele einen der problematischsten Aspekte dar.[1] Um die neuplatonische Auslegung dieser Beziehung zu betrachten, muss man zuerst verstehen, welche Natur und welche Rolle dem Demiurgen bei der Erschaffung des Kosmos und der Seele zugeschrieben wurde. Wie bekannt ist, zeigt sich die Auslegung der Rolle des Demiurgen schon bei Plotin als besonders problematisch. Die Hauptfrage gemäß der plotinischen Auffassung könnte die folgende sein: Wer oder was ist eigentlich der Demiurg? Die Antwort auf diese Frage ist richtungsweisend, wenn man die Natur der Beziehung zwischen Kosmos und Seele begreifen will. Wie wir sehen werden, kann man bei Plotin keine einheitliche und eindeutige Antwort finden. Aufgrund seiner metaphysischen Perspektive ist diese Frage problematisch und man könnte sogar behaupten, dass einige aporetische Aspekte aus seiner Auffassung von der Natur des Demiurgen hervorgehen. Sie scheinen auch die Auffassungen der späteren neuplatonischen Autoren (insbesondere Amelios, Porphyrios, Jamblich, Theo-

---

[1] Zum allgemeinen Überblick über die verschiedenen antiken und modernen Deutungen der Rolle des Demiurgen in Platons *Timaios* vgl. Filip Karfik: *Die Beseelung des Kosmos. Untersuchungen zur Kosmologie, Seelenlehre und Theologie in Platons Phaidon und Timaios*, München/Leipzig 2004, S. 130 ff.

doros von Asine)[2] in gewisser Weise beeinflusst zu haben, die in ihren systematischen Deutungen des *Timaios* ebenfalls versuchten, aus diesen problematischen Aspekten herauszufinden. Innerhalb der Schule von Athen, wie aus dem proklischen *Kommentar zum Timaios* hervorgeht, wurde eine einheitliche und konsequente Auffassung des Demiurgen und damit auch die Verbindung zwischen Kosmos und Seele ausgearbeitet, aber, wie wir sehen werden, nur mittels einer detailliert gegliederten Vergöttlichung und Theologisierung der verschiedenen Stufen der Wirklichkeit. In Anbetracht dessen ist es besonders interessant, die Auffassung des Demiurgen bei Plotin mit jener von Proklos zu vergleichen und demzufolge ihre verschiedenen Anschauungen über die Natur der Verbindung zwischen Kosmos und Seele zu betrachten.

II

Wie es gesagt worden ist, kann man bei Plotin keine einheitliche und eindeutige Auffassung der demiurgischen Funktion und ihrer Verbindung mit der Seele finden. In der Tat entspricht der Begriff des Demiurgen[3] im Allgemeinen nicht ganz der plotinischen hypostatischen Struktur der Wirklichkeit. In den *Enneaden* zeigt sich dort, wo diese Figur erscheint, die ihr von Plotin zugeschriebene Funktion als an sich problematisch. In *Enn.* IV 4 (28. Abhandlung nach der chronologischen Ordnung)[4] behauptet Plotin nach dem Vorbild des *Timaios*, dass Zeus eine ordnende Funktion in der Struktur des Kosmos hat (ὁ δὲ δὴ πάντα κοσμῶν Ζεύς).[5] Plotin würde auf diese Weise Zeus mit dem

---

[2] Zu einer Zusammenfassung der verschieden neuplatonischen Deutungen der Natur des Demiurgen vgl. Proklos, *In Tim.* I, 307,16-310,2.

[3] Zum Begriff des Demiurgen bei Plotin vgl. insbesondere Jan Opsomer: „A Craftsman and his Handmaiden: Demiurgy according to Plotinus",in: *Platons Timaios als Grundtext der Kosmologie in Spätantike, Mittelalter und Renaissance*, hg. von Thomas Leinkauf und Carlos Steel, Leuven 2005, S. 67– 102. Vgl. auch Euree Song: „ Plotinus on the World-Maker", in: *Horizons* B. 3, N. 1 (2012), S. 81-102.

[4] Die *Enneade* IV 4, wie es allbekannt ist, stellt einen der grundlegenden Texte der plotinischen Lehre über die Natur der Seele dar.

[5] Dazu vgl. *Enn.* IV 4, 9, 1.

demiurgischen Prinzip, das die Ordnung des Universums bewahrt und sichert, identifizieren. Aber an einer anderen Stelle in diesem Text behauptet Plotin, dass das ordnende Prinzip zweifach ist (τὸ κοσμοῦν διττόν)[6]: eines bezeichnen wir als Demiurg (τὸ μὲν ὡς τὸν δημιουργὸν λέγομεν), das andere Seele des Ganzen (τὴν τοῦ παντὸς ψυχήν). Hier fügt Plotin hinzu, dass wir uns mit dem Namen ‚Zeus' (Δία) einmal auf den Demiurgen (ἐπὶ τὸν δημιουργόν) beziehen, einmal dagegen auf das beherrschende Prinzip des Ganzen (ἐπὶ τὸ ἡγεμονοῦν τοῦ παντός).[7] Wir wissen, dass in der Deutung Plotins das herrschende Prinzip des Ganzen die Seele ist, welche dem Universum Ordnung gibt und den Kosmos belebt. Zugleich ist die Seele aufgrund ihrer ordnenden und belebenden Funktion auch Organisationsprinzip und Quelle der Einheit des Ganzen.[8] Außerdem sind alle Seelen in Plotins Perspektive eine einzige Seele (καὶ πᾶσαι αἱ ψυχαὶ τοίνυν μία)[9], weil sie zur Seele als Hypostasis und auch zur Seele des Ganzen (aber nicht als Teile dieser[10]) gehören. Die Weltseele ist in der Perspektive Plotins das, was dem Kosmos Leben, Bewegung und Gestalt gibt. Wie bekannt ist, schreibt er der Seele auch den Ursprung der Zeit zu.[11] Plotin aber behauptet nicht, dass die Seele der Demiurg ist. Dennoch schreibt er der Seele die ordnende und beherrschende demiurgische Funktion zu. Die Ordnung des Kosmos hängt von der Seele ab. Im Timaios wird die Weltseele vom Demiurg erschaffen, und durch sie wird der Kosmos lebendig, aber die Ordnung und die Struktur des Kosmos hängen dagegen direkt von der Schöpfung des De-

---

[6] Vgl. *Enn.* IV 4, 10, 1.

[7] Vgl. *Enn.* IV 4, 10, 3 f. Dazu vgl Euree Song: „Plotinus", zit. (= Anm. 3), insbesondere S. 91 f.

[8] Das Thema der Seele als herrschendes und vereinigendes Prinzip des Ganzen wird von Plotin insbesondere in *Enn.* IV 9 (8) behandelt. Der überlieferte Titel dieser Abhandlung ist: „Ob alle Seelen eine einzige sind" (Περὶ τοῦ εἰ πᾶσαι ψυχαὶ μία).

[9] Dazu vgl. z.B. *Enn.* VI 5 (23), 9, 12 f. Zur Einheit der Totalität der Seelen in der Weltseele vgl. auch IV 9 (8), 1, 10 ff. Zur Einheit des Ganzen als ein einzelnes Lebewesen kraft der Weltseele vgl. IV 4, 32, 4 ff. Wie es allbekannt ist, wird die Hypostasis der Seele bei Plotin als ἓν καὶ πολλά betrachtet, in Anbetracht ihrer bestimmten Vielfältigkeit. Dazu vgl z.B. *Enn.* IV 2 (21), 2, 52 f.

[10] Dazu vgl. z.B. *Enn.* IV 3 (27), 1, 20 ff.

[11] Dazu vgl. *Enn.* III 7 (45).

miurgen ab: sie sind nicht direkt das Erzeugnis der Seele. Warum schreibt Plotin also der Seele das demiurgische Erschaffen der Zeit und der Ordnung des Ganzen zu? Die Seele wird von Plotin als τὸ ἡγεμονοῦν des Ganzen betrachtet. Wie gestalten sich also die Rolle und die Funktion des Demiurgen? Um diese Fragen zu beantworten, müssen wir erst begreifen welche allegorisch-metaphysische Funktion Plotin aufgrund der *Enn.* IV 4 dem Gott Zeus zuschreibt.[12]

Wie gesagt, behauptet Plotin in *Enn.* IV 4, 10, dass Zeus als Demiurg zu verstehen ist und auch als τὸ ἡγεμονοῦν τοῦ παντός. Aber in *Enn.* V 1 (10), 8, 4 hebt er hervor, dass laut Platon der Nous der Demiurg ist, welcher die Seele im Mischkrug (ἐν τῷ κρατῆρι ἐκείνῳ) erschafft. In Anbetracht dieser Behauptung sollte man den Demiurgen mit dem Nous identifizieren. Anderswo, wie wir schon gesehen haben, wird Zeus dann von Plotin mit dem Demiurgen identifiziert. Demzufolge sollte Zeus, d.h. der Demiurg, der Nous/Geist sein. Dennoch ist zu bemerken, dass Plotin an verschiedenen Stellen, in denen von Zeus und seiner Funktion die Rede ist, diesen mit der Seele als Hypostasis identifiziert. Z. B. eben auch in *Enn.* V 1, 7, 30 ff. wird Zeus als die Hypostasis der Seele aufgefaßt. Kronos, der in Plotins Perspektive auch aufgrund der sehr bekannten Pseudo-Etymologie dieses Götternamens im Kratylos Platons, mit dem Nous/Geist identifiziert wird,[13] steht über Zeus, der als die Hypostasis der Seele aufgefaßt wird.[14] Und auch in *Enn.* V 5 (32), 3, 21 ff. wird Zeus mit der Seele als Hypostasis gleichgestellt. Wenn wir betrachten, dass Zeus in der plotinischen Auffassung sowohl den Demiurgen als auch die Hypostasis der Seele darstellt, sollten wir dann zu dem Schluß kommen, dass die Hypostasis der Seele in Plotins Perspektive eine besondere Art von Demiurg ist? Wie gesagt, Plotin behauptet nie ausdrücklich, dass die Seele ein Demiurg ist.

---

[12] Zur symbolischen-metaphysischen Rolle des Göttes Zeus bei Plotin vgl. Pierre Hadot: „Ouranos, Kronos and Zeus in Plotinus' treatise *Against the Gnostics*", in: *Neoplatonism and Early Christianity. Essays in honour of A.H. Armstrong*, ed. by Henry Jacob Blumenthal and Robert A. Markus, London 1981, S. 124-137. Zur plotinischen Auffassung des Göttlichen vgl. Werner Beierwaltes: „Plotins Theologik", nun in: ders.: *Fußnoten zu Plato*, Frankfurt a.M. 2011, S. 27-50.

[13] Dazu vgl. V 1, 4, 9 f.: θεοῦ κόρου καὶ νοῦ ὄντος.

[14] Um die Rolle und die hypostatische Funktion von Zeus in bezug auf Kronos zu erklären, behauptet Plotin deutlich in V 1, 7, 36 f.: ψυχὴν γὰρ γεννᾷ νοῦς.

Bei Plotin kann man drei verschiedene Stufen der Seele ermitteln:[15]
1) die Seelenhypostase, die mit Zeus identifiziert wird;
2) die Seele als Weltseele oder Seele des Ganzen, die in *Enn.* V 8 (31), 13, 15 f. mit Aphrodite identifiziert wird, d.h. mit dem belebenden Prinzip des sinnlichen Kosmos;
3) die verschiedenen besonderen und individuellen Seelen, d.h. die Einzelseelen, welche die Körper der Lebewesen beseelen.

Neben diese Stufen der Seele stellt Plotin zwei Prinzipien, die, wie gesehen, in *Enn.* IV 4, 10, 3 f. beide ‚Zeus' benannt werden: der Demiurg und das herrschende Prinzip des Ganzen. Aufgrund dessen muss man zu dem Schluß kommen, dass Zeus sowohl Demiurg als auch die Hypostasis der Seele ist. Es ist interessant, dass Proklos in seinem *Kommentar zum Timaios* das doppelte Wesen des Demiurgen Plotin zuschreibt: der eine ist der Demiurg, der im Intelligiblen liegt (τὸν μὲν ἐν τῷ νοητῷ), der andere ist das beherrschende Prinzip des Ganzen (τὸ ἡγεμονοῦν τοῦ παντός); Proklos geht weiter, indem er behauptet, dass Plotin Recht hat, weil auch der enkosmische Nous (ὁ νοῦς ὁ ἐγκόσμιος) in gewisser Weise (πως) Demiurg des Ganzen ist (δημιουργὸς τοῦ παντός).[16] Aber zugleich hebt Proklos gegen die porphyrianische Deutung der Auffassung Plotins hervor, dass man Porphyrios fragen sollte, wo Plotin die Seele als Demiurg betrachtet, und dass im *Timaios* die Seele nie als ‚Demiurg' von Platon bezeichnet wird.[17] In der Tat erscheint die plotinische Auffassung des Demiurgen und folglich der Beziehung zwischen Seele und Kosmos, die von der demiurgischen Schöpfungstätigkeit abhängen, im Allgemeinen nicht eindeutig: Plotin spricht nicht ausdrücklich von zwei verschiedenen Demiurgen.[18]

---

[15] Dazu vgl. z.B. Dominic J. O'Meara: *Structures hiérarchiques dans la pensée de Plotin*, Leiden 1975, S. 101 f. Zu den problematischen Aspekten in Plotins Auffassung der Seele vgl. Henry Jacob Blumenthal: *Plotinus' Psychology. His Doctrines of the Embodied Soul*, The Hague 1971, S. 55-66.

[16] Vgl. Proklos, *In Tim.* I, 305.16-20: Πλωτῖνος ὁ φιλόσοφος διττὸν μὲν ὑποτίθεται τὸν δημιουργόν, τὸν μὲν ἐν τῷ νοητῷ, τὸν δὲ τὸ ἡγεμονοῦν τοῦ παντός, λέγει δὲ ὀρθῶς· ἔστι γάρ πως καὶ ὁ νοῦς ὁ ἐγκόσμιος δημιουργὸς τοῦ παντός.

[17] Vgl. dazu ibid. 307, 4 ff.: ὂν [*scil.* Porphyrios] ἐρωτᾶν ἄξιον, ἐν τίσι Πλωτῖνος τὴν ψυχὴν ποιεῖ δημιουργόν. πῶς δὲ καὶ τῷ Πλάτωνι τοῦτο σύμφωνον, ὃς θεὸν μὲν καὶ νοῦν συνεχῶς ἐπονομάζει τὸν δημιουργόν, ψυχὴν δὲ οὐδαμῶς;

[18] Vgl. dazu noch Euree Song: „Plotinus", zit. (=Anm. 3), 92.

Hat Proklos dann Recht, wenn er behauptet, dass Plotin einen Unterschied zwischen einem ersten Demiurgen und einem niedrigeren enkosmischen Demiurgen gesehen hat? Wer wäre dann nach Plotin der erste Demiurg? Wir müssen zuerst daran erinnern, dass der Nous von Plotin mit Kronos identifiziert wird, nicht mit Zeus, der aufgrund der plotinischen Auffassung die Hypostasis der Seele sein sollte. Darüber hinaus behauptet Plotin in *Enn.* V 1, 8 klar und deutlich, dass der Nous der Demiurg ist, während in *Enn.* IV 4, 10 Zeus der Demiurg ist. Aber Zeus, wie wir gesehen haben, wird zugleich als die Hypostasis der Seele betrachtet. Folglich kann Zeus nicht mit dem Nous identifiziert werden. Plotin identifiziert dagegen den Nous mit Kronos. Die Verbindung zwischen Demiurg und Seele und folglich zwischen Seele und Kosmos bleibt also bei Plotin problematisch und insgesamt unklar. Wenn wir uns die schon zitierte Stelle von *Enn.* V 1, 8, 4 wieder ins Gedächtnis zurückführen, in der Plotin deutlich behauptet, dass der Nous in Platons Auffassung der Demiurg ist,[19] sollten wir, um die Kohärenz von Plotins Denken in diesem Bereich zu bewahren, zu dem Schluss kommen, dass Zeus zugleich auch der Nous ist. Aber diese Lösung scheint nicht plausibel, insbesondere aufgrund dessen, was Plotin in der *Enn.* IV 4 behauptet: hier unterscheidet er deutlich die transzendente Natur des Nous von der Tätigkeit der Seele. In der Perspektive Plotins stellt die Seele als Hypostasis und Abbild (εἰκών) des Nous eine betrachtende und denkende Tätigkeit dar und als Weltseele eine belebende und ordnende Tätigkeit, weil sie das Universum belebt und beherrscht, indem sie ein Abbild des Ideenkosmos (d.h. des αὐτοζῷον oder des παντελές ζῷον, wie es im *Timaios* ausgedrückt wird) im sinnlichen Kosmos verwirklicht. Also hat die Seele im Allgemeinen offensichtlich die Rolle, eine Mitteldimension zwischen dem Geistigen und dem Sinnlichen zu bilden.

---

[19] Vgl. dazu z.B. Jens Halfwassen: *Plotin und der Neuplatonismus*, München 2004, 112 f.

III

Aufgrund dieser Betrachtungen scheint die demiurgische Tätigkeit, eben als wirkende, ordnende und belebende Tätigkeit, in der plotinischen Auffassung mehr der Natur der Seele als der Natur des transzendenten Nous zu entsprechen. Die problematischen Aspekte, die man in der plotinischen Auffassung der Natur und der Tätigkeit des Demiurgen begreifen kann, zeigen sich als sehr eng verbunden mit der Absicht Plotins, die Transzendenz der geistigen Wirklichkeit zu bewahren. In diese Richtung scheint in gewisser Weise auch die plotinische Lehre von der nicht herabgestiegenen Seele[20] zu gehen. Zugleich ist hervorzuheben, dass die platonische Lehre vom Demiurgen und von der Beziehung zwischen Demiurg und Weltseele nicht ganz der plotinischen Auffassung der drei Hypostaseis entspricht. Die plotinische umfassende und manchmal komplizierte metaphorisch-symbolische Deutung der Tätigkeit des Demiurgen im *Timaios*[21] ergibt sich nämlich schon an sich als ein Beweisgrund der Unvereinbarkeit des Begriffes des Demiurgen mit dem plotinischen System. Wenn wir jedoch die plotinische metaphysische Perspektive als Ganzes betrachten, könnten wir uns fragen: warum hat Plotin nicht ausdrücklich und deutlich von zwei Demiurgen gesprochen, von einem geistigen und einem, der auf einer anderen und niedrigeren Stufe wirkt?[22] Vielleicht hätten wir hier eine mögliche und auch plausible Lösung des Problems der demiurgischen Tätigkeit und Funktion. In Wirklichkeit ist auch diese Lösung nicht mit der philosophischen Anschauung Plotins vereinbar. Zuerst sind verschiedene und vielfältige Mittelstufen in der plotinischen Perspektive nicht annehmbar. Das behauptet Plotin deutlich z.B. in *Enn.* V 1, 3, 4: οὐδὲ πολλὰ τὰ μεταξύ. Die Lehre der drei Hypostaseis geht zudem auch in diese Richtung. Wenn man bei Plotin die demiurgische belebende und ordnende Funktion der Seele in bezug auf den sinnlichen Kosmos betrachtet, hat man den Eindruck, dass der Demiurg als Nous eine transzendente Verdoppelung der

---

[20] Vgl. dazu vor allem *Enn.* IV 8 (6).

[21] Zur plotinischen metaphorischen Auslegung der Tätigkeit des Demiurgen vgl. Euree Song, „Plotinus", zit. (=Anm. 3).

[22] Eine Spur in Richtung einer möglichen Unterscheidung zwischen verschiedenen Arten der Demiurgie kann man bei Plotin in *Enn.* II 9 (33), 6, 15 finden, wo er nach dem Nous und vor der Seele einen δημιουργὸν ἄλλον andeutet.

demiurgischen Tätigkeit der Seele darstellt, nur um die Differenz und
die Transzendenz der intelligiblen Dimension in bezug auf die sinnliche
Welt zu behalten. Denn die Seele als Hypostasis und auch als Weltseele
ist das bewegliche Abbild der vollkommenen und beständigen Ewigkeit
des Nous. Sie macht das Ganze lebendig und geordnet, weil sie jeden
Bereich und jeden Bestandteil des sinnlichen Kosmos durchdringt. Es ist
die Seele, die den Kosmos zu einem einheitlichen lebendigen Wesen
macht und, wie Plotin in *Enn.* IV 4, 32 behauptet, kraft der Seele ist das
Ganze von einer gesamten συμπάθεια bestimmt und charakterisiert, wie
ein einheitliches Lebewesen.[23] Die Erde selbst wird von Plotin in *Enn.*
IV 4, 28 als ein lebendiges Lebewesen betrachtet, weil sie auch von der
Lebendigkeit der Seele durchdrungen ist: deswegen besitzt sie eine Art
Sinnesseele und zugleich die Fähigkeit, alle Pflanzen lebendig zu
machen. Darüber hinaus zeigt sich der sinnliche Kosmos in seiner Ge-
samtheit als ein vernünftiges Lebewesen in Anbetracht dessen, wie es in
Enn. II 3 (52) heisst, dass die Seele unser Universum eben mit Vernunft
regiert: gemäß dem universalen Logos des Ganzen (κατὰ λόγον τὸν τοῦ
παντὸς ὅλον) ergeben sich alle Lebewesen als gestaltet und gebildet.[24]
Also dehnt sich die vernünftige Natur der Seele auf das Ganze aus und
sie bestimmt zugleich die innerliche Natur des Ganzen. Wie Plotin in
der Abhandlung III 8 (30) behauptet, nimmt auch die Natur (φύσις) des
Universums an einer Art Betrachtung (θεωρία) teil. In diesem Text
kommt Plotin zu dem bekannten Schluß, dass alles, was zur Natur des
Kosmos gehört, nach der Betrachtung strebt und auf dieses Ziel den
Blick richtet,[25] sogar die Lebewesen, die ohne Vernunft sind. Diejenige,
die ‚Natur' genannt wird, präzisiert Plotin, ist eine Seele und zugleich
Erzeugnis einer ursprünglicheren Seele (d.h. möglicherweise der Seele
als Hypostasis, die ursprünglicher als die φύσις ist),[26] aber im Gegensatz
zu jener ursprünglicheren Seele strebt die Natur nicht nach einer
dauernden Betrachtung, sondern bleibt in Ruhe, weil sie mit dem Er-

---

[23] Vgl. IV 4, 32, 13 f.: συμπαθὲς δὴ πᾶν τοῦτο τὸ ἕν, καὶ ὡς ζῷον ἕν κ.τ.λ.
[24] Vgl. II 3, 13, 34 f.
[25] Vgl. dazu *Enn.* III 8, 1, 2 f.: πάντα θεωρίας ἐφίεσθαι καὶ εἰς τέλος τοῦτο
βλέπειν.
[26] Vgl. ibid. 4, 15 f.: ἡ μὲν λεγομένη φύσις ψυχὴ οὖσα, γέννημα ψυχῆς προτέρας
κ.τ.λ.

zeugnis ihrer Betrachtung, d.h. der sinnlichen Welt, zufrieden ist.[27] Diese Betrachtung ist ein bloßes Bild (εἴδωλον) im Vergleich zur Betrachtung, die der Hypostasis der Seele eigen ist.[28] Auf diese Weise erklärt Plotin, warum die Intensität und Kraft der Betrachtung in dem Maße niedriger wird, in dem man sich von der Betrachtung des Nous, die als Ursprung selbst der Hypostasis der Seele verstanden werden kann, entfernt, und mit der Materie in Berührung kommt. Jedenfalls gibt es im Kosmos viele Lebewesen, die nach einer andauernden Kontemplation streben, als ob sie durch die Betrachtung ihre eigene bestimmte Individualität und folglich sich selbst transzendieren wollten. Das ist der Zustand der Einzelseelen der Menschen, die nach der Kontemplation streben können, aber auch in die Materialität des Sinnlichen abfallen und stürzen können. Eben in Anbetracht dessen behauptet Plotin in *Enn*. IV 8 (6), 4, 31 ff., dass die Seelen gleichsam als ἀμφίβιοι, d.h. Amphibien, betrachtet werden müssen, weil sie zum Teil in der geistigen Dimension und zum Teil hier im Sinnlichen leben.[29]

Nur Anhand der Lehre Plotins über die belebende, ordnende und vereinende Tätigkeit der Seele wird die Natur der demiurgischen Funktion, die er der Seele zuschreibt, deutlich. Nun aber ist es wichtig, hervorzuheben, dass die Seele bei Platon keine tatsächliche und direkte demiurgische Funktion ausübt. Die Weltseele im *Timaios* ist kein Prinzip, von dem jede Art von Leben und die Einzelseelen herkommen und abhängen. Im *Timaios* überträgt der Demiurg, nachdem er die Weltseele gebildet hat, den sogenannten jungen Göttern die Aufgabe, die sterblichen Körper zu erschaffen (τοῖς νέοις παρέδωκεν θεοῖς σώματα πλάττειν θνητά) und damit auch die ordnende Tätigkeit in bezug auf jedes einzelne Lebewesen, das zum sinnlichen Kosmos gehört.[30] Bei Plotin aber gibt es keine bestimmte Spur der jungen Götter und auch keinen

---

[27] Vgl. ibid.17 ff.

[28] Vgl. ibid. 28 f.

[29] Vgl. *Enn*. IV 8, 4, 31 ff.: γίγνονται οὖν [scil. die Seelen] οἷον ἀμφίβιοι ἐξ ἀνάγκης τόν τε ἐκεῖ βίον τόν τε ἐνταῦθα παρὰ μέρος βιοῦσαι κ.τ.λ. Zum Thema der amphbischen Seelen vgl. Alexandrine Schniewind: „Les âmes amphibies et les causes de leur différence. À propos de Plotin *Enn*. IV 8 [6], 4, 31-35", in: *Studi sull'anima in Plotino*, a cura di Riccardo Chiaradonna, Napoli 2005, S. 181-200.

[30] Vgl. dazu Platon, *Timaios* 42d6 ff.

deutlichen Hinweis auf sie: es ist nämlich die Weltseele, die den Lebewesen das Leben gibt und sie mit den Einzelseelen ausstattet.

IV

Im Bereich des späteren Neuplatonismus und insbesondere bei Proklos
steht die Theologisierung der ganzen Wirklichkeit in ihren verschiedenen Stufen im Mittelpunkt. Anhand dieser Theologisierung wird auch
eine systematische theologische Deutung des *Timaios* ausgearbeitet.
Wie wir im proklischen *Kommentar zum Timaios* und im 5. Buch der
Theologia Platonica sehen können, wird der Demiurg des *Timaios* bei
Proklos weder mit dem Nous noch mit der Seele gleichgesetzt, sondern
mit der denkenden oder intellektiven Dimension und insbesondere mit
dem letzten Bestandteil der sogenannten νοερὰ τριάς, die in axiologi-
scher Ordnung von den Göttern Kronos, Rhea und Zeus gebildet wird.[31]
Der Demiurg wird also mit Zeus identifiziert. Auf diese Weise bleiben
die Transzendenz, die Getrenntheit, die Ruhe und die Handlungs-
losigkeit des Intelligiblen erhalten. Darüber hinaus teilt Proklos in seiner
Deutung des *Timaios* den sogenannten jungen Göttern eine besondere
theologische Stufe und eine bestimmte Funktion in der Schöpfung der
sterblichen Lebewesen zu.[32] Während der νοερός Zeus für die universale
Demiurgie (τὴν ὅλην δημιουργίαν), d.h. für die Schöpfung der Seele des
Ganzen und der Struktur selbst des Kosmos verantwortlich ist, werden
die jungen Götter mit der Bildung der besonderen Teile (μέρη) des Kos-

---

[31] Vgl. dazu z.B. Proklos, *Theol. Plat.* V 20, 76, 7 ff. Es ist hervorzuheben, dass
Proklos in seinem *Kommentar zum Timaios* Iamblich als einen der ersten
Autoren zu betrachten scheint, welcher diese Art von Theologisierung eingeführt
haben. Proklos behauptet, dass Iamblich den ganzen geistigen Kosmos ‚Demiurg' nennt (πάντα τὸν νοητὸν κόσμον ἀποκαλεῖ δημιουργόν): siehe hierzu
Proklos, *In Tim.* I, 307, 17 f. Aber derjenige, der nach Proklos die echte und
wahre Meinung Platons über den Demiurgen und die Natur des Kosmos erfaßt
hat, ist sein Lehrmeister Syrianos: vgl. Proklos, *In Tim.* I, 310, 4 ff.

[32] Vgl. Proklos, *Theol. Plat.* V 20, 74, 25 ff. An dieser Stelle behauptet Proklos
auch, dass der Demiurg Modell für die Demiurgen ist, die im Kosmos wirken.
Zu den jungen Göttern bei Proklos vgl. Jan Opsomer: „La démiurgie des jeunes
Dieux selon Proclus", in: *Les Études Classiques* 71 (2003), S. 5-49.

mos, wie z.B. der einzelnen Lebewesen, betraut. Aufgrund dieser Auffassung ist der Demiurg im Vergleich zum Intelligiblen ein anderes und ein besonderes göttlich-metaphysisches Prinzip. Als νοερὸς θεός kann der Demiurg an sich die Tätigkeit eines wirkenden Denkens implizieren. Zugleich bleibt seine Beziehungslosigkeit mit dem materiellen und sinnlichen Kosmos durch die Tätigkeit der jungen Götter bestehen, welche in der Auslegung von Proklos eine niedrigere Stufe als jene des universalen Demiurgen darstellen: es geht um die drei hyperkosmischen Demiurgen, die er im Vergleich mit dem universalen Demiurg als besondere Väter (μερικωτέρους πατέρας) benennt, d.h. den hyperkosmischen Göttern Zeus, Poseidon und Pluton/Hades. Durch die Trennung zwischen Intelligiblem und Denkendem und zwischen der denkenden und der hyperkosmischen Stufe kann die Lehre des *Timaios* aufrechterhalten werden. Um die Beziehungslosigkeit des Demiurgen im Verhältnis zur Dimension des Besonderen und des Sterblichen noch mehr zu garantieren, greift Proklos nicht nur auf die detaillierte Vergöttlichung der verschiedenen Stufen der Wirklichkeit zurück, sondern auch, wie bekannt ist, auf die Vermehrung der mittleren Prinzipien. Proklos schreibt sogar dem Mischkrug (κρατήρ) des *Timaios*,[33] in dem die Weltseele gemischt wurde und in dem die Teile für die Bildung der Einzelseelen übrig geblieben waren, eine spezifische metaphysisch-theologische Funktion zu: insbesondere im 5. Buch der *Theologia Platonica* schlägt er eine spezifische theologische Lehre über die Natur des Mischkrugs vor, um zu zeigen, dass er das ursächliche Prinzip und die Quelle der besonderen Seelen ist und der Demiurg durch ihn die psychische Natur bestehen läßt.[34] Aufgrund dieser Auffassung kommt Proklos zu dem Schluß, dass die ganze psychische Ordnung nicht direkt aus dem Demiurgen hervorgeht, sondern aus dem Mischkrug.

Diese Vermehrung und Theologisierung der mittleren Prinzipien gestattet es Proklos zugleich, die Transzendenz der denkenden Stufe zu erhalten und auch die gesamte Verbindung zwischen Kosmos und Einzelseelen auf eine universale theologische Auffassung zu gründen. In Proklos' theologischer Perspektive zeigt sich eine gesamte Kontinuität und Harmonie zwischen den verschiedenen Stufen der Totalität der

---

[33] Vgl. dazu Plato, *Tim.* 41d4 ff.
[34] Siehe etwa Proklos, *Theol. Plat.* V 30, 109, 2 ff. Proklos beschreibt auch im Kapitel 31. des 5. Buches die Natur und die Funktion des Mischkrugs.

Wirklichkeit, zu welchen auch die ganze psychische Ordnung gehört: auf diese Weise haben die Einzelseelen an der göttlichen Harmonie und Einheit des Ganzen teil und sind zugleich Teil der ganzen göttlichen Ordnung.[35] Im theologischen System von Proklos, das zuweilen einem Labyrinth ähnelt, wird die Vermehrung der mittleren Prinzipien notwendig, um die Harmonie des Ganzen und zugleich die Transzendenz und Getrenntheit der oberen göttlichen Stufen zu erhalten. Genau in Anbetracht dessen hebt Proklos in seinem *Kommentar zum Timaios* hervor, dass die Seele aufgrund ihrer Natur nicht fähig ist, das, was jenseits der psychischen Ordnung ist, zu erzeugen:[36] im Gegenteil zu Plotins Auffassung ist es also unmöglich nach Proklos, dass der Kosmos, zu dem die Seele selbst gehört, von der Seele gebildet wird, da sie ein bestimmter Teil des Kosmos ist. Auch das Leben des Kosmos kommt nicht von der Seele her, sondern direkt vom Demiurgen, der aufgrund des intelligiblen Modells des an-sich-Lebenden (αὐτοζῷον) das Ganze lebendig macht.[37]

Die gegliederte Vergöttlichung des ganzen Kosmos, welche sich auch mittels der hyperkosmischen und der enkosmischen Götter entfaltet, ermöglicht es, wie gesagt, die gesamte Einheit des Ganzen in allen seinen verschiedenen Stufen zu bewahren. Infolge der göttlichen Natur des gesamten Kosmos gehören auch die Einzelseelen und damit jeder Mensch zur universalen Harmonie, die das Universum charakterisiert. Obwohl die Einzelseele eine besondere, fragmentarische und mit der materiellen Dimension verbundene Wirklichkeit ist, nimmt sie potentiell auch am Göttlichen teil, welches jede Dimension des Kosmos durchdringt. Deswegen müssen die Menschen, wie Proklos insbesondere in der 8. Dissertatio seines Kommentars zur Politeia behauptet, in Anbetracht ihres göttlichen Ursprungs die göttlichen Entitäten, die das Universum regieren, nachahmen.

In Proklos' theologischer Perspektive ist das Göttliche die ursprüngliche Grundlage der engen Verbindung zwischen Kosmos und Seele, so

---

[35] Zur Verbindung, aufgrund deren die Einzelseelen sich als verbunden mit den bildenden Prinzipien des Ganzen ergeben, vgl. Jean Trouillard: *La mystagogie de Proclos*, Paris 1982, Kap. III, 53-70.

[36] Vgl. Proklos, *In Tim.* I, 307, 11 f.: ἡ δὲ ψυχὴ τῶν ὑπὲρ τὴν ψυχικὴν τάξιν οὐδὲν παράγειν πέφυκεν.

[37] Vgl. dazu z.B. Proklos, *Theol. Plat.* V 20, 72, 6-76, 12.

dass die Überlegung über die Natur des Kosmos zur theologischen Betrachtung führt, oder mit den Worten, die Proklos in seinem *Kommentar zum Timaios* benützt: τελευτᾷ δὴ καλῶς ἡμῖν εἰς θεολογίαν ἡ φυσικὴ θεωρία, d.h. ‚die physische Betrachtung geht richtig und gelegen für uns in die Theologie aus‘.[38]

V

Wie kann in einem solchen göttlich geordneten und regierten Kosmos das Böse existieren und sich manifestieren? Das Problem der Theodizee wird von Proklos in verschiedenen Werken in Betracht gezogen: nicht nur in der Abhandlung *De Malorum Subsistentia*, sondern auch in der 4. Dissertatio des *Kommentars zur Politeia* in Bezug auf die τύποι περὶ θεολογίας des 2. Buchs des platonischen Dialogs und im 18. Kapitel des 1. Buchs der *Theologia Platonica*. In diesen Texten behauptet Proklos, dass die Götter nicht für das Böse verantwortlich sind. Im Unterschied zu Plotin[39] wird es nicht gänzlich und bedingungslos mit der Materie gleichgesetzt, auch wenn sich das Böse in der Materie, aufgrund ihrer Unbestimmtheit, zeigt;[40] außerdem wird es auch nicht einfach als reine Privation des Seins oder des Guten betrachtet. Das Böse erscheint als eine Art Nebenexistenz im sinnlichen Kosmos, aufgrund seiner großen Vielfältigkeit, Fragmentierung und Unbeständigkeit: das Böse ist nämlich keine ὑπόστασις, sondern, wie Proklos es bestimmt, παρυπόστασις. Die materielle Dimension ist in Anbetracht ihrer besonderen Natur in-

---

[38] Vgl. Proklos, *In Tim.* I, 227, 2 f.

[39] Zur Auffassung des Bösen bei Plotin vgl. *Enn.* I 8 (50). In diesem Text behauptet er, dass die Materie qua Böses Mangel von Gutem, von jeder Form und von Bestimmung ist (ibid. 4, 23): in Anbetracht dessen wird die Materie direkt mit dem Bösen identifiziert, oder besser noch, wie Plotin deutlich behauptet, ist die Materie erstes Böse. Dazu vgl. I 8, 14, 51: πρῶτον κακόν.

[40] Vgl. dazu Proklos, *De malorum subsistentia*, 30, 3 ff.: ῥητέον καὶ περὶ τῆς ὕλης, εἴτε ἔστι κακόν, εἴτε καὶ μή. συμβεβηκέναι μὲν γὰρ αὐτῇ τὸ κακὸν οὐδαμῶς δυνατόν κ.τ.λ. Auf der Seite 32, 1 ff. bemerkt Proklos, dass das Böse nicht auf die ὕλη zurückgeführt werden darf, weil die ὕλη notwendig (ἀναγκαῖον) für das Ganze ist und ohne sie es diesen Kosmos nicht gäbe, welcher aufgrund des *Timaios* (34b8) εὐδαίμων θεός (glücklicher Gott) benannt wird.

nerlich fragmentarisch und einem andauernden Werden unterworfen,
weil sie weit von der Einheit und Unwandelbarkeit der transzendenten
Stufen der Wirklichkeit entfernt ist.

Da die göttliche Struktur des ganzen Universums in ihrem Inneren
zum Guten hin orientiert ist, kann nur das Gute in ihm echte und wahre
Existenz haben, während das Böse zu einer momentanen Nebenexistenz
bestimmt ist.[41] Gerade wegen seiner nebensächlichen Natur kann das
Böse auf die besonderen und mit der sinnlichen Dimension verbundenen
Entitäten einwirken. Dadurch kann es sich zwar im Bereich der Einzelseelen manifestieren, aber keinen tatsächlichen Einfluß auf die gesamte
göttliche Ordnung der Dinge ausüben. Aufgrund dieser Vergöttlichung
und Theologisierung der ganzen Wirklichkeit kommt Proklos zu folgen-
dem Schluß: Die Götter sind nicht für das Böse verantwortlich, sie
können vielmehr das Böse in Anbetracht der Ordnung des ganzen Kosmos und der Totalität der Wirklichkeit in Gutes verwandeln. Im 18.
Kapitel des ersten Buchs der *Theologia Platonica* bemerkt Proklos, dass
das Böse, das in den besonderen Entitäten anwesend ist, nicht ohne eine
Art von Ordnung verlassen wird, sondern auch dies von den Göttern ge-
leitet und geregelt wird.[42] Da die Nebenexistenz des Bösen von der
fragmentarischen und wandelbaren Natur dessen, was mit der sinnlichen
und materialen Dimension verbunden ist, bedingt wird, können die Götter ihrerseits in dieser Perspektive als die Verneinung des Bösen betrachtet werden.

In Proklos' theologischer Perspektive ergibt sich sogar die Materie
als eine Schöpfung des Göttlichen, weil sie auch einen göttlichen Ursprung hat.[43] In der Tat behauptet Proklos sowohl im 5. Buch der *Theo-*

---

[41] Zur proklischen Auffassung des Bösen vgl. unter anderen Jan Opsomer und
Carlos Steel: „Evil without a cause: Proclus' doctrine on the origin of evil, and
its antecedents in Hellenistic philosophy", in: *Zur Rezeption der hellenistischen
Philosophie in der Spätantike. Akten der 1. Tagung der Karl- und-Gertrud-Abel-
Stiftung vom 22.-25. September 1997 in Trier (= Philosophie der Antike, 9)*, hg.
von Therese Fuhrer und Michael Erler, Stuttgart 1999, S. 229-260.
[42] Vgl. dazu Proklos, *Theol. Plat.* I 18, 86, 22-24: οὔτε ἄτακτον ἀφεῖται τὸ ἐν
τοῖς μερικοῖς κακόν, ἀλλὰ καὶ τοῦτο κατευθύνεται παρὰ τῶν θεῶν.
[43] Hier ist es notwendig, hervorzuheben, dass eben der göttliche Ursprung der
Materie und ihre Verbindung mit dem Göttlichen in der proklischen neuplatonischen Perspektive eine der wesentlichen metaphysisch-theologischen Grundlagen der Theurgie darstellt. Dazu vgl. Michele Abbate: *Il divino tra unità e*

logia Platonica als auch in seinem *Kommentar zum Timaios* deutlich, dass die Materie von einer göttlichen Stufe, die zweifellos vor dem Demiurgen kommt, erschaffen und eingeführt wird.[44] Deswegen orientiert sich auch die Materie selbst nach dem Guten, das als das Begehrenswerte an-sich (τὸ ἐφετόν) bestimmt wird, und durch dieses Streben nach ihm „überschüttet" sie sich mit all jenen guten Dingen, an denen sie teilnehmen kann.[45]

Aus diesen Auffassungen des Bösen und der Materie geht auch deutlich hervor, wie Proklos die Natur der Verbindung zwischen Kosmos und Seele sieht: es geht um eine göttliche Verbindung, weil sie gänzlich vom Göttlichen bestimmt wird und im Göttlichen ihren wahren Ursprung und ihre wahre Grundlage hat. Aber ob Proklos mit der ausführlich gegliederten Vergöttlichung des Ganzen in allen seinen vielfältigen Stufen und mit der labyrinthischen Vermehrung der mittleren Prinzipien immer eine harmonische und kohärente Darstellung der Natur des Kosmos und der gesamten Wirklichkeit geben kann, ist eine andere Frage.

Literatur

Abbate, Michele: *Il divino tra unità e molteplicità. Saggio sulla Teologia Platonica di Proclo*, Alessandria 2008.

ders., „Handlung und Wille bei Proklos: Die Bedeutung und die Rolle der Theurgie und der Pistis", in: *Wille und Handlung in der Philosophie der*

---

molteplicità. Saggio sulla Teologia Platonica di Proclo, Alessandria 2008, insbesondere 38-40 und 200; vgl. auch ders.: „Handlung und Wille bei Proklos: Die Bedeutung und die Rolle der Theurgie und der Pistis", in: *Wille und Handlung in der Philosophie der Kaiserzeit und Spätantike*, hg. von Jörn Müller und Roberto Hofmeister Pich, Berlin/New York 2010, S. 223-236; insbesondere S. 228-231. Vgl. auch im vorliegenden Band den Beitrag von John Dillon: „The Divinization of Matter in the Theurgic Tradition".

[44] Vgl. dazu Proklos, *Theol. Plat.* V 17, 61, 23 ff. und *In Tim.* I, 384, 16 ff.

[45] Vgl. dazu Proklos, *Theol. Plat.* I 22, 102, 9-12: ἐπεὶ καὶ αὐτὴ ἡ ὕλη πρὸς τὸ ἐφετὸν τοῦτο τετάσθαι λέγεται καὶ διὰ τῆς ἐφέσεως ταύτης πληροῦται τοσούτων ἀγαθῶν ὅσων δύναται μετασχεῖν.

Kaiserzeit und Spätantike, hg. von Jörn Müller und Roberto Hofmeister Pich, Berlin/New York 2010, S. 223-236.

Blumenthal, Henry Jacob: *Plotinus' Psychology. His Doctrines of the Embodied Soul*, The Hague 1971.

Dillon, John: „The Divinization of Matter in the Theurgic Tradition" (siehe in diesem Band).

Hadot, Pierre: „Ouranos, Kronos and Zeus in Plotinus' treatise *Against the Gnostics*", in: *Neoplatonism and early Christianity. Essays in honour of A.H. Armstrong*, ed. by Henry Jacob Blumenthal and Robert A. Markus, London 1981, S. 124-137.

Halfwassen, Jens: *Plotin und der Neuplatonismus*, München 2004.

Karfik, Filip: *Die Beseelung des Kosmos. Untersuchungen zur Kosmologie, Seelenlehre und Theologie in Platons Phaidon und Timaios*, München/Leipzig 2004.

O'Meara, Dominic J.: *Structures hiérarchiques dans la pensée de Plotin*, Leiden 1975.

Opsomer, Jan: „La démiurgie des jeunes Dieux selon Proclus", in: *Les Études Classiques* 71 (2003), S. 5-49.

ders.: „A Craftsman and his Handmaiden: Demiurgy according to Plotinus", in: *Platons Timaios als Grundtext der Kosmologie in Spätantike, Mittelalter und Renaissance*, hg. von Thomas Leinkauf und Carlos Steel, Leuven 2005, S. 67– 102.

Opsomer, Jan und Steel, Carlos: „Evil without a cause: Proclus' doctrine on the origin of evil, and its antecedents in Hellenistic philosophy", in: *Zur Rezeption der hellenistischen Philosophie in der Spätantike. Akten der 1. Tagung der Karl- und-Gertrud-Abel-Stiftung vom 22.-25. September 1997 in Trier (= Philosophie der Antike, 9)*, hg. von Therese Fuhrer und Michael Erler, Stuttgart 1999, S. 229-260.

Platon: *Platonis Opera*, vol. IV, ed. by J. Burnet, Oxford 1902.

Plotinus: *The Enneads*, trans. by Arthur Hilary Armstrong, vols. 1-7, Cambridge, Mass./London 1978-1987.

Proklos: *Procli Diadochi in Platonis Timaeum Commentaria*, 3 Bände, hg. von Ernst Diehl, Leipzig 1903–1906.

Schniewind, Alexandrine: „Les âmes amphibies et les causes de leur différence. À propos de Plotin *Enn*. IV 8 [6], 4.31-5", in: *Studi sull'anima in Plotino*, a cura di Riccardo Chiaradonna, Napoli 2005, S. 181-200.

Song, Euree: „Plotinus on the World-Maker", in: *Horizons. Seoul Journal of Humanities*, B. 3, N. 1 (2012), S. 81-102.

Trouillard, Jean: *La mystagogie de Proclos*, Paris 1982.

John Dillon (Trinity College Dublin)

The Divinizing of Matter: Some Reflections on Iamblichus' Theurgic Approach to Matter

If there is one thing, one would think, that could be assumed in the Platonic tradition to have a uniformly bad press, it is Matter. For Plato and his successors, following a doctrinal tradition enunciated most forcefully, perhaps, in the *Timaeus,* matter (though the actual term *hylê* is not, of course, used by Plato) is seen as the ultimate cause of the imperfection of the physical world, something that can be moulded and brought to order by the activity of Reason (represented mythologically by the Demiurge), but never entirely subdued. Even when, under Stoic influence, matter is presented as, not positively disorderly and recalcitrant, but purely passive and receptive – as seems[1] to be the case in the Stoicizing tradition stemming from Antiochus of Ascalon – it is still hardly a positive feature of the world, even though essential to its existence.

However, that is not the whole story on matter. Its ontological status can be significantly affected according as a monistic tendency, as opposed to a dualistic one, prevails within the Platonist tradition. In the 'Middle Platonic' period, with such predominantly dualistic thinkers as Plutarch and Numenius, matter, together with a disorderly soul, takes on an independent existence, such as finds support in a literal interpretation of the *Timaeus.* For Plutarch, one may cite in particular his presentation of such figures as Ahriman or Seth-Typhon in the essay *On Isis and Osiris* (369E), but also his description of the Indefinite Dyad in *On the*

---

[1] On the basis of such a text as Cicero, *Acad. Post.* 24 ff., where matter is presented as an entirely passive and malleable principle, "formless and devoid of all quality".

Obsolescence of Oracles, 428F, as "the element underlying all form-lessness and disorder". For Numenius, we may adduce a long passage presenting his doctrine of matter preserved by Calcidius (*In Timaeum,* ss. 295-9 = Fr. 52 Des Places), where he presents matter, while being "fluid and without quality", as being a positively evil force, and indeed criticizes the Stoics for postulating it as "indifferent and of a median nature."[2]

With Plotinus, however, Platonism takes on – or, arguably, returns to – a firmly monist position, according to which matter, like every other level of existence, is ultimately generated by the first principle, the One. This does not, certainly, prevent Plotinus from taking up on occasion a strongly adversative attitude to matter – as, for instance, in his treatise *On Matter,* II 4 [12], chs. 6-16, though even here he is concerned to present it as, above all, privation (*sterêsis*) and negativity. The main thing, nonetheless, is that, in Plotinus' system – again, despite some rhetoric on occasion (e.g V 1. 1) about 'daring' (*tolma*) and 'falls' – there is no question but that the physical world is a necessary develop-ment, and there is no adverse force in the universe striving for chaos and disorder. The imperfections of the physical world are irreducibly bound up with its three-dimensionality, its 'solidity': things just get in each other's way, and cut across each other, on this level of existence, in a way that they do not in the intelligible realm.[3]

Matter, however, is here far from being 'divinized', or in any way exalted. When we turn, on the other hand, to the world of the Greco-Roman (or, for that matter, Egyptian or Jewish) magicians, things are far otherwise. Here we find a very different attitude to matter and material substances, of a sort that has been acutely discerned to be akin rather to a 'scientific' view of the world than to a religious or philosophical one.[4]

---

[2] One finds, admittedly, a more neutral view of matter in Alcinous, *Didaskalikos,* ch. 8, which sticks pretty closely to the *Timaeus,* but emphasizes the lack of all quality proper to matter, and downplays any negative features.

[3] There is a nice passage on this topic in the last chapter of his large treatise *On Providence* (*Enn.* III 2-3), III 3, 7, where he presents the physical world as resembling a vast and tangled bush, springing from a single root, but with branches, and even twigs, getting in each other's way and causing trouble to each other.

[4] See on this the useful discussion of Georg Luck: *Arcana Mundi,* Baltimore/London 1985, in his first chapter, 'Magic'.

The objective in magical circles is not to deplore one's presence in the physical world, nor yet to escape from it, but rather to make use of its resources for one's practical purposes. The properties of material substances are to be catalogued and studied, and then to be applied, in various notionally effective combinations, to achieve a variety of practical outcomes, benign and otherwise.

Let me adduce an example or two, just from magical texts which I happen to have had a hand in translating (as part of the team carrying out the Chicago translation of the Greek Magical Papyri, under the leadership of Hans-Dieter Betz, back in the late 1970s).[5] The first is a formula for 'remembering what is said' – something that I would happily avail of these days! – apparently, though, in connection with the seeking of a revelation from Apollo (*PGM* II 17-21):

> *In order to remember what is said.* Use the following compound. Take the plant wormwood, a sun opal, a 'breathing stone' (sc. a magnet), the heart of a hoopoe. Grind all these together, add a sufficiency of honey, and anoint your lips with the mixture, having first incensed your mouth with a grain of frankincense gum.

We may note here the use of a set of substances comprising animal, vegetable and mineral classes, that is to say: hoopoe, wormwood, opal and magnet (i.e. magnetic lodestone), put together to generate what one might term a 'power compound', with the purpose here of constraining a god, through harnessing the force of cosmic sympathy. Each of these components has various powers attached to it by itself: the hoopoe is a sacred bird in Egypt, wormwood has curative and stimulative powers (among other things, it stimulates the imagination!), the opal was thought to increase mental capacity, and the magnet likewise; in combination they would be expected to set up a compelling chain reaction.

Again, we have a spell to gain control of one's shadow (*PGM* III 612-32) – though exactly what the advantage of this might be is left unstated!:

> If you make an offering of wheaten meal and ripe mulberries and unsoftened sesame and uncooked *thrion* and throw into this a beet, you will

---

[5] *The Greek Magical Papyri in Translation, including the Demotic Spells*, ed. by Hans Dieter Betz, Chicago 1986.

gain control of your own shadow, so that it will serve you. Go at the
sixth hour of the day, towards the rising sun, to a deserted place, girt
about with a new male palm-fibre basket, and on your head a scarlet
cord as a headband, behind your right ear the feather of a falcon, behind
your left ear that of an ibis. Having reached the place, prostrate yourself,
stretch out your hands, and utter the following formula: "Cause now my
shadow to serve me, because I know your sacred names and your signs
and your symbols, and who you are at each hour, and what your name is.

The spell goes on to prescribe the recitation of an address to the Sun,
given earlier (III 494-536), in which all his names, signs and symbols
for each hour of the day are listed, with the purpose of gaining power
over him. This will induce the Sun to cause your shadow to serve you.

Here we have the combination of the right material objects, joined
together in the right way,[6] with the correct magical formula, to bring
about an advantageous change in the physical world. It is out of this
magical milieu, rather than from any part of the Platonist tradition itself,
that arises the much more positive evaluation of matter characteristic of
theurgy. What we find when we turn to the philosopher Iamblichus of
Chalcis, then, I would suggest, is an attitude to matter characteristic of
the magical – or what one might charitably term the 'scientific' – tradition, but with a significant degree of distancing from that tradition in
respect of its attitude to the gods, and to divine and daemonic inter-
vention in the physical world.

What Iamblichus would particularly disavow, as indeed he does explicitly in the *De Mysteriis* (IV 1-4), in response to the gibes of
Porphyry,[7] is the suggestion that the theurgist is in any way concerned to
compel the gods to do his will. He is simply, by virtue of his expertise
with the manipulation of matter and his knowledge of the appropriate
formulae, enabling the gods to exercise their benevolent power, as they

---

[6] How exactly one was intended to wear the palm-fibre basket is not made clear:
presumably round one's middle. That, together with a large feather protruding
from behind either ear, should have produced a comical effect sufficient to
attract the notice of the Sun himself.

[7] Porphyry's gibe on this occasion is as follows (181, 2-3): "A thing that very
much troubles me is this: how does it come about that we invoke the gods as our
superiors, but then give them orders as if they were our inferiors?"

are perfectly happy to do. He is not constraining them; he is merely facilitating them:

> The gods and the classes of being superior to us, through a wish for the good, and with an ungrudging fulfillment of benefits,[8] bestow with benevolence towards the saints (*hoi hagioi*)[9] what is fitting to them, exhibiting compassion towards the labours of priestly men, and embracing their own offspring, nurselings and pupils (181, 6-9).

As I say, these theurgical procedures rely on the premiss that, from the divine perspective, matter is not something to be despised or shunned; it is rather an integral part of the universe, to be availed of by the gods and other higher beings, when properly organized and presented to them by an expert, for the providential ordering of the physical world.

To illustrate this position, let us consider a passage from *De Myst.* V 23: *233*, where Iamblichus is concerned with the theory and practice of sacrifice. In this connection, he addresses the question of the status of matter (*hylé*):

> And let there be no astonishment if in this connection we speak of a pure and divine form of matter; for matter also issues from the Father and Creator of all[10] and thus gains its perfection, which is suitable to the reception of gods (*epitêdeia pros theôn hypodokhên*). And at the same time nothing hinders the superior beings from being able to illuminate their inferiors, nor yet, by consequence, is matter excluded from participation in its betters, so that such of it as is perfect and pure and of good type is not unfitted to receive the gods; for since it was proper not even for terrestrial things to be utterly deprived of participation in the divine, earth also has received from such participation a share in divinity, such as is

---

[8] The language here seems intentionally reminiscent of Plato's characterization of the attitude of the Demiurge at *Tim.* 29e.

[9] A nice characterization of the practitioners of theurgy, probably deliberately mirroring the normal contemporary Christian characterization of their holy men.

[10] This thoroughly Platonic pair of epithets, *patêr* and *dêmiourgos* (*Tim.* 28c; 41a) refers in Plato to the Demiurge, who by the Neoplatonic period would not be understood as a supreme deity, but Iamblichus, in his persona as the Egyptian high-priest Abammon, chooses to take them as referring to such a deity here.

sufficient for it to be able to receive the gods. Observing this, and discovering in general, in accordance with the properties of each of the gods, the receptacles adapted to them, the theurgic art in many cases links together stones, plants, animals, aromatic substances, and other such things that are sacred, perfect and godlike, and then from all these composes an integrated and pure receptacle (*hypodokhên holotelê kai katharan apergazetai*).

I think that we can conclude from such a passage as this that these *symbola* have been sown by the gods in matter eternally, and that it is part of the divine dispensation, consistent with the operations of fate and providence, that certain privileged persons, the priests of old and the theurgists of Iamblichus' own day, should be able to ferret them out and make proper use of them. Their presence is therefore not to be regarded as inconsistent with an eternally ordered universe.

He continues, with a glance in the direction of those philosophers (such as Porphyry) who professed a generally low view of matter (*234*):

One must not, after all, reject all matter, but only that which is alien (*allotria*) to the gods,[11] while selecting for use that which is akin to them, as being capable of harmonizing with the construction of dwellings for the gods, the consecration of statues,[12] and indeed in the performance of sacrificial rites in general. For there is no other way in which the terrestrial realm or the men who dwell here could enjoy participation in the existence that is the lot of the higher beings, if some such foundation be not laid down in advance. We must, after all, give credit to the secret discourses (*aporrhêtoi logoi*)[13] when they tell us how a sort of matter is imparted by the gods in the course of blessed visions

---

[11] It is interesting that Iamblichus here recognises that not all matter is amenable to the purposes of the gods, but it is not quite clear what exactly he has in mind. Perhaps just mud and rubbish. I doubt that he intends any seriously dualist implications.

[12] This is of course a recognised theurgical practice, sometimes gaining a tangible response from the statue. The Emperor Julian's spiritual master, Maximus of Ephesus, the pupil of a pupil of Iamblichus, was especially adept at this; cf. Eunapius: *Vit. Soph.* 474-5.

[13] Presumably those secret books of Hermes, mentioned at the beginning of Book VIII, to which I will turn in a moment.

(*makaria theamata*);[14] this is presumably of like nature with those who bestow it. So the sacrifice of such material rouses up the gods to manifestation (*ekphansis*), summons them to reception, welcomes them when they appear, and ensures their perfect representation.

This last remark presumably means that the use of proper material provides the gods with a suitable medium in which to manifest their characteristic natures. The whole passage constitutes a strong assertion of the positive view of matter characteristic of the magical tradition on which Iamblichus is basing himself.

Iamblichus is, however, after all, not a magician but a Platonic philosopher, and we may expect to see in him some attempt to subsume this higher valuation of matter into his general philosophical system. This we in fact find later in the *De Mysteriis* (VIII 3), where he is, in his persona of Abammon, purporting to present the philosophical principles of the Egyptians, as recounted in 'the books of Hermes'. As it turns out, the Egyptians profess a set of principles closely resembling those of Pythagoras:[15]

> And thus it is that the doctrine of the Egyptians on first principles, starting from the highest level and proceeding to the lowest, begins from unity (*hen*), and proceeds to multiplicity (*plêthos*), the many being in turn governed by a unity, and at all levels the indeterminate nature (*hê aoristos physis*) being dominated by a certain definite measure (*hôrismenon metron*) and by the supreme causal principle that unifies all things (*heniaia pantôn aitia*). As for matter, God[16] derived it from substantiality (*ousiotês*), when he had abstracted from it materiality

[14] There are numerous examples of this sort of phenomenon in the magical papyri, but a good example occurs at *PGM* I 1-42, right at the outset of the collection, where, as part of the conjuration of a *paredros daimon,* a falcon brings to the officiant an oblong stone which is plainly of supernatural origin.

[15] Hardly surprising, Iamblichus would say: that is where he got them from!

[16] These titles, 'God' and 'Demiurge' just below, if we relate this passage with what has been revealed just above (VIII 2:262), seem to refer, not to the first principle, the One, but rather to a secondary, demiurgic deity, characterized as 'self-father' (*autopatôr*) and 'father of essence' (*ousiopatôr*).

(*hylotês*)[17]; this matter, which is endowed with life, the Demiurge took in hand and from it fashioned the simple and impassible (sc. heavenly) spheres, while its lowest element (*eskhaton*) he crafted into bodies which are subject to generation and corruption.

Here matter is put more properly in its place, from a Platonist point of view, as the *lowest* manifestation of a plurifying and generative force that makes its appearance as the highest level of the universe as the Indefinite Dyad, or Multiplicity, deriving directly from the One – as indeed it does in Plotinus' system.[18] Even here, though, we may note a *higher* grade of matter, used by the Demiurge for the crafting of the heavenly bodies, which are eternal and unchanging. What the precise relationship between *ousiotês* and *hylotês* may be is not quite clear from the rather tortuous syntax of Iamblichus' prose here, but he seems to envisage this archetype of matter as being somehow 'split off' (*hypo-skhistheisa*) from substantiality, in a manner somewhat reminiscent of the system of the Neopythagorean Moderatus,[19] as reported by Porphyry (ap. Simpl. *In Phys.* p. 230, 34 ff. Diels), where Moderatus' second One, also termed the *heniaios logos* (of which the *heniaia aitia* mentioned in the present passage may be a reminiscence), "wishing to produce from itself the generation of beings, *by withdrawing itself* (*kata sterêsin hautou*), left room for quantity (*posotês*), depriving it of all its *logoi* and forms." This appears to reverse the order of seniority to be observed in Plotinus between the Indefinite Dyad, as the primary 'outflow' (*aporrhoê*) from the One, and Intellect (*nous*), which only constitutes itself as a result of the reversion of this outflow, and its reflection upon its source, and is thus logically secondary to the dyadic element, but it is not really in contradiction with it, I think: the outflow, as a material principle, can be contemplated as distinct from the intellect, which is also substance, which has been generated from it, and in this way can be separated off – initially as 'intelligible matter', which Plotinus (e.g. in *Enn.* II 4, 1-5) sees as the common substratum of the Forms within the realm

---

[17] Both these terms, we may note, are to be found in surviving treatises of the *Corpus Hermeticum* (8. 3; 12. 22), though there is nothing precisely corresponding to the doctrine set out here.

[18] Cf. e.g. *Enn.* V 1, 5; VI 6, 1-2.

[19] See my discussion in *The Middle Platonists*, London 1977, pp. 346-9.

of Intellect. Furthermore, in the Plotinian universe, the process of emanation continues, from Intellect downwards to produce Soul, and from Soul to produce Nature and the physical world, with in each case an indefinite, dyadic power 'splitting off from below' the higher hypostasis, allowing the lower hypostasis to substantialize itself by 'reversion'. In this particular sense, materiality can be viewed as subordinate to substantiality.

At any rate, we can see matter here being treated of in a philosophic context, and consigned to a lowly status, though with the reminder that it is the offshoot of a force that pervades the universe from its highest level.[20] We can see this scenario presented also in a passage of another work of Iamblichus, the *De Communi Mathematica Scientia,* ch. 4, which I have elsewhere made considerable use of in reconstructing the philosophical system of Speusippus,[21] but which may equally well be used to elucidate Iamblichus' own position, as he is plainly adopting the doctrine here as compatible with his own:

> Of mathematical numbers[22] one must postulate two primary and highest principles (*arkhai*), the One (which should not even be called existent, by reason of its simplicity and its position as principle of everything else, a principle being properly not yet that of which it is the principle); and another principle, Multiplicity (*plêthos*), which has the capacity in itself to generate division (*diairesis*), and for which for this reason we might, if we are to give the most suitable possible characterisation of it, liken to a completely fluid and malleable matter (*hygrâi tini pantapasi kai eupladei hylêi*).

---

[20] Of course one can also adduce from the *De Mysteriis* itself numerous passages where matter is referred to in what one might term its 'normal' Platonist role; e.g. I 10:*36,* where there is reference to the soul "becoming enmeshed in the indefiniteness and otherness of matter (*to aoriston kai tên heterotêta tês hylês*); I 11:*39,* where he speaks of "the absence of beauty which is characteristic of matter."

[21] See in particular ch. 2 of John Dillon: *The Heirs of Plato,* Oxford 2003.

[22] This specification may be regarded as merely the consequence of the fact that Iamblichus is discussing mathematics in this work; for 'mathematical numbers' one may equally well understand 'the whole of reality'.

Here we have the secondary principle, in Speusippus' terminology 'Multiplicity' (*plêthos*), represented as "a completely fluid and malleable *hylê*." In attributing this passage to Speusippus, I chose to translate *hylê* rather tentatively, as 'raw material', in recognition of the fact that it is Aristotle that is generally reputed to have first used this term to characterize the substratum of any particular form, or of form in general, though I ventured to suggest that there was nothing preventing his contemporary Speusippus having used it as well, at least in a tentative manner. However, for Iamblichus himself, there is no problem: Multiplicity, or the Indefinite Dyad, is definitely characterisable as the archetype of Matter, and as itself a sort of 'matter'.

Matter in the proper sense seems to make its appearance at a lower level of the universe, coming after Soul, at what Iamblichus describes as the 'fourth and fifth' levels of reality (p. 18, 9 ff. Festa), which, I have suggested (*Heirs of Plato,* pp. 54-5), may represent the levels of living corporeal beings and of inanimate nature, but in fact Iamblichus (and/or Speusippus) talks rather of the arising of ugliness and evil (*to aiskhron kai to kakon*), which even then arises "not principally (*proêgoumenôs*), but as a result of a falling-away from (*ekpiptein*) and failure to control what is in accordance with nature."

This is a portrayal of the realm of matter in its normal Platonist mode, though with a distinctly 'monistic' and positive emphasis, and other such references can be gleaned from various passages of his *Commentary on the Timaeus* (e.g., Frs. 9; 46 Dillon), where the chief characteristic of matter is the introduction of diversity and 'otherness' (*heterotês*); but even here the continuity of the universe, in its various levels, is emphasized, and the incidental nature of evil, as the result of instances of 'falling away' from natural norms.[23] There is nothing really

---

[23] The connection of matter with nature, and both of them with the realm of fate (*heimarmenê*) is stressed also in a fragment of Iamblichus' *Letter to Sopater on Fate* (*Letter 12* Dillon-Polleichtner): "That life, therefore, which relates to body and the rational principle which is concerned with generation (*logos genesiourgos*), the forms-in-matter (*enula eidê*) and matter itself, and the creation that is put together out of these elements, and that motion which produces change in all of these, and that Nature which administers in an orderly way all things which come into being, and the beginnings and ends and creations of Nature, and the combinations of these with each other and the their

wrong with matter as such; it is simply a manifestation, at the lowest level, of the Indefinite Dyad, the principle of *heterotês,* which is an essential element in the composition of the universe.

What I have sought to argue, then, in this brief paper is that an important consequence of Iamblichus' preoccupation with theurgy is that he is driven to take over from the magical and alchemical tradition a positive view of the material world that has a certain resemblance to that of modern science. According to such a tradition, in the hands of the properly trained and disciplined expert, material objects can be made to serve as instruments of divine beneficence, and these objects have intrinsic power, even independent of the expertise of the practitioner. This does not involve a denial that the material world is a messy and impermanent place, and should ultimately be transcended by the human soul, but it does assert that it has certain positive features. There is a fine defence of the theurgic position to be found at the end of Book II of the *De Mysteriis* – as so often, in response to a gibe of Porphyry's (II 11: *96-7*), and we might end with that:

> Granted, then, that ignorance and deception are faulty and impious, it does not follow on this that the offerings made to the gods and divine works are invalid, for it is not pure thought that unites theurgists to the gods. Indeed, what then would hinder those who are merely theoretical philosophers from enjoying a theurgic union with the gods? But the situation is not so: it is the accomplishment of acts not to be divulged and beyond all conception, and the power of unutterable symbols, understood solely by the gods, which establishes theurgic union. Hence, we do not bring about these things by intellection alone; for thus their efficiency would be intellectual, and dependent upon us. But neither assumption is true. For even when we are not engaged in intellection, the symbols (*synthêmata*) themselves, by themselves, perform their appropriate work, and the ineffable power of the gods, to whom these symbols relate, itself recognises the proper images of itself, not through being aroused by our thought.

In a word, then, the gods themselves have sown *symbola* or *synthêmata* in the material world, as instruments of their providence, and it therefore behooves all of us, theurgists or not, to accord matter a proper respect.

progressions from beginning to end – all these go to make up the essence of Fate."

Bibliography

Alcinous: *The Handbook of Platonism* (= *Didaskalikos*), trans. by John Dillon, Oxford 1993.

Betz, H.-D. (ed.): *The Greek Magical Papyri in Translation, including the Demotic Spells,* Chicago 1986.

Cicero: *Academica Posteriora,* ed., introd. and comm. by Michel Ruch, Paris 1970.

Dillon, John: *The Middle Platonists: A Study of Platonism (80 BC-AD 220),* London 1977, 2nd rev. edn, Ithaca 1996.

id.: *The Heirs of Plato,* Oxford 2003.

Eunapius: *Vitae Sophistarum,* ed. by Jean François Boissonade and Daniel Wyttenbach, Amsterdam 1822.

Iamblichus of Chalcis: *The Letters. Writings from the Greco-Roman World*, ed. by John Dillon and Wolfgang Polleichtner, Atlanta 2009.

Luck, Georg: *Arcana Mundi,* Baltimore/London 1985.

Plotinus: *Enneads III 1-9*, trans. by Arthur Hilary Armstrong, Cambridge, Mass. 1967.

Piera De Piano (Salerno)

L'ἀφομοιωτικὴ δύναμις de l'âme et la matière des noms dans le *Commentaire du Cratyle* de Proclus

Parler du langage, c'est parler de l'âme: Proclus le déclare tout au début de son *Commentaire du Cratyle*, quand il explicite le σκοπός du dialogue platonicien, «la visée principale vers laquelle il faut faire converger le détail»[1] de son interprétation des noms; rechercher la vérité dans les mots, c'est s'interroger sur les capacités (δυνάμεις) et les activités (ἐνέργειαι) des âmes individuelles: le *Cratyle*, qui déjà à partir d'Alcinoos était devenu un dialogue dialectique et logique,[2] chez Proclus, est un dialogue qui concerne la ψυχή et sa capacité de construire l'univers des choses en les nommant et en les interprétant. Voici le texte proclien:

> Le but du Cratyle est de montrer, à travers la justesse des noms, l'activité génératrice (τὴν γόνιμον ἐνέργειαν) que les âmes exercent jusqu'aux derniers êtres, ainsi que leur puissance assimilatrice (καὶ τὴν ἀφομοιωτικὴν δύναμιν) qu'elles expriment pour l'avoir reçue dans leur propre essence (κατ'οὐσίαν λαχοῦσαι).[3]

---

[1] *Cf.* Philippe Hoffmann: «Catégories et langage selon Simplicius – La question du *skopos* du traité aristotélicien des *Catégories*», dans: *Simplicius, sa vie, son œuvre, sa survie*, éd. par Ilsetraut Hadot, Berlin/New York 1987, p. 66.

[2] Selon Alcinoos le *Cratyle* révèle l'essence des choses à travers ὁ ἐτυμολογικὸς τόπος: *cf. Didask.* VI, p. 159, 43 – 160, 3; VI, p. 160, 28-30 éd. Hermann.

[3] Procl., *In Crat.* I, p. 1, 1-4 éd. Pasquali. La traduction du *Commentaire du Cratyle* ici proposée est la mienne.

Le langage tient de la dimension psychique de l'homme qui est en même temps créatrice et représentative: l'âme humaine fabrique les choses dans le statut d'image, par le moyen des noms par lesquels les choses sont désignées et, en même temps, elle est en mesure, grâce à sa propre nature, d'assimiler la chose et son nom. En attribuant l'activité onomastique à l'âme humaine, Proclus précise en outre que ces activités et capacités appartiennent aux hommes d'une manière naturelle, puisqu'elles appartiennent à son essence.[4]

Ce que je me propose dans cet essai, c'est de montrer comment la nature tout à fait platonicienne de l'âme en tant qu'intermédiaire entre le sensible et l'intelligible trouve chez le philosophe lycien une place fascinante et vraiment féconde à l'intérieur de la dialectique matière-forme du nom et de sa nature représentative; nous verrons ainsi comment la capacité assimilatrice, dont l'âme est douée et qui se déploie à travers l'imagination linguistique, se révèle être à la base du statut mimétique du langage et surtout de sa double origine, aussi bien naturelle que conventionnelle, origine que le nom conserve dans sa double essence de matière et de forme. Enfin, il sera évident comment la production des noms devient représentation de la démiurgie cosmique, fondées toutes deux sur la même puissance assimilatrice des âmes et des dieux et sur le même principe de ressemblance entre les différents niveaux d'existence des êtres.

I   L'âme, les dieux et la ὁμοιότης dans la démiurgie
         des noms et des choses

Dans la proposition 195 des *Éléments de Théologie*, Proclus explique que c'est la nature même de l'âme qui se trouve *au centre*[5] et qui surtout contient plusieurs éléments.

---

[4] En grec κατ'οὐσίαν; cette formule est utilisée par Proclus en opposition avec κατ'ἐνέργειαν, κατὰ μέτεξιν e κατ'ἕξιν: il s'agit donc d'une opposition entre ce qu'une chose est en soi-même et ce qu'elle est en agissant et en se manifestant. *Cf.* Proclus: *Lezioni sul* Cratilo *di Platone*, introd., trad. e comm. di Francesco Romano, Catania 1989, *comm. ad loc.* (C3), p. 118.

[5] Dans *In Alc.* 320, 19 éd. Segonds, Proclus définit l'âme en tant que μέσον κέντρον τῶν ὄντων.

Toute âme est toutes les réalités, les sensibles sous le mode exemplaire (παραδειγματικῶς), les intelligibles sous le mode d'image (εἰκονικῶς). Puisqu'elle est médiatrice (μέση) entre les principes indivisibles et ceux qui se divisent dans l'ordre corporel, l'âme produit et fait subsister ces derniers, tandis qu'elle se fait précéder par ses propres causes dont elle procède. Les êtres auxquels elle préexiste comme cause, elle les précontient donc sous le mode exemplaire. En revanche, les principes auxquels elle doit la subsistance, elle les possède par participation et sous forme de rejetons des premiers ordres. [...] L'âme est donc tous les êtres, les uns par participation (κατὰ μέθεξιν), c'est-à-dire les premiers, les autres à titre exemplaire (παραδειγματικῶς), c'est-à-dire ceux qui lui sont subordonnés.[6]

Eh bien, le langage utilisé par Proclus pour décrire la nature intermédiaire de l'âme est le même langage qui décrit la nature iconique du nom. L'âme partage avec le nom la nature participative avec un être qui lui est supérieur mais qui est par elle représenté. Cela lui permet de produire des images, de construire des relations, justement comme on construit des statues divines.

Afin de mieux explorer la fonction créatrice de l'âme humaine dans la production du langage, l'exégète compare alors l'onomaturgie avec la

---

[6] Procl., *El. Theol.* 195, p. 170, 4-17 éd. Dodds; *v.* aussi, *ibi*, 190. La traduction est de Jean Trouillard. *Cf.* Plat. *Tim.* 35a-b et le célèbre texte de la description de la composition de l'âme du monde en tant que réalité intermédiaire entre le sensible et l'intelligible. Proclus emprunte à Jamblique la théorie de l'âme médiatrice, une théorie qui est témoignée par quelques fragments, pour la plupart de Jean Stobée, qui constituent ce qui reste de son traité *De anima*: sur ce sujet *cf.* Carlos Steel: «Il Sé che cambia. L'anima nel tardo Neoplatonismo: Giamblico, Damascio e Prisciano», a cura di Lucrezia Iris Martone, Bari 2006, pp. 94-107 et Cristina D'Ancona: «À propos du *De anima* de Jamblique», dans: *Révue des Sciences Philosophiques et Théologiques* 90 (2006), pp. 617-639.2006. Sur la nature médiatrice de l'âme chez Proclus, sur sa double essence de modèle et image fondamentales sont les pages écrites par Carlos Steel: «L'Âme: modèle et image», dans: *The Divine Iamblichus. Philosopher and Man of Gods*, ed. by Henry Jacob Blumenthal and E. Gillian Clark, London 1993 (sur le texte des *Éléments de Théologie cf.* surtout p. 20). Sur la valeur que la *homoiotes* acquiert à l'intérieur de la procession ontologique chez Proclus v. Stefania Bonfiglioli: *Agalma. Icone e simboli tra Platone e il neoplatonismo*, Bologna 2008, pp. 88-99.

peinture[7] (ἡ ζωγραφία) et d'autres arts similaires (αἱ τοιαῦται), en tant que provenant tous de la même puissance psychique de l'homme: à savoir de la εἰκαστικὴ δύναμις, de la capacité de construire des images. Cette capacité – explique Proclus – est ἀφομοιωτική, c'est-à-dire assimilatrice, capable de rendre les choses d'ordre inférieur semblables aux choses d'ordre supérieur, les choses qui sont composées aux choses plus simples;[8] selon ce principe, l'âme, douée de telle puissance, est en mesure de s'assimiler elle-même avec les êtres qui lui sont supérieurs (dieux, anges et démons), en réalisant ainsi la ὁμοίωσις τῷ θεῷ, qui est la fin extrême de l'activité philosophique; de plus, elle peut assimiler à elle-même les êtres qui lui sont inférieurs, et enfin ces derniers aux êtres supérieurs à elle-même: voici la construction de statues des dieux et des démons (θεῶν τε ἀγάλματα καὶ δαιμόνων δημιουργεῖ).

Le discours linguistique acquiert alors une dimension imaginative qu'il partage avec n'importe quelle production technique et qui procède par ressemblances, par relations analogiques. Cette modalité assimilatrice est capable d'entrecouper non seulement l'âme avec ce qui lui est supérieur, c'est-à-dire l'univers des dieux, mais aussi le niveau sensible de l'être avec le niveau intelligible. C'est à ce moment-là que le philo-

---

[7] Je me suis occupée plus précisément de ce sujet en Piera De Piano: «Il Demiurgo, l'onomaturgo e l'artista nei capitoli LI-LIII *dell'In Cratylum di Proclo*», dans: *Logos. Rivista annuale del Dipartimento di filosofia A. Aliotta* 8 (2013), pp. 9-22.

[8] L'élément de la similitude et de la ressemblance est *trait d'union* entre le nom et la peinture déjà dans le dialogue platonicien. Dans *Crat.* 424d8, à propos de l'analyse des στοιχεῖα, c'est-à-dire les éléments premiers – voyelles et consonnes – par lesquels un nom est composé, l'artisan des noms est dit représenter l'essence d'une chose quand il lui assigne un nom, et donc les στοιχεῖα qui le composent, κατὰ τὴν ὁμοιότητα, *selon similitude*, justement comme un peintre représente le coloris du corps d'une femme en mélangeant les couleurs selon leur ressemblance au modèle qu'il faut représenter; de plus en 426d5, Socrate utilise justement le verbe ἀφομοιοῦν pour indiquer l'action de la représentation mimétique active dans le choix de l'*onomaturge* d'utiliser l'élément premier r (τὸ...ῥῶ στοιχεῖον) pour signifier, pour montrer la φορά, *apporter* ou bien *être apporté*, représentation qui se produit toujours *par similitude*; enfin, en 434a3-5, le nom est dit être nécessairement semblable à l'objet dont il est le nom, *aussi bien dans sa totalité que dans ses parties*: «οὐκοῦν εἴπερ ἔσται τὸ ὄνομα ὅμοιον τῷ πράγματι, ἀναγκαῖον πεφυκέναι τὰ στοιχεῖα ὅμοια τοῖς πράγμασιν...;».

sophe lycien introduit la célèbre analogie du nom-*agalma*: non seulement la représentation anthropomorphe est dite statue, ἄγαλμα, des
dieux, mais aussi leur nom. Le nom a une consistance matérielle à l'égal
d'une statue de marbre: l'invisibilité d'une représentation de l'invisible,
tel le nom en tant que représentation invisible de l'idée de la chose
nommée, a la même capacité évocatrice possédée par les statues des
dieux dans les pratiques télestiques. Art télestique et art onomastique
sont ainsi assimilés en vertu de la fonction évocatrice de la statue et du
nom par rapport à une image mentale présente dans l'esprit du théurge et
de l'onomaturge par laquelle ils assimilent la matière sensible – respec-
tivement le marbre et le revêtement phonique des paroles – à la forme
eidétique des dieux et de l'essence de la chose nommée:

> De même que la télestique, au moyen de certains symboles et de signes
> indicibles, rend les statues de ce monde semblables aux dieux et aptes à
> recevoir les illuminations divines, ainsi la nomothétique des noms, selon
> la même puissance assimilatrice (κατὰ τὴν αὐτὴν ἀφομοιωτικὴν
> δύναμιν), fait subsister (ὑφίστησι) les noms comme statues des choses
> (ἀγάλματα τῶν πραγμάτων), en représentant (ἀπεικονιζομένη) par tel ou
> tel son (διὰ τοίων καὶ τοίων ἤχων) la nature des êtres (τὴν τῶν ὄντων
> φύσιν).[9]

---

[9] Procl., *In Crat.* LI, p. 19, 12-19. Dans un extrait du *Commentaire du
Parménide*, Proclus dit ἄγαλμα n'importe quel nom, comme par exemple le nom
«ἄνθρωπος», qui doit être attribué aussi bien à l'idée noétique du référent qu'au
référent sensible même: «Par conséquent, s'il est vrai que les noms sont des
statues verbales des réalités (ἀγάλματα τῶν πραγμάτων λογικά), ils le sont à titre
premier des formes immatérielles et à titre secondaire des sensibles; [...] De fait,
'homme' ici-bas – je veux dire le nom d'homme – on peut le dire, dans un sens
(ἄλλως μέν) statue de la forme divine (ἄγαλμα τοῦ θείου εἴδους), dans un autre
(ἄλλως δέ) [statue] du sensible (τοῦ αἰσθητοῦ)» (IV, 851, 8-21). La traduction
est de Luna-Segonds 2011. Cet extrait s'insère évidemment à l'intérieur de la
question fondamentale sur la relation du même nom avec l'idée, unique, et avec
les choses sensibles, multiples, et à l'intérieur du débat sur l'homonymie de
Arist. *Cat.* 1a1 ss. Foisonnante est la bibliographie produite sur ce sujet; en
particulier, sur les prolongements de ce débat dans la tradition néoplatonicienne,
cf. Michel Narcy: «L'homonymie entre Aristote et ses commentateurs néo-
platoniciens», dans: *Les études philosophiques* 1, janvier-mars 1981, pp. 35-52;
Riccardo Chiaradonna: *Sostanza movimento analogia. Plotino critico di
Aristotele*, Napoli 2002, pp. 227-305 et Riccardo Chiaradonna: «Plotino e la

Le système métaphysique proclien se montre alors parfait et bien or-
donné, en se révélant dans sa trame stricte qui tient les choses toutes
unies entre elles. Le principe du lien d'harmonie cosmique (συμπάθεια)
sur lequel s'appuie l'efficacité des rituels mystiques est intimement lié à
la puissance assimilatrice qui appartient à l'âme humaine ainsi qu'aux
dieux. Tout cela devient plus clair si l'on considère la construction théo-
logique du cosmos ainsi qu'elle est décrite par le philosophe lycien dans
la *Théologie Platonicienne*. Dans le sixième livre de son chef-d'œuvre,
Proclus décrit les rangs des dieux immédiatement inférieurs à la réalité
intellective. Les habitants de ce niveau métaphysique, déjà hors des
réalités absolument transcendantes et désormais proches du monde
sensible, sont les soi-disant dieux hypercosmiques, ou bien, dans un
langage orphique, dieux souverains ou «qui vivifient».[10] Eh bien, la
puissance propre de ces dieux est la puissance ἀφομοιωτική, c'est-à-dire
la puissance d'assimiler entre elles les réalités sensibles qui constituent
un tout unitaire qui est à son tour semblable, en tant qu'image (εἰκών), à
son propre modèle intelligible originaire:[11]

> En effet, toute image (πᾶσα εἰκών) est produite selon la ressemblance
> (κατὰ τὴν ἀφομοίωσιν) à son modèle, et faire ressembler (τὸ
> ἀφομοιοῦν) les inférieurs aux supérieurs (τὰ δεύτερα τοῖς πρώτοις) et
> relier toutes choses (τὸ συνδεῖν τὰ πάντα) par la similitude
> (δι'ὁμοιότητος) cela convient surtout à ces dieux-là: car qui peut rendre
> semblable à leurs modèles le monde lui-même et tout ce qui est dans le
> monde, sinon cette classe hypercosmique?[12]

C'est justement de ce rang divin que dépend la réalisation de la *sympathie* cosmique, de la συμπλοκή qui lie tous les êtres de l'univers et qui

---

teoria degli universali. *Enn.* VI, 3 [44], 9», dans: *Aristotele e i suoi esegeti
neoplatonici. Logica e ontologia nelle interpretazioni greche e arabe*, a cura di
Vincenza Celluprica e Cristina D'Ancona, pp. 1-35. Pour un commentaire
détaillé de cet extrait proclien en relation avec les commentaires néoplatoniciens
d'Aristote *cf.* Stefania Bonfiglioli: *Agalma*, Bologna 2008, pp. 99-113.

[10] Orph., Fragm. *fr.* 198 éd. Kern.

[11] Proclus explique les raisons pour lesquelles le monde sensible est semblable
au monde intelligible dans *In Tim.* I, p. 340, 4-13 éd Diehl.

[12] Procl., *Theol. Plat.* VI, 3, p. 14, 19-25 éd. Saffrey-Westerink. La traduction est
de Saffrey-Westerink 1997, légèrement modifiée.

permet à Proclus de citer la célèbre expression attribuée par Aristote à Thalès «πάντα πλήρη θεῶν»,[13] *tout est plein de dieux.*

De plus, cette classe de dieux préside d'une manière particulière sur la sympathie des êtres encosmiques et la communion des uns avec les autres. En effet c'est par le moyen de la similitude (διὰ τῆς ὁμοιότητος) que toutes choses se rassemblent les unes avec les autres et [...] l'on observe dans le monde une combinaison indissoluble (συμπλοκὴ δὲ ἀδιάλυτος), une communion (κοινωνία) des touts et une liaison (σύνδεσις) des agents et des patients. De fait, dans les effets on trouve par la similitude les causes qui les ont engendrés, tandis que dans les causes subsistent, sous le mode de l'enveloppement (κατὰ περιοχήν), les rejetons qui procèdent de ces causes, et ainsi tous les êtres sont les uns dans les autres, et ce qui rassemble tous les êtres, c'est la similitude (ἡ ὁμοιότης).[14]

Principe cosmogonique par lequel se déroule toute procession et conversion des êtres, comme il est expliqué dans les propositions 29 et 32 des *Éléments de théologie*, la ὁμοιότης permet de conserver dans les réalités dérivées ce qui est contenu de manière première dans les réalités génératrices et en revanche de réunir ce qui est différent et séparé avec le principe de sa distinction.[15] L'élément de la similitude étroitement imbriqué avec la puissance démiurgique des dieux et de l'âme, les deux assimilateurs, image et modèle en même temps, raconte alors le processus de production aussi bien de l'univers que des noms. De même que les dieux hypercosmiques créent des similitudes, des images sensibles de formes intelligibles, ainsi l'âme humaine crée les noms en tant que ὁμοιότητας τῶν ὄντων:

L'âme, qui veut (βουλομένη) faire subsister des similitudes des êtres (τῶν ὄντων ὁμοιότητας) qui soient d'une certaine manière immatérielles (ἀύλους) et filles seulement d'une essence rationnelle (μόνης τῆς λογικῆς οὐσίας ἐγγόνους), fait sortir de soi-même l'essence des noms

---

[13] *Cf.* Procl., *Theol. Plat.* III, 27, p. 98, 22-24. Aristote attribue cette expression à Thalès: *De anim.* I, 5, 411a6; ce concept se trouve déjà chez Platon, *Leg.* IX, 899b9 et *Epin.* 991d.
[14] Procl., *Theol. Plat.* VI, 4, pp. 22, 25 – 23, 9.
[15] *Cf.* Plat., *Tim.* 29e et 33b.

(τὴν τῶν ὀνομάτων παρήγαγεν οὐσίαν), en utilisant l'imagination linguistique (τῇ λεκτικῇ φαντασίᾳ) en tant que collaboratrice.[16]

Les noms sont alors images créées par l'âme humaine; ils sont fils d'une
raison scientifique (ὡς διανοίας μὲν ἐπιστήμονος ἔκγονα, *In Crat*. XVII,
p. 8, 8-9) et non pas d'une impulsion naturelle, mais d'une âme
φανταζομένη, en état d'imagination; donc, les noms sont par nature, non
pas en tant que produit naturel ou activité instinctive de l'homme et non
pas en tant qu'ombre ou reflet dans un miroir,[17] mais en tant que produit
d'un acte mental qui établit un rapport de ressemblance avec l'essence
de la chose nommée. Selon Proclus, cet acte mental, comme tout acte
mimétique, s'accomplit nécessairement grâce à la connaissance scientifique de deux éléments: l'archétype et l'art démiurgique.[18] Dans ce
contexte se configure la fonction productrice de la φαντασία, ainsi
qu'elle est conçue par le philosophe lycien. En suivant la présentation
bien connue de l'imagination dans le *Commentaire au premier livre des
Éléments d'Euclide*, où la figure géométrique produite par la φαντασία
se présente en tant que schématisation mentale du nombre, qui est une
réalité plus rationnelle contenue dans notre διάνοια, et non pas en tant
qu'abstraction d'une réalité sensible perçue par les sens,[19] Proclus attri-

---

[16] Procl., *In Crat*. LI, p. 19, 8-12.
[17] Procl., ibid. XVII, pp. 7, 18 – 8, 14.
[18] Procl., ibid. XX, p. 8, 10-11: Ὅτι δεῖ μιμήσασθαί τι βουλόμενον ἐπιστήμονα
εἶναι δυοῖν, τοῦ τε ἀρχετύπου, καὶ τῆς δημιουργικῆς τέχνης.
[19] *Cf*. Procl., *In Eucl*. 52, 20 – 53, 1; 54, 8-12; 121, 6-7 éd. Friedlein; mais aussi
In Tim. II, 39, 18. Dans l'*In Crat*. CXXIX, p. 76, 26 la *phantasia* est appelée
νοῦς μορφοτικός, intellect *en-formant*, capable de produire des représentations.
Cf. *In Remp*. I, 235, 7. Sur la relation entre les mathématiques et la mythologie,
les deux langages imaginatifs, *cf*. Jean Trouillard: «Le merveilleux dans la vie et
la pensée de Proclos», dans: *La mystagogie de Proclos*, éd. par id., Paris 1982,
pp. 47-51. Sur la valeur que Proclus attribue aux *Éléments* d'Euclide et en
général à la géométrie *cf*. Giuseppe Cambiano: «Proclo e il libro di Euclide»,
dans: *Le trasformazioni della cultura nella tarda antichità*, a cura di Mario
Mazza e Claudia Giuffrida, Roma 1985, pp. 265-279 et Giovanna R. Giardina:
«Astrazionismo e proiezionismo nell'*In Euclidem* di Proclo», dans: *Rivista di
storia della filosofia* 24 (2008), pp. 29-39. Après les études de Breton et Charles,
qui repéraient déjà une fonction productrice et *cosmopoiétique* de la φαντασία
(v. Stanislas Breton: *Philosophie et mathématique chez Proclus*, Paris 1969, pp.
122-123 et Annick Charles: «L'imagination, miroir de l'âme selon Proclus»,

bue ici aussi à la λεκτικὴ φαντασία un rôle actif et non passif à l'intérieur d'un processus cognitif qui n'est pas d'abstraction d'une réalité sensible, mais plutôt de représentation, toujours mentale, des réalités intérieures, des connaissances intelligibles. L'imagination linguistique permet d'attribuer une image, invisible tel le nom, à une nature, elle-même invisible et aussi incorporelle, telle l'essence de la chose nommée. Production représentative, puissance assimilatrice et activité démiurgique établissent ainsi une relation entre, d'un côté, la procession des êtres d'ordre inférieur par les êtres d'ordre supérieur par le moyen des dieux hypercosmiques et, de l'autre, la dérivation des noms par l'essence des choses nommées par le moyen de l'âme individuelle.

II   La matière et la forme des noms

À l'intérieur de cette analogie s'insère d'une manière tout à fait cohérente la définition du nom en tant que composé de matière et de forme. Le nom est la traduction d'une idée dans la matière et bien que

dans: *Le Néoplatonisme*, éd. par Pierre-Maxime Schuhl et Pierre Hadot, Paris 1971, pp. 241-251), c'est Trouillard qui met en évidence comment l'imagination n'a pas une fonction reproductrice du donné sensible, en soulignant en revanche son aspect actif capable de représenter et projeter les idées de l'âme (v. Jean Trouillard: «Le merveilleux dans la vie et la pensée de Proclos», pp. 41-44). Beierwaltes pose l'imagination entre les connaissances premières ou «a priori», qui ont en elles-mêmes l'intelligible, et les connaissances ultimes ou «a posteriori», qui sont déterminées par les sens (Werner Beierwaltes: «Das Problem der Erkenntniss bei Proclos», dans: *De Jamblique à Proclus*, Neuf exposés suivis de discussions par Bent Dalsgaard Larsen *et al.*, avec la participation de Fernand Brunner, entretiens préparés et présidés par Heinrich Dörrie, Genève 1975, p. 159). Sur la fonction médiatrice de la φαντασία entre monde sensible et connaissances intelligibles liée à l'ὄχημα de l'âme, lui aussi intermédiaire entre l'immortalité de l'âme et son premier contact avec le corps, il s'étend d'une manière très claire Maria Barbanti: Ochema-Pneuma *e* Phantasia *nel Neoplatonismo. Aspetti psicologici e prospettive religiose*, Catania 1998, pp. 237-251. Sur la présence de la dimension imaginative dans le domaine on¬tologique, épistémologique et psychologique dans la philosophie proclienne *cf.* Evangélos Moutsopoulos: *Les structures de l'imaginaire dans la philosophie de Proclus*, Paris 1985.

Proclus, au début, le définisse immatériel d'une certaine manière (ἄυλος τρόπον τινά), puisqu'il est invisible et produit seulement de l'essence rationnelle, par la suite, en examinant les caractères de l'activité humaine, il s'étend dans la description de la nature du nom en tant que εἶδος et ὕλη.[20]

Cette fois, le point de départ de son argumentation est constitué par la conception, déjà platonicienne, du nom en tant que ὄργανον. Nommer les choses est une action et comme dans toutes les actions – on le sait bien – l'agent agit au moyen d'un instrument. Le nom est cet instrument de l'action de nommer les choses. Or, parmi les instruments – explique Proclus – quelques-uns sont naturels, comme la main et le pied, d'autres sont conventionnels, comme, par exemple, la bride et le *nom*.[21] Il est évident ici comment l'opposition entre nature et convention se rapporte à une distinction entre une création de production divine et une création de production humaine.[22] Mais dans quel sens le nom est un produit humain ainsi que la bride? Eh bien, parmi les instruments produits par la technique humaine, quelques-uns sont fabriqués pour générer quelque chose, comme la hache, d'autres, comme le nom, sont fabriqués pour signifier et enseigner. Le nom est, en effet:

un instrument qui sert à enseigner et à révéler l'essence des choses (ὄργανον γάρ ἐστιν διδασκαλικὸν καὶ ἐκφαντορικὸν τῆς τῶν πραγμάτων οὐσίας).[23]

Même si légèrement modifiée,[24] on reconnaît dans cette phrase la célèbre définition du nom en tant que ὄργανον, formulée par Platon dans *Crat.* 388b13-14. Toutefois, à ce moment-là, c'est la réflexion de l'exégète qui intervient. En tant qu'instrument, le nom a besoin de quelqu'un qui l'utilise pour indiquer quelque chose, pour montrer quel-

---

[20] *Cf.* Procl., *In Crat.* X, p. 4, 16-18; LXXX, p. 37, 22-25.
[21] *Cf.* Procl., ibid. XLVIII, p. 16, 5-9.
[22] *Cf.* Plat., *Soph.* 265e3-6.
[23] Procl., ibid. 12-13.
[24] Proclus écrit ἐκφαντορικόν à la place du διακριτικόν platonicien: il s'agit d'une substitution seulement provisoire, puisqu'elle est corrigée quelques lignes après (p. 16, 24).

que chose; mais, en tant qu'image, le nom a besoin de se rapporter à un modèle dont il puisse révéler l'essence. Lisons le texte tout entier:

> Il y a, d'un côté, le nom considéré par celui qui l'utilise en tant qu'instrument (ἀπὸ τοῦ χρομένου τῷ ὀργάνῳ); de l'autre côté, il y a le nom qui révèle l'essence en provenant d'un modèle (τὸ ἐκφαντορικὸν ἀπὸ τοῦ παραδείγματος). En tant qu'instrument, il a besoin de quelqu'un qui l'utilise; en tant qu'image (ὡς δὲ εἰκών), il a besoin de la référence au modèle. C'est pourquoi, de tout cela, il ressort clairement que le nom n'est pas un symbole (οὐκ ἔστι τὸ ὄνομα σύμβολον), ni un produit de n'importe quelle convention (οὐδὲ θέσεως ἔργον τῆς τυχούσης), mais plutôt il est allié (συγγενές) et approprié naturellement (φύσει οἰκεῖον) aux choses.[25]

Eh bien, étant un instrument technique, le nom est créé par l'homme comme une hache; en se rapportant à un modèle, dans son utilité d'instrument apte à révéler l'essence de la chose, donc dans sa nature d'image, le nom est lié par nature aux choses. Ensuite, il continue:

> En effet, chaque instrument est coordonné (συντέτακται) avec sa propre opération et il ne pourrait s'adapter à rien d'autre qu'à la fonction pour laquelle il est né: c'est pourquoi le nom aussi, justement puisqu'il est un instrument (ὂν ὄργανον), possède une sorte de puissance naturelle (ἔχει τινὰ συμφυᾶ δύναμιν) et accordée aux choses par lui signifiées (τοῖς σημαινομένοις συνηρμοσμένην) et, puisqu'il est didactique (διδασκαλικὸν ὄν), il possède un rôle qui révèle (ἐκφαντορικὴν τάξιν) les pensées (νοημάτων) et, puisqu'il est capable d'opérer des distinctions (διακριτικὸν ὄν), il produit chez nous la connaissance (γνῶσιν ἐμποιεῖ) de l'essence des choses (τῆς οὐσίας τῶν πραγμάτων).[26]

C'est donc la fonction sémantique du nom ce qui est naturel – Proclus l'explique ici clairement – et c'est cette fonction qui est décrite par la relation qu'une image tresse avec son modèle. De plus, telle relation peut expliquer l'acte didactique et interprétatif de la parole: le nom, grâce à sa fonction sémantique, rend visible ce qui est invisible, à savoir la pensée. L'adjectif ἐκφαντορικός, déverbal de ἐκ-φαίνω, verbe du

[25] Procl., *In Crat.* XLVIII, p. 16, 13-19.
[26] Procl., ibid. 19-25.

dévoilement, de l'éclairement, préféré par Proclus au platonicien
διακριτικόν, exprime bien la capacité du nom de porter l'essence à
l'apparence, à la visibilité de l'invisibilité où elle demeure naturellement. Dans le chapitre LXXI, Proclus dit explicitement que la relation
qui lie le nom à la pensée de la chose est une relation iconique:

> [...] chez les dieux la dénomination est unie à la pensée. [...] Par
> contre, dans nos âmes (ἐπὶ δὲ τῶν ἡμετέρων ψυχῶν), elles sont
> séparées et une chose est la pensée (ἄλλο μὲν ἡ νόησις), une au-
> tre est le nom (ἄλλο δὲ τὸ ὄνομα); ce-dernier (τὸ μέν) a le rang
> (ἔχει τάξιν) d'image (εἰκόνος), l'autre (τὸ δέ) de modèle
> (παραδείγματος).[27]

Au moyen du nom, alors, on rend communicable la pensée de la chose,
mais on la rend aussi intelligible. En effet, le nom permet de distinguer
l'essence de la chose et donc de l'apprendre; le nom est l'instrument par
lequel il est possible de διακρίνειν, d'opérer des distinctions, d'établir
des relations et de déterminer des différences, afin d'arriver jusqu'à
l'οὐσία de l'objet nommé.[28] C'est précisément la capacité de montrer
l'essence de la chose nommée, ce qui devient chez Proclus l'essence
même du nom. La fonction sémantique est ce qui reste toujours
identique dans la production onomastique et c'est cela la *forme* (εἶδος)
d'un nom, ce qui, en lui, est selon nature:

> [Socrate dit aussi que] d'un côté, par rapport à la forme (κατὰ
> μὲν τὸ εἶδος) les noms sont tous identiques, ils ont une seule
> puissance et ils sont par nature (φύσει ἐστίν); de l'autre côté, par
> rapport à la matière (κατὰ δὲ τὴν ὕλην), ils sont tous différents et
> ils sont par convention (θέσει ἐστίν). En effet, par rapport à la
> forme (κατὰ μὲν τὸ εἶδος) ils sont assimilés aux choses (ἔοικε
> τοῖς πράγμασι), tandis que par rapport à la matière (κατὰ δὲ τὴν
> ὕλην) ils diffèrent l'un de l'autre (διαφέρει ἀλλήλων).[29]

---

[27] Procl., *In Crat.* LXXI, p. 33, 7-13.
[28] *Cf.* aussi Procl., *In Alc.* 205, 18-20: ὅτι καὶ ὀνόματα ταῖς εἰκόσιν ἀπὸ τῶν
παραδειγμάτων μετὰ τῆς οὐσίας ἐνδίδοται.
[29] Procl., *In Crat.* XVII, p. 8, 11-14.

Voilà la configuration explicite de la nature du nom en tant que composé
de deux éléments: on l'a déjà lu avant, le nom représente la nature des
êtres par tel ou tel son; la capacité de montrer l'essence des choses est
son εἶδος, le vêtement phonique par lequel il rend visible cette essence
est sa ὕλη. La distinction entre matière et forme, empruntée au langage
évidemment aristotélicien, vient en réalité d'une attention déjà
platonicienne à l'aspect phonique de la parole.[30] Déjà Platon faisait
parler Socrate de la nécessité que le législateur pose *dans les sons et
dans les syllabes* le nom convenant naturellement à chaque objet, ou
bien de la différence inévitable des syllabes utilisées par les Grecs et les
Barbares pour le même objet. De même que les forgerons, qui vont
réaliser le même outil en vue du même travail, ne le fabriquent pas à
partir du même fer, ainsi les nomothètes nomment les objets en utilisant
tantôt le dialecte éolique, tantôt le dialecte dorique à condition qu'ils
conservent toujours l'εἶδος convenant à chaque objet – expliquait Platon
dans le *Cratyle*[31]. Et de même que pour Platon ce qui doit être traduit en
sons et en syllabes est la fonction sémantique du nom, c'est-à-dire sa

---

[30] Le son sera considéré en tant que matière du nom par Ammonius aussi dans *In
De Int*. 25, 2-4 éd. Busse. À propos de nombreux points de contact entre l'*In
Cratylum* et le *Commentaire des Catégories* d'Ammonius *cf*. Anne Sheppard:
«Proclus' philosophical method of exegesis: the use of Aristotle and the Stoics
in the *Commentary on the Cratylus*», dans: *Proclus lecteur et interprète des
anciens*, publiés par Jean Pépin et Henri Dominique Saffrey, Paris 1987, pp.
137-151 et Robbert M. Van den Berg: «Smoothing over the Differences: Proclus
and Ammonius on Plato's *Cratylus* and Aristotle's *De Interpretatione*», dans:
Philosophy, Science and Exegesis in Greek, Arabic and Latin Commentaries, ed.
by Peter Adamson, Hans Baltussen, and Martin W. F. Stone, London 2004, pp.
191-201. Dans certains lieux, Proclus est cité par les auteurs alexandrins comme
la source la plus importante de la théorie aristotélicienne du langage. Elias nous
parle de sa connaissance des *Catégories* dans son commentaire du texte
aristotélicien (*In Cat*. 107, 24-26 éd. Busse); sur sa connaissance du *De
Interpretatione* par les auteurs alexandrins *cf*. Amm., *In De Int*. 1, 6-11 et Steph.
In De Int. 46, 25-47 éd. Hayduck; sur les théories procliennes en relation avec
les *Premiers Analytiques* et *Seconds Analytiques cf*. Philop., *In An. Pr*. 40, 30-31
et *In An. Post*. 111, 31 – 112, 36 éd. Wallies. La présence consistante de
schémas logiques formels dans l'*In Cratylum* est selon Duvick un indice, avec
d'autres caractères de style, de l'origine alexandrine de l'*excerptor* des scholies
procliennes: *cf*. Duvick dans: Proclus: *On Plato Cratylus*, London 2007, pp. 2-3.
[31] *Cf*. Plat. *Crat*. 389d4-390a8; 393d1-4.

nature d'image, ainsi pour Proclus toute forme d'instrument doit recevoir la matière convenant à l'opération pour laquelle on a besoin de tel instrument.[32]

Après avoir présenté l'élément matériel du nom, Proclus s'interroge, en suivant Aristote,[33] sur la distance entre la voix, mouvement naturel du corps, et le nom, produit d'une activité humaine; cependant, si cette déduction obligeait Aristote à parler de convention linguistique, elle trouve chez le philosophe néoplatonicien une réélaboration qui remet en question les termes mêmes du rapport entre voix, nom et chose.[34] Cette réélaboration, pétrie de philosophie platonicienne et de langage aristotélicien, souligne de nouveau la relation, repérable dans le nom et sa fonction sémantique, qui existe, d'un côté, entre la matière et la forme, et de l'autre, entre le paradigme et l'icône. Voici le texte proclien:

> En réalité, les organes physiques, tels que la langue, la trachée, les poumons et autres du même genre, d'un côté produisent la voix; de l'autre, eux-aussi contribuent à construire le nom au moyen de la matière (διὰ τὴν ὕλην);[35] mais le nom en soi c'est l'intellect de l'onomathète qui le produit. C'est lui qui adapte (συναρμόζει) la matière aussi (καὶ τὴν ὕλην) à la forme et au paradigme (πρὸς τὸ εἶδος καὶ τὸ παράδειγμα) selon nécessité (δεόντως).[36]

III   Conclusions

Le nom est alors matière et forme; il est élément phonique, variable, et instrument toujours identique à soi-même, c'est-à-dire sa fonction sémantique. Toutefois, de même que cette dernière reste toujours la

---

[32] Cf. Procl., In Crat. LIV, p. 23, 26-28: ὅτι τὰ εἴδη πάντα τῶν ὀργάνων οἰκείας ἔχειν ἑαυτοῖς δεῖ τὰ ὑποδεχομένας ὕλας συνηρμοσμένας πρὸς τὸ ἔργον ἐφ' ὃ δεόμεθα τοῦ ὀργάνου.

[33] Cf. Arist., De interpr. 16b33-17a2.

[34] Sur la réélaboration tout à fait proclienne de certains extraits du De interpretatione cf. Emilia Ruiz Yamuza: «Aristòteles en el Comentario al Crátilo de Proclo», dans: Emerita 52 (1984), pp. 287-293.

[35] Aristote parle de la voix en tant que ὕλη pas du nom, mais du logos en De gen. an. V, 7, 786b20-22.

[36] Procl., In Crat. XLIX, p. 17, 4-9.

même et représente par conséquent, dans la création des noms, l'élément naturel, éternel et toujours correct, ainsi la matière, celle que Proclus reconnaît en tant que conventionnelle, n'est jamais arbitraire. Au contraire elle aussi est soumise à un *nomos*, à une règle. Dans le chapitre LI, Proclus distingue deux causes de la production du langage: l'une poiétique (διὰ τὴν ποιητικὴν αἰτίαν), que le philosophe dit ἐπιστημονική, c'est-à-dire fondée sur un principe universel; l'autre paradigmatique (διὰ τὴν παραδιγματικὴν αἰτίαν), puisque le nom est une chose toujours relative à un modèle. En vertu de la première cause, le nom est selon la loi (νόμῳ), en vertu de la seconde, le nom est par nature (φύσει).[37] Toutefois, la loi qui établit le nom n'est jamais arbitraire – comme le voudrait, par exemple, Hermogène dans le texte platonicien[38] – mais elle est plutôt éternelle et posée par des raisons intelligibles, eidétiques. Encore une fois, cette règle est décrite en termes de ressemblance et de ressemblance iconique.

> C'est de l'art (τέχνη ἐστίν) aussi bien ce qui produit [le nom], que ce qui l'utilise. Mais, du moment que ce qui le produit le fait

---

[37] *Cf.* Procl., *In Crat.* LI, p. 18, 15-17.

[38] *Cf.* Plat., *Crat.* 385a6-b1 et d7-e3: ici Hermogène soutient l'origine 'privée' du nom – et donc radicalement conventionnelle - en vertu de laquelle il serait possible à chacun d'entre nous d'imposer à chaque objet le nom que nous aimons le plus. Toutefois, à mon avis, Hermogène considère ici seulement l'aspect phonique de la parole, c'est-à-dire son signifiant, ce qui, comme il l'explique lui-même, diffère dans le dialecte éolique, ou bien dans les langues grecques et les langues barbares; juste avant (384c9-385a1), en revanche, il avait parlé d'accord et de convention, de loi et d'habitude, concepts pas aussi arbi-traires, tant il est vrai que Socrate avait été disposé à lui reconnaître d'avoir dit quelque chose (τι). C'est, selon moi, un indice, évident déjà dans ces pages initiales du *Cratyle*, d'une opposition seulement apparente entre conventionnalisme et naturalisme de l'origine du langage à l'intérieur de la réflexion déjà platonicienne avant que proclienne: à ce propos *v.* David Sedley: *Plato's* Cratylus, Cambridge 2003, en particulier les pages 51-54 qui tracent une nouvelle perspective de lecture du *conventionalism* d'Hermogène. Ce n'est pas de l'arbitraire la position d'Hermogène, et ce n'est pas du phonosymbolisme la position de Cratyle. Seulement *per evidentiam* on pourrait souligner comment, juste en conclusion du dialogue avec Socrate, ce sera justement la loi de l'habitude, soutenue aussi par Cratyle, qui le fera tomber en contradiction (434e).

en regardant les choses et que ce qui l'utilise le fait à travers l'interprétation des choses, le nom est dit être par nature aussi bien en tant que produit, qu'en tant qu'instrument. En effet, il est produit comme une image (εἰκών) des choses et il exprime les choses par l'intermédiaire de la pensée. [...] Tout cela en fonction du dialecticien: en effet, la fin suprême et le bien [du nom] est rendre visibles (τὸ ἐκφαίνειν) les choses.[39]

Il est alors évident que l'élément du visible et donc de l'image est central dans l'argumentation proclienne.[40] Le nom est en relation avec un modèle, c'est-à-dire avec l'essence même du nom et donc avec sa fonction *délotique*. Cette relation «eicastique» permet de faire du nom un instrument évocatoire et révélatif et elle permet surtout de séparer l'onomaturgie de l'arbitraire d'une convention même si on la considère une activité humaine. Il est vrai que, à l'origine de telle représentation iconique, il y a toujours une activité humaine, une τέχνη, mais il s'agit toujours d'un art qui est lui-même modelé sur la nature:

Et, en effet, la nature (ἡ φύσις), qui est le modèle de l'art (τὸ τῆς τέχνης παράδειγμα), prend soin non seulement de la forme des instruments (τοῦ τῶν ὀργάνων εἴδους), mais aussi de la matière qui leur convient le mieux (τῆς οἰκειοτάτης ὕλης).[41]

L'action mimétique et le principe de ressemblance qui existe entre le nom et la chose nommée postulent ainsi, de nouveau, l'analogie entre la production humaine du langage et la production divine de l'univers: après avoir montré que la procession des êtres se déroule par le moyen de la puissance assimilatrice commune des dieux et de l'âme, Proclus fait maintenant de l'art onomastique une représentation, une μίμησις, de la démiurgie; cette analogie se fonde sur le processus d'assimilation d'une image à son modèle qui est présent aussi bien dans la production

---

[39] Procl., *In Crat.* XLIX, p. 17, 17-23.
[40] Sur le nom en tant qu'image chez Proclus je renvoie à Piera De Piano: «Le nom en tant qu'image (εἰκών) dans l'interprétation proclienne du *Cratyle*», dans: *Interférences [En ligne]*.
[41] Procl., *In Crat.* LIV, p. 23, 28-30.

du monde sensible en tant qu'image du monde intelligible, que dans la production du nom en tant qu'image de l'essence de la chose nommée.[42]

Dans le premier livre de la *Théologie Platonicienne*, Proclus explique, à propos de la production des noms divins conçus comme instruments de connaissance des réalités divines, que la science humaine est capable de fabriquer des similitudes (ὁμοιώματα) des choses, en prenant pour modèle justement l'activité productrice de l'Intellect (ὁ νοῦς ὁ δημιουργικός), qui fait subsister (ὑφίστησι) sur la matière (περὶ τὴν ὕλην) les reflets (ἐμφάσεις) des formes toutes premières (τῶν πρωτίστων εἰδῶν) qu'il contient.[43] Dans son cours sur le langage, le philosophe lycien renvoie aussi la double puissance du nom qui sert, comme on l'a observé auparavant, d'un côté, à enseigner et à communiquer la pensée, de l'autre, à discerner l'essence, aux deux puissances du Demiurge «celle qui produit l'identité (ταυτοποιόν) et celle qui produit l'altérité

---

[42] C'est déjà Platon, on le sait bien, qui parle du nom en tant que μίμημα de l'essence de la chose dont il est le nom, et il le fait en *Crat.* 423b1-424a6; de plus, c'est toujours Platon qui parle du monde sensible fabriqué par le démiurge en tant qu'image du monde intelligible, et il le fait en *Tim.* 28a-29b. À propos de la nature mimétique de la production linguistique chez Platon, vraiment convaincantes sont les pages de l'étude de Lidia Palumbo dédiées précisément au *Cratyle*: cf. Lidia Palumbo: Μίμησις. *Rappresentazione, teatro e mondo nei dialoghi di Platone e nella* Poetica *di Aristotele*, Napoli 2008, pp. 334-364. Dans ces pages, la chercheuse démontre comment les mots, ceux philosophiques, sont les images les plus proches des idées, «ciò che di meno empirico, ma pur sempre empirico, esiste nel mondo empirico». Les mots sont le seul instrument à travers lequel on peut mesurer la différence ontologique, on peut parcourir la distance entre les modèles et leurs représentations. «Ciò che rende la parola un caso di *mimesis* assolutamente unico, e diverso da tutti gli altri casi di *mimesis*, è il fatto che essa non solamente rappresenta un'essenza (come tutti gli altri enti empirici), ma rappresenta l'atto stesso del rappresentare le essenze»: p. 339, n. 14. Sur la *chora* en tant que lieu mimétique du monde intelligible *cf.*, dans le même livre, les pages 302-333 et «La *chora* nel *Timeo* di Platone: una scena per il teatro del mondo», dans: *Vichiana* 10 (2008), pp. 3-26. Sur la fonction mimétique des noms dans le *Cratyle cf.* aussi Michel Fattal: *Image, Mythe, Logos et Raison*, Paris 2009.

[43] Procl. *Theol. Plat.* I, 29, p. 124, 12-20. Sur la conviction proclienne de la possibilité de reconstruire la théologie archaïque à partir de l'étymologie des noms divins fondamental est l'essai de Michele Abbate: *Dall'etimologia alla teologia: Proclo interprete del* Cratilo, Casale Monferrato 2001.

(ἑτεροποιόν)». L'Intellect démiurgique, justement comme l'âme, exerce alors une activité assimilatrice qui est à son tour double: l'une en vertu de laquelle il fait subsister l'univers dans sa totalité en regardant le modèle intelligible (τὸ νοητὸν παράδειγμα βλέπων); l'autre en vertu de laquelle il assigne le nom convenable à toute chose.[44]

En conclusion, il se réalise ainsi cette liaison indissoluble du système métaphysique proclien, à l'intérieur duquel le langage trouve sa place, quoiqu'il soit une affaire tout à fait matérielle et individuelle, ou mieux, justement parce qu'il est un produit humain. L'âme produit et représente en même temps, exactement comme les dieux hypercosmiques produisent et représentent en même temps, en accomplissant la texture de l'univers engagé par le Démiurge.

Une dernière image peut raconter, enfin, la production du langage dans sa nature intermédiaire, entre le modèle et l'image, entre la forme, toujours immuable et éternelle, et la matière, toujours différente et faillible: cette image est le tissage d'une toile, cette fois opéré par une déesse. Dans le chapitre LIII de l'*In Cratylum*, après avoir développé l'analogie entre l'onomaturgie et d'autres arts techniques, Proclus définit les puissances divines, par lesquelles les dieux produisent et créent, «causes» (αἰτίας) de ces arts d'origine humaine et les produits de telles puissances «irradiations» (ἐκλάμψεις) qui circulent dans le monde entier.[45] Dans les sources orphiques, ce sont les Cyclopes les causes de la production technique, mais c'est Athéna la divinité qui dépasse tous les dieux dans l'action de tisser la toile et d'inspirer les opérations de la filature.[46] Cependant, l'analogie devient plus convaincante lorsque le tissage auquel se réfère Proclus n'est plus ce qui tisse la trame avec la chaîne, mais ce qui tisse la génération des vivants. Toujours dans la théologie orphique, Athéna fait partie de la chaîne génératrice des vivants présidée par Perséphone[47]. Mais, alors que Perséphone reste toujours en haut, ses chœurs divins tissent l'ordonnance de la vie (ὑφαίνειν τὸν διάκοσμον τῆς ζωῆς), justement comme – explique Proclus – le démiurge de *Timée* 41d1-3 est représenté dans l'acte d'ordonner aux jeunes démiurges de tisser (προσυφαίνοντες) l'espèce mortelle de la vie avec l'espèce im-

[44] Procl., *In Crat.* LI, p. 20, 18-25.
[45] Procl., ibid. LIII, p. 21, 13-17; 22, 15-19.
[46] Orph., Fragm. *fr.* 178. *Cf.* Procl. ibid. p. 21, 17-20.
[47] Orph., Fragm. *fr.* 192.

mortelle. Ce sont justement ces derniers les dieux hypercosmiques qui sont intermédiaires entre le Démiurge, dieu séparé du monde sensible, et les réalités particulières du cosmos, et qui sont doués de la puissance assimilatrice qui produit les similitudes par lesquelles se déroule la procession de l'être jusqu'aux derniers niveaux.[48] D'Athéna dérive alors non seulement l'art humain du tissage, mais encore plus l'art qui opère à travers la nature et qui συνάπτει, relie ce qui est engendré avec ce qui est éternel, ce qui est mortel avec ce qui est immortel, le sensible avec l'intelligible, le matériel avec l'immatériel. La similitude, principe cosmique de *Timée* 29e4, détermine ainsi la justesse des noms en tant que produits de l'âme humaine, composés de matière et de forme et assimilés à un modèle intelligible par un art qui est une représentation de l'art qui fabrique le tout, τεκτονικὴ ὕλη, l'art tout premier de la démiurgie universelle.[49]

Bibliographie

Abbate, Michele: *Dall'etimologia alla teologia: Proclo interprete del* Cratilo, Casale Monferrato 2001.

id.: *Il divino tra unità e molteplicità. Saggio sulla* Teologia Platonica *di Proclo*, Alessandria 2008.

Barbanti, Maria: Ochema-Pneuma *e* Phantasia *nel Neoplatonismo. Aspetti psicologici e prospettive religiose*, Catania 1998.

Beierwaltes, Werner: «Das Problem der Erkenntniss bei Proclos», dans: *De Jamblique à Proclus*, Neuf exposés suivis de discussions par Bent Dalsgaard Larsen *et al.*, avec la participation de Fernand Brunner, entretiens préparés et présidés par Heinrich Dörrie, Vandoeuvres-Genève, 26-31 août 1974, Genève 1975, pp. 153-164.

Bonfiglioli, Stefania: *Agalma. Icone e simboli tra Platone e il neoplatonismo*, Bologna 2008.

Breton, Stanislas: *Philosophie et mathématique chez Proclus*, Paris 1969.

---

[48] Sur les rangs divins ainsi qu'ils sont présentés par Proclus dans la *Théologie Platonicienne*, à partir du Dieu Premier jusqu'aux dieux encosmiques cf. Michele Abbate: *Il divino tra unità e molteplicità. Saggio sulla* Teologia Platonica *di Proclo*, Alessandria 2008.

[49] *Cf.* Procl., *In Crat.* LIII, p. 22, 19-25.

Cambiano, Giuseppe: «Proclo e il libro di Euclide», dans: *Le trasformazioni della cultura nella tarda antichità*. Atti del convegno tenuto a Catania, Università degli Studi, 27 sett. – 2 ott. 1982, a cura di Mario Mazza e Claudia Giuffrida, Roma 1985, pp. 265-279.

Charles, Annick, «L'imagination, miroir de l'âme selon Proclus», dans: *Le Néoplatonisme*. Colloques Internationaux du Centre National de la Recherche Scientifique, Sciences humaines. Royaumont 9-13 juin, éd. par Pierre-Maxime Schuhl et Pierre Hadot, Paris 1971, pp. 241-251.

Chiaradonna, Riccardo: *Sostanza movimento analogia. Plotino critico di Aristotele*, Napoli 2002.

id.: «Plotino e la teoria degli universali. *Enn.* VI, 3 [44], 9», dans: *Aristotele e i suoi esegeti neoplatonici. Logica e ontologia nelle interpretazioni greche e arabe*, Atti del Convegno internazionale, Roma 19-20 ottobre 2001, Napoli 2004, a cura di Vincenza Celluprica e Cristina D'Ancona, pp. 1-35.

D'Ancona, Cristina: «À propos du *De anima* de Jamblique», dans: *Révue des Sciences Philosophiques et Théologiques* 90 (2006), pp. 617-639.

De Piano, Piera: «Il Demiurgo, l'onomaturgo e l'artista nei capitoli LI-LIII dell'*In Cratylum* di Proclo», dans: *Logos. Rivista annuale del Dipartimento di filosofia A. Aliotta* 8 (2013), pp. 9-22.

ead: «Le nom en tant qu'image (εἰκών) dans l'interprétation proclienne du *Cratyle*», dans: *Interférence [En ligne]*.

Fattal, Michel: *Image, Mythe, Logos et Raison*, Paris 2009.

Giardina, Giovanna R.: «Astrazionismo e proiezionismo nell'*In Euclidem* di Proclo», dans: *Rivista di storia della filosofia* 24 (2008), pp. 29-39.

Hoffmann, Philippe: «Catégories et langage selon Simplicius – La question du *skopos* du traité aristotélicien des *Catégories*», dans: *Simplicius, sa vie, son œuvre, sa survie*. Actes du colloque international de Paris (28 sept.-1er oct. 1985), éd. par Ilsetraut Hadot, Berlin/New York 1987, pp. 61-90.

Moutsopoulos, Evangélos: *Les structures de l'imaginaire dans la philosophie de Proclus*, Paris 1985.

Narcy, Michel: «L'homonymie entre Aristote et ses commentateurs néo-platoniciens», dans: *Les études philosophiques* 1, janvier-mars 1981, pp. 35-52.

Palumbo, Lidia: Μίμησις. *Rappresentazione, teatro e mondo nei dialoghi di Platone e nella Poetica di Aristotele*, Napoli 2008.

ead.: «La *chora* nel *Timeo* di Platone: una scena per il teatro del mondo», dans: *Vichiana* 10 (2008), pp. 3-26.

Proclus: *Théologie platonicienne*, texte établi et traduit par Henri Dominique Saffrey et Leendert Gerrit Westerink, Tomes I-VI, Les Belles Lettres, Paris 1968-1997.

id.: *Eléments de théologie*, intr., trad. et notes par Jean Trouillard, Aubier, Paris 1965.

id.: *Lezioni sul* Cratilo *di Platone*, introd., trad. e comm. di Francesco Romano, Catania 1989.

id.: *On Plato* Cratylus, preface by Harold Tarrant, introd., trans. and notes by Brian Duvick, London 2007.

Ruiz Yamuza, Emilia: «Aristòteles en el *Comentario al Crátilo* de Proclo», dans: *Emerita* 52 (1984), pp. 287-293.

Sedley, David: *Plato's* Cratylus, Cambridge 2003.

Sheppard, Anne: «Proclus' philosophical method of exegesis: the use of Aristotle and the Stoics in the *Commentary on the Cratylus*», dans: *Proclus lecteur et interprète des anciens.* Actes du Colloque International du C.N.R.S. Paris 2-4 octobre 1985, publiés par Jean Pépin et Henri Dominique Saffrey, Paris 1987, pp. 137-151.

Steel, Carlos: «L'Âme: modèle et image», dans: *The Divine Iamblichus. Philosopher and Man of Gods*, ed. by Henry Jacob Blumenthal and E. Gillian Clark, London 1993, pp. 14-29.

id.: «Il Sé che cambia. L'anima nel tardo Neoplatonismo: Giamblico, Damascio e Prisciano», a cura di Lucrezia Iris Martone, Bari 2006 (éd. or. *The Changing Self. A study on the Soul in Later Neoplatonism: Iamblichus, Damascius and Priscianus*, Bruxelles 1978).

Trouillard, Jean: «*Le merveilleux dans la vie et la pensée de Proclos*», dans: *La mystagogie de Proclos*, éd. par id., Paris 1982, pp. 33-51 (déjà dans *Revue philosophique* 163, 1972, pp. 439-452).

Van den Berg, Robbert M.: «Smoothing over the Differences: Proclus and Ammonius on Plato's *Cratylus* and Aristotle's *De Interpretatione*», dans: *Philosophy, Science and Exegesis in Greek, Arabic and Latin Commentaries*, ed. by Peter Adamson, Hans Baltussen, and Martin W. F. Stone, London 2004, pp. 191-201.

Michael Erler (Würzburg)

„Von hier nach dort" (*Phd.* 117c): *Aphormai* und anagogische Lektüre im Platonismus der Kaiserzeit

I   Einleitung

„Aber zu den Göttern zu beten, das geht doch wohl und das ist auch geboten, damit die Reise von hier ins Jenseits unter einem guten Stern steht."[1] Die Reise der Seele von hier ins Jenseits, von der Sokrates im *Phaidon* spricht, jenes *enthende ekeise*, ist wesentliches Merkmal platonischer Philosophie. Die Frage, wie die Seele dieses „von hier nach dort" bewältigen kann, sei es aus eigener Kraft, sei es mit fremder Hilfe, ist ständiger Diskussionspunkt in der platonischen Tradition – wobei im späteren Platonismus der Aspekt einer Hilfe von außen an Bedeutung gewinnt und diese Hilfe nicht mehr nur in gemeinsamer dialektischer Wahrheitssuche und Belehrung, sondern auch in Praktiken gesehen wird, die aus religiösem Kontext stammen.[2] Entscheidender Aspekt bleibt die Auslegung der platonischen Dialoge, wichtig aber sind auch die Interpretation zentraler platonischer Autoren wie z.B. der Traktate Plotins oder die Auslegung von als „inspiriert" angesehenen literar-

---

[1] Plat., *Phd.* 117c, Übersetzung Theodor Ebert.
[2] Vgl. Michael Erler: „Die helfende Hand Gottes. Augustins Gnadenlehre im Kontext des kaiserzeitlichen Platonismus", in: *Die christlich-philosophischen Diskurse der Spätantike. Texte, Personen, Institutionen*, hg. von Therese Fuhrer, Stuttgart 2008, S. 189-204 sowie ders.: „Hilfe der Götter und Erkenntnis des Selbst. Sokrates als Göttergeschenk bei Platon und den Platonikern", in: *Metaphysik und Religion. Zur Signatur des spätantiken Denkens. Akten des internationalen Kongresses vom 13.-17. März 2001 in Würzburg*, hg. von Theo Kobusch und Michael Erler, München/Leipzig 2002, S. 387-414.

ischen Werken wie den Epen Homers.[3] Dabei wird nicht nur den Texten, sondern auch der Auslegungspraxis selbst eine unterstützende und gleichsam anagogische Funktion für die Seele des Lesenden und Interpretierenden zugebilligt. Dieser Textexegese geht es nicht nur um die bloß philologische Analyse des jeweiligen Textes, sondern um das Seelenheil des Rezipienten.

Im Folgenden möchte ich eine Methode dieser Art von Textauslegung vorstellen, die in diesem Zusammenhang zur Anwendung kommt und die – wie mir scheint – vielleicht noch mehr Beachtung verdient, als dies bisher der Fall ist. Es handelt sich um eine Methode, welche mit dem Ausdruck *aphormen labein* oder als „Aufgreifen von Hinweisen" oder „*starting points*" bezeichnet wird. Der Ausdruck *aphormen labein* steht dabei für eine Leseweise, welche in Texten nach Anknüpfungspunkten sucht, die Gelegenheit bieten, nicht nur Gedanken im Text nachzuvollziehen, sondern diese auch eigenständig weiterzuentwickeln und sie dann an den Text heranzutragen.

Der Begriff *aphorme* oder *aphormen labein* steht für ein hermeneutisches Prinzip, das in verschiedenen philosophischen Schulen zur Anwendung kommt.[4] Es hat seinen Ursprung – so soll gezeigt werden – in der Rhetorik des 5. Jh., hat von dort Einzug in die Textauslegung der Hellenistischen Philosophenschulen gehalten, wurde auch im Platonismus der Kaiserzeit praktiziert und erhält dort – und das soll der der Schwerpunkt meiner Untersuchung sein – eine Rolle bei dem Bemühen, die Seele bei ihrem Aufstieg und ihrer Rückkehr zu unterstützen. Ein besonderes und bemerkenswertes Merkmal dieser Methode des *aphormen labein* ist nämlich eine starke Leserorientierung. Die Methode des *aphormen labein* steht für einen Textzugang, der sich im Rahmen einer als *philosophia medicans* verstandenen Philosophie um Unterstützung des Interpretierenden oder des Rezipienten zunächst bei

---

[3] Vgl. Michael Erler: „Interpretieren als Gottesdienst. Proklos' Hymnen vor dem Hintergrund seines Kratylos-Kommentares", in: *Proclus et son influence. Actes du Colloque de Neuchâtel*, éd. par Gilbert Boss et Gerhard Seel, Zürich 1987, S. 179-217; Anne D.R. Sheppard: *Studies on the 5th and 6th Essays of Proclus' Commentary on the Republic*, Göttingen 1980 sowie James A. Coulter: *The Literary Microcosmos. Theories of Interpretation of the Late Neoplatonism*, Leiden 1976.

[4] Vgl. Michael Erler: „Aphormen labein. Rhetoric and Epicurean exegesis of Plato" (im Druck).

ihrer Suche nach Ataraxie und dann im späteren kaiserzeitlichen Platonismus bei ihrem Streben nach Rückkehr ins Jenseits bemüht: Sie ist damit wichtiger Bestandteil jener philosophischen Hermeneutik, die man seit dem Hellenismus als *interpretatio medicans* bezeichnen könnte[5] und die im späteren Platonismus eine geradezu religiöse Konnotation erhält. Mit Hilfe des Prinzips lässt sich zudem – dies ist eine weitere These – jenes Miteinander texttreuer Auslegung und eigenständiger Weiterentwicklung der Gedanken philosophischer Grundtexte vielleicht etwas besser verstehen, das man gerade auch im Platonismus beobachten kann und das moderne Interpreten bisweilen irritiert.[6]

Ich möchte meine Untersuchung bei Proklos, Porphyrios und Plutarch beginnen lassen, dann chronologisch zurückgehen und Gebrauch und Diskussion der Methode des *aphormen labein* in einigen epikureischen Texten und bei Sextus Empiricus verfolgen und schließlich auf die Herkunft des *aphorme*-Konzeptes aus der Rhetorik des 5. Jh. v. Chr. hinweisen. Vor diesem Hintergrund möchte ich zum kaiserzeitlichen Platonismus zurückkehren, auf bezeichnende Differenzen hinweisen und zumindest anzudeuten versuchen, dass und wie Eigentümlichkeiten der Plotin-Rezeption in der *Sententiae*-Sammlung des Porphyrios, die ja den Begriff *Aphormai* als Titel trägt, vielleicht verständlicher werden.

II   Proklos: *Aphorme* und *Anagoge*

Beginnen wir mit einer Stelle aus Proklos' *Timaios*-Kommentar. Dort geht es mit Blick auf eine *Timaios*-Stelle um die Rolle des Gebetes und die Frage, ob man bei jeder noch so kleinen Angelegenheit ein Gebet benötigt.[7] Proklos betont in diesem Zusammenhang die Notwendigkeit,

---

[5] Vgl. Michael Erler: „Interpretatio medicans. Zur epikureischen Rückgewinnung der Literatur im philosophischen Kontext", in: *Antike Philosophie Verstehen*, hg. von Marcel van Ackeren und Jörn Müller, Darmstadt 2006, S. 243-256.

[6] Dies soll unten an Porphyrios' *Sententiae* angedeutet werden.

[7] Vgl. Plat., *Tim.* 27c, dazu Procl., *In Tim.* 1, 215 Diehl; zum platonischen Gebet vgl. Michael Erler: „Selbstfindung im Gebet. Integration eines Elementes epikureischer Theologie in den Platonismus der Spätantike", in: *Platonisches Philosophieren. Zehn Vorträge zu Ehren von Hans Joachim Krämer, Spudasmata* 82,

dass sich die Seele des Menschen zu sich selbst hinwenden und auf Gott ausrichten müsse. Er weist darauf hin, dass dies letztlich nur mit Hilfe der Götter und der von den Göttern der suchenden Seele übermittelten Symbole – er verwendet den Ausdruck *synthemata* (συνθήματα) – gelingen könne. Mit Hilfe dieser Göttergeschenke freilich habe die Seele die Möglichkeit, zu den Göttern zurückzukehren. Diese *synthemata* oder *symbola* nun vergleicht Proklos mit *aphormai* (δι᾽ ὧν ὥσπερ ἀφορμῶν). Mit *symbola* sind offenbar jene aus den chaldäischen Orakeln und der theurgischen Praxis bekannten Zeichen gemeint, welche in der Welt der Phänomene ebenso wie in Texten von den Göttern den Menschen gegeben sind. Sie können und sollen der suchenden Seele Hinweise auf ihre Bestimmung und ihren Weg nach oben geben. Unklarer jedoch ist, was genau mit jenen *aphormai* gemeint ist, mit denen Proklos diese *symbola* vergleicht.[8] Es liegt nahe, dass es sich bei ihnen ebenfalls um Mittel handelt, welche – ähnlich wie *symbola* oder *synthemata* – eine anagogische Funktion besitzen und also der Seele für ihren Aufstieg vom materiellen Diesseits ins Jenseits behilflich, also für das Thema unserer Tagung einschlägig sind.

Suchen wir also nach Parallelen für diesen Ausdruck in Proklos' Oeuvre. In der Tat ist ein Blick in Proklos' Werk, insbesondere in den *Timaios*-Kommentar, aber auch in seine Kommentare z.B. zum Dialog *Alkibiades* hilfreich.[9] Es zeigt sich nämlich, dass der Begriff *aphorme* oft in Zusammenhang mit der Auslegung von Texten, z.B. der Dialoge Platons, aber auch der Schriften anderer Platoniker fällt. Er findet sich auch in Zusammenhang mit Proklos' Kommentierung von Platons *Timaios*. Besonders interessant scheint mir die Passage, wo Proklos die methodisch wichtigen und oft diskutierten Bemerkungen des Sokrates im *Timaios* über die Verwandtschaft von Aussage – Logos – und Aussageinhalt behandelt.[10] Proklos behauptet nämlich, dass die Platoniker Albinos und Gaios Platons an dieser *Timaios*-Stelle geäußerte These,

---

hg. von Thomas A. Szlezák und Karl-Heinz Stanzel, Hildesheim 2001, S. 155-171.

[8] Vgl. Beate Nasemann: *Theurgie und Philosophie in Jamblichs De mysteriis*, München 1991; vgl. auch Ilinca Tanaseanu-Döbler: *Theurgy in Late Antiquity. The Invention of a Ritual Tradition*, Göttingen 2013.

[9] Vgl. Procl., *In Alc.* 36, 9. 114, 19. 235, 18. 236, 14. 317, 18 Westerink.

[10] Vgl. Procl., *In Tim.* 1, 340 Diehl zu Plat., *Tim.* 29b.

dass ein Logos jener Sache verwandt sein müsse, die es auszulegen gelte,[11] als – wie Proklos es nennt – *aphorme* genommen hätten (ἀφορμὰς λαβόντες). Daraus hätten sie ihre These entwickelt, wonach Platon seine systematische Lehre auf vielfache, vornehmlich auf zweifache Weise, nämlich auf wissenschaftliche und auf bildliche Weise, verbreite. Lassen wir den Inhalt dieser These des Albinos und Gaios einmal beiseite,[12] so wird doch deutlich: Das Wort *aphorme* wird hier offenbar in der Bedeutung „Anknüpfungspunkt" oder *starting point* verwendet. Es bezeichnet Anlass, Ausgangspunkt und Legitimation für eine Interpretation des platonischen Oeuvres, die als für die Interpreten Gaios und Albinos eigentümlich angesehen wird: Es geht um den Versuch, den Wunsch nach Systematisierung platonischer Lehre mit der offensichtlichen Vielfalt der Ausdrucksformen in den Dialogen und ihren bisweilen nicht zu bestreitenden Widersprüchlichkeiten zu versöhnen (ποσαχῶς δογματίζει Πλάτων).[13] Offenbar waren Sokrates' Bemerkungen im *Timaios* – so Proklos – für Gaios und Albinos Anlass, Aufhänger und Rechtfertigung für derartige Harmonisierungsbemühungen.

Aphormai also als *starting points* für eigene Überlegungen anlässlich eines zu interpretierenden Textes – in dieser Bedeutung findet sich der Ausdruck auch sonst bei Proklos verschiedentlich: z.B. wenn Proklos im Rahmen der Interpretation von Platons Diskussion der Elemente Feuer, Wasser, Luft[14] einen sprachlichen Ausdruck (οὐ γὰρ εἶπεν ἐκ πυρὸς ἁπλῶς ἢ ὕδατος, ἀλλ᾽ ἐκ πυρὸς παντὸς καὶ ὕδατος παντός)[15] bei Platon zum Anlass (*aphorme*) für die Erläuterung seines Textverständnisses nimmt. An anderer Stelle spricht Proklos von *aphormai*, wenn es um Interpretationsprobleme geht, die Porphyrios oder Jamblich[16] bieten.

---

[11] Vgl. Procl., *In Tim.* 1, 340, 23 Diehl.
[12] Vgl. dazu Franco Ferrari: „Esegesi, commento e sistema nel medioplatonismo", in: *Argumenta in dialogos Platonis*, hg. von Ada B. Neschke-Hentschke, Basel 2010, S. 51-76. Zu Albinos' Exegese vgl. Federico M. Petrucci: „ἀντέχεσθαι τῶν ῥημάτων: The Neoplatonic Criticism of Atticus' Exegesis of Plato's Cosmogony" in diesem Band.
[13] Vgl. Franco Ferrari: „Esegesi, commento e sistema nel medioplatonismo", a.a.O., S. 51-76.
[14] Vgl. Plat., *Tim.* 30c-d; 32b; Procl., *In Tim.* 2, 42 ff. Diehl.
[15] Procl., *In Tim.* 2, 50 Diehl.
[16] Vgl. Porphyrios in Procl., *In Tim.* 1, 202, 4 Diehl. Jamblich in Procl., *In Tim.* 1, 174, 32 Diehl.

Interessant ist, wenn Proklos davon spricht, dass Jamblich anderen ein Vorgehen vorwerfe, für das er selbst in Proömien Anknüpfungspunkte – *aphormai* – biete,[17] wie Proklos denn überhaupt Jamblich vielfach als Aphormegeber anspricht.[18] Es sei hier zunächst festhalten: *Aphorme* oder *aphormen labein* scheint bei Proklos eine Art Terminus aus dem Bereich der Hermeneutik zu sein. Er bezeichnet offenbar den Anfangspunkt für eine Überlegung, die sich als Auslegung gibt, die aber für eigenständige Überlegungen durchaus Raum lässt, und die dann infolge der Anknüpfung an einen autoritativen Text – das *aphormen labein* – gleichsam legitimiert ist.[19] Wir haben zudem gesehen, dass Proklos diese Art des Zugriffs mit einer geradezu religiösen Konnotation versieht und ihn als Möglichkeit ansieht, die Seele des Interpretierenden bei sich zu versammeln und ihr dadurch beim Aufstieg zur Schau der Wahrheit behilflich zu sein. Aus dem Vergleich mit den *symbola* wird zudem nahegelegt, dass die *aphormai* weniger als vom Autor initiierte Hinweise und Hilfestellungen, sondern wie die *synthemata* als Gnadengaben eines Gottes angesehen werden, die dieser Gott durch den Autor in den Text eingegeben hat. Auch hier wird deutlich: es geht um die Seele des Rezipienten und um eine *interpretatio medicans*, die geradezu theurgischen Charakter hat.[20]

III Plutarch: Philologie und *Aphorme*

Es ist nun bemerkenswert, dass wir einen ähnlichen Gebrauch von *aphorme* oder *aphormen labein* auch bei anderen – früheren – Platonikern beobachten können – und dies nicht nur im Umgang mit den Dialogen Platons. Zudem erfahren wir einiges über Gebrauch und Ein-

---

[17] Vgl. z. B. Procl., *In Tim*. 1, 174, 32 Diehl.
[18] Vgl. Procl., *In Tim*. 1, 202, 4; 1, 215, 26; 1, 340, 23; 2, 37, 16 ff. Diehl.
[19] Vgl. Michael Erler: „Philologia medicans. Wie die Epikureer die Schriften ihres Meisters lasen", in: *Vermittlung und Tradierung von Wissen in der griechischen Kultur*, hg. von Wolfgang Kullmann und Jochen Althoff, Tübingen 1993, S. 281-303.
[20] Vgl. Michael Erler: „Platons Dialoge als „heilige Texte"? Altes Wissen und „anagogische" Exegese platonischer Dialoge in der Kaiserzeit", in: *Zwischen Exegese und religiöser Praxis*, hg. von Ilinca Tanaseanu-Döbler, (im Druck).

schätzung dieser *aphormai*, wobei Konvergenzen, aber auch andere Akzentuierungen als bei Proklos deutlich werden: Es sei hier an Plutarch erinnert, der in seiner Schrift *De audiendis poetis* wiederholt von den Anregungen – *aphormai* – spricht, die man Homer entnehmen könne.[21] Wieder erlaubt die Zeit nur wenige Hinweise: Plutarch konzediert in seiner Schrift, dass Dichtung wie die Homers zwar in der Tat für den Leser Ursachen für Irritation bietet – hier spricht der treue Platoniker; er betont aber auch, dass Homers Werke – und die anderer Autoren – durchaus auch Lust und Nahrung für die Seele bieten können.[22] Denn – und hier kommt das Konzept *aphormen labein* ins Spiel – es gebe z.B. in Homers Epen durchaus Ansatzpunkte für richtige Seelennahrung; man müsse diese *aphormai* nur richtig bewerten und nutzen. Zwar bildeten Dichter wie Homer unakzeptables Verhalten ab, was für Platon zwar Anlass für die Verbannung Homers aus Kallipolis gewesen sei,[23] doch müsse dies keineswegs notwendig zu einer generellen Ablehnung der Dichtung allgemein führen – wie dies Plutarch bemerkenswerter Weise z.B. Epikur unterstellt.[24] Plutarch sieht nämlich Möglichkeiten, die negativen Wirkungen abzuwehren, z.B. indem der Leser die Autorenkommentare bei Homer beachte, die Richtiges und Falsches zu unterscheiden helfen, oder wenn der Leser die Kontexte von Aussagen berücksichtige, oder – und vor allem – wenn der Leser – so Plutarch – *starting points*, *aphormai* für Korrekturen und Interpretationen berücksichtige: Anknüpfungspunkte, die sich für die Interpretation zum einen aus sprachlich-grammatischen Beobachtungen ergäben – d.h. z.B. wenn die Restriktion einer Wortbedeutung durch den Kontext beachtet werde, oder indem man den korrekten Sinn eines allgemein genutzten Wortes

---

[21] Vgl. Plut., *De aud.* 22b-c; Elizabeth Asmis: „Philodemus' Poetic Theory and „On the Good King According to Homer"", in: *Classical Antiquity* 10 (1991), S. 1-45, bes. S. 22; *Plutarch. How to study poetry (De audiendis poetis)*, ed. by Richard Hunter and Donald Russell, Cambridge 2011; David Konstan: „The birth of the reader. Plutarch as a literary critic", in: *Scholia* 13 (2004), S. 3-27, bes. S. 3: „Plutarch transfers authority over the meaning of the text to the reader in ways that remarkably anticipate certain strategies of postmodern literary theory".

[22] Vgl. Plut., *De aud.* 15c.

[23] Vgl. Plut., *De aud.* 17f-18f.

[24] Vgl. Plut., *De aud.* 15d.

heranziehe.[25] Neben diesen grammatischen Anknüpfungspunkten aber
sei auch hilfreich – so Plutarch weiter – auf philosophische Argumentationen, auf philosophische Beweise und auf Evidenz zurückzugreifen.
Alle diese Anknüpfungspunkte bezeichnet Plutarch als ἀφορμὰς πρὸς
τὴν ἐπανόρθωσιν des Lesers, also als *starting points* für die moralische
Korrektur des Lesers.[26]

Man sieht: Auch bei Plutarch geht es bei der Interpretation um die
Wirkung des zu interpretierenden Textes auf den Leser und vor allem
darum, beim Rezipienten Irritation zu meiden, d.h. seine Seele zu heilen.
Hierin trifft er sich mit Proklos. Es fehlt freilich die religiöse
Konnotation, und anders als Proklos hält Plutarch in diesem Zusam-
menhang neben philosophischen Erklärungen auch textphilologische
Betrachtungen für hilfreich. Ziel aber ist und bleibt die *epanorthosis* –
die *correctio* – der Seele des Lesers. Beispiele für die Verbindung von
Philologie und Philosophie als Grundlage, wie man *aphormai* verwenden soll, findet man auch sonst in Plutarchs Werk oder in der fälschlich
Plutarch zugeschriebenen Schrift *De Homero*. Auch hier ist die These
leitend, dass Homer – wie es an einer Stelle heißt – für die Philosophie
Samen (*spermata*) und *aphormai* biete, für die er höchste Bewunderung
verdiene und aus denen unterschiedliche philosophische Interpreten
Nutzen gezogen hätten.[27] Auch hier werden philologische und philosophische Gesichtspunkte beim Wunsch leitend, die Seele des Rezipienten mittels *aphormai* zu heilen.

IV   *Aphorme*: Grammatiker oder Philosoph

Philosophischer und philologischer Gebrauch von *aphormai* also: dass
bei Plutarch der grammatikalische und der philosophische Aspekt beim
Gebrauch von *aphormai* leitend ist, ist bezeichnend für den Umgang mit

---

[25] Vgl. Plut., *De aud.* 19e-20b; 22c-25b.
[26] Vgl. Plut., *De aud.* 22b; 22a-c.
[27] Vgl. David L. Blank: *Sextus Empiricus. Against the grammarians (Adversus
mathematicos I)*, Oxford 1998, S. 283. Vgl. Ps.-Plut., *De hom.* 93; 115; 122;
150.

Texten bei einem Mittelplatoniker.[28] Und es ist bemerkenswert, dass gerade dieser Umgang mit *aphormai* sogar Gegenstand einer offenbar lebendig geführten Diskussion war, von der wir bei Sextus Empiricus – also einem zeitnahen Autor – erfahren.[29] Im ersten Buch von *Adversus mathematicos* macht uns Sextus nämlich zum Zeugen einer Auseinandersetzung zwischen Grammatikern und Philosophen, genauer Epikureern, über die Art und Weise, wie *aphormai – starting points –* bei der Interpretation zu verwenden seien und wer richtigen Gebrauch von ihnen mache. Beide Parteien, Grammatiker wie (epikureische) Philosophen stimmen demnach darin überein, dass man mit Texten, z.B. Dichtung oder philosophischen Texten, auf eine Weise umgehen könne und müsse, die dem Leser Nutzen für ein glückliches Leben brächten. In der Tat böten Dichtung und andere Texte nach Auffassung der Grammatiker, aber auch der Epikureer viele *starting points* für Weisheit und Glück.[30] Dissens besteht jedoch darüber, wer denn einen richtigen Gebrauch von diesen *aphormai* machen kann: Grammatiker oder Philosophen. Nach Ansicht der Grammatiker könne derartige Anregungen oder *starting points* allein angemessen bewerten und nutzen, wer Sprache und Grammatik im Blick habe – also sie selbst. Doch dies bestreiten die Epikureer. Allein Philosophen seien in der Lage, solche *aphormai* richtig zu bewerten und für das Glück des Lesers fruchtbar zu machen. Denn nur sie hielten sich nicht bloß an Worte, sondern verstünden es, aus den Anknüpfungspunkten – den *starting points* – richtig Argumente zu machen. Anders als Grammatiker, denen es nur um die *lexis* gehe, seien Philosophen nämlich an Inhalten (*hypokeimena*) interessiert.[31] Man fühlt sich an die Klage Senecas erinnert, wonach aus Philosophen Philologen geworden seien, oder an Plotins Vorwurf gegenüber Longin, er sei ja nur Philologe – in der Tat findet sich in den Fragmenten von dessen Werk *aphormen labein* immer im Sinne der

---

[28] Zum mittelplatonischen Umgang mit Texten vgl. Franco Ferrari: „Esegesi, commento e sistema nel medioplatonismo", a.a.O.; vgl. ders.: „La letteratura filosofica di carattere esegetico in Plutarco", in: *I generi letterari in Plutarco*, a cura di Italo Gallo e Claudio Moreschini, Napoli 2000, S. 147-175.
[29] Vgl. Michael Erler: „Aphormen labein. Rhetoric and Epicurean exegesis of Plato", (im Druck).
[30] Vgl. Sext. Emp., *Adv. math.* 1, 270-271.
[31] Vgl. Sext. Emp., *Adv. math.* 1, 270-73; 278 f.; 292; 296; 313.

Grammatiker. Oder man mag an die bezeichnende Anekdote aus dem Leben Epikurs bei Diogenes Laertius denken, wonach Epikur sich bei den Ausführungen seines Grammatiklehrers darüber, was Hesiod in der Theogonie mit dem Chaos meine, so gelangweilt habe, dass er die Schule des Grammatikers verließ und zum Philosophen wurde.[32]

Halten wir fest: Mit unserer Frage, was Proklos bei seinem Vergleich mit *aphormai* eigentlich meine, sind wir offenbar auf einen Terminus für eine exegetische Methode gestoßen, die bis in den Hellenismus und in die epikureische Schule zurückreicht und über deren Anwendung und die dafür notwendige Kompetenz – Philologie oder Philosophie – sogar heftig diskutiert wurde. Als Merkmale dieser Methode ergaben sich bisher eine starke Adressatenorientiertheit mit sogar soteriologischen Aspekten im späten Platonismus und der Anspruch – und die Lizenz – Textpartien als Anknüpfungspunkte für eigene Argumentationen und Überlegungen zu wählen, die im Zusammenhang mit dem Anknüpfungspunkt stehen, aber Raum für Eigenes lassen. Es trifft sich nun, dass wir aus epikureischem Kontext mit Philodems Schrift *De bono rege* sogar eine Illustration für die Anwendung dieser Methode haben, die bestätigt, was wir bisher beobachteten, und zudem durch Konvergenz und Differenz für ein besseres Verständnis dessen, was für Proklos gilt, dienen kann.

V   Philodem: *Aphorme* und philosophische Leserkorrektur

Deshalb ein kurzer Blick in die auf Papyrus erhaltene Schrift *De bono rege* des Epikureers Philodem aus dem 1 Jh. v. Chr.[33] Wenn der Plato-

---

[32] Vgl. Diog. Laert. 10, 2; Hesiod, *Th.* 116, dazu Dirk Obbink: „How to read Poetry about Gods", in: *Philodemus and poetry. Poetic theory and practice in Lucretius, Philodemus and Horace*, ed. by Dirk Obbink, Oxford 1995, S. 189-209, bes. S. 189 f.

[33] Vgl. *Filodemo. Il buon re secondo Omero, Edizione, traduzione e commento*, a cura di Tiziano Dorandi, Napoli 1982; Oswyn Murray: „Philodemus on the good king according to Homer", in: *The Journal of Roman Studies* 55 (1965), S. 161-182; ders.: „Rileggendo *Il buon re secondo Omero*", in: *Cronache Ercolanesi* 14 (1984), S. 157-160; Elizabeth Asmis: „Philodemus' Poetic Theory and „On the Good King According to Homer"", a.a.O.; Jeffrey Fish: „Anger,

niker Plutarch *starting points* wählt, um ein Verständnis z.b. Homers zu entwickeln, so gilt dies für den Epikureer Philodem ebenfalls. Er bietet in der Schrift *De bono rege* eine Vorstellung vom guten Herrscher, indem er mit seinen Überlegungen vielfach von HomerPassagen ausgeht, dabei aber entsprechend seiner epikureischen Position eigene Vorstellungen entwickelt, seinen Adressaten einen Spiegel vorhält und ihre Seele – wie Philodem ausdrücklich sagt – korrigiert: *Epanorthosis* auch hier. Philodem zieht Homer nämlich heran, um den zeitgenössischen Mächtigen richtiges Verhalten beim Herrschen vor Augen zu führen. Dabei lässt er ein Verständnis Homers erkennen, das erstaunen muss. Philodem behauptet nämlich, dass Homer – der in der *Ilias* ja den Trojanischen Krieg schildert – Krieg und deshalb Freunde des Krieges und des Streites hasse;[34] deshalb verlange Homer vom Herrscher, dass er der Liebe zum Kampf abschwört, wobei er Kämpfen freilich nicht aus dem Weg gehen müsse, wenn es denn notwendig sei. Grundsätzlich aber seien Milde und Nachsicht verlangt; wie ein Vater soll sich der Mächtige verhalten. Diese Postulate und dieses Verständnis sind bemerkenswert, hält man sich Homers *Ilias* und die dort vom agonalen Prinzip gekennzeichnete Adelsgesellschaft vor Augen. Denn Philodems ‚moralisierende' Interpretation Homers legt nahe, dass Homer im Grunde von Helden verlange, ein unhomerischer Held zu sein. Uns soll auch hier wieder nur allgemein die Methode interessieren, die Philodem zu dieser erstaunlichen Folgerung berechtigt. Denn Philodem verwendet für diesen Umgang mit dem Text, der sich nicht an Worte hält, sondern an die *hypokeimena* – Sachen oder Inhalte – und diese in seinem Sinn uminterpretiert, den Ausdruck *aphormen labein*. Ausdrücklich betont Philodem, er hoffe, nicht viele jener *aphormai* übersehen zu haben, die Homer biete.[35] Philodems Lektüre geht in der Tat also von einigen Stellen bei Homer aus, gelangt aber zu einer Interpretation, die keines-

---

Philodemus' *Good King*, and the Helen Episode of Aeneid 2.567-89: A New Proof of Authenticity from Herculaneum", in: *Vergil, Philodemus, and the Augustans*, ed. by David Armstrong, Jeffrey Fish, Patricia A. Johnston and Marilyn B. Skinner, Austin 2004, S. 111-138.

[34] Vgl. Philod., *De bono rege*, col. XXIX, 6 f. Dorandi.

[35] Vgl. Philod., *De bono rege*, col. XLIII, 16 f. Dorandi; vgl. col. XXII, 36-37 Dorandi; vgl. dazu Michael Erler: „Orthodoxie und Anpassung. Philodem, ein Panaitios des Kepos?", in: *Museum Helveticum* 49 (1992), S. 171-200, bes. S. 185 f.

falls in jeder Hinsicht der Darstellung Homers, z.B. seiner Helden, gerecht wird. Philodem lässt sich in der Tat von eigenen – epikureischen – Vorstellungen vom Helden oder vom Krieg leiten. D.h. es geht ihm nicht so sehr um die wirkliche Auffassung Homers, sondern um eine Hilfestellung für die *epanorthosis* seiner Leser – womit offensichtlich eine moralische Aufrüstung gemeint ist: *Epanorthosis* verbunden mit dem Terminus *aphorme* also auch hier als Kennzeichnung einer Lektürehaltung, die bestimmte Aussagen oder Passagen im Text aufgreift und dann Interpretationen folgen lässt, die eigenem Interesse, nicht notwendig der Intention des Autors entsprechen müssen. Wieder zeigt sich, dass zur Methode des *aphormen labein* neben Adressatenbezogenheit auch die Lizenz gehört, sich von der Vorlage zu lösen, um eigenen Argumenten und Überlegungen Raum zu geben. Der Begriff *aphorme – starting point* – ist wörtlich zu verstehen. Es handelt sich um die Startrampe für eigene Argumentationen. Es geht den Philosophen nicht allein – oder sogar eher nachrangig – um die *Epanorthosis* des Textes, sondern um die Korrektur der Seele der Rezipienten – denn allein der Philosoph kann offenbar unterscheiden, was er an Gutem und Schlechtem aus Dichtung gewinnen kann.[36] Eine Haltung, die auch im römischen Kontext praktiziert wurde, wie der Lolliusbrief für Horazens Homerlektüre in Praeneste zeigt und wie man sie offenbar auch für Vergils Homerrezeption voraussetzen kann.[37]

VI   Herkunft – Tradition

Wir haben bisher – ausgehend von einem spätplatonischen Autor im zeitlichen Rückgang bis in den Hellenismus – in verschiedenen philosophischen Kontexten feststellen können, dass es eine Methode des *aphormen labein* gab, dass diese nicht nur praktiziert, sondern auch diskutiert wurde. Als ein Merkmal der Methode erwies sich ein betont adressatenorientierter Ansatz, der je nach Kontext im späteren Pla-

---

[36] Vgl. Elizabeth Asmis: „Philodemus' Poetic Theory and „On the Good King According to Homer"", a.a.O., S. 23; vgl. auch dies.: „Epicurean poetics", in: *Philodemus and poetry*, a.a.O., S. 15-34.
[37] Vgl. Hor., *epist*. 1, 2.

tonismus bis zur religiös verstandenen Hilfe für die Rückkehr der Seele des Interpretierenden reicht.

Ebendieses wichtige Merkmal der Adressatenorientierung wird nun verständlicher, wenn man sich kurz die Herkunft dieses methodischen Prinzips vergegenwärtigt. Denn diese ist nicht in der Philosophie, sondern in der Rhetorik zu suchen, wo Adressatenorientiertheit – die *peitho* – ja geradezu Grundlage und *raison d'etre* der Kunst ist.

Erste Hinweise für den rhetorischen Ursprung finden wir bei der oben schon angesprochenen Sentenzsammlung des Porphyrios. Denn sie hat den Titel *Sententiae ad intelligibilia ducentes* oder aber eben *Aphormai.*[38] Natürlich hat man nach der Bedeutung des Titels gefragt. Goulet hat daran erinnert, dass Thrasymachos ein Werk mit dem Titel *Aphormai* verfasst habe und dass hier ein rhetorisch-philosophischer Inhalt zu vermuten sei. Vielleicht handelt es sich in der Tat um einen Teil des als *Megale techne* bekannten rhetorischen Lehrbuchs des Thrasymachos.[39] Freilich bleibt unklar, mit welchem Inhalt man rechnen muss. Unsicher ist zudem, ob es sich bei der Angabe überhaupt um einen originalen Titel handelt. Des Weiteren kann man auf einen Werktitel wie bei Theophrast hinweisen: *Aphormai e enantioseis.* Aber auch hier ist völlig unklar, was inhaltlich gemeint ist. Unter dem Namen Alexanders, des Rhetors und Sohnes des kaiserzeitlichen Platonikers Numenios aus dem 2. Jh. n. Chr., ist eine Schrift mit dem Titel *Peri rhetorikon aphormon* verzeichnet.[40] Jedoch ist auch hier beinahe alles unsicher. Allein ein Bezug zur Rhetorik wird nahegelegt.

---

[38] Zum Titel vgl. Schol. zu Plotinus *Enn.* VI 9, 8, 4 (P. Henry: *Études plotiniennes, I: Les États du texte de Plotin*, Paris/Bruxelles 1938, S. 373), das *sent.* 44 zitiert und von *aphormai* spricht; vgl. Richard Goulet: „Le titre de l'ouvrage", in: *Porphyre. Sentences. Études d'introduction, texte grec et traduction française, commentaire*, vol. I., éd. par Luc Brisson, Paris 2005, S. 11-16, bes. S. 13 f. Zur Problematik, dass Plotinisches und Unplotinisches gemischt ist, vgl. Hans R. Schwyzer: „Plotinisches und Unplotinisches in den Ἀφορμαί des Porphyrios", in: *Plotino e il Neoplatonismo in Oriente e in Occidente. Accademia nazionale dei Lincei An. CCCLXXI*, Rom 1974, S. 221-252.

[39] Vgl. Thras. DK 85 A 1; Schol. Aristoph. Av. 880=DK 85 B 3; Diog. Laert. 5, 46.

[40] Vgl. Suda A 1128, t. I p. 104 Adler.

Diese Vermutung wird in der Tat bestätigt, wenn man auf die Geschichte des Ausdrucks *aphormen labein* blickt. Dabei wird deutlich, dass die Herkunft des damit verbundenen philosophischen Konzeptes in der Tat im Kontext der Rhetorik zu suchen ist und offenbar schon im 5. Jh. bekannt war und praktiziert wurde. Aus Zeitgründen sei nur kurz auf einige Stellen bei Euripides hingewiesen, auf die u. a. schon Wilamowitz in anderem Kontext aufmerksam gemacht hat.[41] Einige wenige Hinweise müssen genügen.

In Euripides' *Herakles* kommentiert der Chor eine lange Rede des Amphitryon mit den Worten:

{Χο.} ἆρ' οὐκ ἀφορμὰς τοῖς λόγοισιν ἀγαθοὶ
θνητῶν ἔχουσι, κἂν βραδύς τις ᾖ λέγειν;

was übersetzt wird mit: „Man sieht: dem edlen Mann gebricht es nie an Stoff/Zum Reden, ist er ungeübt in Worten auch".[42] „Es fehlt nicht an Stoff": *Aphorme* bezeichnet hier offenbar Anknüpfungspunkte, die der Redner – in diesem Fall Amphitryon – zum Anlass oder als Einstieg für seine eigenen Ausführungen nehmen kann. Wir finden den Ausdruck *aphorme* in der Tat in anderen Tragödien des Euripides in rhetorisch relevantem Kontext.[43] Demnach findet ein guter Redner immer *aphormai* für seine Reden, wie es besonders eindrucksvoll in der *Hekabe* vom Chor formuliert wird: „Da sehet, wie das Gute doch den sterblichen/Zu guten Reden allezeit den Stoff gewährt!" ({Χο.} φεῦ φεῦ· βροτοῖσιν ὡς τὰ χρηστὰ πράγματα/χρηστῶν ἀφορμὰς ἐνδίδωσ' ἀεὶ λόγων),[44] d.h. für gute Redner liegt der Stoff oder liegen *starting points* für eigene Ausführungen gleichsam auf der Straße. In den *Backchen* heißt es: „Wenn schönen Stoff zum Reden fand ein weiser Mann,/Dann ist es ihm nichts Schweres, wohlberedt zu sein." ({Τε.} ὅταν λάβῃ τις τῶν λόγων ἀνὴρ σοφὸς/καλὰς ἀφοράς, οὐ μέγ' ἔργον εὖ λέγειν).[45] Umgekehrt machen

---

[41] Vgl. Ulrich von Wilamowitz-Moellendorff: *Euripides. Herakles*, vol. 3, Darmstadt ²1959, S. 60 f.
[42] Eur. *Her*. S. 236, Übersetzung J. J. C. Donner, Bearbeitung Richard Kannicht.
[43] Vgl. Eur., *Med*, 342.
[44] Eur., *Hec*. 1238 f., Übersetzung J. J. C. Donner, Bearbeitung R. Kannicht.
[45] Eur., *Ba*. 266 f., Übersetzung J. J. C. Donner, Bearbeitung R. Kannicht; vgl. Eur., *Her*. 236.

Klatschweiber aus kleinen *starting points* große Sachen, wie es in den *Phoenissen* heißt.[46]

Aphormai gehören in der Rhetorik zu jener Stoffbasis, auf der die *logoi* dann aufbauen können. Es liegt an den Stellen bei Euripides offenbar ein Rückgriff auf zeitgenössische Redepraxis und die sich daraus entwickelnde Rhetorik vor, genauer auf den Bereich, der dann als *inventio* bezeichnet und der besonders im Bereich der Pathoserzeugung verwendet wird. Das bestätigt ein Blick in Reden z.b. des Demosthenes sowie in rhetorische Handbücher. Bei der Anwendung wird natürlich erwartet, dass die sich aus *starting points* ergebenden Überlegungen auf den Adressaten zielen und weniger den Sachverhalt im Auge haben, von dem sie ihren Ausgang nehmen. Anaximenes z.b. spricht von *aphormai*, die dem Redner bei der Argumentation gegen Neuerungen helfen können, und führt dann aus, dass man die Reden den Taten anpassen soll; dann würde man in Prozessen oder in anderen Agonen sehr kunstgemäße *starting points* besitzen.[47] Wir finden zudem Stellen, an denen der Ausdruck für die Entlehnungen oder den Bezug auf Passagen bei anderen Autoren verwendet wird, bei denen man Anleihen macht oder von denen man ausgeht. Wir finden ihn bei der Beschreibung von Archimedes' Umgang mit Eratosthenes, bei Chrysipp oder dann, wenn Demokrits Umgang mit den Büchern des Ostanos beschrieben wird, oder wenn von Anregungen gesprochen wird, die Herodot bei anderen Autoren fand.[48]

Man sieht: der Begriff gehört ursprünglich nicht in den philosophischen Kontext – er ist in der Rhetorik Ausdruck dafür, dass man sich einer Vorlage oder eines Vorganges bedient – wobei es sich dabei um andere Reden, aber auch um Bücher handeln kann – und dann Eigenes daraus macht. Es handelt sich offenbar um Topoi für Reden.

---

[46] Vgl. Eur., *Phoen.* 198 ff.

[47] Vgl. Anaxim. 2, 3, 5. 3, 7,1; vgl. Ulrich von Wilamowitz-Moellendorff: *Euripides. Herakles*, a.a.O., S. 61.

[48] Cf. Arch., *Ad Eratosth.* 3, 83, 22; Democritus Fr. 300, 17, 7; Ephoros F 2a, 70, F 180, 5 Jacoby.

VII   Eigenes und Fremdes: Porphyrios' *Aphormai*

Vor diesem Hintergrund wird zunächst deutlich – und damit kehren wir
zum kaiserzeitlichen Platonismus, zu Proklos und zu Porpyhrios zurück
–, dass wir es bei dem Ausdruck *aphormen labein* mit einer Tradition zu
tun haben, welche aus der Rhetorik stammt und von daher zwei Merkmale mitbringt:

    a) Die Adressatenorientierung: es geht letztlich um die Beeinflus-
sung des Adressaten oder Lesers. Was in der Rhetorik die *peitho* zum
Ziel hat, will im Kontext einer als *philosophia medicans* verstandenen
Philosophie dazu beitragen, den Leser von Texten vor Irritation zu bewahren. Das ist Ziel z.B. von Epikureern, aber auch von Mittelplato-
nikern wie Plutarch – oder später von Proklos, bei dem eine soterio-
logisch-religiöse Komponente hinzukommt, nämlich der Seele des
Lesers beim Aufstieg von hier nach dort, aus der Welt der Phänomene
zu helfen. Wir sahen zudem, dass bei Proklos jene *aphormai* im Text,
die bei früheren Interpreten als Hilfsmittel des Autors verstanden wurden, nun zu einer Art Gnadengabe und einem Hilfsmittel der Götter für
die Rezipienten des Textes werden, um dessen Seele bei der Rückkehr
zu unterstützen. Denn im nach-jamblichischen Platonismus scheint ihr
das aus eigenen Mitteln nicht mehr möglich.

    b) Als weiteres Merkmal dieser hermeneutischen Methode des
aphormen labein ergab sich die Lizenz, die jeweiligen Ausgangspunkte
nur als Startrampe für eigene Überlegungen zu nehmen und nicht danach zu fragen, ob diese Überlegungen wirklich die genaue Intention des
Autors treffen. Der Umstand, dass man die *aphorme* aus einem autoritativen Text wie z.B. aus einem Dialog Platons nimmt, ist Garant und
Legitimation für die Richtigkeit der weitergehenden Überlegungen.[49]

---

[49] Dies könnte ein Zugang und eine Erklärung für den bemerkenswert unpla-
tonischen Umgang mit platonischen Subtexten in manchen Spuria des *Corpus
Platonicum* sein. Dazu an anderer Stelle, vorläufig: Michael Erler: „Dire il
nuovo in modo vecchio e il vecchio in modo nuovo: gli spuria del corpus platonicum fra poetica e retorica ellenistica", in: *Filologia, papirologia, storia dei
testi. Giornate di studio in onore di Antonio Carlini. Udine, 9-10 dicembre 2005*,
[*Biblioteca di Studi Antichi* 90, diretta da Graziano Arrighetti e Mauro Tulli],
Pisa/Roma 2008, S. 225-241.

Diese Lizenz nun macht – so scheint mir – verständlicher, was wir in platonischer Tradition beim Umgang mit autoritativen Texten beobachten. Nehmen wir die schon wiederholt herangezogenen *Sententiae* des Porphyrios, die ja auch *Aphormai* heißen: Der Umstand nämlich, dass in diesen *sententiae* trotz engster Anlehnung an Plotin mit geradezu wörtlicher Übernahme gleichwohl eigene Akzente gesetzt werden, auf die u. a. Cristina D'Ancona aufmerksam macht, hat Interpreten irritiert. Ich erinnere hier nur an die Sentenz 32 mit ihrer Systematisierung der Tugendgrade. Porphyrios lehnt sich hier offensichtlich ganz eng an Plotin an.[50] Plotin freilich hat mit Blick auf Platons *Theaitet* den politischen Tugenden den Rang einer eigentlichen Tugend nicht zugesprochen, weil sie sich zu sehr an Irdischem orientierten.[51] Porphyrios hingegen lässt zumindest erkennen, dass politische Tugenden beim natürlichen Menschen hilfreich sein und zu einem guten Leben verhelfen können – eine Nuancierung, die dann Macrobius aufgreift und verstärkt, sich dafür aber nicht auf Porphyrios, sondern auf Plotin (*Liber de virtutibus*) beruft, sich gleichwohl aber eindeutig auf Porphyrios bezieht.[52]

Nehmen wir nun den Titel *Aphormai* ernst, wird vor dem Hintergrund unserer Ausführungen verständlicher, was ansonsten irritiert: das Miteinander von Texttreue und eigener Akzentuierung. Man kann nämlich sagen: Plotins Position wird Porphyrios zum Anlass oder *starting point* für eigene Überlegungen mit durchaus eigenständigen Nuancierungen, die dann von anderen aufgegriffen und weiterentwickelt, aber bezeichnenderweise dem Quellentext – Plotin – zugesprochen werden. Was zählt, ist der Anknüpfungspunkt, das Eigene ist nur dessen Entfaltung. Mir scheint, hier ist jene Methode des *aphormen labein* am Werk, die ich vorgestellt habe, und das gilt auch an anderen Stellen – so möchte ich vorschlagen –, wo die Verbindung von Autorität und Eigenständigkeit zu beobachten ist oder sogar thematisiert wird, wie Plotin es an bekannter Stelle über sein Verhältnis zu Platon tut.[53] Auch

---

[50] Vgl. Cristina D'Ancona: „Les Sentences de Porphyre entre les *Ennéades* de Plotin et les *Éléments de Théologie* de Proclus", in: *Porphyre. Sentences*, vol. I, éd. par Luc Brisson, Paris 2005, S. 139-274, bes. S. 228 f.

[51] Plat., *Tht.* 175a.

[52] Vgl. Porph., *Sent.* 32, 1 ff.; Macr., *Comm.* 1, 8, 12.

[53] Vgl. Plot., *Enn.* V 1 (10) 17, 19-20 Henry-Schwyzer zu seinem Verhältnis zu

für Plotin fungieren platonische Textstellen als *aphormai* für eigene
Überlegungen, die sich als bloße Exegese geben und sich an die Seele
des Adressaten richten – ein philosophischer, aber auch rhetorischer Zugriff, der bei späteren Platonikern zu beobachten ist und dort dann, wie
wir sahen, eine religiös-soteriologische Konnotation eines „von hier
nach dort der Seele" erhält.

VIII   Schluss

Der Terminus *aphorme* als Anknüpfungspunkt wird in rhetorischem
Kontext im Zusammenhang mit der *inventio* gebraucht und geht von
dort in philosophischen und hermeneutischen Kontext ein. Er steht für
die Lizenz, bei Texten oder im Leben nach Aufhängern für Überlegungen zu suchen, die durchaus eigenständig sind, die ursprüngliche Kontexte vernachlässigen dürfen und – wie in der Rhetorik – auf die *peitho*
des Adressaten zielen. Neben Adressatenbezogenheit gehört zu der
Methode des *aphormen labein* die Lizenz, Argumenten und Überlegungen Raum zu geben – als Startrampe für eigene Argumentationen,
welche keineswegs der Intention des Textes entsprechen müssen. Man
fühlt sich an Grillparzers *dictum* erinnert: „der Anlaß wird nur gewählt,
um weit darüber hinauszugehen".[54] Es ist bezeichnend, dass Paul Friedländer dieses *dictum* wählt, um Sokrates' Palinodie im *Phaidros* zu cha-
rakterisieren – denn auch hier greift Sokrates, gezwungen durch den
Redeagon, die These und die Argumente des *Lysias* auf, nimmt diese
aber zum Anlass, durchaus Eigenes vorzutragen, ja zu übertrumpfen.[55]
    Im philosophischen Kontext wird dann aus dieser *peitho* eine Art
seelentherapeutischer Zugriff, aus philologischer Textauslegung wird
eine *interpretatio medicans*, wobei nicht der Text, sondern der Adressat
durch Korrekturen falscher Auffassung geheilt und durch richtige Erklärungen von Irritation befreit werden und sich befreien soll.[56] Dabei kann

---

Platon.
[54] Franz Grillparzer: *Sämtliche Werke*, Bd. XVI, hg. von August Sauer, Wien
1890, S. 91.
[55] Vgl. Paul Friedländer: *Platon*, Band III, Berlin/New York 1975, S. 203.
[56] Bzgl. des Konzepts vom „aktiven Leser" vgl. David Konstan: „The active
reader in classical antiquity", in: *Argos* 30 (2006), S. 7-18.

es sich um eine affirmative Textauslegung handeln, aber auch um eine kritische Auseinandersetzung: denn auch die Polemik zielt nicht nur darauf, die Position des Autors zu widerlegen, sondern ist bemüht, dadurch dem Adressaten zu seiner seelischen Ataraxie oder Seelenrettung zu verhelfen. Das hermeneutische Prinzip des *aphormen labein* hilft zu verstehen, warum es in diesem Rahmen erlaubt ist, Fremdes mit eigenen Positionen zu mischen, aber auch warum theurgische Praxis mit *aphormai* verglichen werden kann.

Literatur

Archimedes: *Ad Eratosthenem methodus*, in: *Archimède*, 3 tomes, éd. par C. Mugler, Paris 1971.

Asmis, Elizabeth: „Philodemus' Poetic Theory and „On the Good King According to Homer"", in: *Classical Antiquity* 10 (1991), S. 1-45.

dies.: „Epicurean poetics", in: *Philodemus and poetry. Poetic theory and practice in Lucretius, Philodemus and Horace*, ed. by Dirk Obbink, Oxford 1995, S. 15-34.

Blank, David L.: *Sextus Empiricus. Against the grammarians (Adversus mathematicos I)*, Oxford 1998.

Coulter, James A.: *The Literary Microcosmos. Theories of Interpretation of the Late Neoplatonism*, Leiden 1976.

D'Ancona, Cristina: „Les Sentences de Porphyre entre les *Ennéades* de Plotin et les *Éléments de Théologie* de Proclus", in: *Porphyre. Sentences*, vol. I, éd. par Luc Brisson, Paris 2005, S. 139-274.

Die Fragmente der Vorsokratiker, griechisch und deutsch von Hermann Diels, hg. von Walther Kranz, Hildesheim [6]1951/52.

Diogenis Laertii vitae philosophorum, ed. H.S. Long, 2 vols., Oxford 1964.

Erler, Michael: „Interpretieren als Gottesdienst. Proklos' Hymnen vor dem Hintergrund seines Kratylos-Kommentares", in: *Proclus et son influence. Actes du Colloque de Neuchâtel*, éd. par Gilbert Boss et Gerhard Seel, Zürich 1987, S. 179-217.

ders.: „Orthodoxie und Anpassung. Philodem, ein Panaitios des Kepos?", in: *Museum Helveticum* 49 (1992), S. 171-200.

ders.: „Philologia medicans. Wie die Epikureer die Schriften ihres Meisters lasen", in: *Vermittlung und Tradierung von Wissen in der griechischen Kultur*, hg. von Wolfgang Kullmann und Jochen Althoff, Tübingen 1993, S. 281-303.

ders.: „Selbstfindung im Gebet. Integration eines Elementes epikureischer Theologie in den Platonismus der Spätantike", in: *Platonisches Philosophieren. Zehn Vorträge zu Ehren von Hans Joachim Krämer, Spudasmata* 82, hg. von Thomas A. Szlezák und Karl-Heinz Stanzel, Hildesheim 2001, S. 155-171.

ders.: „Hilfe der Götter und Erkenntnis des Selbst. Sokrates als Göttergeschenk bei Platon und den Platonikern", in: *Metaphysik und Religion. Zur Signatur des spätantiken Denkens. Akten des internationalen Kongresses vom 13.-17. März 2001 in Würzburg*, hg. von Theo Kobusch und Michael Erler, München/Leipzig 2002, S. 387-414.

ders.: „Interpretatio medicans. Zur epikureischen Rückgewinnung der Literatur im philosophischen Kontext", in: *Antike Philosophie Verstehen*, hg. von Marcel van Ackeren und Jörn Müller, Darmstadt 2006, S. 243-256.

ders.: „Die helfende Hand Gottes. Augustins Gnadenlehre im Kontext des kaiserzeitlichen Platonismus", in: *Die christlich-philosophischen Diskurse der Spätantike. Texte, Personen, Institutionen*, hg. von Therese Fuhrer, Stuttgart 2008, S. 189-204.

ders.: „Dire il nuovo in modo vecchio e il vecchio in modo nuovo: gli spuria del corpus platonicum fra poetica e retorica ellenistica", in: *Filologia, papirologia, storia dei testi. Giornate di studio in onore di Antonio Carlini. Udine, 9-10 dicembre 2005*, [Biblioteca di Studi Antichi 90, diretta da Graziano Arrighetti e Mauro Tulli], Pisa/Roma 2008, S. 225-241.

ders.: „Platons Dialoge als „heilige Texte"? Altes Wissen und „anagogische" Exegese platonischer Dialoge in der Kaiserzeit", in: *Zwischen Exegese und religiöser Praxis*, hg. von Ilinca Tanaseanu-Döbler, (im Druck).

ders.: „Aphormen labein. Rhetoric and epicurean exegesis of Plato", (im Druck).

Euripides Sämtliche Tragödien in zwei Bänden, nach der Übersetzung von J.J. Donner, bearbeitet von Richard Kannicht, Anmerkungen von Bolko Hagen und eingeleitet von Walter Jens, Stuttgart ²1958.

Euripidis Fabulae, ed. J. Diggle, 3 vols., Oxford 1981-1994.

Ferrari, Franco: „La letteratura filosofica di carattere esegetico in Plutarco", in: *I generi letterari in Plutarco*, a cura di Italo Gallo e Claudio Moreschini, Napoli 2000, S. 147-175.

ders.: „Esegesi, commento e sistema nel medioplatonismo", in: *Argumenta in dialogos Platonis*, hg. von Ada B. Neschke-Hentschke, Basel 2010, S. 51-76.

Filodemo. Il buon re secondo Omero, Edizione, traduzione e commento, a cura di Tiziano Dorandi, Napoli 1982.

Fish, Jeffrey: „Anger, Philodemus' *Good King*, and the Helen Episode of Aeneid 2.567-89: A New Proof of Authenticity from Herculaneum", in: *Vergil, Philodemus, and the Augustans*, ed. by David Armstrong, Jeffrey Fish, Patricia A. Johnston and Marilyn B. Skinner, Austin 2004, S. 111-138.

Friedländer, Paul: *Platon*, 3 Bände, Berlin/New York 1975.

Goulet, Richard: „Le titre de l'ouvrage", in: *Porphyre*. Sentences. *Études d'introduction, texte grec et traduction française, commentaire*, vol. I., éd. par Luc Brisson, Paris 2005, S. 11-16.

Grillparzer, Franz: *Sämtliche Werke*, hg. von August Sauer, Wien 1890.

Henry, Paul: *Études plotiniennes, I: Les États du texte de Plotin*, Paris/Bruxelles 1938.

Hesiodi Theogonia, Opera et dies, Scutum, ed. Friedrich Solmsen, *Fragmenta selecta*, ed. Reinhold Merkelbach et Martin L. West, Oxford 1970.

Horaz: *Opera*, ed. István Borzsák, Leipzig 1984.

Jacoby, Felix: *Die Fragmente der griechischen Historiker*, Berlin 1923ff.

Konstan, David: „The birth of the reader. Plutarch as a literary critic", in: *Scholia* 13 (2004), S. 3-27.

ders.: „The active reader in classical antiquity", in: *Argos* 30 (2006), S. 7-18.

Murray, Oswyn: „Philodemus on the good king according to Homer", in: *The Journal of Roman Studies* 55 (1965), S. 161-182.

ders.: „Rileggendo *Il buon re secondo Omero*", in: *Cronache Ercolanesi* 14 (1984), S. 157-160.

Nasemann, Beate: *Theurgie und Philosophie in Jamblichs* De mysteriis, München 1991.

Obbink, Dirk: „How to read Poetry about Gods", in: *Philodemus and poetry. Poetic theory and practice in Lucretius, Philodemus and Horace*, ed. by Dirk Obbink, Oxford 1995, S. 189-209.

Petrucci, Federico M.: „ἀντέχεσθαι τῶν ῥημάτων: The Neoplatonic Criticism of Atticus' Exegesis of Plato's Cosmogony", (siehe in diesem Band).

Platonis Opera, recognovit brevique adnotatione critica instruxit Ioannes Burnet 1900–1907.

Plotini Opera, ed. Paul Henry et Hans-Rudolf Schwyzer, 3 vols., Oxford 1964-1982.

Plutarch: *Ambrosii Theodosii Macrobii commentarii in somnium Scipionis*, ed. James Willis, Stuttgart/Leipzig 1994 (Nachdruck der 2. ed. 1970).

Plutarch: *De audiendis poetis*, in: *Œuvres morales (Moralia)*, tome I, 1, éd. par Jean Sirinelli e André Philippon, Paris 1987.

Plutarch. How to study poetry (De audiendis poetis), ed. by Richard Hunter and Donald Russell, Cambridge 2011.

Ps.-Plutarch: *De Homero*, ed. Jan Fredrik Kindstrand, Leipzig 1990.

Porphyrios: *Sententiae ad intelligibilia ducentes*, ed. E. Lamberz, Leipzig 1975.

Proklos: *In Platonis Timaeum Commentarii*, ed. E. Diehl, 3 Bde., Leipzig 1903-1906.

Schwyzer, Hans R.: „Plotinisches und Unplotinisches in den Ἀφορμαί des Porphyrios", in: *Plotino e il Neoplatonismo in Oriente e in Occidente. Accademia nazionale dei Lincei An. CCCLXXI*, Rom 1974, S. 221-252.

Sheppard, Anne D.R.: *Studies on the 5th and 6th Essays of Proclus' Commentary on the Republic*, Göttingen 1980.

Tanaseanu-Döbler, Ilinca: *Theurgy in Late Antiquity. The Invention of a Ritual Tradition*, Göttingen 2013.

ders: *Commentarium in primum Platonicum Alcibiadem*, ed. Leendert G. Westerink, Amsterdam 1954.

Sexti Empirici Opera, recensuit Hermann Mutschmann, vol. III: *Adversus mathematicos*, libri I-VI continens, iterum ed. Jürgen Mau, Leipzig 1961.

Suidae lexicon, vol. 5, ed. Ada Adler, Leipzig 1928-38.

Wilamowitz-Moellendorff, Ulrich von: *Euripides. Herakles*, 3 Bde., Darmstadt ²1959.

Carlos Steel (Leuven)

Soul and Matter as the Place of Forms.
Neoplatonic Interpretations of Aristotle, *De anima* III 4, 429a27-9

I   Aristotle's praise of those who call the soul the 'place of forms'

In Chapter III 4 of his treatise *On the Soul*, when discussing the nature of the receptive intellect, Aristotle makes a cryptic reference to some people who call the soul 'the place of forms':

> They say well who say that the soul is 'the place of forms' (τόπον εἰδῶν), though this does not hold of the whole soul, but only of the intellective soul, and it is the forms not actually, but potentially.[1]

Who are these λέγοντες? Usually Aristotle's remark is seen as a reference to Plato. There is, however, no passage in the dialogues where Plato compares the soul to a 'place' to receive the forms. Hicks and Ross refer to *Parm.* 132b, where Socrates suggests that the forms come about as νοήματα in the soul, but this view is rejected by Parmenides.[2]

---

[1] Aristotle, *DA* III 4, 429a27-29: καὶ εὖ δὴ οἱ λέγοντες τὴν ψυχὴν εἶναι πλὴν ὅτι οὔτε ὅλη ἀλλ᾿ ἡ νοητική, οὔτε ἐντελεχείᾳ ἀλλὰ δυνάμει τὰ εἴδη.
[2] Robert Drew Hicks: *Aristotle. De Anima*. Cambridge 1907, pp. 482: "no one particular passage can be cited for this expression, but it is quite in the spirit of Plato's idealism." Hicks refers to *Parm.* 132b, where the young Socrates suggests that the forms come about 'in our souls', but he admits that this view is rejected in the discussion. William David Ross: *Aristotle. De Anima*, Oxford 1961, p. 292 refers to the same passage, but believes that Aristotle does not refer to Plato himself, but to some people in his school.

Moreover, the term *topos* is not used. Maybe some of Plato's followers in the Academy had come up with this view. Polansky suggests that Aristotle may refer to a particular interpretation of the *Timaeus*, in particular of 30b and 46d.[3] According to Siorvanes, 'Plato calls soul the place of (intelligible) Forms in *Rep*. 508c (soul as the eye, and the light of the intelligible place), 517b4-7, 526d9-e4)', again a farfetched interpretation.[4] Anyway, as we will see, later Platonists like to refer to this passage in the *De Anima* as an argument that Aristotle 'here agrees with Plato',[5] whatever may have been his critique of his master's doctrine of the forms. To be sure, Aristotle qualifies his approval of this 'Platonic' view on the soul: it is not the whole soul, but only the

---

[3] See Ronald Polansky: *Aristotle's De Anima*, Cambridge 2007, p. 441: 'the Platonic view referred to could derive from the claim in *Timaeus* 30b and 46d that mind must always be in soul in conjunction with an interpretation of the Demiurge as just a way of speaking of the realm of Forms, conceived as a Living Being'. If the Forms are always within the divine mind, there will be always thinking in actuality. 'Aristotle's revision of this view offers some additional force to the conception of human mind as possibility and as separate and unmixed.' A forced and implausible interpretation, it seems to me.

[4] James O. Urmson: *Simplicius. Corollaries on Place and Time,* (Annotations by L. Siorvanes), London 1992, p. 76, n. 112.

[5] See Ammonius (Philoponus), *De int*. 14,30 ff. The commentary on the *De Anima* is usually quoted as a work of Philoponus. However, as the title of the work shows, it is mainly a report of Ammonius' course with only some observations made by the reporter, Philoponus. I therefore quote it as Ammonius (Philoponus). The third book of the commentary got lost after the thirteenth century, and was replaced in the manuscripts by another commentary, which is usually considered to be by 'pseudo-Philoponus', but may in fact be the report of a course given by Philoponus himself (see Pantelis Golitsis, forthcoming). The Ammonius (Philoponus) version is partially preserved in the Latin translation of William of Moerbeke. We refer to it as *De intellectu* in the edition of Gérard Verbeke: *Jean Philopon. Commentaire sur le de anima d'Aristote. Traduction de Guillaume de Moerbeke,* Louvain/Paris 1966. Unfortunately, this edition is unreliable. For his translation, William Charlton: *Philoponus. On Aristotle on the Intellect*, London 1991 could rely on a revision of the edition and extensive critical notes by F. Bossier. For some sections, I have made a Greek retroversion of the Latin text, which made it possible to improve further Charlton's translation (see Appendix).

intellective, and it has not the forms in actuality. However, even a Platonist could easily admit this reduced claim. For Plato himself always insisted that only the rational soul can receive the forms, and only after a process of learning and reminiscence, since at birth the knowledge of the soul is reduced to 'potentiality' (see section 5 below).

Maybe, instead of trying to identify those who said that the soul is 'the place of forms', we should first understand what Aristotle liked so much in the position he praises. What is the context of this passage? Aristotle insists that the soul's intellect must be capable of receiving the form of an object, 'without itself being affected' (ἀπαθές):

> Before thinking, the intellect is none of the things that exist (οὐδὲν τῶν ὄντων). Therefore it is not reasonable (εὔλογον) that the intellect should be mixed with the body: if so, it would acquire some quality, e.g. warmth or cold, or even have an organ like there is one for the sensitive faculty: as it is, it has none.

The intellect has none of the properties of real things, it is itself not a thing or a being in act, but pure receptivity, and for that reason those who call it a 'place of forms' are right, presumably because place too is pure receptivity of all things without being itself a thing and is unaffected by the things present in it. In fact, place (*topos*) seems to be a better metaphor to explain the receptivity of the intellect than matter (*hulê*). Yet, surprisingly Aristotle uses 'matter' as a metaphor at III 5, when he says in a celebrated passage: 'Just as in all nature there is something which is matter for each kind, that which is all of them in potentiality' (430a10-11). Since Alexander of Aphrodisias, the expression 'material intellect' (ὑλικὸς νοῦς) came into use to describe the receptive or potential intellect.

Topos or *hulê*? Here we touch upon another related sensitive issue. Aristotle criticizes Plato in *Physics* IV for not having distinguished between matter and place in his doctrine of the 'receptacle' in the *Timaeus*:

Plato said in the *Timaeus* that matter and place (χώραν) are the same. For what is capable of participating (μεταληπτικὸν) and place are one and the same thing.[6]

Aristotle's interpretation of Plato became standard in later handbooks, as for instance in Aetius' doxography:

According to Plato place (*topos*) is what is receptive of forms; he called matter metaphorically place as some 'nurse' and 'receptacle'.[7]

One may object to Aristotle that his critique of Plato is not fair, because he assumes that Plato had already a concept of matter (*hulê*), which is in fact his own creation. Moreover, Plato does not discuss *topos* in the *Timaeus*, but *chôra,* which can be understood as space or place, but has many other functions, as is clear from the other metaphors Plato uses, such as 'nurse'. Aristotle may be right, however, in pointing to an ambiguity in Plato's concept of the receptacle, which functions both as place and as what Aristotle called matter.[8] Interestingly, in his critique, Aristotle argues that, if Plato had been consistent with his view that place is 'what is capable of participating', he should also have admitted that 'the forms and numbers exist in place'.[9] This critical comment comes close to what Aristotle says in the *De anima* III 4 about the soul as the 'place of forms'. In my view, Aristotle may be hinting in that passage to the discussion of *chôra* in the Academy. One might object

---

[6] Aristotle, *Phys.* IV 2, 209b11-13: διὸ καὶ Πλάτων τὴν ὕλην καὶ τὴν χώραν ταὐτό φησιν εἶναι ἐν τῷ Τιμαίῳ. τὸ γὰρ μεταληπτικὸν καὶ τὴν χώραν ἓν καὶ ταὐτόν. On Aristotle's interpretation, see Carlos Steel: "Plato as seen by Aristotle", in: *Aristotle's Metaphysics Alpha*, ed. by id., Oxford 2012, pp. 194-197.

[7] Aetius, *Placita*, 327,22-26: Περὶ τόπου: Πλάτων τόπον εἶναι τὸ μεταληπτικὸν τῶν εἰδῶν, ὅπερ εἴρηκε μεταφορικῶς τὴν ὕλην καθάπερ τινὰ τιθήνην καὶ δεξαμενήν.

[8] On Aristotle's interpretation of the χώρα see, inter multos alios, Keimpe Algra: *Concepts of Space in Greek Thought*, Leiden/New York/Köln 1994, pp. 97-98; Benjamin Morison: *On Location. Aristotle's Concept of Place*, Oxford 2002, pp. 115-116.

[9] 209b33-35: Πλάτωνι μέντοι λεκτέον, διὰ τί οὐκ ἐν τόπῳ τὰ εἴδη καὶ οἱ ἀριθμοί, εἴπερ τὸ μεθεκτικὸν ὁ τόπος.

that Aristotle in *Physics* 209b33-35 only makes an inference from Plato's views in order to contradict them. He certainly knew that Plato would never have accepted that the forms are 'in place'. Moreover, in *De anima* III 4, the discussion is about the *soul* being the place of forms, not about the receptacle. But Aristotle may have seen a connection between the world-soul and the *chôra*. Whatever his reference may be, later philosophers, as I will show, often see an analogy between soul and matter insofar as both are receptacles of forms.

Simplicius is irritated by Aristotle's misunderstanding of Plato's doctrine of the *chôra*. In his view, Aristotle did not criticize Plato himself, but only the apparent meaning of the text, to make the reader understand that Plato in the *Timaeus* did not take *topos* in the ordinary sense, namely as 'what is receptive of bodies', but in a metaphorical sense as 'what is receptive of forms'. In *Physics* IV, on the contrary, Aristotle is investigating what the proper meaning of *topos* is and therefore he has to insist that the function of *topos* is quite different from that of matter. However, as Simplicius explains, Aristotle himself knew the other meaning of *topos*, namely the meaning used by Plato in the *Timaeus*, as is evident from his comment at *De anima* III 4, where he praises those who call the soul *topos* because it is receptive of *forms* (not of bodies).[10] Simplicius may be right in distinguishing these two meanings of *topos*, but he does not help us to understand the passage in the *De anima*. For if the soul is receptive of forms in the way matter is receptive of forms, as he seems to suggest, the act of knowing would lead to the generation of objects composed out of matter and form, which would be absurd.

---

[10] See Simplicius, *In Phys.* 539,8-542,9. Simplicius attempts to defuse Aristotle's criticism in two ways: (1) Aristotle did not criticize the identification of matter and place as such, but the fact that Plato, if he had been consistent, should have accepted that forms are in matter, which is impossible; (2) Aristotle criticizes Plato to make readers understand that 'place' is used in a metaphorical sense. Alexander (quoted by Simplicius) joins Aristotle in his critique: if one uses a term metaphorically one should first make clear what its proper meaning is.

II   Alexander on the intellect as the place of forms.

That there is a danger of reading of Aristotle's text in this way is evident
in the early history of commentaries on Aristotle. Thanks to a comment
of Alexander preserved in Ammonius (Philoponus), we know that
Xenarchus of Seleucia, a Peripatetic philosopher of the first century BC,
defended such an interpretation.[11]

> Because Aristotle agrees with those who say that the soul is the place
> of forms, Xenarchus (according to Alexander) was misled by this
> passage and assumed that Aristotle called the intellect prime matter: a
> bad judgment. For even if there is some similarity between matter and
> intellect, still they are not the same. For matter, he says, is not the
> place of the forms it receives, but is itself altered and transmuted and
> becomes in actuality what it was potentially. For the matter of a thing
> never becomes what it was potentially by receiving something from
> outside; it is by virtue of a transmutation within itself that it becomes
> actually what it was potentially. Matter is a kind of substrate
> (*hupokeimenon*). Hence when it receives form, it becomes a body. The
> intellect, in contrast, is the place of forms in such a way that it receives
> them not by being a substrate for them or by becoming itself those
> forms, but as a tablet that has not yet been written upon receives
> letters. Hence when matter receives what is able to receive, it becomes
> a composite substance; the intellect in actuality is not of this kind.[12]

We do not learn much more about Xenarchus than that he interpreted the
passage in *DA* III 4 in a particular way. Because Aristotle praises those
who call the soul a place of forms, he thought that the receptive intellect
is something like prime matter, which is also receptive of all forms
without being any of them in act. It is surprising, however, that the *topos*
metaphor would have led him to this interpretation (unless one identifies
topos with prime matter, which no Aristotelian would do). Maybe

---

[11] On Xenarchos, see Andrea Falcon: *Aristotelianism in the First Century BCE:
Xenarchus of Seleucia*, Cambridge 2012, in particular pp. 134-138. I would like
to thank A. Falcon for reading a first version of my text.
[12] Ammonius (Philoponus), *De int.* 15,65-16,81 (translation Charlton, modified).
See text 1 in appendix. One finds a similar view in [Alexander] *De Anima
Mantissa* 106,20-23.

Xenarchus was influenced by other passages in the *DA* where Aristotle uses the matter metaphor to explain the role of the receptive intellect. More interesting is Alexander's critique, which clearly distinguishes the relation between intellect and forms from the relation between matter and forms. Though both are receptive of forms, the nature of their receptivity is quite different. Matter does not receive forms as something coming from outside. Moreover, it does not remain unaffected, but is altered and transformed when it becomes in actuality the thing it was potentially. To talk here about a 'reception' of forms is thus misleading. When matter is 'informed', it becomes a body, a substance, composed out of matter and form. In such a hylomorphic composition, matter stands as a *substrate* to the form. The transformation of matter in its actualisation through the form is in fact the coming to be (*genesis*) of a real being. In the act of knowledge, on the contrary, the forms do not enter into composition with the intellectual receptacle; the intellect is not the substrate of the forms, it is not altered or transformed; in receiving the forms the intellect is not 'becoming' something; no real beings are generated in knowledge; the forms are only received by the intellect as objects of thought (in scholastic language one might say that the objects are only 'intentionally' present). To confirm his interpretation, Alexander refers to the metaphor of the writing tablet, which, in his view, elucidates what Aristotle may have meant when he likened the receptivity of the intellect to that of place. In his treatise *On the Soul*, which follows closely Aristotle's argument, Alexander explains the tablet metaphor in connection with the *topos* metaphor:

> The material intellect (ὁ ὑλικὸς νοῦς) is nothing but a disposition (ἐπιτηδειότης) suitable for the reception of the forms and it resembles a not written tablet, or rather the not written [condition] of this tablet, not the tablet itself. For the tablet itself is already some being. Therefore it is rather the soul and whatever possesses soul that corresponds to the tablet, whereas the so called material intellect is the unwritten [condition] in it (τὸ δὲ ἄγραφον ἐν αὐτῇ) and only a suitable disposition to be written upon. Just as in the case of the writing-tablet the tablet, wherein the suitability to be written upon exists, may be affected when it is written upon, whereas the suitable disposition is itself not affected when it is brought to actuality (for it is not some substrate (τι ὑποκείμενον), so it is with the intellect: for neither the intellect will be affected, as it is nothing of the things in act. Therefore some people, starting from <the consideration> of the power of the intellect have not

unreasonably said that 'the soul is the place of forms' (τόπον εἰδῶν), transferring that which belongs to the principal part of the soul to the whole soul. For it may be said to be the place of forms not in actuality (for it has been demonstrated that it had according to its nature none of the forms). But as a capacity to receive the forms it may be considered as their place. And this is the material intellect.[13]

As Alexander observes, when Aristotle compares the receptive intellect to a writing tablet, he cannot have meant that it is something like the tablet itself. For a tablet is a real thing with a particular structure, with determinate properties, made of a material suitable for being written upon. The intellect, in contrast, as Aristotle insists, is not one of the beings, it is not a real thing with properties, but it is the suitability of a real thing. That real thing is the human soul, or even the living being, that is given form by the soul. The material intellect is not another entity added to the soul, but nothing but the suitable disposition produced by the complexity of the human organism, a suitability to receive and hold the forms of things known in separation from their material condition.[14] Human animals are of such a nature that they are capable of receiving these forms.

Against Alexander's reductive views of the intellect, later commentators will argue that Aristotle considers this intellect as 'not mixed' with the body, as 'not affected' and 'separate'. These three attributes seem to indicate that the intellect is an immaterial being distinct from the body. Alexander, however, interprets these three attributes in such a way that they corroborate his view that the potential intellect is not itself a being, but only the most excellent disposition of a complex living being. Aristotle calls the intellect 'unmixed' because it did not first exist as a separate entity, but comes to be simultaneously with the complexity of the body. Hence it is not mixed with the body as it did not exist before it. In fact, whenever there is a mixture, the composing elements exist before the mixture. (2) The intellect is 'unaffected', because in receiving the forms it is not altered or changed. The suitable disposition

[13] Alexander, *De anima*, 84,24-85,10.
[14] See [Alexander], *De Anima Mantissa*, 112,15-1: the organic body is in in fact 'the intellect in potency, which is a power supervening on a particular mixture of bodies suitable for receiving the intellect in actuality'.

is actualized without any change. Only the human body can be said to be affected insofar as it is the subject of the suitable disposition. (3) Finally it is 'separate' insofar as it is 'wholly different (*heteros*) from the body'.[15]

Philoponus uses an interesting Aristotelian textual argument to refute Alexander's interpretation. It is impossible to accept that the intellect has itself no formal structure, and is purely potentiality in the sense of 'suitability' to receive the forms, for Aristotle calls the intellect in III 8, 432a28 'form of forms' (εἶδος εἰδῶν). It is clear, then, that the intellect is not a formless entity (ἀνείδεον) like matter, but is itself a form.[16] The most extensive criticism of Alexander's interpretation is found in Averroes' commentary. As he says, 'Alexander's views are extraordinary distant from the words and demonstration of Aristotle'. In fact, what Alexander says of the disposition of the material intellect, namely that it is 'neither a body nor this [particular] form in a body', could be said of every disposition. But Aristotle in *DA* III 4 is not just interested in what the disposition of the intellect is, but 'intends to show what the essence of the thing disposed [i.e. the intellect] is'. It is evident that the intellect must itself be a form, not dependent upon the body and any bodily organ, i.e. an incorporeal substance. I will not go into the details of Averroes' criticism, but he may be right that Alexander unduly reduces Aristotle's interest in knowing the essence of the intellect itself.[17] Nevertheless, Alexander, it seems to me, gives the most plausible explanation of the two metaphors used by Aristotle to explain the intellect's receptivity (*topos* and tablet). The so-called 'material'

---

[15] See Philoponus, *In DA*, 521,11-23. According to Philoponus, this is a bad argument. One could make the same point about sense perception, whereas, in *DA* III 4, Aristotle wants the intellect to be different from sense perception.

[16] See Philoponus, *In DA*, 519,17-37.

[17] See Averroes, *In DA* III 5, 395,227-251: "Et ista opinio in substantia intellectus materialis maxime distat a verbis Aristotelis et ab eius demonstratione. (...) Sed hoc quod dixit Alexander nihil est. Hoc enim vere dicitur de omni preparatione, scilicet quod neque est corpus neque forma hec in corpore. Quare igitur appropriavit Aristoteles hoc preparationi que est in intellectu inter alias preparationes, si non intendebat demonstrare nobis substantiam preparationis?' See Taylor's translation and extensive notes: Richard C. Taylor: *Averroes of Cordoba. Long Commentary on the De Anima of Aristotle*, New Haven/London 2009, 310 ff.

intellect is not a substrate, it is not something similar to prime matter, it is only, like a place and a tablet are, a capacity to receive forms.

III   Plotinus on matter as place of the forms

As we have seen, Aristotle insists on the impassibility of the potential intellect: it is not affected when it is receives forms in an act of know-ledge. Plotinus devotes an entire treatise, *Ennead* III 6 [26] to the notion of impassibility. This treatise consists of two parts, which at first seem to be scarcely connected. After a discussion of the impassibility of in-corporeal beings, such as the intellective soul (chapters 1-5), Plotinus turns in the second part (chapters 6-19) to demonstrate the impassibility of matter, which is never affected by the forms appearing in it. For our topic, the treatise is of great importance, because matter and soul are here compared and contrasted with respect to their impassibility. Plo-tinus defends a provocative view on matter, based on his interpretation of Plato's *Timaeus* and rejecting standard Aristotelian hylomorphism, as we know it from Alexander. In Plotinus' view, the forms never enter into a 'composition' with matter and never become really enmattered; they just appear on matter, are reflected on matter as on a mirror. Matter remains itself unaffected, indeterminate, without acquiring any property and without any alteration or transformation.[18] It is not a substrate al-tered by the form, but just a support for their appearance. In this sense, matter functions as the receptive intellect in Alexander's explanation. Therefore, the metaphor of the mirror, which Plotinus particularly likes, excellently expresses the function of matter. One should, however, take the mirror only in its reflecting function. In fact, the mirror we use in daily life is itself a body of a particular shape with particular qualities. When the mirror is taken as a metaphor for matter, one should make abstraction of all its properties, all its determinations (no bronze, no frame), and only keep its capacity of mirroring.[19] As a mirror, prime

---

[18] On Plotinus' view of matter as absolute privation, cf. Denis O'Brien: "La matière chez Plotin. Son origine, sa nature", in: *Phronesis* 44 (1999), pp. 45-71.
[19] On the metaphor of the mirror in Plotinus, see *Enn.* II 6 [26]13, 35-52 and Carlos Steel: "Proclus on the mirror as a metaphor of participation", in: *Miroir et savoir. La transmission d'un thème platonicien, des Alexandrins à la*

matter remains unaffected in reflecting the forms, without taking any form, quantity or quality from them:

> If someone said that mirrors were in no way affected by images seen in them, he would be giving a not inappropriate example. For the things in matter are images too, and matter is still less liable to affections than mirrors.[20]

As Plotinus shows, this understanding of matter is in accordance with Plato's authentic teaching in the *Timaeus,* where matter is described as 'receptacle' 'place' and 'nurse', all metaphors suggesting that it remains unaffected, and never undergoes in combination with forms an alteration or a coming to be. It is in this context that he also refers to Aristotle's statement about 'the place of forms'.

> For if matter is 'receptacle and nurse [of all becoming]' and 'becoming' (γένεσις) is other than it, and that which is altered is in becoming, so matter, as it exists before becoming, would also exist before alteration; and [the word] 'receptacle' and 'nurse' too [imply] that it is maintained unaffected in the state in which it is; and so does 'that in which each thing appears on its coming into being, and again goes out from it' and the statement that it is 'space'(χῶρα) and 'seat'. And the [much] discussed statement of someone speaking as it were of a 'place of forms' (τὸ λεγόμενον δὲ καὶ εὐθυνόμενον ὡς τόπον εἰδῶν λέγοντος) does not indicate an affection of it, but seeks another mode [of receptivity, i.e without being affected].[21]

---

philosophie arabo-musulmane, éd. par Daniel De Smet, Meryem Sebti et Godefroid De Callatay, Leuven 2008, pp. 87-90.

[20] *Enn.* III 6 [26] 9, 16-20 (translation Armstrong).

[21] *Enn.* III 6 [26] 13, 13-21 (translation Armstrong, modified). The last sentence poses most problems of interpretation. Barrie Fleet: *Plotinus. Ennead III 6. On the Impassivity of the Bodiless, with a Translation and Commentary,* Oxford 1995 'assumes that Πλάτων is to be understood as the subject of both λέγει and ζητεῖ, that λέγοντος should more properly be in the nominative case; that τὸ λεγόμενον is the object of λέγοντος' (227) and translates: 'And when Plato produces the much discussed statement that it is a place of Forms'. This construction is impossible and not needed. τὸ λεγόμενον is the subject of λέγει and ζητεῖ and the genitive λέγοντος should be construed by a subjective genitive.

If the references to the *Timaeus* are evident, less evident is the reference to 'the much discussed statement'. Henry-Schwyzer and Armstrong refer to *Tim*. 42b4-5 where it is said that whatever exists must be 'in some place'. But why would Plotinus call this passage a statement that is much discussed, scrutinized (εὐθυνόμενον)? Bréhier [(1925), 113, n.2] refers to Aristotle's treatment of place in *Phys*. IV. It may be a reply to Aristotle's question to Plato: why not accept that the Forms are in place? This is again not plausible. As already said, Plotinus is referring to a well-known, somewhat cryptic statement (λεγόμενον) that the soul is *topos eidôn*. In my view, this can only be a distorted reference to the λέγοντες in *DA* 429a27-9, who claim that the soul is *topos eidôn*. One could object that Plotinus is listing here a series of metaphors explaining the status of prime matter as unaffected by the forms, whereas the passage in *DA* III 4 is about the intellective soul. But, as said before, Plotinus has no problem in finding similarities between the intellective soul and matter in respect to the forms: both remain unaffected by the forms. One may also be reminded of Xenarchus' interpretation as criticized by Alexander. However, whereas Alexander clearly distinguishes the role of the intellect from that of matter, insisting that the latter is a substrate undergoing alteration and becoming, while the former remains unaffected and unaltered, Plotinus daringly defends that *both* matter and the intellective soul remain unaffected. See also in this treatise chapter 15, where Plotinus compares the way the forms enter and get away from matter with 'opinions and imaginations in the soul, which are not blended with it, but each one goes away again, as being what it is alone, carrying nothing off with it and leaving nothing behind, because it was not mixed with the soul' (12-15). If Plotinus is so convinced of the similarity of both matter and soul with respect to unaffected receptivity, he may have had no problem in using Aristotle's reference to those (Platonists?) who call the soul *topos eidôn* as a statement explaining the status of matter towards the forms.

Later Platonists, starting from Porphyry on, did not adhere to Plotinus' views on matter, but all adopted the standard Aristotelian hylomorphic doctrine, though introducing the Platonic 'separate Form' above the enmattered Aristotelian forms.

IV   Topos: an analogous term

As we noticed before, it is evident that, in the expression *topos eidôn,* the term *topos* is used not in its ordinary sense, but in a metaphorical sense. In his commentary on the *Categories,* Iamblichus attempted to show that the categories examined by Aristotle, such as being in place, not only concern corporeal entities, but can be applied analogously to all levels of being:

> Iamblichus says that 'to be placed in position' (κεῖσθαι) is considered in one way in the case of bodies – in terms of their having dimension and being divisible into parts and having a place which has dimensions – and in another way in the case of the soul: for indeed the latter is said to be the place of the reasons in it (τόπος τῶν ἐν αὐτῇ λόγων), since it provides a space (χώραν) for them in order that they may be situated and operate in it. In another sense the intellect is said to be place of the forms; in the strictest sense everything is said to be situated in god, since all that comes after him is comprehended by him. [22]

If one accepts this analogical use of the categories, one can also understand how the intellective soul can be said to be a 'place' for the reasons it contains:

> For it comprehends within itself the multiple reasons in a single reason and under a single head, not as different things within a different thing, but as the same things within the same thing. For place too is here alive and rational. In a similar way the place of the forms is itself a single form, comprehensive of all forms (ἓν εἶδός ἐστι πάντων εἰδῶν περιληπτικόν).[23]

One may notice that Iamblichus speaks of the souls as place of reasons (*logoi*), not of forms (*eidê*), because, in his view, the intellective soul will never receive the forms themselves, such as they exist in the divine intellect, but only *logoi* expressing them. In the strict sense, one can only

---

[22] Simplicius, *In Cat.* 339,33-340,9 (translation R. Gaskins).
[23] Simplicius, *In Cat.* 362, 34 (translation R. Gaskins).

say of the intellect itself that it is the 'place of the forms' or the 'form of forms' (εἶδος εἰδῶν).[24]

Iamblichus' speculative approach (*noeros theôria*) to the categories was very influential in the later Platonic school. Let me just give one example taken from Syrianus' commentary on the *Metaphysics*. In *Metaph*. N 1092a17-21, Aristotle criticizes the view of those who believe that 'place is generated simultaneously with the mathematical solids'. This is absurd, he says, for 'to be in place is peculiar to particular things whereas the objects of mathematics have no position' and cannot be said to be somewhere. This is a criticism similar to what we found in *Physics* IV, where Plato is said to be inconsequent, as he did not accept that the Forms exist in place. Indeed, Alexander understood Aristotle's comment at *Metaph*. 1092a17-21 as a critique of Plato and he thus provoked Syrianus to defend Plato against this misunderstanding:

> Alexander says that these words are thrown out at Plato. Well if he rightly guesses at Aristotle's thought, we too may not be wrong in our interpretation of the divine Plato when we say that he makes our imagination the place for mathematical bodies, as matter is for enmattered forms. (…) For other is the place of natural bodies, other the place of enmattered forms, other the place of mathematical bodies, other the place of immaterial reasons. And not we are innovating (καινοτομοῦντες) when we say this, but Aristotle himself called the intellective soul the 'place of forms'.[25]

If Aristotle had been fair in his critique, Syrianus thinks, he should have noticed that, when Plato talks about place in respect to mathematical objects, he understood *topos* in the same sense as in *DA* 429a27-9. Plato, of course, knew also the other, ordinary meaning of the term *topos*, dear to Aristotle, as is clear, Syrianus says, 'to all those who do not read the *Timaeus* superficially'.

Damascius and Simplicius rely on Iamblichus' doctrine in their own investigation of the most fundamental meaning of 'place', which, in their view, is 'the ordering of the position of each thing in relation to

---

[24] See Themistius, *In DA* 100, 33 (on the agent intellect).
[25] Syrianus, *In Metaph*. 186, 16-26.

others'.[26] When we take this meaning we have no problem in applying the notion of place to other domains than physical bodies, which occupy an ordered position to one another. Thus one can say that 'each number is allotted its proper place, when the unit is first, the dyad second, and next the triad'; and in accordance with this meaning one can also call the soul the 'place of the forms'; and with Plato in the *Phaedrus* (247c) speak of the 'supercelestial place', in which 'the order of the intelligible forms is determined'.[27]

V   The soul is not actually but only potentially all forms

Having examined in what sense Platonic philosophers understand the soul as the place of forms, we still have to investigate what they make of Aristotle's qualification that the soul is only potentially the forms. Here again we will follow Ammonius (Philoponus)' commentary. To solve the apparent contradiction between Plato and Aristotle, the commentator first applies the distinction Aristotle makes himself between two senses of potentiality in *DA* II 4 (417a21ff). If we say that *all* people are capable of knowing geometry, we mean that they have as rational animals by nature a capacity for knowledge. If somebody, however, has already acquired by learning geometry as a science, 'he can, as he wishes, as long as nothing external prevents him, contemplate' the theorems of geometry. This does not mean that he is actually contemplating them. He may be sleeping, for example, or engaged in other activities: he has then this knowledge potentially, but not in the first sense of potentiality as somebody who just has a capacity by nature. For this person has acquired knowledge as a disposition (*hexis*) and can actualize it 'as he

---

[26] See Simplicius, *In Phys.* (Corollarium de loco) 640,18 ff. (cf. Hermias, *In Phaedr.* 151)

[27] See Simplicius, *In Phys.* 641,36-642,1. The reference is not to Plato's *Republic*, as Siorvanes believes [see James O. Urmson: *Simplicius.* p. 76, n. 112], but to *Phaedrus* 247c. See also Hermias' commentary ad locum, 151 (p.158,4-9 ed. Lucharini-Moreschini) where different levels of *topos* are enumerated: (1) matter for the enmattered forms; (2) the vacuum distension of the cosmos for bodies; (3) thought (dianoia) for thought objects; (4) the intellect for the forms of beings; (5) the supercelestial place for divine forms.

wishes'. No teaching or learning is needed, only, if needed, the removal of an impediment, such as the removal of sleep. Applying this distinction, one may say that, according to both Plato and Aristotle, the forms are present in the rational soul potentially, not actually. But Plato takes potentiality in the *second* sense (as the potentiality of a disposition), in the way in which geometrical theorems are potentially present in the geometer, even when he is asleep, 'when for the ready use of these theorems all he needs is something removing the impediment'.[28] For Plato believed that the rational soul has as it were an innate knowledge, which was reduced to potentiality at the moment of incarnation. All the soul needs is to actualize again through teaching and learning this innate but obliterated knowledge. Aristotle, on the contrary, uses potentiality in the *first* sense: the intellective soul has by nature only a general capacity to receive the forms. So both philosophers agree in admitting that the soul is only potentially the place of forms; they diverge, however, in that they understand potentiality in a different way.

This may be a good attempt to solve the apparent contradiction between master and student. Ammonius, however, is not satisfied with this first attempt and he returns to the issue later in the text, examining what Aristotle said 'carefully and with regard to his whole thought'.[29] For, as he says, if one attributes to Aristotle the position that the soul has by nature nothing but a potentiality for knowledge, no innate dispositional knowledge, we risk having problems with the doctrine of the immortality of the soul, to which Aristotle adheres as much Plato does, according to Ammonius. If, however one accepts the immortality of the soul, other consequences follow from this belief. For if souls, given that there is a finite number of them and given that the world is eternal, exist before they are in this body and enter many bodies in succession, they must have had 'from all eternity knowledge of the forms'.[30] Therefore, one should consider whether Aristotle does not himself admit a position similar to that of Plato, namely that the soul has all forms potentially in the second sense. In fact, as Ammonius argues, the twofold distinction of potentiality made by Aristotle in II 4 is too simple. For there is a greater latitude in the usage of the notion of potentiality, as is clear from

---

[28] *De int.* 14,40-15,2.
[29] *De int.* 38,99-40,43.
[30] This argument is given in *De int.* 16,82-96.

other texts in Aristotle, in particular *De gen an*. 735a8-11. Take the first 'potentiality' given by the nature of a being itself. Here there is already a latitude: prime matter is potentially a human being, but so are the elements and the seed: they are all in (first) potency the human being, but in a very different sense. For the seed is much closer to actuality than the elements out of which it is composed. Or take the second sense of potentiality. There is a difference between the geometer who is awake and the geometer who is asleep. Nevertheless, both can be said to have geometry according to the second meaning of potentiality, but the geometer who is awake can immediately actualize his dispositional knowledge as he wishes, the sleeping philosopher must first be awakened before he can actualize his knowledge.[31] The sleeping geometer is thus much further removed from actuality than the geometer who is awake but doing things other than geometry. And ever further from actualisation is the geometer who is not just sleeping, but drunk or under drugs. Before he is capable of actualizing his dispositional knowledge, it may take a long time. Such a man 'even resembles somebody who does not have a disposition at all.'

In a sense the state of the intellective soul at the 'chock of birth' (as described in Plato's *Timaeus* 42e-44d) is similar to that of the intoxicated geometer. Even if Aristotle says that the soul resembles 'a tablet that has not been written upon', he does not mean that it has potentiality only in the first sense, as a capacity to receive forms without having any content itself. He calls it 'unwritten' because its knowledge is occulted 'through the intoxication of the passions, which makes it seem as if the soul did not have forms at all.' In fact, as we learn from the *Timaeus*, at the moment of birth, the soul is chocked and almost paralysed in its cognitive activities by the sudden violence of the sense perceptions.[32] The innate knowledge of the soul is quasi obliterated: 'the

---

[31] The example of the sleeping geometer often found in Ammonius, see *De int.* 3,57; 14,41; 33,85; 39,12-13; 116,77; *In DA* 110,29; 204,11; 205,4. See also Olympiodorus, *In Gorgiam* 3,2, p. 25,22). The example first occurs at Aristotle *De gen an.* 735a8-11: δῆλον οὖν ὅτι καὶ ἔχει καὶ ἔστι δυνάμει. ἐγγυτέρω δὲ καὶ πορρωτέρω αὐτὸ αὑτοῦ ἐνδέχεται εἶναι δυνάμει, ὥσπερ ὁ καθεύδων γεωμέτρης τοῦ ἐγρηγορότος πορρωτέρω καὶ οὗτος τοῦ θεωροῦντος. See Frans de Haas: 'Recollection and potentiality in Philoponus' in: *The Winged Chariot*, ed. by Maria Kardaun and Joke Spruyt, Leiden 2000, pp. 165-184.

[32] See also Ammonius, *De int.* 18,28-35

forms are not clear and hidden because of the state of swoon, which is the effect of birth'.[33] Hence we need the light of the active intellect to bring the content of the potential intellect to actuality, not by putting into it forms which are not there, but by bringing to light forms it already has. In this activation, sense perception has only an instrumental role, triggering recollection in us.

When Aristotle says that the human intellect is potential in the first sense, he does not mean pure potentiality, but this 'state of swoon' (*karos*), which is almost like being without any content. Ammonius can thus refine Aristotle's example of the geometer:

> For the geometer who is plunged into torpor[34] or who got a seizure,[35] yet possesses [knowledge] as disposition, or who is asleep, is different from the one who is in none of these conditions, but is not activating his disposition. The former has both the disposition and the actuality hidden and it is not up to him to act; the other acts when he wishes without being impeded by anything. The intellect mixed up with the realm of generation is like a person asleep or out of his mind.[36]

It is in this line too that Platonists attempt to explain the tablet metaphor of Aristotle. It is certainly not an empty tablet, but full of characters, though difficult to read, as Iamblichus said:

> Notice that Aristotle says '*writing* tablet' (*grammateion*), and not 'sheet of papyrus' (*chartion*). For something is not called a writing tablet if it does not have written letters (*grammata*) on it. So if Aristotle likens the potential intellect to a writing tablet, clearly it has *logoi* of things, just as the writing tablet has written letters. If he calls it *agraphon* (unwritten), it is in place of *kakographon* (ill written) because it has faint, not-evident

---

[33] Ammonius, *De int*. 40,35-37. See text 2 in Appendix.
[34] in nubilo ens: καρούμενος; for this metaphor, see also Proclus, *In Eucl*. 47,3 (κάρος).
[35] 'occupatus'. Moerbeke uses the verb *occupo* to translate ἐπιλαμβάνω (see Alex., *In Meteo*. 103,48; 186,52; 188,96. This Greek verb means 'lay out, seize' attack' and can also be used for an epileptic seizure. ἐπιληφθείς (cf Plutarchus, *Flamininus* 6,5).
[36] Ammonius, *De int*. 40,37-43: see text 2 in Appendix.

written letters, as also we say of a tragic actor 'with a bad voice' (*kakophônos*) that 'he has no voice' (*aphônos*).[37]

VI   The forms in the soul are no abstractions

A Platonist may use the analogy matter-soul, which are both receptive of forms, as an argument to undermine Aristotle's claim that the forms in the soul are only abstracted entities, derivative through perception from sense objects, secondary 'later born'(*husterogenê*). If Aristotle were right, the forms in the soul would be inferior to the enmattered forms, which are real beings. If, however, the soul only received derivative entities, which have no being but that produced by thought through abstraction, its own ontological status will be set below that of prime matter, which at least offers the forms the substrate for their material being. But even Aristotle could never admit that the soul was inferior to matter. Proclus formulates this argument against an abstractionist doctrine in the first prologue of his commentary on Euclid.

> Those who speak thus [abstractionists] make the soul less valuable than matter. For in saying that matter receives from nature <forms> that are substantial and more real (ὄντα) and more clear (τρανέστερα), while the soul forms within itself from them secondary forms and images and later-born (ὑστερογενεῖς) likenesses, which are less valuable in respect of being, abstracting from matter things that are by nature inseparable from it, do they not thereby declare the soul to be less efficacious than matter and inferior to it? For both matter and soul are place, the one the place of enmattered *logoi*, the other the place of forms. But [in their view] matter is place of primary, soul of secondary beings; matter the place of things primarily real, soul of things derivative from them;

---

[37] Iamblichus quoted by Philoponus, III, 533,25-32 (translation Charlton). See also Proclus, *In Eucl.* 16,9-10: 'the soul was never a writing-tablet bare of *logoi*, it is a tablet that has always been inscribed and its always writing itself and being inscribed by the Intellect'. Other references in Segond's edition of Proclus, *In Alc.* Volume II, p. 435 n.1 on p. 318.

matter the place of essential beings, soul of things that come to be by conceptual distinction (ἐπίνοιαν).[38]

Boethius adapted Proclus' argument in a wonderful way in poem 4 of book V of the *Consolation*. In this poem, Boethius criticizes the Stoic ('porticus') materialistic understanding of the soul and defends, in a Platonic manner, the manner in which the soul acquires knowledge from within its essence. This criticism could as well be directed to the Peripatetics, as the comparison with the not yet written tablet shows. Boethius attacks the Stoic view, because he would never attack Aristotle himself, who is considered to share fundamentally Plato's views. If the soul were only a receptacle, wherein images were imprinted from sensible bodies, if it only were by itself 'a blank space of a page which has no marks' ('aequore paginae quae nullus habeat notas'), if it had no innate cognitive power, Boethius argues, it would never be capable of forming common notions comprehending individuals, never be capable of developing dialectic. Rather than continuing this argument, let me conclude with some verses of this beautiful poem, which may express much better than my scholarly essay the Platonic understanding of the soul as 'place of the forms'.

> Sed mens si propriis uigens / nihil motibus explicat, / sed tantum patiens iacet / notis subdita corporum / cassasque in speculi uicem / rerum reddit imagines, / unde haec sic animis uiget / cernens omnia notio? (…) Haec est efficiens magis / longe causa potentior / quam quae materiae modo / impressas patitur notas.

> 'If the mind unfolds nothing with the strength of its proper motions, but merely lies passive, subject to the marks of bodies, and like a mirror but reflects the empty images of things, whence then comes the force of this all-discerning notion in our minds? (…) This is an efficient cause more powerful by far than that which passively, in the way of matter, receives only marks impressed.'[39]

---

[38] *In Eucl.* 14,24-15,9 (Morrow's translation radically corrected). See also Proclus, *In Parm.* 893,21-27.
[39] See *De cons.* V, m. IV, 10-17; 26-29 (translation of Tester, modified).

Acknowledgements

I prepared this paper when I was guest professor at the Faculty of Philosophy at the University of Heidelberg in the autumn of 2013. I express my gratitude to the Alexander von Humboldt Foundation and to my host, Professor Jens Halfwassen, who made this research period possible.

Bibliography

Algra, Keimpe: *Concepts of Space in Greek Thought*, Leiden/New York/Köln 1994.

Armstrong, Arthur Hilary (trans.): Plotinus: *Enneads III*, Cambridge Mass 1967.

Charlton ,William: *Philoponus. On Aristotle on the Intellect*, trans. by William Charlton with the assistance of Fernand Bossier (*Ancient Commentators on Aristotle*), London 1991.

id.: *'Philoponus'. On Aristotle on the Soul 3.1-8 (Ancient Commentators on Aristotle)*, London 2000.

de Haas, Frans: 'Recollection and potentiality in Philoponus' in: *The Winged Chariot*, ed. by Maria Kardaun and Joke Spruyt, Leiden 2000, pp. 165-184.

Falcon, Andrea: *Aristotelianism in the First Century BCE: Xenarchus of Seleucia*, Cambridge 2012.

Fleet, Barrie: *Plotinus. Ennead III.6. On the Impassivity of the Bodiless, with a Translation and Commentary*, Oxford 1995.

Hicks, Robert Drew: *Aristotle. De Anima*. Cambridge 1907.

Morison, Benjamin: *On Location. Aristotle's Concept of Place*, Oxford 2002.

O'Brien, Denis: "La matière chez Plotin. Son origine, sa nature", in: *Phronesis* 44 (1999), pp. 45-71.

Polansky, Ronald: *Aristotle's De Anima*, Cambridge 2007.

Ross, William David: *Aristotle. De Anima,* Oxford 1961.

Steel, Carlos: "Proclus on the mirror as a metaphor of participation", in: *Miroir et savoir. La transmission d'un thème platonicien, des Alexandrins à la philosophie arabo-musulmane*, éd. par Daniel De Smet, Meryem Sebti et Godefroid De Callatay, Leuven 2008, pp. 79-96.

id.: "Plato as seen by Aristotle", in: *Aristotle's Metaphysics Alpha*, ed. by id., Oxford 2012, pp. 167-200.

Taylor, Richard C.: *Averroes of Cordoba. Long Commentary on the De Anima of Aristotle*, New Haven/London 2009.

Urmson, James O.: *Simplicius. Corollaries on Place and Time,* (Annotations by
L. Siorvanes), London 1992.
Verbeke, Gérard: *Jean Philopon. Commentaire sur le de anima d'Aristote.
Traduction de Guillaume de Moerbeke,* Louvain/Paris 1966.
Appendix

A Greek retroversion of some texts of Ammonius (Philoponus) *De
intellectu*

To facilitate the translation and interpretation of some important texts I
propose a Greek retroversion of Moerbeke's Latin translation. For this
retroversion I could make partially make use of Sophonias' commentary
on the *De anima,* which contains large extracts from Ammonius (Philoponus)' lost commentary. The Latin text is quoted from the Verbeke
edition, with some modifications (some were already proposed by F.
Bossier in Charlton [1991]). I have profited from the comments and
corrections of Benedikt Strobel (Universität Trier).

T.1. *De int.* 15,65-16,81:
Dixit autem Alexander quod Aristoteles potentia solum intellectum dicit
esse, actu autem nequaquam; adhuc autem et acceptante Aristotele,
secundum Alexandrum, dicentes animam locum specierum, Xenarchum
deceptum fuisse ab his et suspicatum fuisse quod primam materiam
diceret Aristoteles intellectum, male existimantem. Nam si sit aliqua in
his similitudo, scilicet in materia et intellectu, non tamen et eadem sunt:
materia quidem enim, ait, non est locus specierum quas recipit, sed ipsa
alterata et transmutata fit actu quod erat potentia; omnis enim materia
alicuius non extrinsecus aliquid recipiens fit hoc quod potentia erat, sed
secundum eam quae in se ipsa transmutationem actu fit quod erat in
potentia; subiectum enim quoddam materia; propter quod et speciem
suscipiens fit corpus; intellectus autem sic est locus specierum ut
suscipiens ipsas non in subiici ipsis et quod ipse fiat illae species, sed ut
nondum inscripta tabella litteras. Propter quod et materia quidem
suscipiens quae potest, fit simul utrumque substantia; non talis autem
qui actu intellectus.

εἶπε δὲ ὁ Ἀλέξανδρος ὅτι Ἀριστοτέλης δυνάμει μόνον τὸν νοῦν φησὶ
εἶναι, ἐνεργείᾳ δὲ μηδαμῶς· ἔτι δὲ καὶ ἀποδεχομένου τοῦ Ἀριστοτέλους
κατὰ τὸν Ἀλέξανδρον τοὺς λέγοντας τὴν ψυχὴν τόπον εἰδῶν τὸν

Ξέναρχον ἀπατηθῆναι ὑπὸ τούτων καὶ ὑπολαβεῖν ὅτι πρώτην ὕλην ἔλεγε ὁ Ἀριστοτέλης τὸν νοῦν, κακῶς οἰόμενον· καὶ γὰρ εἰ ἐστί τις ἐν τούτοις ὁμοιότης, ἔν τε τῇ ὕλῃ και τῷ νῷ, ἀλλ'οὐχὶ καὶ ταὐτά ἐστί· ἡ μὲν γὰρ ὕλη, φησίν, οὐκ ἔστιν τόπος τῶν εἰδῶν ἃ δέχεται, ἀλλ'αὐτὴ ἀλλοιουμένη καὶ μεταβαλλομένη γίνεται ἐνεργείᾳ ὃ ἦν δυνάμει. πᾶσα γὰρ ὕλη τινὸς οὐκ ἔξωθέν τι δεχομένη γίνεται τοῦτο ὃ ἦν δυνάμει, ἀλλὰ κατὰ τὴν ἐν αὐτῇ μεταβολὴν ἐνεργείᾳ γίνεται ὃ ἦν δυνάμει· ὑποκείμενον γάρ τι ἡ ὕλη · διὸ καὶ εἶδος δεχομένη γίνεται σῶμα· ὁ δὲ νοῦς οὕτω ἐστὶ τόπος εἰδῶν ὡς δεχόμενος αὐτὰ οὐ τῷ ὑποκεῖσθαι αὐτοῖς καὶ αὐτὸς ἐκεῖνα γίνεσθαι, ἀλλ' ὡς ἡ μήπω γεγραμμένη πινακὶς τὰ γράμματα. διὸ καὶ ἡ ὕλη μὲν δεχομένη ἃ δύναται, γίγνεται συναμφότερος οὐσία, οὐ τοιοῦτος δὲ ὁ ἐνεργείᾳ νοῦς.

T.2. *De int.* 39,1-20
Si enim per milia et saepe ostendimus, Aristotelica proponentes verba, quod separatam et immortalem esse velit rationalem animam Aristoteles, palam quia et si non inscripto scripturali ipsam assimilat hic, non secundum priorem potentialitatem habere ipsam species vult (ut dicitur sperma homo esse potentia); sed quoniam in inoquoque potentiae significato latitudo aliqua consideratur (dicimus enim et primam materiam potentia hominem, tamen et elementa et sperma et omnia secundum priorem potentialitatem, quae secundum idoneitatem consideratur, sed non similiter, sed hoc quidem propinquius rei, hoc autem remotius), sic autem et penes secundam potentialitem, quae sest secundum habitum, consideratur latitudo. Etenim dormiens geometra sic dicitur esse potentia et vigilans, sed propinquior actui vigilans, et assimilatur dormiens aut ebrius geometra ei qui omnino non habet habitum propter opprimi a somno aut ebreitate. Sic igitur quamvis dicat animam, assimilari non inscripto scripturali propter eam quae ex passionibus et cognitione oppressionem, videretur neque totaliter habere species, hoc ait. Et iam igitur scientem factum et ipsum adhuc in potentia dicitur. *Quando* enim, ait, *singula fit ut sciens,* tunc *dicitur qui secundum actum.*

εἰ γὰρ διὰ μυρίων καὶ πολλάκις ἐδείξαμεν, τὰς Ἀριστοτελικὰς παρατιθέμενοι λέξεις, ὅτι χωριστὴν καὶ ἀθάνατον εἶναι βούλεται τὴν λογικὴν ψυχὴν ὁ Ἀριστοτέλης, δῆλον ὅτι, κἂν ἀγράφῳ γραμματείῳ αὐτὴν ἀπεικάζει ἐνταῦθα, οὐ κατὰ τὸ πρῶτον δυνάμει ἔχειν αὐτὴν τὰ εἴδη βούλεται (ὡς λέγεται τὸ σπέρμα ἄνθρωπος εἶναι δυνάμει), ἀλλ' ἐπειδὴ ἐφ' ἑκάστου τοῦ δυνάμει σημαινομένου πλάτος τι θεωρεῖται (λέγομεν γὰρ καὶ τὴν πρώτην ὕλην δυνάμει ἄνθρωπον, ἀλλὰ καὶ τὰ στοιχεῖα καὶ τὸ σπέρμα, καὶ πάντα κατὰ τὸ πρότερον δυνάμει, τὸ κατὰ τὴν ἐπιτηδειότητα, θεωρεῖται, οὐ μέντοι ὁμοίως, ἀλλὰ τὸ μὲν ἐγγυτέρω τοῦ πράγματος,τὸ δὲ πορρωτέρω), οὕτω δὲ καὶ κατὰ τὸ δεύτερον δυνάμει, τὸ καθ' ἕξιν, θεωρεῖται πλάτος. καὶ γὰρ ὁ καθεύδων γεωμέτρης οὕτω λέγεται εἶναι δυνάμει καὶ ὁ ἐγρηγορώς, ἀλλ' ἐγγύτερος τῆς ἐνεργείας ὁ ἐγρηγορώς, καὶ ἔοικεν ὁ καθεύδων ἢ μεθύων γεωμέτρης τῷ ὅλως μὴ ἔχοντι ἕξιν διὰ τὸ ἐπιπροσθεῖσθαι ὑφ'ὕπνου ἢ μέθης. οὕτως οὖν, κἂν λεγη τὴν ψυχὴν ἐοικέναι ἀγράφῳ γραμματείῳ, <διότι> διὰ τὴν ἐκ τῶν παθῶν τῆς γνώσεως ἐπιπρόσθησιν ἔδοξεν <ἂν> μηδ' ὅλως ἔχειν τὰ εἴδη, τοῦτό φησιν. καὶ τὸν ἤδη τοίνυν ἐπιστήμονα γενόμενον καὶ αὐτὸν ἔτι δυνάμει εἶναι λέγει· *ὅταν γάρ, φησίν, ἕκαστα γένηται ὡς ὁ ἐπιστήμων τότε λέγεται ὁ κατ'ἐνέργειαν.*

T.3. *De int.* 40,30-43: Ex ipso igitur exemplo palam est Philosophi intentio: sicut enim sol oriens non hypostasim coloribus exhibet, sed subsistentes et immanifestos entes facit evidentes, et neque colores facit (etenim nocte nihil minus erant colores), sed visibiles facit, sic videlicet et qui actu intellectus perficit eum qui potentia et ducit in actum, non imponens in ipso non entes species, sed immanifestas entes et occultas propter id quod a nativitate nubilum elucidans; et hoc ait primam potentialitatem. Differt enim videlicet qui in nubilo ens geometra, aut qui occupatus, tamen habens in habitu, aut dormiens, a nihil horum habente, non exercente autem habitum. Hic quidem enim et habitum et actum occultatum habet, et non est in ipso operari, hic autem quando vult operatur, a nullo impeditus. Assimilatur intellectus in generatione proveniens dormienti aut alienato.

ἐξ αὐτοῦ δ'οὖν τοῦ παραδείγματος δῆλός ἐστιν ὁ τοῦ φιλοσόφου σκοπός. ὡς γὰρ ὁ ἥλιος ἀνατείλας οὐ τὴν ὑπόστασιν τοῖς χρώμασι παρέχει, ἀλλ' ὑφεστηκότα καὶ ἄδηλα ὄντα ποιεῖ ἐμφανῆ, καὶ οὐδὲ τὰ χρώματα ποιεῖ (καὶ γὰρ ἐν νυκτὶ οὐδὲν ἧττον ἦν τὰ χρώματα), ἀλλ' ὁρατὰ ποιεῖ, οὕτω δὴ καὶ ὁ ἐνεργείᾳ νοῦς τελειοῖ τὸν δυνάμει καὶ ἄγει εἰς ἐνέργειαν, οὐκ ἐντιθεὶς ἐν αὐτῷ μὴ ὄντα εἴδη, ἀλλ' ἄδηλα ὄντα καὶ κρυπτόμενα διὰ τὸν ἀπὸ γενέσεως κάρον ἐκφαίνων· καὶ τοῦτό φησι τὸ πρῶτον δυνάμει. διαφέρει γὰρ δηλονότι ὁ καρούμενος γεωμέτρης ἢ ὁ ἐπιληφθείς, ἀλλ' ἔχων <τὴν ἐπιστήμην> ἐν ἕξει ἢ ὁ καθεύδων τοῦ οὐδὲν <μεν> τούτων ἔχοντος, οὐ προχειριζομένου δὲ τὴν ἕξιν. ὁ μὲν γὰρ καὶ τὴν ἕξιν καὶ τὴν ἐνέργειαν κρυπτομένην ἔχει καὶ οὐκ ἔστιν ἐπ' αὐτῷ τὸ ἐνεργεῖν, ὁ δέ, ὅταν βούληται, ἐνεργεῖ, ὑπ' οὐδενὸς ἐμποδιζόμενος· ἔοικε <δὲ> ὁ νοῦς τῇ γενέσει πεφυρμένος τῷ καθεύδοντι ἢ καρουμένῳ.

Dirk Cürsgen (Heidelberg)

Das Ende der Einheit. Damaskios über das Wesen von Materie und Synthesis

I

Die Frage nach dem Wesen und dem Verhältnis von Seele und Materie zählt ohne jeden Zweifel zu den Grundthemen der antiken Philosophie allgemein und des Neuplatonismus im Besonderen. Die vorsokratischen Naturphilosophen betrachteten den Kosmos noch weitgehend in seiner Materialität; der Ursprung wurde als ein fester Stoff gesehen. Die Suche nach dem die Welt bestimmenden Prinzip war damit erst einmal eine Suche, die an die Materialität und offensichtliche Konkretheit eines jeden Seienden gebunden blieb, weil diese als grundlegend wahrgenommen wurde.[1] Diese Materialität ließ das Denken in dem Augenblick hinter sich, in dem damit begonnen wurde, die Zusammenhänge zwischen den einzelnen Stoffen zur Sprache zu bringen – womit unvermeidlich eine Komponente von Geistigkeit und Vernunft ins Spiel kommen musste.

Nach gängigem neuplatonischem Verständnis wird der materielle Kosmos von der geistigen Welt hervorgebracht und von der Weltseele sowie den derivativen Seelen belebt. Rein für sich genommen, ist die

---

[1] Vgl. Emil Angehrn: *Die Frage nach dem Ursprung. Philosophie zwischen Ursprungsdenken und Ursprungskritik*, München 2007, S. 84: „Die Materie scheint basaler als die Form, nicht nur früher und konstanter oder logische Voraussetzung der Gestaltung, sondern in gewisser Weise auch grundlegender und ‚objektiver': Sie scheint für das zu stehen, was die Sache an ihr selbst ist, unabhängig von funktionalen Bezügen wie von subjektiven Auslegungen und Zuschreibungen.“

Materie etwas nicht Verwirklichtes, etwas nur als Möglichkeit Bestehendes, und damit dasjenige, was am stärksten von der geistigen Welt, dem Feld der eigentlich seienden Dinge, getrennt ist. In ihrer ontologischen Unvollkommenheit weist sie nichts Eigenes auf und kann nur passiv Bestimmungen empfangen. Da die Neuplatoniker die Wirklichkeit gänzlich aus einem höchsten Prinzip ableiten, ist ihre Philosophie monistisch, anders als die des Mittelplatonismus, der auch eine dualistische Richtung einschlug und in der Materie ein eigenständiges Prinzip sah, das nicht auf das Göttliche zurückgeführt werden könne, sondern ebenso ursprünglich sei wie dieses.[2] Im neuplatonischen Monismus ist die Materie indes die letzte unumgängliche Folge höherer Ursachen.

Als Prinzip der Vielheit ist die Materie für Plotin bereits im noetischen Bereich, der die Formen enthält, wirksam; diese intelligible Materie ist indes klar von der sinnlichen Materie abzuheben.[3] Letztere ist das vollkommen bestimmungslose Prinzip,[4] das Platon als Raum (ὕλη oder χώρα) und Aristoteles als reine Materie bereits in den Blick genommen hatten. Plotin befaßt sich allerdings intensiver mit diesem prekären Grenzbegriff und arbeitet seine immanente Problematik klar heraus. Ist die Materie reine Privation, wie kann sie dann überhaupt gedacht werden?[5] Ist sie, als reine Privation, Nichtseiendes, wie vermag sie dann wirksam zu werden?[6] Und wenn sie, als bestimmungsloses Nichtseiendes, in keiner Hinsicht Eines und damit Gutes ist – wenn sie mithin das ursprünglich Schlechte (πρῶτον κακόν) ist –, weshalb wird ihre Erzeugung dann in Gang gesetzt?[7] In diesen Rätseln gelangt die klassische

---

[2] Einige hierfür besonders einschlägige Stellen sind: Platon: *Tim.* 30a; 52d–53b; Plutarch: *def. orac.* 35 (428f); *de E* 20 (393b); *an. procr.* 6 (1015b–f); 7–10 (1015f–1017c); 24 (1025d); 28 (1026e); *Is. et Os.* 45 (369b–d); 48 (370f–371a); 49 (371a); 62 (376b–c); *Quaest. Plat.* 8,4 (1007c–d); Attikos: *frg.* 8,27–29; 10; 23; 26; 35; Ps.-Plutarch: *De plac. philos.* 1,3 (= Aetios 1,3,21); Varro: *Ant. fg.* 206; Numenios: *frg.* 11 (= Eusebius: *Praep. Ev.* XI 17); Proklos: *In Plat. Tim.* I, 394,17–19.

[3] Vgl. Plotin: *Enn.* II 4, 1–5 und 15–16; II, 9, 12 und 39ff.

[4] Vgl. Plotin: *Enn.* II 4, 8–9.

[5] Vgl. Plotin: *Enn.* II 4, 10, 5–11.

[6] Vgl. Plotin: *Enn.* III 6, 7.

[7] Vgl. Plotin: *Enn.* I 8, 7, 4–23. – Plotin gilt die Materie als schlecht, ja als das Schlechteste und als Ursache des Verfalls und der Verderbnis der einzelnen Seelen, sofern diese sich der Materie zuwenden und dadurch schwächer werden.

Unterscheidung zwischen Form und Materie an ihre äußersten Konsequenzen.[8] Die Materie ist nicht nur an der Fundierung der materiellen Welt wechselnder Phänomene beteiligt, sondern auch die Welt der Ideen ist in ihrer Möglichkeit nur zu verstehen, wenn sich in ihr gleichfalls eine Materieinstanz aufweisen läßt: die ὕλη νοητή oder unbegrenzte Zweiheit als Prinzip der Vielheit und Unterschiedenheit der konkreten Ideen. Allerdings wirkt diese Materie nicht absolut, sondern bleibt in ihrer Grundlegungspotenz dem Einen als absolutem Prinzip dienstbar. Die von der Dyas bewirkte Differenz, die die Ideen zu einer unendlichen Vielheit pluralisiert,[9] bedeutet keine Seinsdefizienz wie bei der durch alle Erscheinungen hindurchreichenden Unbestimmtheit der sinnlichen Materie, sondern vielmehr einen Seinsüberschuß (ὑπεροχή), durch den ständig neue und andere Gestalten des Seins, innerhalb und außerhalb der Ideenwelt, generiert werden können.

In der Sphäre des Sinnlichen wirkt das Prinzip hingegen so, daß hier alle Entitäten durch das Unbegrenzte umgriffen werden (περιέχεσθαι). Dieses Umgriffenwerden meint dabei keine positive Eingrenzung oder Bestimmung der Sinnendinge, sondern die Unbegrenztheit der Materie wirkt durch alles Sinnliche hindurch und erlangt in ihm einen unselbständigen Zustand von erscheinungsmäßiger Hypostasierung. Die sinnlich erscheinende Gestalt gewinnt niemals Stabilität und Bestand, sondern wird von der amorphen Unbegrenztheit der Materie permanent destruiert. Damit eignet den Phänomenen ein materieller, ins Unbegrenzte und Unbestimmte verrinnender Seinscharakter. Sofern sich die Materie mit ihrer unendlichen Unbestimmtheit durch alle Erscheinungen perpetuiert und dabei jede Bestimmtheit zum Zerfall bringt, erweisen sich die

---

Dabei kommt dem Schlechten jedoch keine autonome Existenz zu, sondern es besteht lediglich in der Absenz des Guten. Iamblich hält die Materie bereits nicht mehr für schlecht, weil sie in der Lage sei, Gutes aufzunehmen. Und Proklos faßt wie Plotin das Übel zwar als Mangel an Gutem auf, doch führt er es nicht auf die Materie zurück, sondern deutet die Materie als etwas Indifferentes und nimmt eine Mehrzahl von Ursachen des Schlechten an.

[8] Im gesamten Platonismus wirkt jedoch ebenso Platons Mutmaßung fort, daß die Materie letztlich eine mathematische und damit ideale Struktur besitzt – ein Gedanke, der in der weiteren Entwicklung des Materiebegriffes eine konstitutive Rolle spielen wird.

[9] Vgl. Platon: *Parm.* 142d–143a.

Erscheinungen als von der Unerkennbarkeit der Materie beschädigt: Sie
sind nicht erkennbar, sondern lediglich vorstellbar.

Muß das eigentliche Sein – mithin das, was dem Denken kom-
plementär offensteht und worauf es wesensmäßig bezogen ist – als kom-
plett formhaft bestimmt gelten, so kann das mit Nichtsein durchsetzte
werdende Sein den Formcharakter nicht durchhalten, sondern nur je und
je, instabil und materiegebunden zum Erscheinen bringen. Als Worin
und Woran allen formhaft geprägten Erscheinens wird die Materie als
sie selbst gleichwohl nie phänomenal zugänglich. Die Materie ist im
Kern und im Wie ihrer Zugänglichkeit gar nichts Materielles, sondern
ein Prinzip, das allein rational aus den faktischen Vorgängen des Werdens erschlossen werden kann. Materialität an sich ist erscheinungs-
unfähig; lediglich an ihr zeigt sich etwas, das ihr gemäß in ihr
bestimmend existiert, das aber seiner Herkunft nach der Materie entgegengesetzt ist: die Idee. Die Materie ist ein Grenzbegriff, um die
Konstitution von Realität selbst noch im prägenden Horizont des
permanenten Schwundes von Realität denken zu können. Und so begreift schon Plotin sie als ein Phantasma der Unbestimmtheit,[10] das dann
generiert wird, wenn einander entgegenstehende Formen simultan an ein
und demselben Objekt vorgestellt werden. Sofern sich konträre Vorstellungen reziprok aufheben, ist das Vorstellungsvermögen aber nicht
dazu in der Lage, beide in eins zu fixieren. Sie bleiben in einem Be-
wegungsprozeß des ständigen Entstehens und Vergehens, des Hervor-
tretens und Verdrängtwerdens gebunden. Dieser Taumel des Vermei-
nens erzeugt ein „sich verflüchtigendes Blendwerk" (παίγνιον φεῦγον)
von Unbestimmtheit: die Materie.[11] – In all diesen Punkten wird
Damaskios dezidiert an Plotin anknüpfen, die Verflechtungen zwischen
Seele, Form und Materie dabei allerdings stärker im Gefüge der
henogenetischen Systematik der Hypothesen des *Parmenides* auf-
schlüsseln.

---

[10] Vgl. Plotin: *Enn*. II 4, 10, 9; III 6, 7, 13.
[11] Vgl. Plotin: *Enn*. III 6, 7, 21–23. – Vgl. zu Plotins Materiekonzept im Kontext
auch Jens Halfwassen: *Plotin und der Neuplatonismus*. München 2004, S. 120–
128, besonders S. 122–123.

II

Ist die menschliche Seele der dritten Hypothese nach Damaskios das letzte und dritte Eine sowie das letzte wirkliche Sein,[12] so folgt auf sie in der vierten Hypothese das reine Andere, das Werdende und Erzeugte, das kein ἓν ἀληθές mehr darstellt, sondern bloß noch ein φανταζόμενον, γιγνόμενον oder φαινόμενον ἕν, die allesamt in Wirklichkeit Nicht-Eines und durchteilt sind, anders als das wahre Eine. Die Seele ist zwar bereits Eines und auch Nicht-Eines, aber noch von ersterem als Besserem notwendig dominiert, während die τὰ ἄλλα vom Nicht-Einen bestimmt und konstituiert werden. Die Grundformen der Anderen stehen im Horizont der Materie, einmal die materieimmanenten εἴδη in der vierten, einmal die reine Materie selbst in der fünften Hypothese. Die enhyletischen Formen bestehen – anders als die Formen, die in sich selbst subsistieren – ausschließlich in der Materie: Reicht das reine Eidos als ein paradigmatisches Eines bis zur Seele hinab, so hat das ἔνυλον εἶδος einen nurmehr teilhabenden und erscheinenden Status, ist folglich ein ἓν ἐλλαμπόμενον vom Höheren her, aber doch im Ausgang von den Anderen; das Eine ist einzig qua Teilhabe noch in den Anderen präsent.[13]

Den Gegenstand der vierten Hypothese bilden die sublunaren, materiellen Formen, die als allgemeinere oder speziellere, also relative, alle werden und vergehen. Das Eine wird in ihnen nur äußerlich an etwas herangetragen, weshalb es sich umgekehrt auch wieder leicht entfernen kann. Die enhyletischen Formen sind für Damaskios keine konkreten Individuen, sondern begriffliche Konzepte, die eine sublunare Organisation der Dinge begründen und infolgedessen auch noch Prinzipien darstellen, d.h., die materielle Form, die entsteht und vergeht, ist als ἓν ἄλλο τοῦ ἑνός das höhere Nicht-Eine.[14] Bei den göttlichen, ursprüng-

---

[12] Vgl. Damaskios: *In Parm.* IV, 1,2–50,4.

[13] Vgl. Damaskios: *In Parm.* IV, 51,13–52,10.

[14] Es handelt sich hierbei um die Paradigmen des Sinnlichen, die zugleich Bilder des Intelligiblen darstellen, also um die mimetische Totalität der ursprünglichen, paradigmatischen Totalität. Die stofflichen εἴδη sind keine sensiblen Formen, sondern Formen des Werdens, Bilder der intelligiblen Formen, die nur im Werden wirksam sind und deshalb eine große Abständigkeit vom Einen aufweisen (vgl. Damaskios: *In Parm.* IV, 52,18).

lichen εἴδη gibt das Eine noch ein wirkliches inneres Element ab, durch das sie für sich bestehen können, weshalb sie auch ausschließlich denkbar sind, wohingegen die verstofflichten Formen doxisch-ästhetischen Charakter besitzen.

Die Teilhabe am Einen ermöglicht sonach die Einheit des Anderen des Einen,[15] so daß die Anderen (der Seele) im Hinblick auf das Eine (der Seele) untersucht werden, denn das Eine ist sogar der Grund für das Andere, dieses in bezug auf jenes überhaupt sein zu können, weil ohne Teilhabe am Einen auch jede weitere, andere Teilhabe undenkbar und unmöglich wäre.[16] Die Anderen besitzen ihr Sein darin, daß sie Teilhaben an den höheren Formen und dem Einen sind; sie werden als κατὰ μέθεξιν ὄντα gesetzt, d.h. als Seiende, die nicht selbstkonstitutiv sind. Indem das Eine aufgehoben wird, werden auch die Anderen soweit zerstreut, daß sie in letzter Konsequenz dann nicht einmal mehr die Anderen des Einen sein können, was sie gemäß der Hypothese sind und sein müssen.[17] Die Anderen werden in bezug auf jedes Eine ausgesagt, weil sie zwingend an jedem Einen teilhaben und jedes Eine sie subsistieren läßt.

Bis zur Stufe des Demiurgen gibt es noch keine Anderen, sondern nur Spuren derselben, weil erst die „Zusammenpassung" (συμμετρία) des Demiurgen mit der Materie die Anderen generiert.[18] Daher nennen die Konklusionen der vierten Hypothese alle Partizipationen des Anderen an den Formen des Einen, durch welche sie konstituiert werden.[19] Die Anderen sind im Werden konstituierte und gegebene Bilder der höheren Gattungen, weil sie ihren Ausgang von den bilderzeugenden Göttern nehmen. Die innere Division der Anderen realisiert sich gemäß einer dreifachen Doppelhinsicht: (a) Die Anderen sind Eines (der Körper als Substrat) und Vieles (das, was konkret im und durch das Substrat ist). (b) Die Anderen sind ein Ganzes (die Totalität der sublunaren Welt) und Teile (ihre vollständig erfüllten Sphären bis hin zu den vier Elementen und ihren Teilen). (c) Die Anderen sind etwas Begrenztes (die vier Elemente, sofern sie in jedem Augenblick sind) und

---

[15] Vgl. Damaskios: *In Parm*. IV, 52,11–53,14.
[16] Vgl. Damaskios: *In Parm*. IV, 53,15–21.
[17] Vgl. Damaskios: *In Parm*. IV, 54,1–6.
[18] Vgl. Damaskios: *In Parm*. IV, 54,7–15.
[19] Vgl. Damaskios: *In Parm*. IV, 55,1–19.

etwas Unbegrenztes (die empirischen Individuen, die bis ins Unendliche entstehen und vergehen).[20]

Das Andere hat am Einen – vermittelt über Teile und Ganzes – teil, ist jedoch für sich selbst genommen Nicht-Eines und daher Vieles, denn die Anderen sind Teile *und* Viele durch Teilhabe, weiterhin sogar unbegrenzt, weil das Unbegrenzte mit dem Vielen koexistiert.[21] Gleichwohl erfolgt in der Materie eine universale Spiegelung und Reproduktion des Intellekts, sofern alles, was sich im Intellekt befindet, auch in der Materie vorliegen muß, so daß auch in ihr alle Kontrarietäten ewig existieren, nur eben in Gestalt eines „Krieges des Werdens" (πόλεμον τῆς γενέσεως),[22] als ewig fortlaufende Aufhebung und Destruktion eines Prinzips durch sein ihm eigenes Gegenprinzip hinsichtlich der formalen Bestimmung von Materie im zeitlichen Werden überhaupt.

Zeigt die vierte Hypothese auf diese Weise die ‚bestimmten Anderen', so hat die fünfte das ‚unbestimmte Andere' zu ihrem Gegenstand. Die gesamte Stufenfolge offenbart sich als Sukzession genau gekennzeichneter Einheitsformen, -gestalten und -verhältnisse, die sich niemals einfach identisch wiederholen, sondern nur absteigend reproduzieren lassen, weshalb das Andere und das Werden zwar an allem teilhaben, es aber keinesfalls vollständig ergreifen und wiederholen können. Vielmehr stellen sie die notwendigen, allerdings auch zwingend mangelhaften und schwächeren Totalreproduktionen und -reflexionen alles ihnen Übergeordneten dar, die logisch kein weiteres und neues, noch schwächeres Einheitsverhältnis mehr als denkbar zulassen und somit die Logik des gesetzten Einen erschöpfen und an ihr immanentes Ende führen.

---

[20] Vgl. Damaskios: *In Parm.* IV, 57,18–58,9.
[21] Vgl. Damaskios: *In Parm.* IV, 61,8–18. – Die reine Materie hat also weder an der Vielheit noch an der Unbegrenztheit mehr teil (vgl. Damaskios: *In Parm.* IV, 62,4–5).
[22] Vgl. Damaskios: *In Parm.* IV, 64,6–8.

III

Die reine Materie der fünften Hypothese konstituiert im Modus ihrer Mimesis das privative Residuum der transzendenten Negationen der reinen Einheit, nachdem alle weiteren, möglichen Bestimmungen negiert worden sind. Allerdings leistet sie dies auf eine vollkommen andere Weise als es beim transzendenten Residuum der unsagbaren Einheit über dem Sein der Fall ist: Letztere erweist sich nämlich als grundsätzlich zu stark, zu verdichtet und hermetisch für die An- und Aufnahme von ontologischen Kategorienbestimmungen, während der unbestimmte Stoff als zu schwach hierfür einzustufen wird. Das Objekt der fünften Hypothese ist die reine, bestimmungslose Materie, die Antithese des Ersten, die dessen Negativität bzw. Negationen nachahmt.[23] Nicht von der göttlichen Materie ist mithin die Rede. Die unbestimmte Materie an sich ist vorgängig nichts, nicht einmal im Zustand der innerlichen Dynamis, sondern sie markiert die letzte Spur des übersubstantiellen Einen, bildet das unechte ,letzte Eine' unterhalb der Substanz. Wie das absolut Leere der Aufnahmeort der Körper ist, so ist die unbestimmte Stofflichkeit die ὑποδοχή der Formen und aller in Raum und Zeit vergänglichen Dinge schlechthin.[24]

Folglich muß die unbestimmte Materie, rein für sich genommen, ohne jede Relation zu Form oder Einheit vorgestellt werden und trägt deshalb auch nichts Konkretes mehr analytisch in sich oder synthetisch zur Konstitution der sinnlichen Entitäten bei, sondern nimmt formale bzw. kategoriale Bestimmungen ausschließlich in sich auf, ganz in der Tradition des Raum-Materie-Konzepts des *Timaios*. Die reine Materie ist in ihrer Unbestimmtheit dennoch zugleich der Inbegriff aller physischen Bestimmbarkeit, d.h. eine in dieser Hinsicht passive und äußerliche Universaldynamis. Sie ist nicht subsistenzlos (οὐκ ἀνύπαρκτος) und auch nicht das, was auf gar keine Weise mehr existiert (μηδαμῇ μηδαμῶς). Als ἄλλα πρὸς ἕν bedeutet sie einen Ausfluß der ersten Ursache und ist nicht auf dieselbe Art nichtseiend, wie es die erste Ursache ist, denn sie hat keinerlei Anteil mehr an einem wahren Einen. Wie das Erste ist sie gleichwohl unsagbar, weder seiend noch eines, und wie das

---

[23] Vgl. Damaskios: *In Parm.* IV, 65,11–17.
[24] Vgl. Damaskios: *In Parm.* IV, 66,1–67,23.

Erste das Eine nicht einmal im besseren Sinne annimmt, so die Materie nicht einmal im schlechteren Sinne.[25]

Das Erste und das Letzte sind somit zwar, soweit es überhaupt möglich ist, voneinander getrennt, aber sie verhalten sich trotzdem in diversen fundamentalen Hinsichten symmetrisch-rahmenbildend zueinander, um den universalen, henologischen Horizont der Gesetztheit des Einen abgeben zu können bzw. deren absolute Grenzen aufzuweisen. Das Letzte *ist* in gewissem Sinne das Erste, allerdings im Modus des maximalen Abstehens von sich, seiner äußersten Entfernung von sich selbst, der wiederum die Vollzugsweise der vorgängigen systematischen Setzung und des Durchlaufens *aller* Formen möglicher Einheit und möglichen Seins anhaftet. Jede Entäußerung kommt am nur noch – und potentiell alles – Aufnehmenden der Materie an ihr Ende. In logischer Symmetrie und Entsprechung befinden sich das Beste und das Schlechteste, das Erste und das Letzte jenseits der Einheit, jenseits der Vielen und der Anderen; sie statuieren jeweils einen unhintergehbaren, jedwedes innerliche Eindringen logisch abweisenden, henologischen Singular und stehen in einem direkten, unmittelbaren Reproduktions- und Adäquationsverhältnis, das ihre analogen Begrenzungseigenschaften und -funktionen erklärt sowie deren Symmetrie unhinterfragbar macht, so daß die Reflexion sich an diesem Punkt zum Bereich der Bestimmungen zurückwenden muß. Die Materie an sich hat weder an einer seienden Einheitsform noch an der reinen Einheit teil, weshalb sie jenseits des Einen – und damit jeder Bestimmung – und des Anderen zu setzen ist und allein gemäß der Unsagbarkeit des Einen jenseits seiner henadischen Prinzipientriade gegeben sein kann; darum bleibt die unbestimmte Materie indifferent gegenüber der fundamentalen und allumfassenden Gegenunterscheidung von Einem und Anderen.[26]

Obwohl die Materie weder bestimmtes noch reines Eines ist, kann sie dennoch in gewissem Sinne als das Andere des Einen bezeichnet werden. So wie das demiurgische Eine die Relation des Einen zum Anderen bewirkt, so lassen die höheren Einen das Andere auf transzendente Weise subsistieren.[27] Daher besteht die letzte Materie gemäß dem, was aus dem Absoluten hervorgeht, den Henaden, und ist folglich

---

[25] Vgl. Damaskios: *In Parm.* IV, 68,1–21.

[26] Vgl. Damaskios: *In Parm.* IV, 69,3–23.

[27] Vgl. Damaskios: *In Parm.* IV, 70,1–17.

eins mit den unsagbaren Anderen des Unsagbaren.[28] Die Materie umschließt die Anderen jedes Einen, denn jedes Eine ist durch sein partikuläres, spezifisches Unsagbares dazu fähig, eine jeweils korrespondierende Materie subsistieren zu lassen, weshalb es eine Vielzahl von Materien gibt, entsprechend der Zahl der produktiven Henaden. Die letzte Materie ist sonach zu denken als Inbegriff der reinen Anderen – im Sinne der durch Privation völlig unsagbaren Anderen. In bezug auf jedes Eine ist die Materie die Pluralität der Anderen gemäß dem Unsagbaren, das wiederum ein solches in bezug auf jedes Eine ist. Die Henaden vermitteln jeder Materie durch die partikuläre Vielheit, die die Substanz projiziert, eine Aufnahmefähigkeit und Färbung, wobei die Materie selbst die unsagbare Vielheit ist, die unsagbare Aufnahmedisposition – ebenso wie bei den Henaden das Absolute als Erzeugendes des Ausdrückbaren fungiert.[29]

Der Bereich des Sagbaren wird vom Unsagbaren genetisch begrenzt:[30] Wenn nur das Absolute sich der Sprache entzieht, so gilt um-

---

[28] Vgl. Damaskios: *In Parm*. IV, 71,3–6.

[29] Vgl. Damaskios: *In Parm*. IV, 71,7–72,2. – Die Henaden sind daher für Damaskios die Hypostasierungen der von der Faktizität des Bestimmten her notwendig zu fordernden Kausalperspektiven des unsagbaren Absoluten vermittels des absoluten Einen. Gleichwohl kann dem Absoluten für sich genommen keine reale Kausalität unterstellt werden, sondern die Setzung alles Faktischen bleibt aus der Perspektive des Absoluten irreal, unerkennbar und unausdrückbar, ganz entsprechend den drei Stufen des Gorgias-Trilemmas (vgl. DK 82 B 3). Die Henaden sind die gesetzte Zugänglichkeit des Unzugänglichen, die vom Denken als vom Absoluten selbst gesetzt gedacht wird und werden muß.

[30] Das absolut Unsagbare ist nicht das Nichts im Sinne der Negation des Seins, sondern höchstens das Nichts des reinen Einen (vgl. Damaskios: *De princ*. I, 18,9–13). Das Nichts, das Eine und das Unerkennbare sind doppelt zu verstehen, denn es gibt ein Nichts oberhalb des höchsten, überseienden Einen und unterhalb des materiellen Einen (vgl. Damaskios: *De princ*. I, 18,14–21); einmal ist das Erkannte in sich haltlos, einmal sind die Erkenntnis und der Erkennende zu schwach. Das Nichts ist keine bloße Privation des Seins in Gestalt des Nichtseins, das noch im Wirkungsbereich des Einen steht – und zwar als Materie –, sondern es umschließt in doppelter Form den von Einheit und Vielheit konstituierten Bestimmbarkeitshorizont schlechthin. Etwas kann zwar ein Eines und Unsagbares sein (wie die Materie), aber es kann nicht das erste Eine und das Unsagbare selbst sein. Das absolute Nichts unterhalb von allem ist weder Sein oder Einheit noch transzendent und ursprünglich unsagbar; es bedeutet vielmehr

gekehrt, daß alles Nicht-Absolute bis zu einem gewissen Grad dem sprachlichen Ausdruck unterliegen können muß und insgesamt in die Einheit seiner Erkennbarkeit und ihrer inneren Verhältnisse überführbar ist. Der die Universalität des Nicht-Absoluten durchdringende Logos begreift noch die Grenzen seiner Universalität, an denen er sich aufhebt, sowie die Notwendigkeit, das Absolute jenseits dieser Grenzen annehmen zu müssen, sofern der Logos erkennen können will, was er ist, was und wie allein er sein kann, damit er ist, und warum er nur das ist, was er einzig sein kann. Wie beim Einen gibt es reine und bestimmte Andere, unsagbare und sagbare Andere, unsagbare und speziell-bestimmte Vielheiten; die reine Materie ist in diesem Gefüge die rein passive Unbestimmtheit und Unsagbarkeit, die bestimmbar ist, aber für sich selbst eine unbestimmte Unsagbarkeit bedeutet, während die höheren Materien bestimmte Unbestimmtheiten bzw. Bestimmbarkeiten darstellen, also bestimmte Aufnahmefähigkeiten und Unsagbarkeiten im Gegensatz zu einer an sich unbestimmten und damit nichts Bestimmtes ausschließenden Aufnahmefähigkeit.

Die Materie markiert nach Damaskios ein Nichts (τὸ οὐδέν), aber nicht im Sinne des absoluten Nichts (τὸ μηδαμῇ μηδαμῶς ὄν) oder des vollkommen unaussprechlichen Namenlosen (ἄρρητον), sondern in der Bedeutung eines relativen Nichts und eines letzten Echos (ἔσχατον ἀπήχημα) des Ersten, dementsprechend als faktisch mit dem Einen gesetzter, wenn auch an sich unbestimmter, negativer Grenzbegriff des Denkens des Einen, als hypostatischer Begriff, der noch in einer henologischen Beziehung zu den Hypostasen der ersten vier Hypothesen und besonders zur ersten Hypothese steht sowie in der Henologie eine notwendige Funktion erfüllt. Dieses noch relative Nichts der reinen Stofflichkeit weist eine doppelte Kennzeichnung auf, nämlich als leerer Name und als leere Realität (κενὸν ὄνομα καὶ πρᾶγμα), die aufgrund ihrer Unsagbarkeit sogar die schwächste noch setzende Bejahung des Einen flieht.[31] In ihrem Charakter als totale Leere wird die Materie jedoch zugleich unzweifelhaft als räumliche Aufnahmefähigkeit begriffen.

---

den totalen Absturz aus allem (πάντων ἔκπτωσις), ist zu schwach für den Logos, der wiederum zu schwach für das Absolute ist (vgl. Damaskios: *De princ.* I, 23,1–24,3).

[31] Vgl. Damaskios: *In Parm.* IV, 72,3–8.

Das absolute Nichts besitzt dann – als eine gewissermaßen zum opaken Punkt kondensierte Leere – weder mehr eine Subsistenz noch ist es ein wirklicher Ausfluß des Ersten, vielmehr begrenzt es jedes Sein und Denken überhaupt in seinem Charakter als aporetische Imagination und notwendig scheinbar vorzustellender Unbegriff; dieses nihil negativum oder nihil imaginarium ist nicht nur eine negative Grenze, sondern es transzendiert sogar noch die Leere, ist eine letzte Grenze, die sich jeder logischen Zugänglichkeit verschließt, jeden Gedanken abweist, jede Präsumtion einer Begreifbarkeit aufhebt und jede konkret auf sie gerichtete bzw. sie im Denken intendierende Bestimmung unmittelbar und selbst unbegreiflich auf sich zurücklenkt.

Die Materie ist so weniger das Nichts einer scheinbar hypostasierten, absoluten Leere, sondern stattdessen das Fehlen aller Konkretheit und jeder Bestimmung. Die Ordnung der Negationen der fünften Hypothese folgt der kausalen Ordnung der Affirmationen der vierten, wobei jedoch Grenze und Unbegrenztheit in der fünften durch die Zahl zusammengefaßt und ersetzt werden. Die Materie ist an sich ungeworden und darum unvergänglich, ist das Aufnehmende des Werdens, ist unkörperlich, ohne jede Quantität, Größe oder Ausdehnung – positiv können all diese Prädikate nur qua Imagination der Materie beigelegt werden, so daß sie sich dem wirklichen Denken des Einen als negativer, unsagbarer Diakosmos offenbart.[32] Nichts anderes als die Unbegrenztheit im Sinne der vollkommenen Bestimmungslosigkeit (ἀοριστία) ist von der Materie wie von der ersten Ursache aussagbar, nicht jedoch die Begrenztheit.[33]

Die zugleich affirmativen und negativen Konsequenzen werden beim Anderen aber nicht wie beim Einen gezogen, sondern erst bezüglich des inneren Wendepunktes der Henologie, des σύνθετον in der sechsten Hypothese, das ihre Vereinigung darstellt: Auch das σύνθετον besitzt Prinzipiencharakter, weshalb die Vereinigung der beiden Hypothesen über das Andere die Genesis des Zusammengesetzten offenlegen soll; die sechste Hypothese erweist das Synthetische als diejenige Entität, die nicht Eines ist, so daß das Zusammen-Gesetzte in der Dihairesis eingeführt, aber schon im Anderen des gesetzten Einen antizipiert

---

[32] Vgl. Damaskios: *In Parm.* IV, 72,9–73,12.
[33] Vgl. Damaskios: *In Parm.* IV, 73,17–20.

wird.[34] Mit dieser Deutung gelingt es dem Philosophen, sowohl den *letzten vier* Hypothesen überhaupt einen für das Ganze notwendigen henologischen Sinn abzugewinnen als auch einen kontinuierlichen Übergang und Fortschritt innerhalb *aller neun* Hypothesen sichtbar zu machen und so die wahre, voll umfängliche Sinneinheit des *Parmenides* aufzuweisen. Die Synthesis repräsentiert die Urform des Einen, das nicht (schlechthin gesetzt) ist. Anders als die menschliche Seele – die deshalb auch das dritte Eine verkörpert – vereinigt das σύνθετον die positiven und negativen Konsequenzen des Denkens des Anderen, ist mithin die (nichtseiende) Einheit des Anderen im Rahmen des Denkens des nichtseienden Einen. Das Zusammengesetzte, d.i. das Eine, das nicht ist, vereinigt alle Konklusionen des Anderen und ist so die Synthese von Positivität und Negativität des Anderen bzw. die genuin synthetische Einheit von Positivität und Negativität überhaupt, die in der Seele noch gemischt und übergängig vorliegen.

Die Materie ist jedenfalls das Bild des Nicht-einmal-Einen; die Form ist in der Materie, jedoch nicht mit ihr zusammengesetzt, weil die letzte Materie durch die Form niemals verändert werden kann.[35] Korrespondiert das Nicht-Sein (des *Sophistes*) nach Damaskios zunächst der Andersheit (als Singular) und das Nicht-Eine (des *Parmenides*) den Anderen (als Plural: die ,Nicht-Einen'), der Formprivation sowie der Materie, so ist das Nicht-Sein – als Gegensatz zum Sein – aber letztlich ebenfalls in der Materie zu fixieren und so dem Nicht-Einen der Anderen analog,[36] womit die Materie als *der* ,reale' Negativitätspol erwiesen werden soll, neben den rein ,idealen' oder imaginären Formen der Negativität, die den Hypothesen VI bis IX zugeteilt werden. Das Eine als Nicht-Eines konstituiert den letzten vorstellbaren Grad des Einen, wie im *Sophistes* das Nichtsein der letzte Grad des Seins ist, sein Abbild, als welches allein es im Werden präsent zu sein vermag. Das nichtseiende Eine bzw. das Eine, das nicht ist, findet sich zwar ebenso auch im intelligiblen Bereich, ist jedoch eigentlich ausschließlich das Abbild des Einen im Werden. Somit tritt das Unmögliche logisch konsequent erst mit dem Verschwinden selbst noch des Bildes auf – wie das absolute Nichts erst die vollständige Privation des Seins schlechthin und

---

[34] Vgl. Damaskios: *In Parm.* IV, 74,1–75,7.
[35] Vgl. Damaskios: *In Parm.* IV, 76,11–77,25.
[36] Vgl. Damaskios: *In Parm.* III, 116,1–8.

in jedem möglichen Sinne darstellt.[37] Infolgedessen bedeutet das Unmögliche logisch das Verschwinden des Einen *und* des Seins zugleich.

IV

Den Gegenstand der sechsten Hypothese bildet das Zusammengesetzte schlechthin (πᾶν τὸ σύνθετον), dasjenige, was aus den Anderen besteht, nämlich den eidetisch bestimmten und den hyletischen Anderen; sie thematisiert die individuellen, sublunaren, synthetischen Entitäten, was Damaskios inbegrifflich im φαινόμενον ἕν bzw. dem wahrhaft nichtseienden Einen zusammenfaßt.[38] Als Zusammengesetztes imitiert es das Eine durch die Mischung der Anderen, ist jedoch kein Eines, weil das Eine jedwede Dualität oder Synthesis abweist, womit dieses Eine nicht aus Einen, sondern nur aus Anderen verbunden sein kann, die ja notwendig immer die Anderen des Einen sein müssen. Daher umschließt die sechste Hypothese die Sphäre des ewigen Wechselspiels von Vereinigung und Auflösung, der entstehenden und vergehenden, synthetischen Wahrnehmungsdinge innerhalb des ἓν μὴ ὄν, ἀλλοῖον ἕν oder auch ψευδόμενον ἕν.[39]

Das nichtseiende Eine ist das Scheinbild des Einen, sein erscheinendes, ständig zerfließendes Trugbild, welches de facto aus den Anderen synthetisiert ist. Die sinnlichen Individuen haben demnach keine eigentliche Existenzform und Einheitsweise mehr, sondern unterliegen allein dem haltlos gewordenen, erodierenden Residuum des Einen, das ein Eines resp. Sein stets bereits im Verschwinden bedeutet, die instabile Einheit der sensiblen Formen. Das Erscheinen sowie sein immer komplementäres Verschwinden statuieren die letzte, henogenetisch notwendige Form des Auftretens von Einheit und Sein. Deswegen ist das Erscheinen der synthetischen Individuen die ‚ultima ratio' des Einen, seine Wahrheit und Unwahrheit in eins, genauer: die Wahrheit seiner Unwahrheit und Nichtigkeit. Nur als Bild oder Nachahmung des Einen kann das

---

[37] Vgl. Damaskios: *In Parm.* IV, 81,21–82,12.
[38] Vgl. Damaskios: *In Parm.* IV, 83,12–18.
[39] Vgl. Damaskios: *In Parm.* IV, 83,18–84,9.

vollends Konkretisierte – das sinnlich Wahrnehmbare – noch als Einheit
erscheinen und die Einheit, sofern sie erscheint, repräsentieren.

Das Erscheinen ist einerseits notwendig faktisch, ist aber andererseits ebenso notwendig das Andere des Seins (des Einen), ist an sich
notwendig und notwendig unwahr, weil das wahre Eine synthetisch re-
produziert wird. Dies trägt nicht zuletzt auch zum Verständnis des synthetischen Charakters unseres Erkennens im Ganzen[40] sowie der Tatsache, daß wir nur das Erscheinen (des Seins) erkennen können, bei:
Allem Erscheinen eignet eine synthetische Natur, und es wird nur auf
synthetische Weise erkannt, wobei jedoch immer ein Restbestand von
genuiner Einheit anwesend sein muß, der den Bezug zum synthesis-
transzendenten Einen bewahrt. Alles Zusammengesetzte ahmt die wirkliche Einheit bloß – eben auf synthetische Art – nach, so daß sie im
Nachgeahmten bild- und erscheinungshaft sowie aufs Äußerste gemin-
dert anwesend ist. Gleichermaßen kann man hinsichtlich des erscheinenden Einen sowohl von der Erscheinung als auch von einem
bloßen Schein des Einen sprechen. Das Eine ist innerhalb ‚seines‘ Erscheinens nicht allein an seinem Ende angekommen, sondern steht dort
fortwährend auch bereits in seinem ‚Übergehen‘ ins Nichts, auch wenn
es im Bereich des Synthetischen niemals endgültig verschwinden kann,
vielmehr endlos ein gegenläufiges Anders- und Neuerscheinen nach
dem Verschwinden erzwingt.

Wie das Sein sich bis zum Nichtsein herabsenkt, ohne die Bestimmung des Seins vollends zu verlieren, so reicht auch der Hervorgang des
seienden Einen bis zum nichtseienden Einen, das nicht gänzlich von der
Bestimmtheit des ersteren entblößt ist, sondern die Eigenheit, das
seiende Eine zu sein, im Modus des Nicht-Eines-Seins besitzt.[41] Das
nichtseiende Eine steht zwischen dem seienden Einen einerseits und
dem absoluten Nichts andererseits, in welchem Kontext weder das
Nicht-Eines-Sein mit dem reinen Nichts noch das Nicht-Nicht-Eines-
Sein, das trotzdem keineswegs rein identisch mit dem Eines-Sein ist, mit
dem Nicht-einmal-Eines-Sein (der Materie, die das absolute Nichts
unterdrückt) gleichgesetzt und verwechselt werden darf.[42] Das nicht-

---

[40] Vgl. Damaskios: *De princ.* II, 143,5–173,24.
[41] Vgl. Damaskios: *In Parm.* IV, 84,18–85,1.
[42] Vgl. Damaskios: *In Parm.* IV, 87,1–88,2.

seiende Eine ist erkennbar, weil bestimmt,[43] und bedeutet eine „amphibische Idee", da es sowohl nichtseiend als auch seinem Namen entsprechend Eines ist:[44] Das nichtseiende Eine ist das Eine der Anderen und subsistiert synthetisch im Ausgang von ihnen, während die Anderen das Nicht-Eine sind, das ist;[45] das Eine der sechsten Hypothese ist also Eines, sofern es den Anderen entgegengesetzt und dadurch Eines ist.[46]

Die Phänomenalisierung des Einen weist synthetischen Charakter auf, weshalb das Erscheinende henologisch als das ursprünglich Synthetische anzusehen ist. Das Zusammengesetzte ist weder bloß im Aristotelischen Sinne – so wie Damaskios ihn versteht – zu deuten, nämlich als Verschwinden von Form und Materie in einer Sache, noch ist die Form einfach nur der Materie immanent, so daß sie rein für sich bestehen bliebe; vielmehr soll das Synthetische nach Damaskios zugleich als Form in der Materie und als Zusammensetzung aus Form und Materie begriffen werden.[47] Zu diesem Zweck muß eine Vermittlungsstufe zwischen der unsagbaren und unwandelbaren Materie einerseits und der nicht handelnden noch leidenden Form in ihr andererseits angesetzt werden, wozu allein die überwesentlichen Henaden in der Lage sein können, das Eins-Alles und die erste Dynamis als Einheit der reinen Vielheit, die aus dem Absoluten hervorgehen: Die erste Dynamis des Einen vermittelt der Materie das Eine im Zustand der Dynamis (ἐν δυνάμει), die teilhaften Henaden teilen ihr die Vielen im Zustand der

---

[43] Vgl. Damaskios: *In Parm.* IV, 88,3–5.
[44] Vgl. Damaskios: *In Parm.* IV, 88,20–89,2.
[45] Vgl. Damaskios: *In Parm.* IV, 89,4–12.
[46] Vgl. Damaskios: *In Parm.* IV, 89,21–22.
[47] Vgl. Damaskios: *In Parm.* IV, 94,5–21. – Das Eingehen von Formen in die Materie wird als ein spezieller Problemaspekt des fundamentalontologischen πρόοδος-Konzepts insgesamt betrachtet (vgl. Damaskios: *De princ.* III, 12,8–16). Die Materie wird nach Damaskios weder nur – wie im Aristotelischen Modell – von der Form bestimmt, noch tritt die Form bloß – wie im Platonischen Modell des *Timaios* – in die Materie ein, sondern das nichtseiende Eine vermag auf seine Weise die Mischung des seienden Einen nachzuahmen, was durch die Vermittlung der Henaden möglich wird: Die Henaden lassen Spuren in der Unsagbarkeit der Materie zurück, die diese zur Formantizipation befähigen, d.h. konkret zur Prämanifestation aller formal möglichen Dinge im Zustand der Dynamis, die wiederum drei henadische Aspekte und Schichten aufweist (die Vermögen des Einen, des Vielen und der Subsistenz).

Dynamis zu; die erste Henade jedoch vermittelt der Materie die imaginäre Subsistenz all dessen, was sie dem Vermögen nach ist.[48] Dieses Vermittlungsgeflecht hat die Funktion, die Erkennbarkeit und das Verschwinden der Form in der Materie dialektisch zu vereinigen, mithin ihre Selbständigkeit und synthetische Unselbständigkeit bzw. Aufhebung. Form und Materie rein für sich gedacht sind statisch und ohne jede genologische Wandelbarkeit fixiert, weswegen sie das Werden, das zwischen ihnen, mit ihnen und durch sie vorliegt, selbst nicht begründen können. Dies zu leisten, ist nur die ursprüngliche Dynamis fähig, sofern sie der Materie die Bestimmbarkeit als Präexistenz und Dynamis jeder möglichen Bestimmtheit vermittelt, d.h. die Potenz, universal bestimmt werden zu können, wozu die drei genannten Aspekte unabdingbar gehören. Was im seienden Einen als Henosis erfolgt, geschieht beim nichtseienden Einen als Synthesis, und das solchermaßen Zusammengesetzte hat eine eigene, spezielle ὑπόστασις im Unsagbaren der Materie. Das Zusammengesetzte und Erscheinende, die sinnliche, werdende Form (τὸ γιγνόμενον εἶδος),[49] bedeutet das letzte Produkt und Echo des seienden Einen im Horizont des Nichtseins, der ihm eine instabile, relative, ewig werdende Gegebenheitsweise vermittelt. Das Eine – in seinem Abbild als Dynamis der Materie – und das Sein – in seinem Abbild als Aktualität der Formen – lassen sich hier bloß noch in Gestalt werdender Erscheinungen synthetisieren.[50]

Das Eidos kann im Werden folglich nicht wahrhaft ausgesagt werden, sondern lediglich als ‚Gleichermaßen‘, als Anschein, Erscheinen oder Aussehen (Als ob) eines Eidos.[51] Die Prädikate des Etwas, Dieses oder Jenes im Besonderen fixieren den Individualcharakter des phänomenalen Einen, der es der Deixis und der singulären Vorstellung öffnet. Das nichtseiende Eine kann an vielen Bestimmungen teilhaben, bildet ein ἓν σύνθετον καὶ πεπληθυσμένον und kann vom eigentlichen Einen gegenunterschieden werden. Es bildet das logisch zwingend letzte Eine nach den drei Einen und ist durch den Bezug zu ihnen bestimmt, weist somit Bestimmungen auf.[52] Sofern es Eines ist, unterscheidet sich

---

[48] Vgl. Damaskios: *In Parm.* IV, 95,1–15.
[49] Vgl. Damaskios: *In Parm.* IV, 106,24.
[50] Vgl. Damaskios: *In Parm.* IV, 95,15–97,16.
[51] Vgl. Damaskios: *In Parm.* IV, 105,21–107,5.
[52] Vgl. Damaskios: *In Parm.* IV, 107,6–108,3.

das nichtseiende Eine vom Nichtsein im genuinen Sinne, sofern es nicht ist (als bestimmte Negation), unterscheidet es sich vom absoluten Nichts (als der totalen Negation).[53] Als Dieses-Da steht das nichtseiende Eine zwischen dem eigentlichen Einen und dem Nichts, ahmt ersteres nach und besteht als Individuum auf unteilbare Weise (ἓν ἄτομον ἀδαίρετον).[54]

Alle Kategorien, die sich auf das nichtseiende Eine applizieren lassen, sind derweil nicht die wirklichen Kategorien, sondern ihr jeweiliger Reflex (πάθος ἀληθές).[55] Im nichtseienden Einen findet nach Damaskios ein ständiger, unaufhebbarer Wandel von Sein in Nichtsein und umgekehrt statt, weil es die Mischung beider Kategorien darstellt.[56] Beim Hin und Her zwischen Sein und Nichtsein existiert das nichtseiende Eine bewegt, aber ebenso ruht es, insofern es ständig in diesem Bewegungszustand verbleibt. Die Bewegung bezieht sich auf den Wesenswandel, die Ruhe auf das horizonthafte Verbleiben im Werden. Aufgrund seines zyklisch oszillierenden Status vermag das φανταζόμενον ἕν auch nicht sein Substrat zusammenzuhalten: Es will Eines sein und zirkuliert dadurch permanent in der Bewegung zwischen dem Sein und dem Nichtsein des Einen, bewegt sich zwischen seiendem Einen und absolutem Nichts.[57] Dieses allerletzte Residuum des Einen ist nichtseiend, weil es wird und erscheint, weil es ein Eines zwischen Sein und Nichts ist und allein als ein solches auch gesetzt werden kann.

---

[53] Vgl. Damaskios: *In Parm.* IV, 108,20–22.
[54] Vgl. Damaskios: *In Parm.* IV, 109,12–17. – Erst auf dieser Ebene scheint Damaskios den spezifisch Aristotelischen Substanzbegriff – verknüpft mit dem Einheitsbegriff in der Bedeutung der Unteilbarkeit gemäß *Metaphysik* X – in die Henologie des *Parmenides* zu integrieren.
[55] Vgl. Damaskios: *In Parm.* IV, 110,4–6; 111,6–112,9.
[56] Vgl. Damaskios: *In Parm.* IV, 112,23–113,9.
[57] Vgl. Damaskios: *In Parm.* IV, 113,10–26.

Literatur

Angehrn, Emil: *Die Frage nach dem Ursprung. Philosophie zwischen Ursprungsdenken und Ursprungskritik*, München 2007.

Attikos: *Fragments*, éd. par Édouard des Places, Paris 1977.

Damaskios: *Traité des premiers principes*, 3 vol., éd. par Leendert Gerrit Westerink et Joseph Combès, Paris 1986–1991.

Die Fragmente der Vorsokratiker, griechisch und deutsch von Hermann Diels, hg. von Walther Kranz, Hildesheim ⁶1951/52.

Halfwassen, Jens: *Plotin und der Neuplatonismus*, München 2004.

Numenios: *Fragments*, éd. par Édouard des Places, Paris 1973.

Platonis Opera. Recognovit Brevique Adnotatione Critica Instruxit Ioannes Burnet, Oxford 1900–1907.

Plotins Schriften, 5 Bände, hg. von Richard Harder, Hamburg 1956–1971.

Plutarch: *Œuvres morales (Moralia)*, 15 vol., Paris 1972–2012.

Proklos: *Procli Diadochi in Platonis Timaeum Commentaria*, 3 Bände, hg. von Ernst Diehl, Leipzig 1903–1906.

Varro: *Antiquitates Rerum Divinarum*, 2 Bände, hg. von Burkhart Cardauns, Wiesbaden 1976.

Übersicht

HYPO-THESE	PLOTIN	AMELIOS	PORPHYRIOS	IAMBLICHOS	PHILOSOPH VON RHODOS
1	Eines	Eines	Erster Gott	Gott/Götter	Eines
2	Geist	Intellekt	Intelligibles	Intelligibles/ Intellektuelles	Intelligibles/ Intellektuelles
3	Seele	Vernünftige Seelen	Seelisches	Höhere Entitäten (Engel, Dämonen, Heroen)	Seiendes, durch Vernunft erkannt
4		Unvernünftige Seelen	Geordneter Körper	Vernünftige Seelen	Formen der Körper
5		Zur Formteilhabe disponierte Materie	Ungeordneter Körper	Untere Seelen	Materie als Körper Aufnehmendes
6		Geordnete Materie	Geordnete Materie	Mit Materie geeinte Formen	Eines
7		Reine Materie	Ungeordnete Materie	Materie	Intelligibles/ Intellektuelles
8		Mit Materie geeinte Form	Mit Materie geeinte Formen, in ihrem Subjekt	Himmlische Körper	Seiendes, durch Vernunft erkannt
9			Mit Materie geeinte Formen, in sich	Sublunare Körper	Formen der Körper
10					Materie als Körper Aufnehmendes

HYPO-THESE	PLUTARCH VON ATHEN	SYRIANOS	PROKLOS	DAMASKIOS
1	Gott	Erster Gott	Eines	Eines
2	Intellekt (*noeta*)	Henaden	Henaden/ Seiendes Eines (*noesis*)	Henaden/Seiendes Eines
3	Seele (*dianoeta*)	Seelen (Hervorgang aus dem Göttlichen)	Seele (*dianoia* der Henaden)	Seele (in bezug zum Werden)
4	Mit Materie geeinte Formen (*aistheta*)	Seiendes, mit Materie Geeint	Mit Materie geeinte Formen (*aistheta*)	Formen in der Materie
5	Materie (*eikasta*)	Materie	Materie (*eikasia*)	Formlose Materie
6	Sensibilia		Sensibilia	Phänomene/ Synthetische Individuen
7	Kein Gegenstand der Erkenntnis		Kein Gegenstand der Erkenntnis	Absolutes Nichts
8	Träume und Schatten		Träume	Simulacra/Bilder der Phänomene
9	Alles unterhalb der Phantasie		Nichts	Absolutes Nichts der Anderen
10	-	-	-	-

Dominic J. O'Meara (Fribourg)

Explaining Evil in Justinian's Reign: Simplicius and Procopius

The reign of Justinian (527-565) was a period both of renewal and re-construction in the Roman Empire and of terrible disaster and des-truction. Justinian seems to have attempted to rebuild the much dim-inished Empire, not only by repelling the Persian king Chosroes and reaching a settlement with him (the treaty of eternal peace of 532), but also by re-conquering provinces in Africa, Italy and even in Spain. Justinian also worked ceaselessly to impose doctrinal unity on the divided Christian church, extirpating various heresies and paganism, re-forming and developing the legal code, organizing an extensive building programme for defensive and civic structures throughout the Empire, including the construction of Hagia Sophia in Constantinople. At the same time, however, his reign witnessed a succession of natural, military, social and economic disasters of exceptional gravity (I will mention some of these below). In this paper, I would like to discuss how intellectuals living in Justinian's reign understood and explained these disasters. I propose taking two cases, those of Simplicius and of Pro-copius.

Simplicius (c. 480-560) was one of the pagan philosophers who accompanied the last head of the Platonist school of Athens, Damascius, when the school closed, subsequent to Justinian's anti-pagan measures of 529, and its members found refuge at the Court of Chosroes, return-ing from exile after the treaty of 532. How then did Simplicius, a pagan living under considerable pressure, view the disasters that afflicted Jus-tinian's reign? My second case is that of Procopius of Caesarea (born c. 500), who, having received training in rhetoric and law, joined the staff of Justinian's general Belisarius and witnessed the military campaigns which he recounts in *History of the Wars* (going up to 553), also extolling Justinian's building projects throughout the Empire in *On Buildings* (written about 553-5), but also violently attacking the Emperor and his wife Theodora in the *Secret History*, which he did not publish. Procopius provides some of the most important descriptions of some of the disasters which devastated the Empire, both in his praise and in his denunciation of Justinian's rule. How, then, does he view and explain these disasters? In discussing this question, I would like to compare the position Procopius takes, in respect to the question of the origin of evils, with the approach which we find in the philosopher Simplicius.

I   Simplicius on the Origin of Evil

The question of evil is discussed by Simplicius in several places in his *Commentary on Epictetus' Handbook*. The date of composition of this commentary is not certain: it is not clear whether it was written before the exile in Persia, or after. At any rate, the great commentaries on Aristotle that we owe to Simplicius were written after 532 and it is likely that the *Commentary on Epictetus' Handbook* was also composed during this later period of his life.[1] I would like to begin my discussion with the following passage:

> But perhaps this injunction [in Epictetus, *Handbook*, ch. 8] to "wish for it to happen as it happens" will seem to some people to be harsh and impossible. What right-thinking human being wishes either (ἤ) for the occurrence of the bad effects, shared in common, resulting from the universe – for instance, earthquakes, deluges, conflagrations, plagues, famine and the destruction of all sorts of animals and crops? Or (ἤ) the impious deeds performed by human beings on each other – the sacking of cities, taking prisoners of war, unjust killings, piracy, kidnapping, licentiousness, and tyrannical force, culminating in compelling acts of impiety? Still less the loss of culture and philosophy, of all virtue and friendship, and of faith in one another? As for all the crafts and sciences

---

[1] See Ilsetraut Hadot: "La vie et l'oeuvre de Simplicius d'après des sources grecques et arabes", in: *Simplicius – Sa vie, son oeuvre, sa survie*, éd. par ead., Berlin 1987, pp. 3-39 and the Introduction to her edition of Simplicius' *Commentary on Epictetus' Handbook*, pp. 8-50.

discovered and made secure through long ages, some of them have completely disappeared, so that only their names are remembered, and there
are only shadows and figments left behind of many of the arts given by
the god for our assistance in life (e.g. medicine, housebuilding,
carpentry, and the like). These things and others of this sort – of which
there has been an excess in our own lifetime – who would want to hear
of them, let alone see them, take part in them or "wish them to happen as
they happen", except a malevolent person (κακοθελής) and a hater of all
that is fine (μισόκαλος) ?[2]

The evils listed by Simplicius fall into two groups, marked in the text by
"...ἤ...ἤ...": (1) evils which are shared in common and which come from
the universe (ἀπὸ τοῦ παντός); and (2) evils inflicted on humans by each
other other (ἀπὸ ἀνθρώπων). As regards the first group (1), among the
disasters listed by Simplicius, we might refer, for example, to the earthquake which devastated Antioch in 526, destroying the city, which was
filled with people, in a general conflagration. The city was rebuilt, to be
devastated again by earthquakes in 528 and 539. Many earthquakes
struck Constantinople, for example in 533, 541-2, 546, 554, 557 (which
caused the partial collapse of the dome of Hagia Sophia).[3] A great
plague began in Egypt in 541 and spread throughout the Empire, reaching Constantinople in 541/2 – the horrors to be seen in the city are
described by Procopius[4] –, spreading West, even reaching Ireland, and
starting up again and again, up to the eight century.[5] As for the second
group of evils (2), we could mention the capture and destruction of
Antioch in 540 by Chosroes, who would devastate the eastern provinces
every year, the invasions of the Empire from the West and North, which
even reached the walls of Constantinople at the end of Justinian's reign,

---

[2] Simplicius, *In Epictetum* XIV, 18-35, trans. by Charles Brittain and Tad
Brennan, (2002), slightly modified. The adjectives κακοθελής and μισόκαλος
are found almost always in Christian authors (to judge from TLG); Simplicius
may be alluding to Christians.
[3] For a listing see Emanuela Guidoboni (ed.): *I terremoti prima del Mille in
Italia e nell'area mediterrena*, Bologna 1989.
[4] See below, section 2.
[5] See Mischa Meier (ed.): *Pest. Die Geschichte eines Menschheitstraumas*,
Stuttgart 2005; Lester, K. Little: (ed.) *Plague and the End of Antiquity*,
Cambridge 2006.

when the old emperor had to call again on his old general Belisarius. Simplicius' references to tyrannical force, to acts of impiety, to the loss of culture and philosophy, of virtue and friendship, of the arts and sciences as the gifts of the divine to humans in their need: all of this seems to allude to the social and political conditions of the time, in particular to the tyrannical regime imposed by Justinian, responsible, in Simplicius' view, for serious degradation of moral and intellectual life.[6]

In what follows the passage I have quoted above, Simplicius provides an account of the many evils he has listed. His approach follows the distinction into two groups, which might be described as (1) the group of shared natural evils and (2) the group of moral evils inflicted by humans on each other. (1) Natural evils concern *bodies*, as well as irrational souls which are mixed in bodies and are dependent on bodies; (2) moral evils concern *souls* as rational and as having a nature which transcends bodily existence.[7] With regard to each group of evils, I would like to note the following aspects of Simplicius' account:

(1) Natural evils, as part of bodily existence, ought not to be considered as evil. For if they were evil, then the governance of the world by a god, as maker (demiurge) of the world, would be responsible for them and god would be the cause of evil, something which cannot be.[8] These 'evils' contribute to a greater good, that of the whole, and are for the sake of the whole. Bodies, as such, are moved and are subject to change by causes external to them and depend on these causes. Bodies, as composed of the elements, are made up of opposites which are at war with each other: bodies are put together, destroyed and recomposed by their dissolution into elements which then produce a renewal of bodies. The elements (simple bodies), through cataclysms and conflagrations (i.e. water and fire), bring about new and compensatory balances of forces (ἀντανίσωσις). Plagues and earthquakes also contribute to dis-

---

[6] See Dominic O'Meara: "Souls and Cities in late ancient Platonic Philosophy", (forthcoming).
[7] Simplicius also allows for an intermediary level between the two sorts of souls (XIV, 120-129).
[8] XIV, 36-5; the principle that god is good and cannot be the cause of evil derives from Plato (see *Rep.* 379b, *Theaet.* 176a, *Tim.* 42d).

solving bodies into their elements, allowing for the infinite circulation (ἀνακύκλησις) of what is generated in a whole which is eternal.[9]

(2) Moral evils are attributable to rational soul which, in its nature, transcends body, is self-moving and has rational choice (προαίρεσις) and control over impulses and desires.[10] If soul lives in accordance with its nature, it will use the body as an instrument and will not be affected in itself by damage to the body, which will merely impede it in its activity.[11] However, if soul identifies itself with the body, subordinating itself to the body and to bodily concerns, then it becomes evil and is itself the cause of moral evil.[12] Morally evil souls can be cured by subjection to the opposite of what drives them (pleasure), i.e. pain. This is, so to speak, the medical treatment exercised on evil souls by divine providence.[13] The trials that we must undergo in our corporeal existence can also strengthen us in the practice of moral virtue.[14] Thus, what we suffer in this world can be good, in curing us of moral vice and exercising us in moral virtue. Diseases, poverty, plague, earthquakes, war, punishments inflicted by others: these are god's remedies, as a sort of cosmic doctor, to moral vice.[15]

Thus, (1) natural evils are not evils at all. They are part of the cosmic system which eternally renews itself by the circulation and balance of the opposing components which constitute it. As such, these 'evils' are good. They can also be of positive value in serving as the instruments of moral healing and strengthening in souls. In both respects, they depend on divine providence, which is good. On the other hand, (2) moral evils are caused by rational souls, not by god.[16] Souls cannot be damaged by

---

[9] XIV, 59-106. Agathias, *Historiae* V, 7-8 tells the amusing story of Anthemius, one of the architects of Hagia Sophia, who, in a dispute with his neighbour, built a machine for simulating an earthquake and terrorizing his neighbour. Anthemius seems to have been inspired, in building his contraption, by Aristotle's explanation of earthquakes (*Meteor.* II, 8) as due to air compressed in the earth.

[10] XIV, 58-59, 110-112.

[11] XIV, 132-136.

[12] XIV, 137-143.

[13] XIV, 143-187.

[14] XIV, 205-256.

[15] XIV, 273-277.

[16] XIV, 318-323.

bodily afflictions, but souls can damage themselves in subjecting them-selves to bodily desires. The evils that some humans do to others are not evils for those who suffer them (they are not damaged, but cured and strengthened in their virtue), but deepen the moral evil of those who per-petrate them. In conclusion: there is no one cause of evil. God is the cause of what is good, and only of what is good; individual human souls can be causes of moral evil.

Simplicius' explanation of evil corresponds, along its general lines, with that provided by Proclus and can be regarded as characteristic of the later Neoplatonic way of dealing with the question of evil.[17] We might also note the extraordinary serenity and detachment shown by Simplicius in the face of the afflictions of his time which he himself must have witnessed and experienced, at least in part.

II   Procopius on the Evils of his Time

Turning now to Procopius, we might begin with the famous account he provides in *History of the Wars* of the terrible plague of 541/2:

> During these times there was a pestilence, by which the whole human race came near to being annihilated. Now in the case of all other scourges sent from heaven some explanation of a cause might be given by daring men, such as the many theories propounded by those who are clever in these matters; for they love to conjure up causes which are absolutely incomprehensible to man, and to fabricate outlandish theories of natural philosophy (φυσιολογίας), knowing well that they are saying nothing sound, but considering it sufficient for them, if they completely deceive by their argument some of those whom they meet and persuade them to their view. But for this calamity it is quite impossible either to express in words or to conceive in thought any explanation, except indeed to refer it to god. For it did not come in a part of the world nor

---

[17] Simplicius returns to the question of evil in ch. XXXV (on natural and moral evils, see XXXV, 287-491), an argument against Manichean dualism, where his proximity to Proclus' explanation of evil is particularly manifest; see Ilsetraut Hadot, in the Introduction to her edition, p. 116, and, for Proclus, Jan Opsomer and Carlos Steel (trans.): *Proclus on the Existence of Evils*, London 2003, pp. 20-31.

upon certain men, nor did it confine itself to any season of the year, so that from such circumstances it might be possible to find subtle explanations of a cause, but it embraced the entire world, and blighted the lives of all men...Now let each one express his own judgement concerning the matter, both sophist and astronomer, but as for me, I shall proceed to tell where this disease originated and the manner in which it destroyed men. [18]

Procopius then goes on to describe the beginning of the plague in Egypt, its spreading through the Empire, reaching Constantinople, where the horrors which it brought reached appalling proportions. Procopius does not try to explain the disaster: in its magnitude it surpasses word and thought. He belittles the attempts of natural philosophy to give an account. We could think, for example, of Simplicius' theory of the natural compensatory balance and circulation of the elements in the universe. But Procopius seems to be thinking more of natural philosophies which refer to particular conditions obtaining in particular regions or seasons in order to explain the plague. The plague, however, affected the whole world, at all seasons, and so Procopius rejects these theories, based on local conditions, and thinks that the plague must be referred to god. But in what sense must it be referred to god? Because god is the cause of the world as a whole and so responsible for what affects the world as a whole? Or is it because, as in certain religious traditions, god was seen as the cause of such disasters?[19] Procopius does not explain what he means in referring the plague to god: the disaster, it seems, is beyond understanding.

A more detailed and indeed alarming explanation of the evils afflicting the Empire can be found in Procopius' *Secret History*:

Such, then, were the calamities which fell upon all mankind during the reign of the demon who had become incarnate in Justinian, while he himself, as having become Emperor, provided the causes of them. And I

---

[18] Procopius: *History of the Wars* II, 22, 1-5, trans. Dewing, slightly modified.

[19] See, for example, Philo of Alexandria, *De vita Mosis* I, 110 (god as the cause of plague) and, for Justinian's reign, Romanos the Melode: *Hymn* LIV (god as cause of earthquakes and as permitting the Nika riots of 532 and the burning of churches); Mischa Meier: "Naturkatastrophen in der christlichen Chronistik. Das Beispiel Johannes Malalas (6. Jr.)", in: *Gymnasium* 114 (2007), pp. 574-577.

shall show, further, how many evils he did to men by means of a hidden power and of a demoniacal nature. For while this man was administering the nation's affairs, many other calamities chanced to befall, which some insisted came about through the aforementioned presence of this evil demon and through his contriving, while others said that the Deity, detesting his works, turned away from the Roman Empire and gave place to the abominable demons for the bringing of these things to pass in this fashion.[20]

Procopius goes on to describe a series of deluges, the earthquakes which destroyed Antioch and other cities, the plague, all of it the work, it seems, of the incarnate demon that was Justinian, or the result of God's hating his works, turning away from the Empire and allowing evil demons to take over and perpetrate their misdeeds.

III   Simplicius and Procopius compared

It has been suggested that this description in Procopius' *Secret History* of the disasters of Justinian's reign is very close to the passage I have quoted above from Simplicius' *Commentary on Epictetus' Handbook*, so close indeed that Simplicius, in effect, may be summarizing Procopius' text.[21] Furthermore, it is argued, Procopius and Simplicius share an identical view concerning the disasters of Justinian's reign. Together with others – John Lydus, Trebonian (Justinian's jurist) – Procopius and Simplicius would have belonged to a group involved in covert pagan resistance to the tyrannical Christian regime imposed by Justinian.[22] In his official history of Justinian's wars, Procopius hides his hand; in the *Secret History* he reveals it. But how convincing is the suggested similarity between the accounts of disaster in Simplicius' *Commentary* and in Procopius' *Secret History*?

---

[20] *Secret History* XVIII, 36-37, trans. Dewing.
[21] Anthony Kaldellis: *Procopius of Caesarea*, Philadelphia 2004, pp. 104-105; I do not think, however, that the verbal parallels cited by Kaldellis are strong enough to prove the dependence of one text on the other.
[22] Anthony Kaldellis: *Procopius*, p. 105, p. 116.

In his 'official' account in *History of the Wars*, Procopius, as we have seen, attributes the plague, as a world catastrophe, to god, but he does not specify what this actually means. In Simplicius, the demiurge-god of the universe is responsible for the governance of the world and thus for the catastrophes which are part of the compensatory equilibrium of the world. Procopius, however, appears to reject the recourse to natural philosophy, such as that which we find in Simplicius: for him, referring cosmic disasters to god seems to mean something else. In the *Secret History*, Procopius explains the disasters of Justinian's reign as caused by an incarnate demon, Justinian himself, or by god's abandoning the Empire to the evil deeds of demons, which include, presumably, Justinian. The notion that god allows evils to happen, as punishment for men's sins, is common.[23] However, rather than seeing such disasters as just punishment, Procopius simply refers to the malevolence of the evil demon that was Justinian, cause of all evils in the universe, whether natural or moral.[24]

The idea that there are evil demons which cause natural and human disasters can be found in some Platonist philosophers, for example in Plutarch[25] and in Porphyry.[26] The belief that there are evil demons seems to have been part of the revelation of the *Chaldaean Oracles*,[27] whose importance was very considerable for the Platonist philosophers of Late Antiquity. It is reported that Proclus had talismans protecting against earthquakes.[28] However, Proclus tends in general to see demons as the agents of the gods in enforcing divine justice, in particular in assisting the gods in carrying out eschatological punishments for souls which have been morally bad.[29] It should be noted that evil demons do not feat-

---

[23] See above, n. 19.

[24] See Berthold Rubin: "Der Fürst der Dämonen. Ein Beitrag zur Interpretation von Prokops Anekdota", in: *Byzantinische Zeitschrift* 44(1951), pp. 469-471.

[25] *De def. orac.* 14, 417d (demons send plagues).

[26] *De abst.* II, 40 (evil demons cause plagues, failure of crops, wars), with the editors' note 3 (217). See also *Corpus Hermeticum* XIV, 10 (demons, in the service of the gods, punish men for their impiety with wars, famine, earthquakes).

[27] See Michael Psellos: *Philos. Min.* II, no. 38, 145, 8-9; Iamblichus, *De myst.* III, 31; Hans Lewy: *Chaldaean Oracles and Theurgy*, pp. 259-279.

[28] Marinus: *Vita Procli*, ch. 28, 33, 21-22.

[29] Proclus: *In Remp.* II, 145, 21-146, 18.

ure in Proclus' identification of the sources of evil,[30] nor do they feature in Simplicius' account of evils in his *Commentary on Epictetus' Handbook*.

It is clear, I think, from the summary of Simplicius' views on the causes of evil which I have proposed above, that we are very far, in Procopius' approach, from Simplicius' position. Simplicius and Procopius do not share the same view of the disasters of Justinian's reign. For Simplicius, there is no one cause of all evils, natural and moral; for Procopius there is one cause: the demonic Emperor. Simplicius distinguishes between natural and moral evils. Natural evils are not strictly speaking evil at all: they are part of the system of nature, which is good, and can even have a good effect in curing us and strengthening us in moral virtue. Moral evils are due to human souls corrupted by material desires; they are evils for these souls, as causes of evil, and not for those souls against whom evil actions are directed. Procopius, both in *History of the Wars* and in the *Secret History*, has a very different understanding of the evils which he had seen and their source.

Both men were witnesses, and to some extent the victims, of these evils, one seeing them from within the state administration and in Constantinople, the other from without, living in exile and exclusion. The reduction, in Procopius, of all evils to one cause, the demonic Justinian, may seem to us to be too extreme to be plausible: earthquakes can hardly be the work of the Emperor! But the irenic disarming of natural evils, in Simplicius, as part of a system of nature which is good; the minimizing of the effect of evil on others, as done to others by some humans: all this will only convince us if we assign minor importance to bodily existence and hold that soul is independent of body and finds its true life elsewhere.

---

[30] On demons see Proclus: *On the Existence of Evils*, chs. 16-17, with notes in Jan Opsomer and Carlos Steel (trans.).

Acknowledgements

This paper is based on research done as Gastwissenschaftler in the Sonderfor-schungsbereich 923 ("Bedrohte Ordnungen") at the University of Tübingen in 2013. I am grateful to the Tübingen group, in particular I. Männlein-Robert, M. Becker and L. Carrara, for their help.

Bibliography

Agathias: *Historiae*, ed. by Rudolf Keydell, Berlin 1967.

Brittain, Charles, and Brennan, Tad (trans.): *Simplicius On Epictetus Handbook*, London 2002.

Corpus Hermeticum, ed. and trans. by Arthur Darby Nock and André-Jean Festugière, Paris 1945.

Guidoboni, Emanuela: (ed.) *I terremoti prima del Mille in Italia e nell'area mediterrena*, Bologna 1989.

Hadot, Ilsetraut: "La vie et l'oeuvre de Simplicius d'après des sources grecques et arabes", in: *Simplicius – Sa vie, son oeuvre, sa survie*, éd. par Ilsetraut Hadot, Berlin 1987, pp. 3-39.

Iamblichus: *De mysteriis*, ed. and trans. by Henri Dominique Saffrey and Alain-Philippe Segonds, Paris 2013.

Kaldellis, Anthony: *Procopius of Caesarea*, Philadelphia 2004.

Lewy, Hans: *Chaldaean Oracles and Theurgy*, Cairo: Institut Français d'Archéologie Orientale (1956, reprint Paris 1978).

Little, Lester K. (ed.): *Plague and the End of Antiquity*, Cambridge 2006.

Marinus: *Vita Procli*, ed. and trans. by Henri Dominique Saffrey and Alain-Philippe Segonds, Paris 2001.

Meier, Mischa (ed.): *Pest. Die Geschichte eines Menschheitstraumas*, Stuttgart 2005.

id.: "Naturkatastrophen in der christlichen Chronistik. Das Beispiel Johannes Malalas (6. Jh.)", in: *Gymnasium* 114 (2007), pp. 559-586.

O'Meara, Dominic: "Souls and Cities in late ancient Platonic Philosophy", (forthcoming).

Opsomer, Jan and Steel, Carlos (trans.): *Proclus on the Existence of Evils*, London 2003.

Porphyry: *De abstinentia*, ed. and trans. by Jean Bouffartigue and Michel Patillon, Paris 1979.

Proclus: *In Platonis Rempublicam*, ed. by Wilhelm Kroll, Leipzig 1899.

Procopius: *History of the Wars*, ed. and trans. by Henry Dewing, Cambridge, Mass./London 1914.

id.: *Secret History*, ed. and trans. by Henry Dewing, Cambridge, Mass./London 1935.

Psellos, Michael: *Philosophica minora* II, ed. by Dominic O'Meara, Leipzig 1989.

Romanos the Melode: *Hymns*, ed. and trans. by José Grosdidier de Matons, vol. V, Paris 1981.

Rubin, Berthold: "Der Fürst der Dämonen. Ein Beitrag zur Interpretation von Prokops Anekdota", in: *Byzantinische Zeitschrift* 44 (1951), pp. 469-481.

Simplicius: *Commentary on Epictetus' Handbook*, ed. by Ilsetraut Hadot, Leiden 1996.